临汾市统计局 编

Compiled by Limfen Municicipal Bureou of Statistics

临汾统计年鉴

LINFEN STATISTICAL YEARBOOK 2010

中国统计出版社

China Statistics Press

图书在版编目（CIP）数据
临汾统计年鉴 . 2010/ 临汾市统计局 编
- 北京：中国统计出版社，2010.8
ISBN 978-7-5037-6017-4
Ⅰ . ①临…
Ⅱ . ①临…
Ⅲ . ①统计资料 - 临汾市 -2010- 年鉴
Ⅳ . ① C832.253-54
中国版本图书馆 CIP 数据核字 (2010) 第 148743 号

临汾统计年鉴 - 2010

作　　者 / 临汾市统计局
责任编辑 / 佘竞雄　郭　栋
责任校对 / 刘爱萍　李俊平
封面设计 / 赵智学
出版发行 / 中国统计出版社
通信地址 / 北京市西城区三里河月坛南街 57 号 中国统计出版社
邮　　编 / 100826
电　话 / (010)63376907
E-mail / yearbook@gj.stats.cn
印　刷 / 山西三和印刷有限责任公司
经　销 / 新华书店
开　本 / 890 × 1240 毫米　1/16
字　数 / 168 万字
印　张 / 33.75
印　数 / 1-500 册
版　别 / 2010 年 8 月第 1 版
版　次 / 2010 年 8 月第 1 次印刷
书　号 / ISBN 978-7-5037-6017-4/C · 2381
定　价 / 328.00 元

临汾统计年鉴

LINFEN

STATISTICAL YEARBOOK

2010

编者说明

BIANZHESHUOMING

一、《临汾统计年鉴-2010》收录了全市和各县市区、各部门建国以来主要年份及2009年经济、社会、科技等方面统计数据，是一部全面反映临汾市国民经济和社会发展情况的资料性年刊。

二、全书内容共分19个篇章。即1.综合；2.人口、从业人员和劳动报酬；3.固定资产投资；4.对外经济贸易；5.能源消费与库存；6.物价；7.人民生活；8.农村经济；9.工业；10.建筑业；11.交通运输、邮电通讯业；12.批发和零售业；13.住宿、餐饮业和旅游；14.财政、金融和保险；15.教育、科技；16.文化、体育、卫生、民政和环保；17.县市篇；18.企业篇；19.附录。为了方便读者使用，篇末附有《主要统计指标解释》，对主要统计指标的涵义，统计范围和统计方法以及历史沿革作了简要说明。

三、本年鉴的指标口径范围，以国家现行的统计报表制度为准。资料来源于统计年报；部分资料来自于抽样调查和有关部门。

四、为了方便读者使用，对有变动的指标在表下做了简要诠释。凡以前发表过的统计数字与本年鉴不一致的，请以本年鉴为准。

五、本年鉴所使用的度量衡单位，均采用国际统一标准计量单位。

六、本年鉴中部分数据合计数或相对数由于小数位取舍不同而产生的计算误差，均未做机械调整。

七、年鉴中符号使用说明：

"…"表示数据不足本指标最小单位；空格表示该项统计指标数据不详或无该项指标数据；"#"表示其中项；"*"表示本表下有注解。

目　　录

二、人口、从业人员和劳动报酬

三、固定资产投资

四、对外经济贸易

五、能源消费与库存

六、物　价

七、人民生活

八、农村经济

九、工 业

十、建筑业

十七、县市篇

十八、企业篇

十九、附录

特载

政府工作报告

——2010年3月26日在临汾市第二届人民代表大会第六次会议上

临汾市市长　罗清宇

各位代表：

现在，我代表市人民政府向大会报告工作，请予审议，并请市政协委员和其他列席人员提出意见。

一、2009年工作回顾

2009年，是新世纪以来我市经济社会发展遇到困难最多的一年。一年来，在中共临汾市委的坚强领导下，在市人大、市政协的大力支持下，我们坚持以科学发展观为统领，团结和带领全市人民，全力应对国际金融危机冲击，统筹推进“保增长、保民生、保稳定”各项工作，转型发展、安全发展、和谐发展迈出坚实步伐，经济和社会各项事业取得了新的成绩。

——经济实现平稳增长。面对严峻形势，我们千方百计促进经济增长，实现了经济增速转负为正、回升向好的目标。全市生产总值完成763.1亿元，按可比价格计算，增长4.2%；规模以上工业增加值完成372.6亿元，按可比价格计算，增长3.04%；固定资产投资完成419亿元，增长58.1%；社会消费品零售总额完成272.6亿元，增长21.7%；财政总收入达到137.7亿元，完成省政府下达的调控任务；一般预算收入完成62.9亿元，增长16%；城镇居民人均可支配收入达到12247元，增长9.3%；农民人均纯收入达到4749元，增长8.1%；居民消费价格指数为100.7%。

——项目建设成效显著。投资额创历史新高，争取中央和省级扩大内需项目资金14.35亿元，全市在建项目固定资产投资达到千亿元以上。其中，重点监控的209个项目开工建设190个，竣工83个，完成投资225亿元。交通建设全面推进，临吉高速公路、临午线、桃临线完成投资32.1亿元，263公里沿黄旅游扶贫公路全线贯通；乔李机场复航改造项目上报国家发改委审批；青兰——京昆高速联络线、城区北环高速、中南部铁路出海通道、大西高速铁路客运专线启动建设，全市新增公路通车里程514公里。城市基础设施建设得到加强，市区“两桥十街”工程，已有锣鼓大桥、西北环、广宣街等9项完工，五一路立交桥开工建设；滨河西路北延工程基本完工，西环、西南环和临汾一级客运站工程建设进展顺利。重大民生项目按计划有序实施，汾河城区段生态治理工程河道治理已经完成，生态建设全面启动；临汾新高中、新医院开工建设，市妇幼保健院综合大楼投入使用。

——结构调整扎实推进。传统产业优化升级，煤矿兼并重组取得阶段性成果，392座煤矿中312座签订了交易协议，182座煤矿“六长”到位。新规划的129座煤矿已有112座办结采矿许可证。山焦150万吨焦炉扩建、临钢中板生产线改造、兆光二期2×60万千瓦等项目竣工投产。新兴产业不断壮大，华翔美的35万吨精密铸件、平阳重工液压支架、乡宁戎子葡萄酒、同世达20万吨甲醇等一批项目进展顺利。侯马开发区高新技术孵化中心开工建设，光宇LED新电源、洪洞双银电热膜等高新技术项目取得新的突破。第三产业健康发展，旅游业实现综合收入85亿元，增长20%。侯马方略保税物流中心配套工程完工。博浩园馨城、恒安新东城等一批房地产项目陆续竣工。

——“三农”工作稳步发展。各项惠农政策全部落实。各级财政用于农林水的支出达到12亿元，增长13.9%。农业综合生产能力得到提高，建设粮食丰产方37个，改造中低产田26万亩，实施水保治理120万亩。严格保护农业用地，耕地占补基本平衡。和川引水工程开闸蓄水，10座水库完成除险加固。粮食总产达到16.68亿公斤，水果、蔬菜及畜产量持续增加，优质农产品比重上升。新建和扩建农业产业化龙头企业25户，发展农民专业合作社953个。中国（山西）特色农产品交易博览会引资28.2亿元。完成培训农民30万人（次），转移农村劳动力3.5万人。新农村建设县域总体规划编制全部完成，234个重点推进村基础设施得到改善，连片区发展到81个，新增沼气用户2万多户。扶贫开发完成整村推进32个村，移民搬迁5900人。“五个全覆盖”超额完成年度计划。

——生态环境明显改善。加强工业污染治理，否决50多个不符合环保政策的项目，淘汰33户污染企业，97户重点企业实现在线监控。强化生活污染治理，新增城市集中供热面积409万平方米，完成煤气、天然气扩户2万户，建成污水和垃圾处理厂12个。开展城乡绿化，完成造林78万亩，森林覆盖率达到31.4%，新增城市绿化面积248.6万平方米。17个县市区二级以上天气全部超过310天，其中，市区二级以上天气达到334天，空气综合污染指数下降到1.72。全市二氧化硫、化学需氧量分别减排1900吨和1050吨。汾河临汾段化学需氧量和氨氮浓度分别下降67%和19.9%，地表水质进一步改善。节能减排取得明显成效，万元生产总值综合能耗下降6.6%。

——安全生产形势好转。政府监管责任和企业主体责任进一步落实，煤矿5人小组监管制度全面实施。扎实开展了以煤矿、非煤矿山、尾矿库为主的各行各业安全专项整治，取缔非煤矿山企业632户、尾矿库116座，排查治理各类安全隐患9000余条。打击非法违法开采“风暴”行动取得阶段性成效，抓捕非法涉矿人员262人，追究刑事责任42人，处理监管责任人员33人，兑现举报奖励28.6万元，私采滥挖现象得到有效控制。全市工矿企业事故下降41.4%，各类安全生产事故死亡人数下降46.1%，煤炭百万吨死亡率比省控指标低0.73，基本遏制了事故频发的势头。

——社会管理力度加大。整顿和规范市场秩序，开展了食品药品安全、非法传销、农资打假等专项整治行动，查处各类案件3426件。加大价格监督检查力度，对236个品种进行了常规价格监测，确保了市场价格稳定。妥善处置洪洞猪蓝耳病、壶口冰凌等突发事件，有效防控了甲型H1N1流感。信访工作得到加强，赴省和进京上访人次分别下降15.3%和21.1%。深入开展“平安临汾”创建活动，实施了打击“两抢一盗”和“黄赌毒”专项行动，刑事犯罪和社会治安案件分别下降17.2%和10.7%。

——民生事业不断进步。在财政十分困难的情况下，坚持优化支出结构，规范行政开支，压缩一般性公务支出13%，压减会议经费24%，保证公教人员工资发放，集中财力支持民生事业。全市一般预算支出131亿元，涉及民生支出占到33.7%。加大财政融资力度，共融资38.8亿元，保障重点民生工程的实施。教育工作成效显著。义务教育阶段经费保障机制全面落实，各级财政用于教育的投入近25亿元，增长17.2%。办学条件进一步改善，完成中小学校舍改造42.1万平方米，新建和改扩建中小学443所。教育管理得到加强，基础教育质量明显提高，职业教育、高等教育和民办教育健康发展。医疗卫生水平不断提升。各级财政用于医疗卫生的投入10.1亿元，增长32.3%。城市社区卫生机构、乡镇卫生院和村级卫生室建设扎实推进，10个县级综合医院达到二级乙等以上水平，市人民医院晋升“三甲”医院。新农合参保人数达到289万人，参合率90.4%，报销参保患者医药费2.8亿多元。社会保障逐步完善。社会保险扩面征缴超额完成省定任务，退休人员养老金全部及时足额发放。21.1万城乡低保对象和1.1万农村五保供养对象实现应保尽保。采取“两抗四保”措施，成功抗击暴雪灾害。补贴市区居民集中供热、供气2.6亿元。投入7.3亿元，确保了临纺等5户企业政策性破产顺利推进。创业就业力度加大。新增城镇就业4.2万人，实现下岗失业人员再就业9785人。市县两级争取资金1.13亿元购买公益性岗位，解决了4060名困难群众的就业问题。通过创业实现就业1.08万人。住房安居工程顺利实施。建设经济适用房31万平方米、5225套，廉租住房23万平方米、4625套，实施城市棚户区改造3万平方米，完成农村困难群众住房改造1200户。科技文化体育等事业全面发展。科技创新力度不断加大，文化广播电视事业日益繁荣，群众性体育活动广泛开展，统计和人口计生工作受到上级表彰。国防动员和后备力量建设扎实推进，“双拥”工作成效显著。民族宗教、文物、人防、外事、侨务、方志、档案、气象、测绘、地震、老龄、残疾人、慈善救助和红十字等工作取得了新的成绩。

——民主法制和精神文明建设得到加强。自觉接受人大法律监督和政协民主监督，认真落实市人大“六项重点工程”和煤炭资源整合督查意见，政府相关部门整改了评议提出的问题。支持各民主党派、工商联、无党派人士参政议政，办理人大代表建议和政协委员提案493件，办复率达到100%。“法治临汾”建设取得实效，普法工作受到国家级表彰。群团组织作用得到充分发挥。基层民主制度不断完善。政府自身建设得到加强，党风廉政建设责任制有效落实，煤焦领域反腐败取得阶段性成果。监察和审计工作成效显著，执法监察、项目督查扎实推进，农村低保、优抚基金专项清理成效突出，公路“三乱”得到明显遏制，行风政风进一步好转，行政审批和财政体制改革逐步深化。深入开展了“爱我临汾、树我形象、建我家乡”活动，精神文明创建取得丰硕成果，我市荣获“山西省未成年人思想道德建设先进市”称号，侯马、翼城、古县、安泽被评为“省级文明和谐城市”。

各位代表，在这里我向大会郑重报告，2009年在极度困难的情况下，我市经济实现了平稳增长，民生事业快速发展，市政府向全市人民承诺的10件实事全部完成年度目标。这些成绩的取得，是中共临汾市委正确领导的结果，是市人大、市政协鼎力支持的结果，是全市各级干部和广大人民群众同心同德、顽强拼搏的结果。在此，我代表市人民政府，向辛勤工作在各条战线上的工人、农民、知识分子和广大干部群众，向为临汾发展贡献智慧和力量的人大代表、政协委员、各民主党派、工商联和无党派人士，向为临汾建设发挥余热的离退休老同志，向关心支持临汾发展的驻临部队指战员、武警官兵，向积极参与临汾经济社会建设的专家、学者、企业家以及社会各界人士，致以崇高的敬意和衷心的感谢！

各位代表，成绩来之不易，经验弥足珍贵。一年来的实践充分证明，只要始终坚持以科学发展观为统领，认真贯彻落实党中央、国务院、省委、省政府的决策部署，我们就能够沿着正确的轨道不断前进；只要始终坚持依靠广大干部群众，凝聚社会方方面面的智慧和力量，我们就一定能够克服一切困难，开创经济社会发展的新局面；只要始终坚持求真务实、真抓实干，创造性地开展工作，我们就一定能够重塑临汾新形象、再铸临汾新辉煌！

在看到成绩的同时，我们也清醒地认识到存在的问题和差距。主要是经济结构不合理，发展方式落后，可持续发展能力不强；安全与发展的矛盾仍然没有彻底解决，安全生产水平仍需提高；城乡基础设施建设滞后，城镇化水平依然较低；教育、医疗等民生事业欠账较多，环境状况与人民群众的要求还有差距；一些部门和干部服务意识不强、办事效率不高，政府自身建设有待加强。对此，我们将高度重视，采取更加有效的措施认真加以解决。

二、2010年主要任务

今年是本届政府任期的最后一年，也是巩固经济回升向好势头、努力完成“十一五”规划的关键一年。做好今年的工作，责任重大，意义深远。

总体上看，今年的经济发展环境要好于去年。

世界经济开始复苏，国内经济持续向好，这是我们谋取新发展的先决条件；中央保持宏观经济政策的连续性和稳定性，省委、省政府继续扩大投资、改善民生，这是我们创造新业绩的坚强支撑；市委确定的好思路、好目标和全市上下形成的好氛围、好势头，这是我们再铸新辉煌的有力保障。但是，国际金融危机的后滞效应远未消除，国内经济持续向好的基础仍不牢固，我市煤炭产业的规模效益发挥需要一个过程，焦化、冶金行业兼并重组在短期内会影响经济增速，新兴产业尚未形成竞争优势。我们既要看到有利条件，又要看到不确定因素，更加周密地做好应对困难和挑战的准备，牢牢把握工作的主动权。

2010年政府工作的总体要求是：**以邓小平理论和“三个代表”重要思想为指导，深入贯彻落实科学发展观，按照《临汾科学发展规划纲要》的总体部署，紧紧围绕经济平稳较快增长这一首要任务，以转变经济发展方式为主线，以保障和改善民生为目标，努力做好调节经济运行、优化产业结构、夯实“三农”基础、建设特色城市、改善生态环境、提升安全水平、坚持改革开放、构建和谐社会八项工作，加快转型发展、安全发展、和谐发展，建设经济繁荣、社会和谐、民生殷实、环境优美的新临汾。**

今年经济社会发展的指导性指标是：地区生产总值增长8%；全社会固定资产投资增长20%；社会消费品零售总额增长16%；进出口总额增长5%；财政总收入和一般预算收入均增长7%；城镇居民人均可支配收入和农民人均纯收入均增长9%；居民消费价格综合水平涨幅控制在3%左右。约束性指标是：万元地区生产总值综合能耗下降4.6%；二氧化硫、化学需氧量排放分别下降2%和3%；城镇登记失业率控制在4.3%以内。

实现上述目标，必须突出重点，抓住关键，扎实做好八个方面的工作：

（一）强化经济调节，确保平稳较快增长

保持经济平稳较快增长仍然是今年工作的首要任务。我们将以项目建设为重点，发挥源头产业优势，创优发展环境，全力促进经济快速发展。

大力推进项目建设。进一步扩大投资规模，千方百计争取国家、省投资支持，创造条件吸引民间资本参与。突出抓好216个重点建设项目，总投资1004.2亿元，当年完成投资387.1亿元。一是实施106个产业项目。总投资676.9亿元，当年完成投资221.4亿元。大唐国际河西电厂2×30万千瓦、霍州发电厂2×60万千瓦和浮山中强煤电一体化等项目完成投资计划，平阳重工新增2000台高端液压支架、蒲县500万吨洗煤等项目竣工投产。二是实施79个基础设施项目。总投资291.5亿元，当年完成投资145.8亿元。重点推进5条铁路、7条高等级公路建设和乔李机场复航改造项目。开工建设投资18亿元的张台铁路，配合抓好大西高铁、中南部出海通道建设和南同蒲电气化、侯西复线改造；做好长临高速、霍永高速和霍侯路改造项目前期工作，争取今年开工；加快临吉高速、市区北环高速、京昆－青兰联络线和临汾一级客运站建设，全面完成临午线、河西南北大道、五一路立交桥、大运高速土门连接线等重点工程，完成2000公里县乡村公路联网通达，启动实施“村连村、户户通”工程。三是实施31个社会事业项目。总投资35.8亿元，当年完成投资19.9亿元。加快晋国遗址博物馆建设，临汾新高中、新医院建设完成主体工程。启动建设临汾市应急指挥中心、市博物馆和市精神病医院。切实保障项目用地，用足用活土地政策，确保项目落地。多渠道筹措项目资金，保证项目顺利推进。全面加强项目管理，确保工程质量和工程进度。

强化源头产业支撑。引深煤炭资源整合，尽快办结规划矿井所有手续，主体企业管理团队全部到位，妥善处理各方利益关系，兑现被兼并煤矿的补偿资金；对改扩建和新建矿井，抓紧完成地质报告和初步设计，确保上半年全部开工。加快煤矿复工复产步伐，对过渡性矿井和单独保留矿井，明确时限，严格标准，在确保安全的前提下，尽快恢复生产，力争原煤产量达到4000万吨以上。同时，加快非煤矿山企业复工复产步伐，努力增加铁矿石、石灰石等产品产量，保证下游企业原料供应。

创优企业发展环境。深入企业搞好服务，搭建原料供求、市场营销和银企合作平台，解决企业在生产经营中遇到的困难。强化县域之间、企业之间的经济协作，推动煤炭、焦化、冶金、电力产业链条的有序衔接。加快信用担保、贷款公司等融资服务体系建设，多渠道解决企业融资难题。继续实施困难企业社会保险“五缓四降三补贴”政策，减免焦化企业政府性基金和收费，清理取消不合理行政收费项目，对重点企业封闭管理，坚决查处“三乱”行为。全面落实促进民营企业发展意见，支持我市民营企业家在本地投资创业，吸引从煤炭行业退出的资金投向鼓励类领域，实现二次创业。

努力扩大消费需求。继续落实国家家电、汽车、摩托车、农机下乡等鼓励消费的补贴政策，努力提高广大群众消费能力与消费意愿。着力扩大住房消费，增加中小户型商品房供应，抑制房价过快上涨。继续抓好“万村千乡市场工程”、“新网工程”、“放心粮油工程”，大力发展连锁经营、电子商务等新型流通方式。整顿和规范市场秩序，营造便利、安全、放心的消费环境。

各位代表，全力保持经济平稳较快增长，既是增强区域综合实力的需要，也是改善民生的基础。我们一定要抢抓机遇，克难攻坚，努力实现经济社会发展既定目标！

（二）优化产业结构，加快转变发展方式

金融危机表面上冲击的是经济发展速度，实质上检验的是经济结构和发展方式。后危机时代必须加快结构调整，大力发展低碳经济、循环经济、绿色经济，促进高碳经济向低碳经济、单一产业支撑向多元产业拉动、总量扩张向创新驱动、产业节点向产业链条、产品分散发展向产业集群发展转变。

整合提升优势产业。煤炭、焦化、冶金、电力、装备制造是我市的优势产业，必须以增强综合竞争优势为目标，实施信息化带动工业化，鼓励同行业上下游产业以资本为纽带，推进兼并重组，坚定不移走园区化、规模化、循环式发展道路。煤炭产业以建设大型现代化矿井为目标，全面推进129座资源整合煤矿改扩建工程，确保40%的矿井年内竣工投产，支持整合发展大型现代化洗煤、配煤企业，延伸煤炭产业链条；焦化产业以建设全省重要的焦化基地为目标，控制焦炭总量，延伸化产链条，着力建设洪洞、襄汾两个大型焦化园区和尧都、古县、安泽、乡宁4个焦化生产集中区，支持山焦、三维加快发展；冶金行业以发展特种钢、优质钢为目标，实施产能置换，调整优化布局，支持太钢等大型钢铁企业在我市实施兼并重组，扶持临钢做强做大，建设精品钢铁基地；电力产业以推进煤电一体化为目标，实施变输煤为输电战略，继续抓好4个在建项目，加快翼城、安泽、浮山、曲沃等电源点项目的前期工作；装备制造产业以发展系统集成和整机装配为目标，努力扩大零部件生产，支持平阳重工、汤荣汽配、华翔美的等重点企业规模发展，建设侯马、翼城、襄汾等装备制造基地。

培育壮大潜力产业。新型材料产业、高新技术产业、现代服务业极具发展潜力，要制定出台配套措施，促进规模化发展。材料产业充分利用我市丰富的石灰岩、石膏等矿产资源和煤矸石、粉煤灰等工业废料，大力开发新型建材、耐火材料、陶瓷材料等产品，加快推进蒲县、隰县干法水泥项目，努力建设新型材料基地；高新技术产业充分依托临汾、侯马开发区科技孵化中心的优势，积极引进科技含量高、市场前景广的项目。支持尧都区光宇LED电源、同世达光伏电源等企业扩大规模、聚集发展；现代物流业加快侯马国际化物流园区建设，扩大方略保税物流、宝特国际物流、北方轻工城等企业规模。整合搬迁临汾市区现有市场，加快琛士通、深国投购物中心、馨阳农副产品批发中心等项目建设，形成北城物流园区。积极发展金融、信息、咨询、科技、评估等现代服务业。

加快发展朝阳产业。依托文化底蕴深厚、旅游资源丰富的优势，大力发展文化旅游产业，实现由旅游资源大市向旅游强市转变。高起点做好旅游产业发展规划，鼓励民间资本参与旅游景区景点开发，建立多元投入机制，多渠道吸纳社会资金，加快经营体制创新。加大旅游景区景点硬件建设力度，促进吃住行游购娱等基础设施提档升级。实行全市旅游景点"一卡通"，构建区域旅游客源互换新机制。实施旅游包装推介，搞好旅游产品开发，叫响"中华根·黄河魂·尧乡韵"旅游品牌。深入推进"一带五区十点"建设，打造寻根祭祖、黄河风情、民俗民居、自然风光、红色旅游精品线路，形成旅游串点成线连片新格局。

各位代表，调整优化经济结构、促进发展方式转变，是一项长期艰巨的历史任务。我们一定要持之以恒调结构、常抓不懈促转型，务求取得扎扎实实的成效！

（三）加大支农力度，夯实"三农"发展基础

充分发挥临汾农业发展的比较优势，加大统筹城乡力度，以促进农民增收为目标，以农业产业化经营为方向，以改善农村发展条件为重点，扎实推进发展新农业、建设新农村、培育新农民"新三农"工程。

认真落实强农惠农政策。坚持"三个优先"要求，市县两级财政支农资金安排6.79亿元，增长33.8%。认真落实国家粮食直补、良种补贴、农机具购置补贴、农资综合补贴等政策，全面执行省政府各项扶持措施，实行各种补贴"一折通"制度，防止截留挪用。推广以煤补农、以矿帮村的经验，落实企业支农捐赠优惠政策，扎实开展机关结对帮扶活动，形成全社会倾力支持"三农"工作的良好氛围。

大力发展新农业。实施以水兴农工程，完成五马水库、清峪水库、西里水电站大坝主体工程，实施汾西灌区节水配套工程、中小型水库除险加固工程，配合抓好禹门口引黄东扩工程。完成水土流失治理40万亩，生态修复80万亩，新建淤地坝50座，建设高标准示范农田2万亩，改造中低产田26万亩；实施粮食增产工程，抓好16个小麦万亩丰产方、30个玉米万亩丰产方和小杂粮示范点建设，新增机械化保护性耕作面积20万亩，确保粮食总产稳定在16亿公斤左右；实施现代农业示范工程，建设百万亩水果、百万亩蔬菜、百万亩干果、百万亩中药材等4个示范基地，扶持特色农产品规模发展，争创名优品牌；实施标准化园区建设工程，大力推广曲沃磨盘岭农业综合开发和洪洞西梁林下经济发展模式，力争每个县市区新增1个千亩以上标准化示范园区，新建100个标准化养殖小区；实施"393"龙头企业扶持工程，培育省级企业3户、市级企业9户、县级企业31户，新发展农民专业合作社400个以上。切实抓好农产品质量安全和动植物疫病防控。

加快建设新农村。按照因地制宜、分类指导的原则，鼓励村级组织发挥优势，量力而行，按规划推进新农村建设。要在巩固提升原有试点村和重点推进村的基础上，集中力量抓好新确定的236个重点推进村建设。着力实施新农村建设"325"精品工程，树立30个标兵村，打造20个连片区，培育50个亮点村。全面完成"五个全覆盖"任务。搞好移民搬迁和沼气扶贫，实现扶贫开发由整村推进向片区开发迈进，统筹搞好外资扶贫项目实施，新增沼气用户1.5万户。大力整治乡村环境卫生，积极开展"和谐乡村"创建，全面提升新农村建设水平。

积极培育新农民。以培育新型产业农民为目标，开展多层次、多渠道、多形式的培训，完成农村实用人才培训12万人。以培训新型务工农民为目标，完成农民职业技能培训2万人。健全农民工劳务输出服务机构，加强与劳务输入地区的联系，为农民工外出务工搭建平台，转移劳动力4.2万人。深化户籍制度改革，降低农民进城门槛，促使农村富余劳动力向非农产业和城镇转移。继续搭建信息、技术和销售平台，促进农民增收。围绕"乡风文明"建设，加强移风易俗教育，开展科技、文化、卫生"三下乡"活动。出台农民工返乡创业优惠政策，提供信息、资金、技术等方面的服务。

各位代表，"三农"问题事关全市300万农民的切身利益，始终是我市工作的重中之重。我们一定要带着感情抓"三农"，扎扎实实抓"三农"，千方百计推动"三农"工作迈上新的台阶！

（四）加快城市建设，提高城镇化水平

城市支撑着经济发展，展示着地方形象。我们要把城市建设作为战略重点，突出完善城市功能，全面强化城市管理，努力提高城市品位。

加紧编制城镇规划。按照“政府组织、专家领衔、部门协作、公众参与、科学决策”的原则，加快编制城镇规划。围绕打造“唐尧文明圣地、新兴工业之都、和谐宜居新城”的城市定位，加快编制《河西新城控规》、《南部新城控规》、《空港园区控规》、《高铁车站地段城市设计》等6个控制性详细规划，完成《城中村改造规划》、《城市燃气专项规划》、《城市排水、污水处理与中水回用专项规划》等10个配套规划的编制工作。加大县市区总规、近期建设规划的编制力度，确保城市建设有规可依、有章可循。出台城乡规划管理办法和违法建设查处办法，加强规划执法，维护规划的严肃性和权威性。

推动城市基础设施建设。临汾市区建设按照“拉大框架、拓展空间、建设精品、提升品位”的总体要求，集中力量打造河西新区，启动实施南北大道、锣鼓大桥西延、西关大桥西延、漪汾花园南路、新高中南路等重点工程。抓好东城新区文化、教育等公共服务设施建设。制定出台优惠政策，用市场化手段加大旧城改造力度，启动实施向阳路、北外环立交桥及道路改造工程，完成五一路立交桥建设，组团式改造一批城中村。按照“特色兴县、产业兴镇、园区带动”的思路，加快县城和重点建制镇建设。树立经营城市理念，建立和完善土地一级市场，加强土地收储，规范土地出让，盘活城市存量资产。出台城市土地管理实施意见，走出一条具有临汾特色的以城建城、以城养城的城市发展之路。

创新城市管理体制。以降低管理成本、提高管理效能为目标，继续改革城市管理体制。按照建管分离、管养分离的原则，积极推进城市管理市场化进程。建立和完善市、区、街道、社区四级管理体制，构建目标明确、责任清晰、管理科学、考核严格的城市管理机制；建立和完善规划、土地、建设三个执法一体化协调机制，严格规范建设秩序，严查违法违规建设和失职渎职行为；建立和完善市容、交警、环卫三个管理一体化协调机制，不断提高城市管理水平。加强市民城市意识、交通意识、环保意识、卫生意识教育，提高市民文明素质，共同建设美好家园。

各位代表，建设现代化城市、加快城镇化进程，既是提升区域竞争力的迫切要求，也是广大人民群众的热切期盼。我们一定要科学规划，打造精品，加强管理，真正把城市建设成为人民群众宜居宜业的乐园！

（五）推进生态建设，改善环境质量

生态环境问题仍然是临汾可持续发展的短板，直接影响着人民群众幸福指数的提高。必须毫不动摇促节能，坚持不懈治污染，打好节能减排攻坚战和持久战，促进生态环境持续改善。

强力推进节能降耗。制定全市低碳经济发展规划，严格落实节能工作目标责任制，建立健全考核评价制度。依法加强节能管理，严格实行新上项目节能评估制度，认真落实差别电价、阶梯水价制度，加强重点能耗企业节能合同约束。大力推广节能技术，突出抓好135户工业企业的节能示范工作。推进废渣、废气、废水利用和生活垃圾资源化利用。加快建筑节能改造，新建建筑执行国家节能标准。全面拓展节能领域，倡导全社会低碳生产、低碳生活、低碳消费的新风尚。

坚决整治环境污染。全面整治工业污染，坚决淘汰落后生产工艺和设施，严格执行环境影响评价和“三同时”制度。强化企业排污监管，所有国控、省控工业污染源全部实现在线监控。加大汾河、沁河等流域水污染防治力度，建立水质监测考核奖惩机制。以治理功能性污染为重点，加快环保基础设施建设，年底所有县市区污水处理厂建成并投入正常运行，11个县市垃圾无害化处理场开工建设，吉县、大宁、永和要投入使用。临汾市区新增集中供热面积200万平方米，覆盖率达到90%以上。加快实施天然气接入工程，临汾市区城中村基本用上清洁能源。采取综合措施，抑制城市二次扬尘和汽车尾气。全面加强农村环境保护，推进生态文明村、环境优美乡镇建设。确保各县市区二级以上天气达到310天以上，市区大气综合污染指数稳控在1.8以下。

大力实施生态建设。坚持山上治本与身边增绿同步推进，搞好国家重点林业工程建设，大力实施通道绿化、交通沿线荒山绿化等10大林业工程，积极发展碳汇林业，完成造林50万亩、四旁植树1200万株。加大城市绿化力度，确保城市建成区绿化覆盖率提高1个百分点以上，达到省级园林城市标准。加强龙祠水源地环境保护，推进塔儿山、二峰山生态综合治理，抓好霍州棚户区改造和沉陷区治理工程。加快汾河城区段生态工程建设，展现“一川清水、两岸锦绣”的靓丽景观。

各位代表，建设生态文明、提升环境质量，是构建和谐社会的重要内容。只要我们万众一心齐参战，齐心协力合攻坚，就一定能够建成山川秀美、碧水蓝天的新临汾！

（六）加强安全生产，提升安全发展水平

安全始终是临汾时刻不能松懈的重要工作，忽视了安全就等于放弃了发展。要把保障人民群众的生命权、财产权作为各级政府的重大政治责任，切实强化措施，狠抓落实，巩固来之不易的良好局面。

切实增强安全意识。牢固树立“抓安全就是抓发展、不安全就不能大发展”的理念，把安全发展放在政府工作的重要位置。认真落实“安全第一、预防为主”的方针，真正做到思想上高度重视，工作上常抓不懈。强化“隐患即事故”的意识，做到关口前移、重心下移。加强安全教育，增强全社会安全意识，从思想上筑起安全生产的牢固防线。

严格落实安全责任。重点落实各级政府的领导责任、部门监管责任和企业主体责任。按照属地管理原则，认真落实行政首长负责制，班子其他成员按照“一岗双责”抓好分管领域的安全工作，确保各行各业的安全生产事事有人抓、时时有人管，不留空档，没有死角；强化部门监管责任，做到制度严格可行、检查严密细致、责任追究严肃；强化企业主体责任落实，扎实开展安全质量标准化建设，引导企业加大安全投入，健全管理制度，严格生产和作业现场管理，落实关键环节和重要岗位的责任。严格安全工作考核奖惩，坚决落实“一票否决”制度。

扎实推进专项整治。突出抓好煤矿、非煤矿山、尾矿库、冶金、道路交通、消防、森林防火等重点行业和领域的安全工作，加强加气站、加油站等重大危险源和人员聚集场所、地质灾害易发区的防范监控。采取严格有效的措施，加强隐患排查治理。开展“春雷”行动，对非法违法生产保持高压态势。煤矿安全重点抓好过渡期矿井和“5+3”主体企业之外的矿井安全管理工作，明确5人监管小组职责，更加注重矿井安全预防和治本，更加注重对煤矿“一通三防”的监督检查，更加注重长效机制建设，确保全市煤炭百万吨死亡率等四项指标控制在全省平均水平以下。

各位代表，安全生产人命关天，安全责任重如泰山。我们一定要铭记教训，痛定思痛，毫不松懈地抓好安全生产，为经济社会平稳较快发展创造良好的环境！

（七）坚持改革开放，增强经济社会发展活力

改革是发展的原动力，开放是发展的助推器。应对挑战需要改革，加快发展必须开放。

抓好关键环节改革。科学编制“十二五”发展规划。全面完成市县两级政府机构改革，适时启动乡镇机构改革，稳妥推进事业单位分类改革。加快推进国企改革，完成市属5户国有企业政策性破产的扫尾工作。严格规范国有资产管理，坚决防止国有资产流失。继续深化财税体制改革，完善财政资金管理，优化财政支出结构。加强煤焦领域税费征缴管理，确保应收尽收。扎实推进集体林权制度、医药卫生体制、文化体制、投融资体制等方面改革。

努力扩大对外开放。积极参加“高交会”、“中博会”、“能源博览会”等招商引资活动，精心组织在上海、青岛、香港、台湾等地举办招商项目推介会。拓宽招商引资渠道，鼓励民间组织、企业、商会招商，支持临汾籍在外人士回乡投资，在引进资金、引进项目、引进技术、引进人才等方面实现重大突破。继续加强与友好城市、友好地区合作，拓展合作领域。积极扩大对外贸易，巩固欧美传统市场，开拓东盟、南美、俄罗斯等新兴市场。

加大科技创新力度。继续搭建产学研合作平台，推进主导产业技术进步和科技创新。采取奖励扶持措施，鼓励引导企业加大研发投入，引进科技人才，

建立研发中心，提升企业创新能力，加快临汾、侯马两个开发区科技孵化中心建设。围绕农产品升级换代，培育10个农业产业化科技示范基地。开展科技兴县活动，力争两个县成为全国科技富民强县试点县。

（八）着力改善民生，促进社会和谐

保障和改善民生是政府义不容辞的责任。我们要加快发展民生和社会事业，优先解决人民群众关注的现实问题。

全面振兴教育事业。继续加大教育投入，市县两级教育预算支出安排21.5亿元，增长31%。积极推进教育资源整合，优化学校布局，促进教育公平。加快临汾十三中、临汾二中、东城小学建设，缓解市区中小学班容量过大的问题。加快教育改革，端正办学方向，推进素质教育。高度重视基础教育，加强教师队伍建设和教学管理，提升教学质量。规范民办教育，壮大职业教育。办好职业学院、临汾学院和广播电视大学，支持山西师大建设发展。完成教育规划制定，科学指导教育事业振兴。

提高医疗卫生水平。继续实施“县提升、乡达标、村覆盖”工程，着力改善医疗条件。完善新型农村合作医疗制度，提高财政补助标准。扎实做好市第四人民医院和古县人民医院公立医院改革试点工作，完成22个城市社区卫生服务站设备配备任务。加强疾病预防控制、妇幼保健和食品药品监督管理。大力发展中医药事业，恢复市中医医院机构。继续稳定低生育水平，实施“优生促进工程”。

健全社会保障体系。积极推进城镇企业各类职工参加养老、失业、医疗和工伤保险，扩大城镇居民基本养老、基本医疗覆盖面。扎实做好农村社会养老保险工作，覆盖人数达到24.3万人。抓好城乡低保规范化管理，提高五保对象集中供养水平，完善临时救助制度，妥善解决农村居民生活和取暖用煤问题。为市区合同制清扫清运工人购买社会保险，解除城市环卫工人后顾之忧。

全力促进创业就业。认真落实各项促进创业就业的扶持政策，鼓励发展劳动密集型企业、中小企业和服务业，完善政府投资项目优先安排当地劳动力机制，努力增加就业岗位。重视做好大学生就业和城镇退役士兵安置工作。加大公益性岗位开发力度，积极解决零就业家庭成员、“4050”人员、大龄就业困难人员就业难问题，千方百计实现新增城镇就业4.6万人。

实施住房安居工程。开工建设经济适用房9.6万平方米、1600套，廉租房8.2万平方米、1640套，城市棚户区改造建设住房5.35万平方米、575套，国有工矿棚户区改造新建住房4.56万平方米、638套。完成潇汾花园经济适用房建设，为近3000户中低收入家庭提供住房保障，使1000户居民按期入住。完成农村危房改造3633户，为500户农村贫困残疾人进行危房改造。出台经济适用房管理办法和廉租房保障办法，确保困难群体住有所居。

努力促进文化繁荣。加快发展文化事业，启动实施59个文化站、294个农民书屋建设，积极开展送戏、送电影进农村、进社区、进企业。大力发展文化产业，扶持蒲剧、眉户等传统艺术，努力打造精品剧目；深入挖掘和保护非物质文化遗产，支持威风锣鼓、木版年画、剪纸等民间艺术走向市场。加强未成年人思想道德教育，强化网吧等文化市场管理，坚决扫除“黄赌毒”等社会丑恶现象。大力开展全民健身活动，提高竞技体育水平。树立文明新风，引深“爱我临汾、树我形象、建我家乡”活动。

着力强化社会管理。坚持堵疏结合，正确处理各种社会矛盾，坚决查处纠正城市拆迁、国企改制、土地征用、环境保护等方面损害群众利益的各种问题。完善信访工作机制，做好人民调解工作。规范劳动用工管理，维护劳动者合法权益。加强社会治安综合治理，大力弘扬见义勇为，严厉打击各类刑事犯罪活动，确保社会稳定。切实提高防震减灾能力，不断发展人民防空事业。完善应急管理体系，预防和妥善处置各类突发事件。扎实做好第六次人口普查工作。认真落实民族宗教政策，依法管理宗教事务，保护正常的宗教活动。

加强民主法制建设。自觉接受人大及其常委会的法律监督、工作监督和人民政协的民主监督，严格执行市人大及其常委会决议、决定，加强与各民主党派、工商联、无党派人士和人民团体的联系，认真办理人大代表、政协委员的议案、提案。充分发挥工会、共青团、妇联、科协、侨联等群团组织作用。支持人民法院、检察院依法履行职责。努力扩大基层民主，保障人民群众的知情权、参与权、监督权。全面落实“五五”普法规划，扎实推进“法治临汾”建设。高度重视国防后备力量建设，广泛开展“双拥”活动，做好民兵预备役工作。

各位代表，保障和改善民生，重在办实事。今年，市政府向全市人民承诺办好10件实事：

1、完成126.3万平方米中小学校舍改造任务；

2、全面完成村级卫生室建设任务，在60%的政府性举办的基层医疗卫生机构实行基本药物制度；

3、对3000名就业困难人员进行就业援助，对300名贫困残疾儿童实施康复援助，新建和改扩建农村敬老院17所；

4、解决农村42万人饮水不安全问题；

5、贯通全长57公里的市区内环一级路；

6、实施污水处理工程，实现市区污水零排放；

7、汾河生态公园和古城遗址公园向市民开放；

8、建设和完善1180个粮油经销点，新建200家连锁农家店；

9、完成6500人移民搬迁任务；

10、开工建设市文体中心。

以上10件实事，涉及人民生活诸多方面，我们就是要把关乎民生的事情，挂在心上，抓在手上，力争为全市人民交上一份满意的答卷！

三、加强政府自身建设

推动负重转型、促进绿色崛起、加快统筹城乡、实现科学发展，政府自身建设是关键。我们将以建设人民满意的政府为目标，继续推进学习型政府、服务型政府、法治型政府、廉洁型政府建设，努力提高领导科学发展的能力和水平。

（一）加强学习，增强科学发展的坚定性。新形势要求我们重视学习，新任务要求我们坚持学习，新挑战要求我们深化学习。我们要加强政治理论学习，端正从政理念；加强行政管理和法律知识学习，提高依法执政水平；加强市场经济知识学习，提高驾驭经济工作的能力；注重向实践学习，向群众学习，提高真抓实干、处置复杂问题的本领。坚持知行合一，学以致用，用科学的理念谋划政府工作，用科学的态度解决疑难问题，用科学的方法应对困难挑战，通过学习，坚定信心，通过学习，推动创新。

（二）转变职能，提高执行落实的实效性。明确政府角色定位，理顺政府与企业、市场、社会中介组织的关系，着力搞好经济调节和市场监管，突出加强社会管理和公共服务，更加重视发展民生等社会事业，把经济工作的重点转移到为市场主体服务和创优发展环境上来。落实政府工作责任，健全目标责任制，强化执行、反馈、监督、考核。实行行政问责，严格奖惩兑现，把定下的事情落到实处。提高政府工作效率，继续推进行政审批制度改革，加快电子政务建设，实行首办负责制、限时办结制。强化行政效能监察，真正解决门难进、脸难看、话难听、事难办的问题。切实减少会议，努力压缩文件，腾出工作精力谋大事、办实事。

（三）依法行政，确保决策施政的规范性。全面推进法治政府建设，坚持依法行使职权，依法履行职责。健全政府议事规则，坚持依法决策、科学决策、民主决策，发挥法律顾问、专家学者、社会听证在决策中的作用。强化行政监督，大力推进政府信息公开，完善信息和新闻发布制度，广泛接受人民群众和新闻媒体监督。加强行政执法监督，着力解决一些执法领域落实不下去、严格不起来的问题，查处徇情枉法、徇私枉法、贪赃枉法行为，真正做到有权必有责、用权受监督、侵权应赔偿、违法要追究。

（四）清正廉洁，强化拒腐防变的自觉性。全面落实政府系统党风廉政建设责任制，规范公务人员从政行为。加强行政监察，坚决查处违纪违法案件。深入开展廉洁从政警示教育，防止权力寻租和行政腐败，纠正政府权力部门化、部门权力个人化、个人权力利益化行为。继续引深煤焦领域反腐败专项斗争，加大治理商业贿赂力度。强化政府投资项目审计，规范工程招投标、财政转移支付、土地资源使用、政府采购、国有资产转让等行为。厉行勤俭节约，制止铺张浪费，狠刹奢靡之风，以廉洁从政、清廉为民的良好形象取信于民！

各位代表，做好今年的工作，任务艰巨而繁重，责任重大而光荣。让我们在中共临汾市委的坚强领导下，坚持以邓小平理论和“三个代表”重要思想为指导，深入贯彻落实科学发展观，同心同德，群策群力，扎实工作，开拓创新，加快建设经济繁荣、社会和谐、民生殷实、环境优美的新临汾，以优异的成绩迎接撤地建市10周年！

临汾市2009年国民经济和社会发展统计公报

临 汾 市 统 计 局

2010年2月22日

2009年，是临汾经济社会发展进程中极不寻常的一年。面对国际金融危机的严重冲击，面对经济结构深层次矛盾的重重困扰，全市人民在市委、市政府的正确领导下，以邓小平理论和“三个代表”重要思想为指导，深入贯彻落实科学发展观，化挑战为机遇，变压力为动力，坚定不移地推动保增长、保民生、保稳定各项政策措施的落实，着力推动转型发展、安全发展、和谐发展，全市经济在克服困难中实现平稳较快增长，各项社会事业取得新的进步。

一、综　合

经济增长：初步核算，全年全市地区生产总值763.1亿元，按可比价计算，比上年增长4.2%。其中，第一产业增加值51.8亿元，增长6%；第二产业增加值440亿元，增长1.9%；第三产业增加值271.3亿元，增长8.2%。第三产业中，金融保险业增加值22.7亿元，增长12.3%；交通运输、仓储和邮政业增加值66.2亿元，增长4.8%；批发和零售业增加值46.4亿元，增长8.1%；房地产业增加值17.8亿元，增长5.5%。

人均地区生产总值18127元，按2009年平均汇率计算达到 2655美元。（见图1）

第一、第二和第三产业增加值占全市生产总值的比重分别为6.8%、57.7 %和35.5%，对经济增长的贡献率分别为7.1%、28.6%和64.3%。

价格：居民消费价格比上年上涨0.7%，其中

图1 2005-2009年全市地区生产总值增长速度

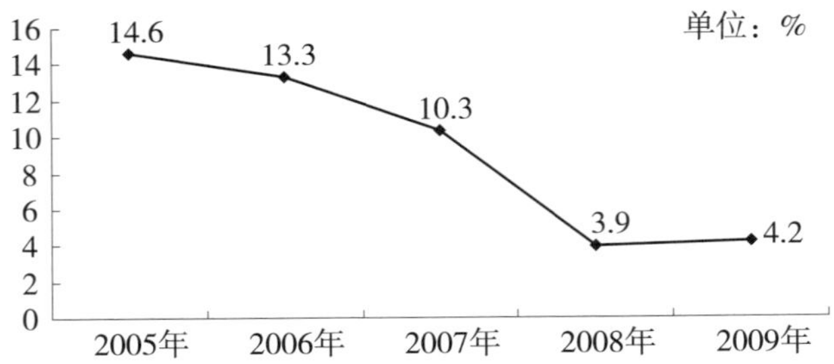

食品价格上涨1.8%。商品零售价格上涨0.2%。工业品出厂价格下降17%，其中生产资料价格下降17.5%，生活资料价格下降4.1%。原材料、燃料、动力购进价格下降11.1%。农业生产资料价格上涨4.1%。

表1　2005-2009年主要价格指数

上年=100

价格种类	2005年	2006年	2007年	2008年	2009年
居民消费价格	102.6	102.1	104.5	104.9	100.7
工业品出厂价格	101.7	97.3	109.5	126.1	83.0
农业生产资料价格	115.7	103.2	111.1	111.2	104.1
原材料、燃料、动力购进价格	104.8	96.9	111.8	124.1	88.9

就业：年末全市就业人员195万人，其中城镇就业人员46.3 万人。城镇新增就业人员4.04万人，完成全年目标（3.88万人）的104%。下岗再就业人数达到9785人，其中就业困难对象再就业人数2661人。年末城镇登记失业率3.1%，控制在了4.6%的目标范围之内。

二、农 业

种植面积：全年全市农作物种植面积846.3万亩，比上年增长2.5%。其中粮食种植面积756.5万亩，增长3.7%；油料种植面积24万亩，减少6.4%；棉花种植面积8.9万亩，减少5.8%。在粮食种植面积中，玉米种植面积292万亩，增长10.6%；小麦种植面积371.8万亩，增长0.9%。

粮食产量：全年粮食总产量166.7万吨，比上年减产2.3%。其中，玉米73.3万吨，增产13%；小麦81万吨，减产14.3%。

表2 2009年主要农产品产量及其增长速度

单位：吨

产品名称	产 量	比上年增长%
粮 食	1667399	-2.3
夏 粮	810394	-14.3
秋 粮	857005	12.5
油 料	22624	-5.4
花 生	2799	-26.0
油菜籽	656	6.5
棉 花	6434	-2.0
烤 烟	2157	27.4
水 果	294222	13.3
蔬 菜	796934	1.6

畜禽及水产品产量：全年全市肉类总产量9.3万吨，比上年增长13.6%。其中，猪肉产量7.6万吨，增长11.6%；牛肉产量0.5万吨，增长4.9%；羊肉产量0.6万吨，增长15.2%。牛奶产量2.8万吨，增长4%。禽蛋产量7.5万吨，增长3.6%。水产品产量4330吨，下降0.6%。

林业生产：全年完成退耕还林和荒山荒地造林面积8万亩，完成天然林资源保护工程造林面积7.4万亩，造林合格面积92.4万亩，比上年增长20.4%。年末全市森林面积955万亩，森林覆盖率达31.4%。全年实现林业产值11.1亿元，其中营林产值8.6亿元。林业产业增加值5.5亿元。全年木材产量5865立方米，比上年减少26.8%。

农业机械：年末全市农业机械总动力385.2万千瓦，比上年末增长5.2%。机械耕地面积513.1万亩，机械播种面积506.8万亩，机械收获面积323.4万亩，分别比上年增长7%、8%和10.8%。全市农机化经营总收入达到9.7亿元，同比增长11.9%。

三、工业和建筑业

工业：全年全部工业增加值402.6亿元，比上年增长0.3 %，在二产中所占比重为91.5%，比上年减少2.6个百分点。

其中，规模以上工业企业完成增加值372.6亿元，比上年增长3%。

图2 2005-2009年全部工业增加值增长速

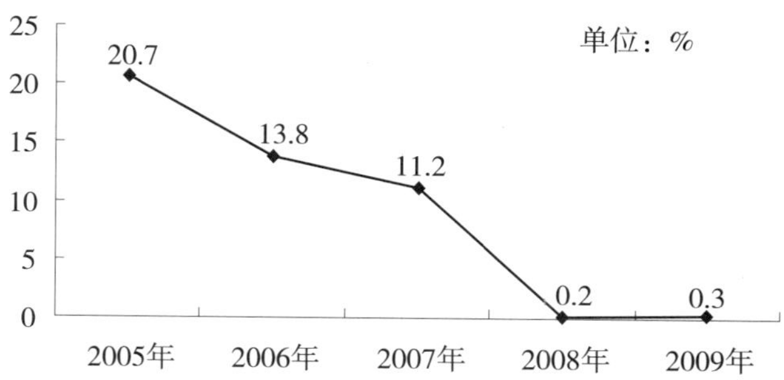

表3 2009年规模以上工业增加值及其增长速度

单位：万元

指 标	增加值	比上年增长%
规模以上工业	3726171	3.0
其中:轻工业	51487	-15.2
重工业	3674684	3.3
其中:国有及国有控股企业	1336039	-3.4
其中:集体企业	109455	47.8
股份制企业	2942659	2.2
外商及港澳台商投资企业	118123	-6.1
其中:私营企业	2198600	6.0

全社会原煤产量2634.7万吨，比上年下降36%，其中，规模以上工业企业原煤产量2556.1万吨，下降18.8%。（见表4）

规模以上工业实现主营业务收入1072.2亿元，比上年下降17.1%，其中煤炭、炼焦、黑色金属冶炼及压延加工、有色金属冶炼及压延加工、化学制品制造五大行业分别实现主营业务收入331.3亿元、238.3亿元、344.9亿元、28.6亿元和28.9亿元，分别下降9.4%、26.6%、17.5%、24.4%和21%。

规模以上工业实现利税84.7亿元，比上年下降45.8%；实现利润13.2亿元，比上年下降69.5%。

表4　2009年规模以上工业主要工业产品产量及其增长速度

产品名称	单 位	产 量	比上年增长%
原煤	万吨	2556.1	-18.8
洗精煤	万吨	2736.2	10.0
饮料酒	千升	16420.5	-39.1
纱	吨	7047.7	19.3
布	万米	71	-7.6
机制纸及纸板	吨	9305.3	4.2
铁矿石原矿量	万吨	76.5	-42.5
焦炭	万吨	1707.2	-3.2
其中：机焦	万吨	1707.2	-3.2
硫酸（折100%）	万吨	14.3	-23.0
化肥（折100%）	万吨	10.9	-19.4
粗苯	万吨	10.4	-2.1
塑料制品	吨	9121	13.1
水 泥	万吨	248.3	19.8
生 铁	万吨	917.3	21.2
粗 钢	万吨	605.8	32.4
钢 材	万吨	446.3	22.4
精炼铜	万吨	4.9	1.1
发电量	亿千瓦小时	62.1	4.6

表5　2009年规模以上工业企业实现利润及其增长速度

单位：万元

指 标	利润总额	比上年增长%
规模以上工业	132187	-69.5
其中：国有及国有控股企业	51584	-64.5
其中：集体企业	9768	48.8
股份制企业	19137	-91.0
外商及港澳台投资企业	-18166	-
其中：私营企业	72441	-74

建筑业：全年全市建筑业实现增加值37.4亿元，比上年增长30.9%。具有建筑业资质等级的总承包和专业承包建筑业企业实现利润总额1.9亿元，增长11.8%；上缴税金4.4亿元，增长18.9%。

图3　2005—2009年建筑业增加值及增长速度

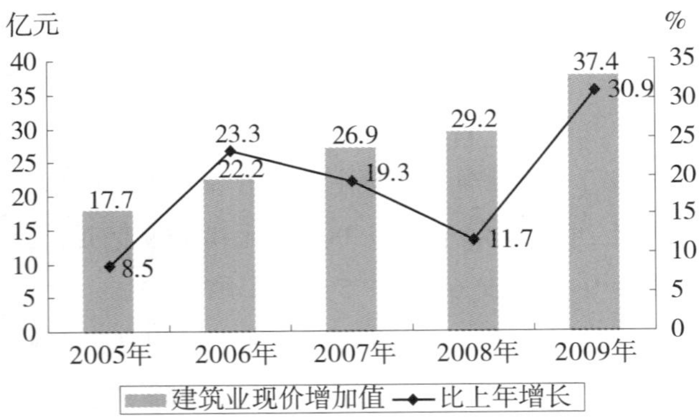

四、固定资产投资

固定资产投资：全年全社会固定资产投资419亿元，比上年增长58.1%。其中，城镇投资404.4亿元，增长59.3%；农村投资14.6亿元，增长30.3%。按产业分，第一产业投资15亿元，增长84.9%；第二产业投资211.1亿元，增长37.8%；第三产业投资192.9亿元，增长85.8%。按登记注册类型分，国有及国有控股投资254亿元，增长52.7%；非国有经济投资164.9亿元，增长66.9%。（见图4、图5、表6）

图4　2005-2009年全社会固定资产投资及其增长速度

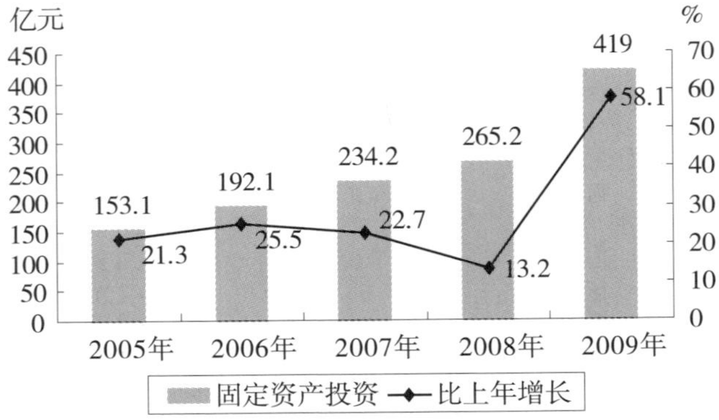

图5　2005—2009年国有、非国有固定资产占全社会固定资产投资比重（%）

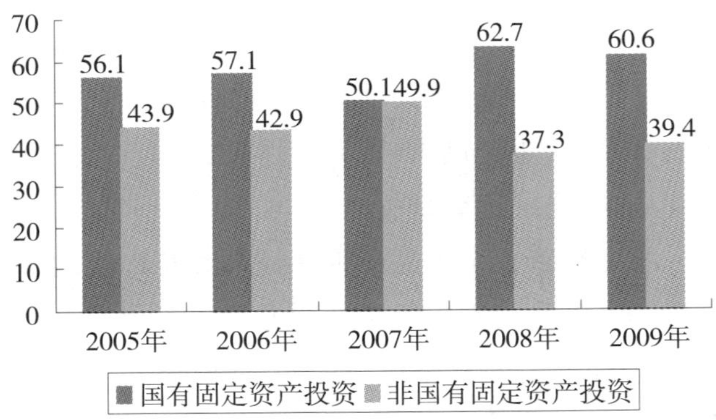

城镇固定资产投资建成投产项目711个，项目建成投产率为73.8%；新增固定资产322.3亿元，固定资产交付使用率为88.2%。

房地产开发：全年房地产开发投资38.9亿元，比上年增长76.4%。按工程用途分，商品住宅投资33.9亿元，增长92.2%；办公楼投资0.8亿元，增长16%；商业营业用房投资3亿元，增长28.3%。

表6 2009年分行业固定资产及其增长速度

单位：万元

行 业	投资额	比上年增长%
总 计	4189568	58.1
农林牧渔业	149741	84.9
其中：农业	7717	71.1
采矿业	693694	97.4
其中：煤炭采选业	659797	104.6
黑色金属矿采选业	29682	2.9
制造业	692287	0.4
轻工业	45349	21.8
石油加工及炼焦业	100296	-26.1
化学原料及化学制品制造业	139994	-39.1
黑色金属冶炼及压延加工业	210955	10.6
有色金属冶炼及压延加工业	14960	1770.0
机械工业	103122	142.9
其他制造业	77611	64.3
电力、煤气及水的生产和供应	724741	47.8
交通运输、仓储及邮政业	610146	126.4
信息传输、计算机服务和软件业	71522	56.1
批发和零售业	145446	113.1
住宿、餐饮业	66483	76.9
金融业	1300	-23.8
房地产业	556279	114.6
租赁和商务服务业	1570	57.0
科学研究、技术服务和地质勘探业	695	-84.7
水利、环境和公共设施管理业	295919	9.2
居民服务和其他服务业	229	-
教育	85914	132.0
卫生、社会保障和社会福利业	50188	224.5
文化、体育和娱乐业	33345	57.8
公共管理和社会组织	10069	38.2

表7 2009年全市房地产开发和销售主要指标完成情况

指 标	单位	绝对数	比上年增长%
投资完成额	亿元	38.9	76.4
其中：住宅	亿元	33.9	92.2
房屋施工面积	万平方米	416.2	64.4
其中：住宅	万平方米	354.2	61.5
房屋新开工面积	万平方米	228	60.2
其中：住宅	万平方米	190.1	54.5
房屋竣工面积	万平方米	35.8	-28.0
其中：住宅	万平方米	32.3	-22.1
商品房销售面积	万平方米	66.4	7.2
其中：住宅	万平方米	63	3.6

重点工程建设：2009年，全市209个重点工程项目，累计完成投资225亿元，同比增长56.9%。重点工程项目完成投资占全社会投资的比重为53.7%，对全社会投资增长的贡献率达到53.1%，拉动全社会投资增速30.8个百分点。

五、能 源

能源生产：全年全市一次能源生产折标准煤1882万吨，比上年下降36%，二次能源生产折标准煤4869.1万吨，比上年下降8.4%。

能源外调：全年全市向省外运输煤炭1328.3万吨，比上年下降6.4%，其中，向省外运输原煤250.8万吨，下降39.5%，洗精煤715.2万吨，增长13.6%，其他洗煤362.3万吨，下降3.2%；外运焦炭1109.7万吨，下降1.8%。

能源投资：全市能源工业投资完成148.5亿元，比上年增长56.5%。其中，煤炭工业投资66亿元，增长1倍；电力工业投资72.5亿元，增长47.8%；焦化工业投资10亿元，下降26.1%。

煤炭资源整合：兼并重组整合工作取得重大阶段性成果。全市392座煤矿中，除70座“十关闭”矿井外，308座煤矿签订了正式交易协议，206座煤矿进驻了主体企业，106座办结了各类手续，95座矿井领到了采矿许可证。整合完成后，全市煤矿个数由392座压减到129座，办矿主体由350个减少到29个，平均单井产能由年产23万吨提高到83万吨，规划产能由不足9000万吨增加到1亿多吨，煤炭产业集中度和办矿水平显著提高。

六、国内贸易

消费品零售：全年全市社会消费品零售总额272.6亿元，比上年增长21.7%。其中，城市消费品零售额116.2亿元，增长21.1%；县消费品零售额77.6亿元，增长21.9%；县以下消费品零售额78.8亿元，增长22.3%。

表8 2009年社会消费品零售总额及其增长速度

单位：万元

指 标	绝对数	比上年增长%
社会消费品零售总额	2725510	21.7
分地域：市	1161829	21.1
县	775658	21.9
县以下	788023	22.3
分行业：批发业	513402	21.6
零售业	1796151	21.6
住宿和餐饮业	349635	21.5
其他	66322	23.1

图6　2005—2009年全社会消费品零售总额及其增长速度

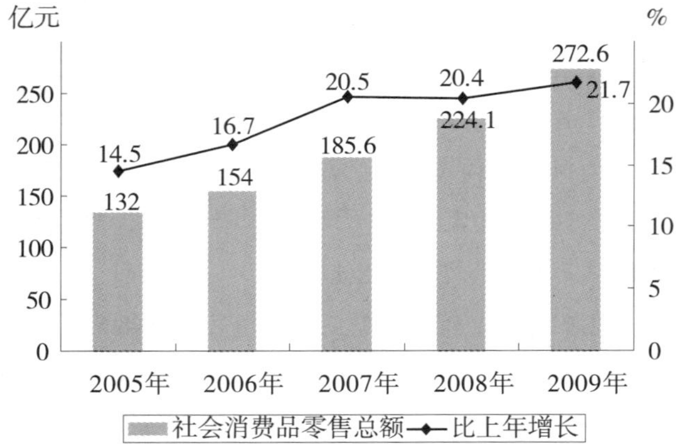

表9　2009年限额以上批发零售额及其增长速度

单位：万元

指 标	绝对数	比上年增长 %
食品、饮料、烟酒类	31897	22.1
服装鞋帽、针、纺织品类	32024	8.6
汽车类	111809	183.4
石油及制品类	166203	18.8
书报杂志类及电子出版物	14616	15.4
日用品类	8742	38.1
体育、娱乐用品类	2207	12.4
金银珠宝类	4536	25
化妆品类	2460	39.2

七、对外经济

进出口贸易：全年全市海关进出口总额35519万美元，比上年下降36.4%。其中，出口下降72.9%，进口增长12.6%。

表10　2009年海关进出口总额及其增长速度

单位：万美元

指 标	绝对数	比上年增长%
进出口总额	35519	-36.4
出口额	8687	-72.9
其中：一般贸易	8312	-73.5
加工贸易	375	-49.3
其中：机电产品	4171	-64.9
高新技术产品	92	-66.4
其中：国有企业	3712	-74.3
外商投资企业	2133	-81.3
进口额	26832	12.6
其中：一般贸易	26531	15.8
加工贸易	300	-60.9
其中：机电产品	76	-74.8
高新技术产品	0	-
其中：国有企业	326	-65.2
外商投资企业	3	-98.3
贸易顺差	-18145	-

图7　2005—2009年海关进出口总额及其增长速度

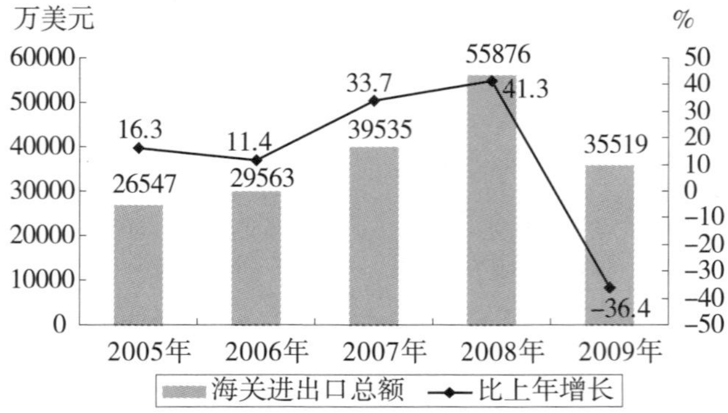

全年出口焦炭1.98万吨，下降92.4%，出口金额859.73万美元，下降92.4%；出口钢材0.91万吨，下降28.8%，出口金额733万美元，下降38.8%；出口机电产品4171万美元，下降64.9%；出口高新技术产品92万美元，下降66.4%。煤炭、金属镁产品无出口。

全年进口铁矿砂及其精矿357.9万吨，比上年增长93.3%，进口金额2.62亿美元，增长27.8%；进口机电产品76万美元，下降74.8%。

表11　年末与我市有贸易往来的主要国家和地区进出口情况

单位：万美元

国家和地区	出口额	比上年增长%	进口额	比上年增长%
美 国	1465	-75.4	23	-91.8
日 本	1290	-77.7	3	-99.6
印 度	144	-9.3	5968	-50.5
韩 国	592	-77.1	0	-
澳大利亚	220	-20.4	9392	248.9
荷 兰	188	-72	0	-
意大利	164	-66.1	0	-
中国台湾	71	-92.5	221	-57.3
德 国	664	-39.8	0	-
中国香港	1	-97.2	0	-
法 国	79	-77.8	0	-
印度尼西亚	154	-17.1	226	155.8
俄罗斯	55	-86.9	0	-
英 国	193	236.5	22	-22.4
泰 国	154	-62.6	0	-
加拿大	275	-65.9	1	-

招商引资：全年全市新设立外商直接投资企业9家；实际使用外商直接投资金额1.17亿美元，比上年下降59.3%，其中纳入商务部统计口径的为1890万美元，下降85.5%。

八、交通、邮电和旅游

交通运输：全年全市交通运输、仓储和邮政业增加值66.2亿元，比上年增长4.8%。公路线路年末里程16596公里，其中高速公路208公里。

表12 2009年客货运输量及其增长速度

指 标	单 位	绝对数	比上年增长%
旅客运输量	万 人	4118	0.46
旅客运输周转量	亿人公里	23.37	6.76
货物运输量	万 吨	8418	-12.78
货物运输周转量	亿吨公里	129.53	2.29

年末全市民用汽车保有量达到23.6万辆（包括三轮汽车和低速货车3.6万辆），比上年末增长7.8%，其中私人汽车18.6万辆，增长13.6%。年末轿车保有量10.9万辆，比上年末增长13.2%，其中私人轿车9.8万辆，增长19.6%。

邮电：全年全市完成邮电业务总量65.6亿元，比上年增长8.7%。其中，邮政业务总量4亿元，增长11%；电信业务总量61.6亿元，增长8.6%。年末，全市固定电话80.84万部，减少4.71万部，下降5.5%；移动电话212.99万部，增长15.5%，本年新增28.58万部；已通电话的行政村达到2829个，占全市行政村的95.3%；全市固定电话和移动电话普及率每百人分别达到19.15部和50.45部。全市宽带接入用户达到32.6万户，增长41.3%。

图8 2005-2009年全市年末固定、移动电话用户（万户、万部）

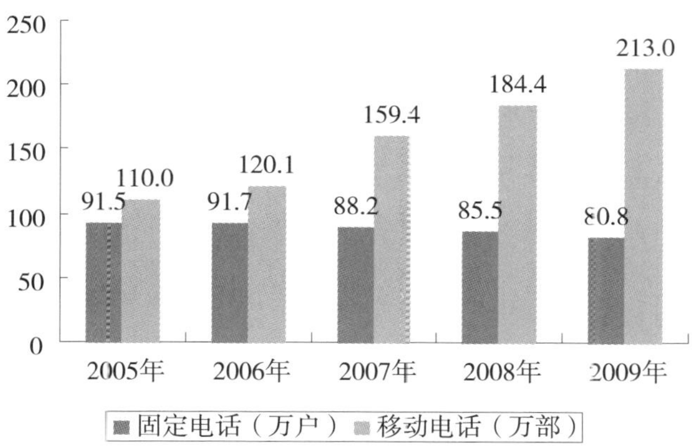

旅游：全年全市接待海外旅游者8.3万人次，接待国内旅游者988.5万人次，分别比上年增长15.2%和7.3%；旅游总收入79.6亿元，增长16.2%，其中，旅游外汇收入1703万美元，增长11%，国内旅游收入78.4亿元，增长16.8%。

九、财政、金融、证券和保险

财政：全年全市财政总收入137.7亿元，完成省定调控目标。一般预算收入62.9亿元，增长16%，其中，税收收入36亿元，下降4.8%，国内增值税、营业税、企业所得税、个人所得税、资源税和城建税共计完成税收30亿元，下降8.3%。

图9 2005-2009年一般预算收入及其增长速度

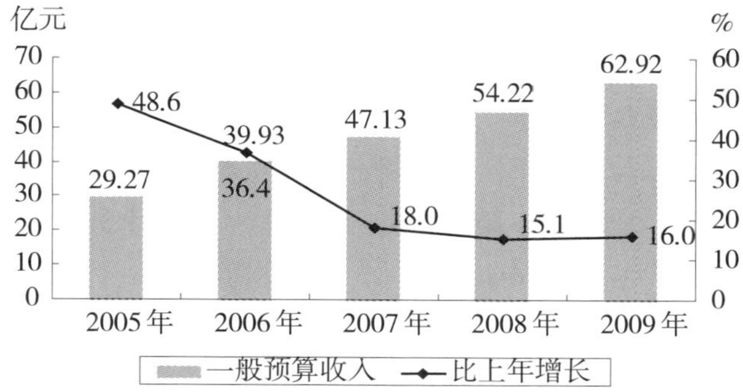

一般预算支出执行131.08亿元，比上年增长19.7%。其中，农林水事务支出增长13.8%；教育支出增长16.9%；科学技术支出增长4.9%，社会保障和就业支出增长21.21%，医疗卫生支出增长33.1%，文化体育与传媒支出增长1.6%，城乡社区事务支出增长0.1%，公共安全支出增长9.4%。

金融：年末全市金融机构各项人民币存款余额1097.1亿元，比年初增长19.1%。各项贷款余额430.7亿元，增长18.5%。人民币消费贷款7.8亿元，增长13.8%。全年累计现金收入2038.6亿元，累计现金支出2067.8亿元，货币净投放29.2亿元。

年末，全市农村金融合作机构人民币存款余额407.7亿元，比年初增长18.3%，贷款余额277.4亿元，增长15.3%。

表13 2009年金融机构人民币存贷款及其增长速度

单位：亿元

指 标	年末数	比上年末增长%
各项存款余额	1097.1	19.1
其中：企事业单位存款	158.6	33.6
城乡居民储蓄存款	748.8	11.1
各项贷款余额	430.6	18.5
其中：短期贷款	293.4	16.3
中长期贷款	121.7	30.0

图10　2005-2009年城乡居民人民币储蓄存款余额及其增长速度

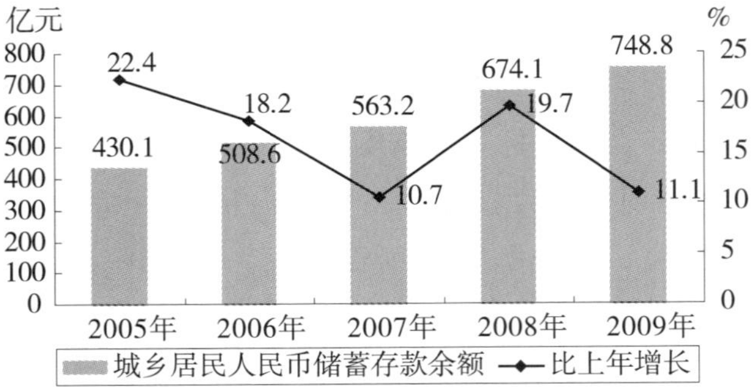

证券：全年全市辖区证券市场资金帐户开户数7.9万户，比上年增长16.1%；累计交易额612.5亿元，增长22.7%。

保险：全年全市保险业累计实现保费收入26.5亿元，比上年下降4.9%。保险赔款及给付支出7.8亿元，下降14.9%。

十、教育和科学技术

教育：年末，全市高等教育学校4所；中等职业学校58所，其中：普通中专6所，成人中专14所，职业高中38所；普通中学345所，比上年减少38所；小学1843所，减少420所，特殊教育学校5所；注册幼儿园410所。小学学龄儿童入学率99.95%，初中学龄儿童入学率99.74%。义务教育经费保障机制全面落实，全年共补助农村公用经费资金24022.4万元，补助学生98.9万人次；城市义务教育免杂费700.6万元，惠及学生20.5万人次。

表14　2009年各类教育发展情况

单位：人

指 标	招 生	在校生	毕业生
中等职业教育	22089	51319	12571
普通高中	32048	90620	29619
初　中	71805	209162	80039
普通小学	52349	372178	71994
特殊教育	119	856	65
学前教育		47694	

科学技术：全年全市共申请专利374件，其中发明专利111件。山西亚华制盖有限公司、山西春雷铜材有限责任公司、山西华翔同创铸造有限公司、山西三维集团股份有限公司等4家企业被认定为山西省高新技术企业。民营科技企业总数达到57家。

年末，全市省级企业技术中心10个，市级企业技术中心6个，县以上政府部门研究机构7个（包括县级2个），其中自然科学技术领域6个，从业人员85人，科技活动人员78人；科技信息和文献机构1个，从业人员15人，科技活动人员13人。年末，全市共有县以上法定计量技术机构18个，全年强制检定计量器具9262台（件），产品质量检验1403批（次）。

年末，全市气象台17个，121电话天气自动答询台17个，开展人工影响天气业务的单位17个，卫星云图接收站17个。拥有专业地震台11个，地方企事业台站25个。

十一、文化、卫生和体育

文化：年末全市文化馆18个，公共图书馆17个，博物馆14个。广播电视台17座，县级文化广场22个。全市有线电视用户49.8万户，电视人口覆盖率为97.94%。临汾市眉户剧团创编的《父亲》获得全国戏剧“梅花奖”第一名；洪洞县的麦秸画、石艺，侯马市的蝴蝶杯、皮影，襄汾县的晋式家居、剪纸，尧都区的平阳木版画，曲沃县的葫芦工艺、翼城县的花鼓等地方性文化艺术在全国的知名度和影响力进一步提高。2009年，全市文化市场经营户达到1100余户，从业人员近两万人，年产值2.2亿元，初步形成了较为完备的文化产业体系。

卫生：年末全市共有卫生机构(含诊所)1123个，其中妇幼保健院（所、站）18个。全市卫生机构(含诊所)共有床位1.6万张，其中，医院和卫生院床位1.5万张。卫生技术人员1.9万人。全市17个县（市、区）全部开展了新型农村合作医疗试点工作，289万农民参加了合作医疗，参合率90.38%。

体育：年末全市人均公共体育场馆面积1.1平方米，比上年提高0.02平方米。全市运动员在山西省第十三届运动会上获金牌10枚，银牌21枚，铜牌19枚。

十二、人口、人民生活和社会保障

人口：据2009年人口抽样调查，年末全市常住人口为4221719人，比上年末增加23702人。全年全市出生人口49003人，人口出生率为11.64‰；死亡人口25302人，死亡率为6.01‰；自然增长率为5.63‰。

表15　2009年人口数及其构成

单位：人

指 标	年末数	比重(%)
全市常住人口	4221719	100
其中：城镇	1614812	38.25
乡村	2606907	61.75
其中：男性	2176574	51.56
女性	2045145	48.44

人民生活：全年城镇居民人均可支配收入为12247元，比上年增长9.3%；城镇居民人均消费性支出8436元，增长6.2%。农村居民人均纯收入4749元，增长8.1%；农村居民人均生活消费支出3083元，增长7.7%。城镇占调查总户数20%的低收入家庭人均可支配收入6193元，增长17.6%；农村占人口20%的低收入者收入2159元，增长9.7%。城镇居民家庭恩格尔系数（即居民家庭食品消费支出占家庭消费支出的比重）32.8%，农村居民家庭恩格尔系数37.8%。城镇单位在岗职工平均工资24217元，增长8.6%。（见图11、图12）

图11　2005-2009年城镇居民人均可支配收入及其增长速度

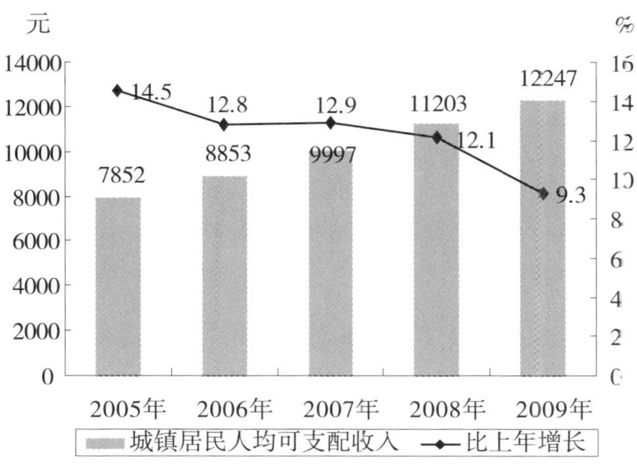

社会保障：年末参加城镇基本养老保险人数为36万人；参加城镇基本医疗保险的人数为80.3万人；参加失业保险的人数为24.73万人；参加工伤保险的人数为24.27万人；参加生育保险的人数为11万人。

图12　2005-2009年农村居民人均纯收入及其增长速度

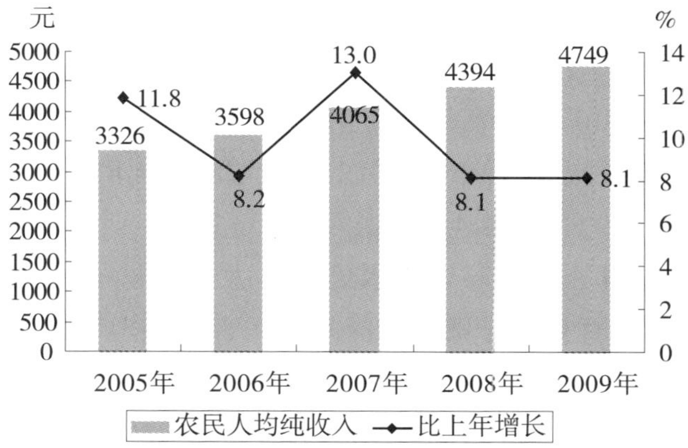

全年全市纳入城市最低生活保障的居民9.2万人，比上年减少0.4万人，发放城市低保资金19526.6万元，比上年增加1342.2万元；纳入农村最低生活保障的居民12.5万人，比上年增加1万人，发放农村低保资金13677万元，比上年增加6532.8万元。全年全市共发放低保资金33203.6万元，比上年增加7875.5万元。

年末全市各类福利院床位数2999张，收养各类人员1711人。城镇建立各种社区服务设施179个，其中综合性社区服务中心33个。全年销售社会福利彩票2.7亿元，筹集社会福利资金32385万元，直接接收社会捐赠款556万元。

十三、资源、环境和安全生产

资源：全年全市实际建设占用耕地7167.2亩，因农业结构调整减少耕地383.1亩，土地整理复垦开发补充耕地8355.7亩，当年净增加耕地613.7亩。年末，全市耕地保有量742万亩。

全年全市万元地区生产总值平均耗水量80.07吨，比上年减少2.5%。其中，万元工业增加值平均耗水量23.61吨，比上年减少1.5%。全年全市投入资金2.1亿元，其中市财政配套1150万元，兴建961处水利工程，解决了1158个自然村、42万人的农村饮水安全问题；完成了和川引水和10座水库除险加固工程。

全市自然保护区3个，面积61.43万亩，占全市国土面积的2%。

环境：市区空气综合污染指数1.721，比上年下降 0.29，下降 14.3%。市区空气质量好于二级以上天数 334 天，比上年增加 2 天，增长 0.6%。全市 17 个县（市、区）达到或好于二级的天数全部超过 310 天。汾河临汾段水体中化学需氧量（COD）、氨氮（NH3-N）出境浓度比入境浓度分别下降 67% 和 19.9%。水源地水质达标率达到 100%。

年末全市城市污水处理率达到 51.8%，提高 6.8 个百分点；城市生活垃圾无害化处理率达到 32.1%，提高 20.1 个百分点；集中供热面积 1550 平方米，增长 24%，集中供热普及率达到 45.2%，提高 2.4 个百分点。

全年全市各类自然灾害造成直接经济损失 10.04 亿元，比上年上升 19.3%。全年农作物受灾面积 588.7 万亩，下降 18.3%。其中，绝收 89.9 万亩，上升 53.5%。全年发生森林火灾 3 起，因森林火灾造成受害森林面积 0.09 万亩。

安全生产：近几年全市累计投入近 6200 万元，建成了煤炭产量监控、井下人员管理和煤矿瓦斯监测监控 “三大系统”。2009 年，组织培训安全生产管理人员 938 名，培训煤矿特种作业人员 2470 人，煤矿班（组）长 452 名，一般从业人员 16992 人，初步形成了市、县、矿三级煤矿安全培训网络。
全年全市发生各类生产安全事故 1090 起，生产安全事故死亡 369 人，比上年减少 315 人，下降 46.1%。亿元生产总值生产安全事故死亡率 0.48 人，比上年减少 0.43 人；煤矿百万吨死亡率 0.26 人，比上年减少 1.07 人。

治理车辆非法超限超载：2007 年 12 月 19 日新一轮治理车辆非法超限超载总行动以来，全市共检查货运车辆 752 万辆，查处非法超限、超载车辆 3219 辆，卸载货物 9294 吨，拆解车辆 58 台，取缔非法储（售）煤场和非法改装厂 276 处，超限、超载率由治超前的 0.08% 下降为 0.001%。

全年全市发生道路交通事故 959 起，死亡 345 人，比上年减少 22 人，下降 5.9%。

公报注释：

1. 本公报部分数据为初步统计数据。

2. 地区生产总值、各产业增加值绝对数按现价计算，增长速度按可比价计算。

3. 部分数据因四舍五入的原因，存在与分项合计不等的情况。

4. 规模以上工业企业是指年主营业务收入 500 万元及以上的全部法人工业企业；限额以上批发零售企业是指年销售额 2000 万元及以上的批发企业和年销售额 500 万元及以上的零售企业。

5. 耕地资源相关数据由市国土资源局提供。

6. 水资源相关数据由市水利局提供。

01

综合

资料整理人员

李俊平　苏彩凤　尉文明　武俊峰
何晓华　刘　燕　杨　莹

综　合

土地面积	20275	平方公里
煤炭探明保有资源储量	360	亿吨
铁矿石保有资源储量	1.7	亿吨
石膏保有资源储量	41697	万吨
人口密度	208.22	人/平方公里

土地面积构成(%)

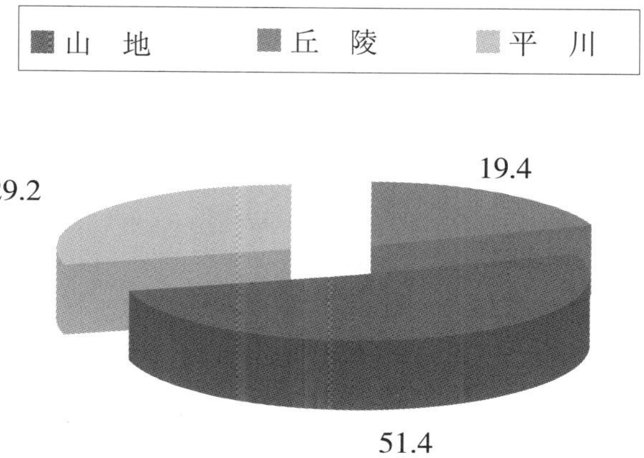

地区生产总值(亿元)

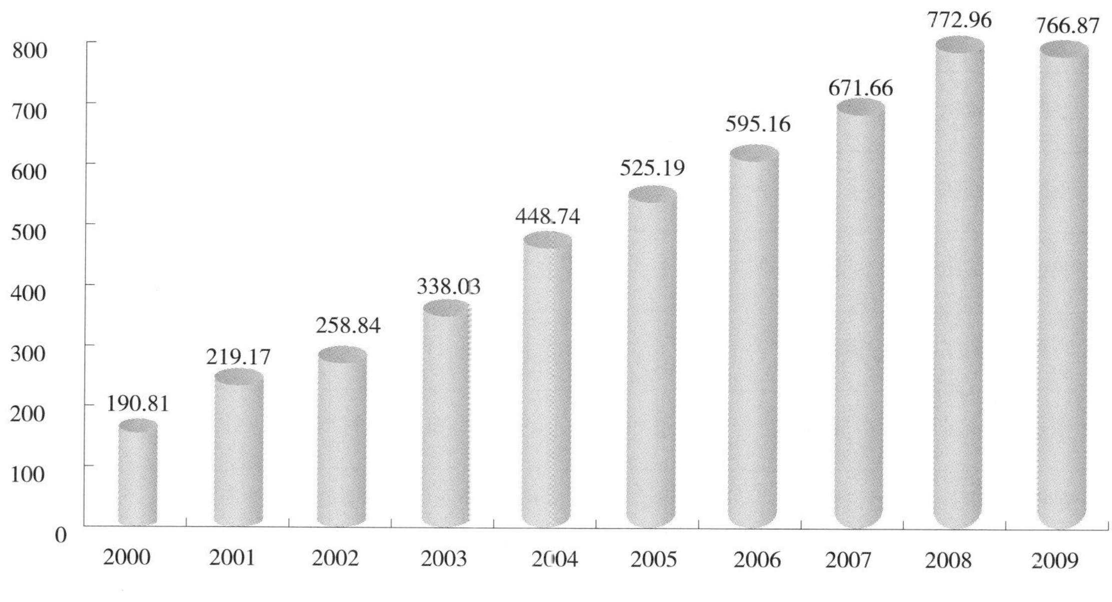

1-1 行政区划(2009年)

县市名称	市辖区	县	县级市	街道办事处	镇	乡	社区居民委员会	村民委员会	自然村
	1	14	2	20	75	76	123	2968	9875
尧都区	解放路街道办事处 鼓楼西街街道办事处 水塔街街道办事处 南街街道办事处 乡贤街街道办事处 辛寺街街道办事处 铁路东街街道办事处 车站街街道办事处 汾河街道办事处 滨河办事处 屯里镇 乔李镇 大阳镇 县底镇 刘村镇 金殿镇 吴村镇 土门镇 魏村镇 尧庙镇 段店乡 贺家庄乡 贾得乡 一平垣乡 枕头乡 河底乡								
曲沃县	乐昌镇 史村镇 曲村镇 高显镇 里村镇 北董乡 杨谈乡								
翼城县	唐兴镇 南梁镇 里砦镇 隆化镇 桥上镇 西闫镇 中卫乡 南唐乡 王庄乡 浇底乡								
襄汾县	新城镇 赵康镇 汾城镇 南贾镇 古城镇 襄陵镇 邓庄镇 陶寺乡 永固乡 景毛乡 西贾乡 南辛店乡 大邓乡								
洪洞县	大槐树镇 甘亭镇 曲亭镇 苏堡镇 广胜寺镇 明姜镇 赵城镇 万安镇 刘家垣镇 淹底乡 兴唐寺乡 堤村乡 辛村乡 龙马乡 山头乡 左木乡								
古　县	岳阳镇 北平镇 古阳镇 旧县镇 石壁乡 永乐乡 南垣乡								
安泽县	府城镇 和川镇 唐城镇 冀氏镇 马必乡 杜村乡 良马乡								
浮山县	天坛镇 响水河镇 张庄乡 东张乡 槐埝乡 北王乡 北韩乡 米家垣乡 寨圪塔乡								
吉　县	吉昌镇 屯里镇 壶口镇 车城乡 文城乡 东城乡 柏山寺乡 中垛乡								
乡宁县	昌宁镇 光华镇 台头镇 管头镇 西坡镇 双鹤乡 关王庙乡 尉庄乡 西交口乡 枣岭乡								
大宁县	昕水镇 曲峨镇 三多乡 太德乡 徐家垛乡 太古乡								
隰　县	龙泉镇 午城镇 黄土镇 阳头升乡 寨子乡 陡坡乡 下李乡 城南乡								
永和县	芝河镇 桑壁镇 阁底乡 南庄乡 打石腰乡 坡头乡 交口乡								
蒲　县	蒲城镇 薛关镇 黑龙关镇 克城镇 山中乡 古县乡 红道乡 乔家湾乡 太林乡								
汾西县	永安镇 对竹镇 勍香镇 和平镇 僧念镇 佃坪乡 团柏乡 邢家要乡								
侯马市	路东街道办事处 路西街道办事处 浍滨街道办事处 上马街道办事处 张村街道办事处 新田乡 高村乡 凤城乡								
霍州市	鼓楼街道办事处 北环路街道办事处 南环路街道办事处 开元街道办事处 退沙街道办事处 白龙镇 辛置镇 大张镇 李曹镇 陶唐峪乡 三教乡 师庄乡								

1-2　人口和自然资源(2009年)

项　　目	2009	项　　目	2009
全市总人口(万人)	422.17	土地面积(平方公里)	20275
城镇人口(万人)	161.48	水资源总量(亿立方米)	8.48
乡村人口(万人)	260.69	地表水资源量(亿立方米)	5.82
人口密度(人/平方公里)	208.22	煤炭探明保有资源储量(亿吨)	360
社会从业人员(万人)	195.02	铁矿石保有资源储量(亿吨)	1.7
#工业劳动者(万人)	31.62	石膏保有储量(万吨)	41697
农业劳动者(万人)	86.70	水泥灰岩保有储量(万吨)	10247

1-3　历届市人民代表大会代表人数

项　　目	第一届 (2001)	第二届 (2006)
代表总数(人)	393	403
#女代表	91	106
占代表总数%	23	45

1-4　历届市政治协商会议委员人数

项　　目	第一届 (2001)	第二届 (2006)
委员总数(人)	328	329
#中国共产党委员	120	128
占委员总数(%)	37	39

1-5 建国以来国民经济主要指标

年 份	总人口(人)	人口自然增长率(‰)	社 会从业人员(万人)	#职工人数	全 市生产总值(万元)	第一产业	第二产业	第三产业
1949	1386715	11.33	56	1	9917	7427	348	2142
1952	1493178	14.84	63	2	15450	11503	852	3095
1957	1706885	17.06	73	5	22108	13288	3059	5761
1960	1852745	14.19	73	13	31246	9969	12896	8381
1962	1989326	25.97	76	8	22473	10579	5150	6744
1965	2151789	21.39	83	9	32376	15695	7907	8774
1970	2458590	22.39	94	14	41843	16947	15820	9076
1975	2771561	14.55	107	20	63083	25285	26393	11405
1978	2894823	10.72	111	24	83730	22621	42446	18663
1980	2975484	9.54	113	26	105445	29867	54039	21539
1985	3155759	7.71	134	31	201541	69597	88090	43854
1986	3195425	8.37	137	33	198246	58141	83112	56993
1987	3243898	8.38	142	34	216039	52760	95111	68168
1988	3310413	9.03	146	36	272106	71387	115899	84820
1989	3363220	10.07	149	39	318952	86664	140454	91834
1990	3466449	14.24	158	40	380878	115573	157550	107755
1991	3520212	11.09	161	41	388299	98959	160299	129041
1992	3582323	9.32	167	41	473468	128690	196126	148652
1993	3641242	10.31	168	41	635954	150540	297186	188228
1994	3684774	8.85	172	42	821400	205695	384459	231246
1995	3729449	8.44	178	42	993034	267503	429292	296239
1996	3789875	8.73	181	43	1249187	312662	555223	381302
1997	3842121	8.21	182	42	1479277	285626	699022	494629
1998	3872458	8.50	177	36	1679828	295612	817804	566412
1999	3936216	9.45	177	35	1739639	249424	857198	633017
2000	4011609	8.23	177	35	1908074	227546	952852	727676
2001	4001348	7.71	178	35	2191699	238334	1126392	826973
2002	4031537	7.30	179	32	2588376	257674	1391483	939219
2003	4061684	7.45	181	32	3380330	287118	1986372	1106840
2004	4091975	7.43	184	33	4487398	339461	2798794	1349143
2005	4120505	6.93	186	33	5251933	304605	3373365	1573963
2006	4147043	6.42	186	33	5951633	339655	3778170	1833808
2007	4172164	6.03	191	33	6716579	386005	4255573	2075001
2008	4198017	6.18	191	35	7729621	385620	4904000	2440001
2009	4221719	5.63	195	35	7668659	555442	4400173	2713044

1-5　续表1

年 份	人均地区生产总值(元)	耕地面积(千公顷)	#水田水浇地	农林牧渔业总产值(万元)	粮食产量(吨)	#小 麦	棉花产量(吨)	油料产量(吨)
1949	72	485	22	9801	348450	168610	8770	5829
1952	104	513	27	15178	400555	164195	21980	4714
1957	131	508	36	21076	410795	193015	29400	2429
1960	171	458	63	13997	410385	186920	13285	1308
1962	110	469	64	14482	513090	198495	10520	1338
1965	152	465	74	21028	655120	328325	25605	2686
1970	172	450	86	23278	501095	177405	20475	1710
1975	230	441	130	34648	874965	400940	16495	2387
1978	291	436	126	32439	861260	244560	14368	1627
1980	357	433	129	48987	839600	273725	18125	9380
1985	643	422	128	101287	1316487	768746	16746	41881
1986	624	421	127	87964	1125325	708310	13644	28422
1987	671	420	133	82005	936010	521359	13684	17917
1988	830	415	134	108466	1111569	485662	13543	26532
1989	956	414	137	131990	1401219	786216	19132	25018
1990	1115	413	138	170174	1502065	862708	21128	28396
1991	1112	412	140	158316	1199482	763104	20935	16255
1992	1333	411	141	195474	1378453	710594	21076	18621
1993	1761	409	140	224095	1565192	777719	14446	23798
1994	2242	407	141	307522	1442589	824775	17224	28766
1995	2679	406	143	401480	1524000	733502	16279	36747
1996	3323	406	142	466666	1711561	903427	12634	45096
1997	3877	524	123	431391	1518227	953987	5192	28866
1998	4355	521	125	454609	1714908	826007	6198	46037
1999	4456	521	128	396361	1530932	777536	3824	38470
2000	4835	520	128	378062	1208506	511027	2557	47693
2001	5509	512	128	391115	1216150	656739	6932	30215
2002	6444	478	127	427505	1373435	755124	5151	38151
2003	8353	463	127	480596	1501890	811859	7316	44635
2004	11007	459	128	567116	1725164	875524	9263	44352
2005	12790	458	127	543248	1356452	585301	5990	33413
2006	14398			571939	1667271	793936	7514	30557
2007	16147			669243	1720396	705117	7855	30870
2008	18469			953916	1706979	945496	6563	23937
2009	18215			1021958	1667399	810394	6435	22625

1-5 续表2

年 份	水果产量(吨)	蔬菜产量(吨)	猪牛羊肉总产量(吨)	大牲畜年末数(头)	猪年末数(头)	羊年末数(只)	乡镇企业总产值(万元)
1949	5267	44847		184425	40902	230806	
1952	6853	46575		239595	59995	348923	
1957	10090	77762		271600	222515	762630	
1960	9321	144230		254461	208167	1091000	
1962	6854	90148		240245	239621	1137850	
1965	6393	74538		268198	436272	1168698	
1970	5947	101435		294009	388879	1471643	
1975	14275	139830		281550	584737	1477975	
1978	27897	188259	14929	275081	658457	1370590	17509
1980	25370	172445	18937	283809	665798	1468380	23925
1985	43540	331097	25353	378509	495921	507981	63898
1986	42491	327043	22242	396652	475297	525760	74988
1987	42026	362871	22564	398713	360810	599715	95258
1988	59117	424184	22835	409422	372628	776159	120944
1989	46719	374580	26523	423647	446830	950729	142721
1990	52121	384086	33800	433660	445248	929154	176437
1991	53654	343169	36166	442774	447840	913833	243358
1992	79585	447205	38599	458697	494615	968220	398400
1993	90168	462841	43385	489638	555450	1063358	92343
1994	101712	445232	53680	525090	645263	1217423	1656700
1995	136973	565233	68082	593569	790769	1425817	1993355
1996	152460	595394	83360	660816	854130	1627723	2218703
1997	179578	696826	60090	531612	594705	1391244	1325097
1998	204553	788937	64613	550104	645812	1440918	1439434
1999	202312	767076	67163	542136	668107	1428291	1909726
2000	196479	847640	70502	528048	704392	1360402	2380006
2001	188781	877458	72727	514897	709815	1322110	3100230
2002	196438	920591	76692	492012	764872	1333190	4085230
2003	213985	989920	82240	503609	832487	1395659	5709381
2004	239520	860065	91106	521290	940653	1440623	7904033
2005	220896	824812	99852	507662	1049647	1488794	10553346
2006	225946	827206	66533	168278	519373	623118	13296328
2007	244361	927869	70960	156827	581157	633692	9983910
2008	259606	784370	78571	164074	835326	772399	11012943
2009	294222	796934	87083	168124	978873	775182	8099465

1-5 续表3

年 份	全部工业增加值(万元)	规模以上工业增加值(万元)	轻工业	重工业	主要工业产品产量 原煤(万吨)	焦炭(万吨)	生铁(万吨)	洗精煤(万吨)
1949	327				23	1		
1952	815				30	2		
1957	2492				85	7		
1960	7024				199	22	8	11
1962	4370				162	4	…	8
1965	6425				246	5		6
1970	10829				335	11	5	9
1975	22393				391	45	11	29
1978	35120				553	67	17	28
1980	46074				695	84	18	27
1985	73573				1328	119	26	71
1986	68692				1342	177	39	82
1987	78404				1316	226	60	146
1988	101541				1445	283	65	212
1989	126336				1715	311	71	285
1990	142053				1699	349	81	395
1991	141180				1590	302	91	412
1992	176475				1962	411	117	448
1993	270860				2352	809	232	785
1994	354841				2719	1355	340	968
1995	394724	225925	25304	200621	3279	1674	363	1188
1996	494145	285647	31707	253940	3110	1566	391	1348
1997	631724	331927	36512	295415	2940	1678	437	1346
1998	724919	333696	36706	296990	3222	1796	470	1329
1999	758835	345844	36695	309149	2405	1382	474	1339
2000	855775	378124	40120	338004	2540	1406	577	1381
2001	1021394	480598	38816	441782	2623	1477	749	1531
2002	1278685	654224	44813	609411	3394	1464	897	1663
2003	1838766	1161014	42941	1118249	3727	1705	924	1751
2004	2636720	1869960	44666	1825294	3884	1909	830	2092
2005	3196525	2424092	40804	2383288	5245	2174	1127	2432
2006	3556651	2784056	48433	2735624	5593	2432	1326	2884
2007	3986194	3297285	53943	3243342	4766	2312	1173	3039
2008	4612000	4429717	58540	4371177	4117	1865	767	2796
2009	4026171	3726171	51487	3574684	2635	1707	917	2772

1-5 续表4

年 份	主要工业产品产量							
	发电量(万千瓦时)	钢(万吨)	化肥(吨)	水泥(万吨)	染料(吨)	纱(吨)	布(万米)	机制纸及纸板(吨)
1949	42						14	
1952	72						34	
1957	269						59	
1960	4183						54	712
1962	3293						58	553
1965	6124			0.1			148	556
1970	31100		2012	0.4		2448	1470	2734
1975	161913	0.3	10484	6.4		11635	4576	9282
1978	227165	0.5	20001	10.9		14661	7056	17650
1980	284927	0.2	18054	11.3		16747	8332	21287
1985	358714	0.2	28734	20.8	3551	14261	7586	30395
1986	354182	0.4	33359	24.8	5549	17712	8574	33520
1987	351431	0.9	97728	29.4	2794	19743	9407	47586
1988	347970	3.1	69066	31.7	3806	20398	9823	58036
1989	377884	8.3	63342	33.8	2857	15540	7631	73685
1990	368800	10.6	69531	35.7	3152	12271	6646	78788
1991	359846	15.1	68672	38.7	3125	12948	7234	72454
1992	334815	20.2	71663	53.9	3360	13494	1846	97227
1993	340603	22.8	70375	83.8	4675	10469	7074	75859
1994	352119	27.1	70076	85.0	4265	11210	6592	75456
1995	358007	33.0	73245	106.5	4113	11245	6962	93176
1996	367992	40.1	97552	110.2	5200	9408	6255	106624
1997	376903	43.4	108825	116.8	8172	11107	6391	88674
1998	337515	48.1	128069	106.7	11695	8162	4754	96670
1999	342070	56.5	140001	128.0	20716	9597	5297	80871
2000	364037	74.1	146083	146.9	20933	14200	7413	72600
2001	394372	103.9	139847	138.3	24404	14810	7159	78300
2002	430764	124.0	187984	188.5	29966	16661	7180	89300
2003	506024	247.9	175908	215.0	32234	10600	5788	76800
2004	570326	357.9	168600	205.5	27943	10800	5464	122500
2005	723200	436.9	169900	215.1	31149	14000	5303	105972
2006	1043700	488.2	181200	250.7	28765	15000	4735	87964
2007	1061700	526.2	176300	243.8	28592	11000	1843	57079
2008	685425	457.2	142379	214.5	23240	6936	334	31820
2009	640646	605.8	109116	273.5	28450	7628	332	*9305

注:带"*"为规模以上口径。

1-5 续表5

年 份	规模以上工业企业主要指标(万元)				公路通车里程(公里)	公路客运量(万人)	公路货运量(万吨)
	固定资产原价	固定资产净值	资产总计	利税总额			
1949					307	3	
1952					418	11	2
1957					825	34	8
1960					2706	104	308
1962					1911	95	37
1965					2918	117	168
1970					3524	180	137
1975					3671	263	279
1978	98037	78407		7376	3840	343	965
1980	101734	76231		8945	3281	436	1141
1985	202813	150796		16819	3345	1010	1855
1986	222374	163105		20409	3398	1417	1917
1987	244956	177818		21152	3429	1661	2851
1988	274564	198901		34095	3489	1729	2892
1989	325137	238044		40905	3521	1899	2915
1990	374292	273945		37319	3620	1607	3275
1991	419523	303068		30331	3635	1745	1795
1992	473071	304387		46551	3713	1858	2059
1993	549100	373700	906200	83500	3768	1919	2224
1994	651685	440099	1023977	69409	3832	2130	2614
1995	822172	525269	1245672	63622	3921	2337	3111
1996	940398	616800	1396230	90455	3960	3099	3943
1997	1061189	704258	1577159	103981	6690	3405	4628
1998	1168423	723392	1692703	99592	7734	4077	5357
1999	1268132	852472	1880183	84920	8355	4535	5555
2000	1442222	962069	2205262	103673	8714	4171	5773
2001	1747390	1144421	2476520	140869	8761	4683	6475
2002	2071850	1423831	2858387	211248	8872	5715	6904
2003	2572988	1839352	3958135	429311	8975	5679	7768
2004	2963928	2098645	5095250	938277	9013	5355	7978
2005	3821232	2722181	6343088	1061730	9556	5257	7968
2006	4506671	3202791	7378556	1166957	12884	5467	8100
2007	5190418	3707749	9060896	1433036	14379	5545	8310
2008	6064201	4182192	11271441	1561842	16082	4099	9651
2009	6683656	4778813	12307145	725569	16596	4118	8418

1-5 续表6

年 份	公路客运周转量(万人公里)	公路货物周转量(万吨公里)	邮电业务总量(万元)	固定电话(部)	全社会固定资产投资(万元)	国有经济	集体经济
1949	124	4	1		15	10	
1952	491	103	23	205	127	60	25
1957	1792	462	94	1400	1420	932	189
1960	5025	4777	312	8305	15917	12361	2600
1962	4616	1593	267	7797	2190	1490	357
1965	6085	3105	281	9695	4660	3989	301
1970	7864	3606	230	7239	14490	12668	820
1975	11621	6228	299	12241	11471	9440	814
1978	16957	11249	364	14494	22900	18117	993
1980	21742	25621	561	14180	19584	13724	1430
1985	44443	60273	729	16213	38554	24441	6645
1986	52758	62693	729	16257	47225	32336	5489
1987	59428	74568	785	18018	49850	35178	5765
1988	70947	87784	844	19037	55486	37377	7941
1989	81723	100913	1004	20090	47766	31082	5877
1990	68629	125139	2167	22394	63280	39861	6661
1991	87250	77240	2625	25355	80401	55234	9964
1992	94986	88809	3263	29865	90791	64768	8530
1993	96825	98664	4217	34449	137988	94781	15773
1994	108031	105471	7215	45340	165419	110534	12694
1995	115687	127585	12239	63965	154184	110447	9718
1996	140300	150073	19473	94850	225521	158909	14528
1997	145971	182952	25369	125175	243038	169525	16957
1998	166505	218162	36295	167633	346200	253075	26168
1999	167120	225389	50229	224577	421326	291699	14787
2000	175303	231581	71009	297958	451096	240824	21220
2001	200195	299960	78600	414936	518832	203534	23405
2002	231646	356123	107844	500226	655846	218258	29286
2003	219397	382320	160859	681143	1084871	212594	28539
2004	236474	427010	270333	824696	1261423	314533	36565
2005	255277	420697	319095	915215	1530558	458533	38563
2006	227807	430488	407201	917263	1909646	631182	70164
2007	233402	438045	522600	882230	2342429	763862	34640
2008	218929	1266316	603336	855499	2652993	903825	9230
2009	233734	1295284	655885	808436	4189568	1763807	41822

1-5 续表7

年 份	固定资产投资新增固定资产(万元)	财政总收入(万元)	#一般预算收入	一般预算支出(万元)	社会消费品零售总额(万元)	居民消费价格指数(%)	工业品出厂价格指数(%)
1949	12				3724		
1952	122	1679	1679	499	5359		
1957	1370	2488	2488	1673	9369		
1960	12501	6095	6095	8800	15913		
1962	1485	3084	3084	2758	13119		
1965	4913	4660	4660	3205	13950		
1970	10648	4172	4172	6827	19143		
1975	5582	7048	7048	9237	27532		
1978	14406	9411	9411	14188	33151		
1980	22459	9251	9251	12823	44334		
1985	26443	14943	14943	23048	79585		
1986	32786	16996	16996	28168	91262		
1987	41453	19792	19792	29159	102419		
1988	60291	23021	23021	34596	141046		
1989	39236	28380	28380	40303	135274		
1990	53878	30860	30860	43197	134538	101.1	
1991	71199	30513	30513	46479	148080	104.9	
1992	106272	33025	33025	51030	172337	105.8	
1993	87588	49123	26564	64443	199593	111.9	
1994	129003	59990	32466	79246	257282	120.7	
1995	123343	80578	44224	91729	356084	115.0	
1996	137665	100114	56977	110082	438957	106.4	
1997	206658	113220	62782	118638	516102	102.1	
1998	207789	126187	74533	135388	561188	97.9	
1999	386605	133988	81135	149994	618228	97.4	
2000	413990	149265	88205	171626	666388	99.6	
2001	452570	187777	105802	227036	725267	100.1	
2002	576363	260168	103145	269096	814082	99.2	107.5
2003	827185	372191	135985	319894	945521	102.6	135.4
2004	937497	588628	197009	439168	1153257	105.4	126.2
2005	1383049	830466	292650	574467	1320377	102.6	101.7
2006	1368171	1021975	399313	739646	1540191	102.1	97.3
2007	1728902	1234815	471259	904763	1856354	104.5	109.5
2008	1506487	1409072	542211	1094878	2240580	105.0	126.1
2009	3408546	1376666	629205	1320408	2725510	100.7	83.0

1-5　续表8

年　份	职工工资总　额(万元)	#国有单位	职工平均货币工资(元)	农民人均纯收入(元)	农民人均生活消费支出(元)	城镇居民人均可支配收入(元)	城镇居民人均消费性支出(元)
1949	328	328	281			121	90
1952	788	754	348			146	110
1957	2586	2240	465			220	180
1960	5920	5459	485	45		231	194
1962	4523	3995	510	43			
1965	5144	4390	574	56		226	199
1970	7068	6201	576	43		206	181
1975	10997	9381	579	56		237	209
1978	13976	12302	585	57		260	236
1980	17519	15479	697	63		377	350
1985	29633	25272	983	335		636	598
1986	35567	30527	1114	283	256	745	692
1987	40164	34560	1212	313	271	787	732
1988	49023	42812	1417	384	330	836	786
1989	56850	49906	1614	440	354	932	780
1990	73201	64965	1898	501	390	1020	795
1991	80419	71093	2045	507	403	1208	946
1992	91439	81563	2291	573	403	1364	975
1993	108554	97551	2706	689	511	1610	1147
1994	142922	129843	3507	809	561	2153	1492
1995	174560	159645	4225	1130	613	2780	1940
1996	192699	175562	4652	1528	972	3178	2344
1997	201723	180820	4953	1872	990	3277	2527
1998	200281	176295	4969	2038	904	3405	2504
1999	214313	191424	6045	2012	964	3769	2679
2000	239060	214638	6790	2195	1048	4158	3073
2001	281080	237308	8082	2320	1115	4697	3330
2002	284493	221024	8823	2465	1199	5160	4064
2003	322870	241467	10079	2666	1332	5820	4329
2004	397948	281877	12347	2976	1657	6857	4924
2005	459941	325352	13962	3326	1846	7852	5481
2006	540126	368623	16506	3598	2089	8853	6181
2007	617522	416411	18729	4065	2528	9997	6982
2008	733331	511022	22307	4394	2864	11203	7944
2009	787288	544720	24217	4749	3083	12247	8436

注：农民人均纯收入1982年以前不包括家庭经营收入；1995年以后使用抽样调查数据。

1-5 续表9

年 份	在校学生数(万人)		专任教师数(人)		毕业生数(万人)		医院床位数(张)	卫生技术人员数(人)
	小学	普通中学	小学	普通中学	小学	普通中学		
1949	12.3	0.1	4000	199	1.1	0.1	31	325
1952	18.2	0.6	5252	369	1.9	0.1	162	642
1957	22.4	1.6	7128	866	3.4	0.3	527	1375
1960	29.6	3.3	9406	1858	4.2	0.8	1006	2378
1962	29.8	2.5	9921	1411	4.2	1.1	1364	2995
1965	34.9	2.6	11130	1648	4.4	0.7	2022	4109
1970	40.7	9.3	14045	5407	6.2	3.0	2774	5845
1975	47.2	16.1	16328	8947	8.3	6.1	5020	7671
1978	45.9	21.0	17733	12774	7.3	9.1	6010	8384
1980	47.0	21.1	19971	11704	7.1	2.6	7033	9785
1985	42.8	16.9	21153	10368	7.1	3.9	8872	12248
1986	40.8	16.6	21985	10614	7.3	4.1	9385	13260
1987	35.1	16.7	22475	11045	6.9	4.9	10104	13782
1988	39.2	16.6	22576	11819	6.8	4.7	10519	14146
1989	38.8	15.9	22760	11981	6.8	5.1	10539	14325
1990	38.6	16.1	22392	12245	6.8	4.9	10659	14645
1991	38.8	16.7	22026	12423	6.8	4.9	10814	15112
1992	39.7	17.2	22269	12589	6.8	4.9	10869	15388
1993	39.9	17.1	22487	12644	6.8	5.2	10716	15411
1994	40.4	18.0	22274	12914	7.2	5.1	10570	15138
1995	40.9	19.3	22287	12735	7.1	5.3	10767	14915
1996	42.1	20.9	21790	13272	7.4	5.8	7327	14595
1997	43.3	22.2	21620	13687	7.6	6.3	7458	14798
1998	43.9	23.7	21955	14041	7.8	6.6	7401	14957
1999	43.4	25.1	22410	14669	8.4	7.2	7594	15622
2000	43.0	26.6	22418	14955	8.4	7.6	7591	15360
2001	42.4	28.6	24174	16126	8.8	8.1	7473	15444
2002	44.7	30.4	22949	17254	9.0	8.7	7165	14994
2003	46.4	33.2	22994	18411	8.3	9.1	7886	14809
2004	44.8	33.3	23424	19578	8.3	10.3	8331	14625
2005	43.0	33.7	23775	20630	8.0	10.4	7982	14119
2006	40.9	34.2	23787	21445	8.2	10.7	8556	14639
2007	40.6	33.1	23454	21644	7.1	10.8	9131	16656
2008	39.7	31.1	23420	21548	6.5	11.2	10235	18066
2009	37.2	30.0	23426	21692	7.2	11.0	10852	19266

1-6 国民经济和社会

指　标	总　量　指　标								
	1980	1990	1995	2000	2005	2006	2007	2008	2009
一、年末总人口(万人)	**297.55**	**346.64**	**372.94**	**395.57**	**412.05**	**414.70**	**417.22**	**419.80**	**422.17**
二、全社会从业人员(万人)	**113.29**	**158.00**	**178.36**	**176.68**	**185.63**	**186.50**	**190.81**	**191.33**	**195.02**
#职工人数	26.07	40.00	42.22	35.27	33.08	33.06	33.37	34.76	34.80
三、地区生产总值(亿元)	**10.54**	**38.09**	**99.30**	**190.81**	**525.19**	**595.16**	**671.66**	**772.96**	**766.87**
第一产业	2.99	11.56	26.75	22.75	30.46	33.96	38.60	38.56	55.54
第二产业	5.40	15.76	42.93	95.29	337.34	377.82	425.56	490.40	440.02
第三产业	2.15	10.78	29.62	72.77	157.39	183.38	207.50	244.00	271.31
四、农业生产									
主要农产品产量									
粮　食(万吨)	83.96	150.21	152.40	120.85	135.65	166.73	172.04	170.70	166.74
棉　花(万吨)	1.81	2.11	1.63	0.26	0.60	0.75	0.79	0.66	0.64
油　料(万吨)	0.94	2.84	3.67	4.77	3.34	3.06	3.09	2.39	2.26
肉类总产量(万吨)	1.91	3.83	7.50	7.74	10.99	7.37	7.71	8.63	9.81
大牲畜年末数(万头)	28.38	43.37	59.36	52.80	50.77	16.83	15.68	16.41	16.81
猪年末数(万头)	66.58	44.52	79.08	70.44	104.96	51.94	58.12	83.53	97.89
羊年末数(万只)	146.84	92.92	142.58	136.04	148.88	62.31	63.37	77.24	77.52
农业机械总动力(万千瓦特)	62.00	125.40	184.48	226.66	318.41	337.80	357.73	366.10	385.60
化肥施用量 (折纯)(万吨)	3.46	8.84	11.81	13.20	14.19	14.33	14.78	15.13	15.41
五、工业生产									
工业总产值(亿元)	8.69	32.84	75.10	115.90	725.22	823.69	960.54	1270.86	993.30
轻工业	3.18	8.64	12.55	11.49	12.40	15.45	15.48	18.57	17.14
重工业	5.51	24.20	62.55	104.41	712.82	808.24	945.06	1252.28	976.16
主要工业产品产量									
原　煤(万吨)	695.10	1699.00	3278.80	2539.70	5244.70	5592.93	4766.35	4116.70	2634.70
洗精煤(万吨)	26.50	394.90	1187.70	1381.20	2431.90	2883.70	3038.67	2796.00	2771.90
焦　炭(万吨)	83.80	348.70	1674.10	1406.10	2173.50	2431.51	2312.24	1865.40	1707.20
发电量(亿千瓦时)	28.49	36.88	35.80	36.40	72.32	104.37	106.17	68.54	64.06
铁矿石原矿(万吨)	33.80	103.20	433.70	*161.20	*231.60	*304.50	*271.90	*151.57	*76.50
生　铁(万吨)	18.20	80.60	363.00	576.70	1127.30	1326.00	1173.40	766.50	917.29
钢(万吨)	0.20	10.60	33.00	74.10	436.90	488.20	526.20	457.20	605.80

注：带“*”为规模以上口径。

发展总量与速度指标

速度指标											
指数(2009为以下各年%)								平均增长速度(%)			
1980	1990	1995	2000	2005	2006	2007	2008	1981–2009	1991–2009	1996–2009	2001–2009
141.88	**121.79**	**113.20**	**106.72**	**102.46**	**101.80**	**101.19**	**100.57**	**1.21**	**1.04**	**0.89**	**0.73**
172.15	**123.43**	**109.34**	**110.38**	**105.06**	**104.57**	**102.21**	**101.93**	**1.89**	**1.11**	**0.64**	**1.10**
133.49	87.00	82.43	98.67	105.20	105.27	104.29	100.12	1.00	–0.73	–1.37	–0.15
1704.42	**846.45**	**473.64**	**281.30**	**138.69**	**121.23**	**109.51**	**104.20**	**10.27**	**11.90**	**11.75**	**12.18**
396.90	206.77	163.24	151.11	120.86	110.86	105.13	104.50	4.87	3.90	3.56	4.69
2032.19	1215.34	540.24	304.68	131.46	115.03	103.05	102.10	10.94	14.05	12.80	13.18
2815.60	980.23	562.00	298.84	157.66	136.26	124.21	108.20	12.20	12.77	13.12	12.93
198.59	111.00	109.41	137.97	122.92	100.01	96.92	97.68	2.39	0.55	0.64	3.64
35.55	30.50	39.48	247.50	107.25	85.80	81.46	97.50	–3.50	–6.06	–6.42	10.59
240.69	79.67	61.65	47.43	67.74	73.94	73.22	94.67	3.08	–1.19	–3.40	–7.95
513.67	256.16	130.81	126.76	89.27	133.12	127.25	113.69	5.81	5.08	1.94	2.67
59.24	38.77	28.32	31.84	33.11	99.90	107.22	102.45	–1.79	–4.87	–8.62	–11.94
147.02	219.87	123.78	138.97	93.26	188.46	168.42	117.19	1.34	4.23	1.54	3.72
52.79	83.42	54.37	56.98	52.07	124.41	122.33	100.36	–2.18	–0.95	–4.26	–6.06
621.94	307.50	209.02	170.12	121.10	114.15	107.79	105.33	6.51	6.09	5.41	6.08
445.45	174.35	130.50	116.76	108.62	107.55	104.28	101.87	5.29	2.97	1.92	1.74
11430.38	3024.66	1322.64	857.03	136.97	120.59	103.41	78.16	17.75	19.65	20.25	26.96
539.14	198.43	136.61	149.21	138.26	110.97	110.75	92.32	5.98	3.67	2.25	4.55
17716.07	4033.70	1560.60	934.93	136.94	120.78	103.29	77.95	19.54	21.48	21.68	28.19
379.04	155.07	80.36	103.74	50.24	47.11	55.28	64.00	4.70	2.34	–1.55	0.41
10460.00	701.92	233.38	200.69	113.98	96.12	91.22	99.14	17.39	10.80	6.24	8.05
2037.23	489.59	101.98	121.41	78.55	70.21	73.83	91.52	10.95	8.72	0.14	2.18
224.87	173.71	178.95	176.00	88.58	61.38	60.34	93.47	2.83	2.95	4.24	6.48
226.33	74.13	17.64	47.46	33.03	25.12	28.14	50.47	2.86	–1.56	–11.66	–7.95
5040.05	1138.08	252.70	159.06	81.37	69.18	78.17	119.67	14.47	13.65	6.85	5.29
302900.00	5715.09	1835.76	817.54	138.66	124.09	115.13	132.50	31.84	23.73	23.10	26.30

1-6 续

指　　标	总　量　指　标								
	1980	1990	1995	2000	2005	2006	2007	2008	2009
钢　材(万吨)	3.19	6.21	1.55	13.79	205.34	318.46	375.89	367.76	446.32
布(万米)	8332	6646	6962	7413	5303	4735	1843	334	332
机制纸及纸板(万吨)	2.13	7.88	9.32	7.26	10.60	8.80	5.71	3.18	*0.93
塑料制品(吨)	881	3614	7988	*7411	*10150	*8933	*6262	*7135	*9121
水　泥(万吨)	11.3	35.7	106.5	146.9	215.1	250.7	243.8	214.5	273.5
六、公路运输邮电									
公路通车里程(公里)	3281	3620	3921	8714	9556	12884	14379	16082	16596
公路货运量(万吨)	1141	3275	3111	5773	7968	8100	8310	9651	8418
公路货物周转量(亿吨公里)	2.56	12.51	12.76	23.16	42.07	43.05	43.80	126.63	129.53
公路客运量(万人)	436	1607	2337	4171	5257	5467	5545	4099	4118
公路客运周转量(百万人公里)	217.42	686.29	1156.87	1753.03	2552.77	2278.07	2334.02	2189.29	2337.34
邮电业务总量(万元)	561	2167	12239	71009	319095	407201	522600	603336	655885
函　件(万件)	935.8	1143.6	2219.0	1741.1	1487.2	1442.5	1324.2	1036.0	764.2
固定电话(部)	14180	22394	63965	297958	915215	917263	882230	855499	808436
移动电话(部)			3678	160100	1099684	1200535	1593748	1844110	2129897
七、固定资产投资									
全社会固定资产投资(亿元)	1.96	6.33	15.42	45.11	153.06	190.96	234.24	265.30	418.96
国　有	1.37	3.99	11.04	24.08	45.85	63.12	76.39	90.38	176.38
集　体	0.14	0.67	0.97	2.12	3.86	7.02	3.46	0.92	4.18
其　他	0.45	1.67	3.41	18.91	103.35	120.83	154.39	173.99	238.39
第一产业	0.06	0.08	0.05	1.73	2.52	4.06	6.61	8.36	14.97
第二产业	0.83	5.04	10.76	26.10	105.75	121.56	145.80	152.73	211.07
第三产业	1.07	1.21	4.61	17.28	44.79	65.35	81.84	104.21	192.91
新增固定资产	2.24	5.39	12.33	41.40	138.30	136.82	172.89	150.65	340.85

注：带“*”为规模以上口径。

表1

速度指标											
指数(2009为以下各年%)								平均增长速度 (%)			
1980	1990	1995	2000	2005	2006	2007	2008	1981–2009	1991–2009	1996–2009	2001–2009
13991.2	7187.1	28794.8	3236.5	217.4	140.1	118.7	121.4	18.58	25.23	49.85	47.16
4.0	5.0	4.8	4.5	6.3	7.0	18.0	99.5	−10.52	−14.59	−19.54	−29.18
43.7	11.8	10.0	12.8	8.8	10.6	16.3	29.3	−2.82	−10.63	−15.18	−20.41
1035.3	252.4	114.2	123.1	89.9	102.1	145.7	127.8	8.39	4.99	0.95	2.33
2420.5	766.2	256.8	186.2	127.2	109.1	112.2	127.5	11.61	11.31	6.97	7.15
505.8	458.5	423.3	190.5	173.7	128.8	115.4	103.2	5.75	8.34	10.86	7.42
737.8	257.0	270.6	145.8	105.6	103.9	101.3	87.2	7.13	5.09	7.37	4.28
5059.7	1035.4	1015.1	559.3	307.9	300.9	295.7	102.3	14.49	13.09	18.00	21.08
944.5	256.3	176.2	98.7	78.3	75.3	74.3	100.5	8.05	5.08	4.13	−0.14
1075.0	340.6	202.0	133.3	91.6	102.6	100.1	106.8	8.53	6.66	5.15	3.25
116913.5	30268.3	5359.0	923.7	205.5	161.1	125.5	108.7	27.58	35.08	32.89	28.02
81.7	66.8	34.4	43.9	51.4	53.0	57.7	73.8	−0.70	−2.10	−7.33	−8.74
5701.2	3610.1	1263.9	271.3	88.3	88.1	91.6	94.5	14.96	20.77	19.87	11.73
		57909.1	1330.4	193.7	177.4	133.6	115.5			57.52	33.32
21375.3	6618.6	2717.0	928.7	273.7	219.4	178.9	157.9	20.32	24.69	26.60	28.10
12874.5	4420.6	1597.7	732.5	384.7	279.4	230.9	195.2	18.24	22.07	21.89	24.76
2987.3	624.2	431.2	197.3	108.3	59.6	120.9	454.6	12.43	10.12	11.00	7.84
52976.4	14275.1	6991.0	1260.7	230.7	197.3	154.4	137.0	24.15	29.84	35.44	32.52
24956.8	18717.6	29948.2	865.6	594.2	368.8	226.5	179.1	20.97	31.70	50.27	27.10
25430.4	4187.9	1961.6	808.7	199.6	173.6	144.8	138.2	21.04	21.72	23.69	26.14
18029.0	15943.0	4184.6	1116.4	430.7	295.2	235.7	185.1	19.62	30.59	30.57	30.74
15216.7	6323.8	2764.4	823.3	246.5	249.1	197.2	226.3	18.92	24.39	26.76	26.39

1-6 续

指　标	总量指标								
	1980	1990	1995	2000	2005	2006	2007	2008	2009
八、能源生产与消费									
原煤生产总量(万吨)	695	1699	3279	2540	5245	5593	4766	4117	2635
煤炭消费总量(万吨)	432	1098	2947	3045	6868	7973	8846	7494	7591
九、国内贸易									
社会消费品零售总额(亿元)	4.4	13.5	35.6	66.6	132.0	154.0	185.6	224.1	272.6
十、对外贸易									
海关进出口总额(万美元)			2206	4753	26547	29563	39535	55876	35519
出口额			2206	1019	17081	20165	22520	32056	8687
进口额				3734	9466	9398	17015	23820	26832
十一、财　政									
财政总收入(亿元)	0.93	3.09	8.06	14.93	83.05	102.20	123.48	140.91	137.67
一般预算收入(亿元)	0.93	3.09	4.42	8.82	29.27	39.93	47.13	54.22	62.92
一般预算支出(亿元)	1.28	4.32	9.17	17.16	57.45	73.96	90.48	109.49	132.04
十二、物价指数(以上年为100)									
工业品出厂价格总指数					101.7	97.3	109.5	126.1	83.0
居民消费价格总指数		101.1	115.0	99.6	102.6	102.1	104.5	104.9	100.7
十三、工　资									
在岗职工工资总额(亿元)	1.8	7.3	17.5	23.9	46.0	54.0	61.8	73.3	78.7
在岗职工平均工资(元)	697	1898	4225	6790	13962	16506	18729	22307	24217
国有单位职工工资总额(亿元)	1.6	6.5	16.0	21.5	32.5	36.9	41.6	51.1	54.5
国有单位职工平均工资(元)	714	2030	4482	7175	13851	15742	18058	21932	24443
十四、教育、文化									
高等学校数(所)	3	3	2	1	3	3	4	4	4
高等学校在校学生数(万人)	0.3	0.5	0.6	0.9	2.6	2.6	3.0	3.4	3.6
中等专业学校数(所)	6	9	9	10	4	6	6	6	6
中等专业学校在校学生数(万人)	0.3	0.6	0.6	1.5	1.2	1.4	1.4	1.5	1.4
普通中学学校数(所)	1003	414	386	393	403	404	396	383	345
普通中学在校学生数(万人)	21.1	16.1	19.3	26.6	33.7	34.2	33.1	31.1	30.0
职业中学学校数(所)	17	33	41	46	4	4	3	3	1
职业中学在校学生数(人)	758	5580	11054	13211	1193	1360	1198	1131	137
小学学校数(所)	6346	6503	6130	4350	3225	2948	2603	2263	1843
小学在校学生数(万人)	46.96	38.56	40.86	42.98	42.97	40.91	40.55	39.69	37.22
文化馆个数(个)	17	18	18	18	18	18	18	18	18
公共图书馆(个)	14	17	17	17	17	17	17	17	17
十五、卫　生									
卫生机构数(个)	618	705	666	418	389	414	445	503	545
卫生机构床位数(张)	7593	11097	11129	11622	11301	12502	13704	15263	15954
卫生技术人员(人)	9785	14645	14915	15360	14119	14639	16656	18066	19266

注：1995年以后“卫生机构”中不包括“门诊所”；“医院”中不包括“卫生院”；2005年卫生部门数据缺部分单位。

表2

速度指标											
指数(2009为以下各年%)								平均增长速度(%)			
1980	1990	1995	2000	2005	2006	2007	2008	1981-2009	1991-2009	1996-2009	2001-2009
379.0	155.1	80.4	103.7	50.2	47.1	55.3	64.0	4.70	2.34	-1.55	0.41
1759.3	691.6	257.6	249.3	110.5	95.2	85.8	101.3	10.39	10.71	6.99	10.68
6152.4	2026.4	765.4	409.0	206.4	177.0	146.8	121.6	15.26	17.16	15.65	16.94
		1610.1	747.3	133.8	120.1	89.8	63.6			21.96	25.04
		393.8	852.5	50.9	43.1	38.6	27.1			10.29	26.89
			718.6	283.5	285.5	157.7	112.6				24.50
14803.2	4455.3	1708.1	922.1	165.8	134.7	111.5	97.7	18.81	22.12	22.47	28.00
6765.6	2036.2	1423.5	713.4	215.0	157.6	133.5	116.0	15.64	17.19	20.89	24.40
10315.6	3056.5	1439.9	769.5	229.8	178.5	145.9	120.6	17.34	19.72	20.99	25.45
				81.6	85.2	75.8	65.8				
	99.6	87.6	101.1	98.1	98.6	96.4	96.0		-0.02	-0.94	0.12
4498.8	1075.5	450.9	329.3	171.2	145.8	127.5	107.4	14.03	13.32	11.36	14.16
3474.5	1275.9	573.2	356.7	173.4	146.7	129.3	108.6	13.01	14.34	13.28	15.18
3514.3	838.0	341.3	253.8	167.4	147.8	130.8	106.6	13.06	11.84	9.16	10.90
3423.4	1204.1	545.4	340.7	176.5	155.3	135.4	111.4	12.96	13.99	12.88	14.59
133.3	133.3	200.0	400.0	133.3	133.3	100.0	100.0	1.00	1.53	5.08	16.65
1210.8	712.2	585.9	386.4	141.9	140.2	120.7	106.2	8.98	10.89	13.46	16.21
100.0	66.7	66.7	60.0	150.0	100.0	100.0	100.0		-2.11	-2.85	-5.52
415.9	248.1	221.0	96.2	118.8	104.8	103.2	93.7	5.04	4.90	5.83	-0.43
34.4	83.3	89.4	87.8	85.6	85.4	87.1	90.1	-3.61	-0.95	-0.80	-1.44
142.3	186.1	155.0	112.6	89.0	87.6	90.5	96.5	1.22	3.32	3.18	1.32
5.9	3.0	2.4	2.2	25.0	25.0	33.3	33.3	-9.31	-16.81	-23.30	-34.65
18.1	2.5	1.2	1.0	11.5	10.1	11.4	12.1	-5.73	-17.73	-26.92	-39.81
29.0	28.3	30.1	42.4	57.1	62.5	70.8	81.4	-4.17	-6.42	-8.23	-9.10
79.3	96.5	91.1	86.6	86.6	91.0	91.8	93.8	-0.80	-0.19	-0.66	-1.59
105.9	100.0	100.0	100.0	100.0	100.0	100.0	100.0	0.20			
121.4	100.0	100.0	100.0	100.0	100.0	100.0	100.0	0.67			
88.2	77.3	81.8	130.4	140.1	131.6	122.5	108.3	-0.43	-1.35	-1.42	2.99
210.1	143.8	143.4	137.3	141.2	127.6	116.4	104.5	2.59	1.93	2.61	3.58
196.9	131.6	129.2	125.4	136.5	131.6	115.7	106.6	2.36	1.45	1.85	2.55

1-7 水资源总量(2009年)

单位：万立方米

	水资源总量	地表水资源量	地下水资源量	重复计算量	年降水量(亿立方米)
全　市	**84753**	**58229**	**75832**	**49308**	**107.44**
尧都区	14398	14069	12282	11953	6.32
曲沃县	2379	530	2374	525	1.88
翼城县	4598	1793	4697	1892	5.65
襄汾县	6025	1832	5085	892	4.53
洪洞县	15336	13277	14123	12064	7.48
古　县	5985	2677	4492	1184	6.61
安泽县	4372	3956	4108	3693	10.47
浮山县	1691	1405	1465	1179	4.41
吉　县	1868	1778	1535	1445	10.37
乡宁县	14866	2913	13085	1132	11.03
大宁县	1027	1016	815	803	5.55
隰　县	1557	1434	1295	1172	8.47
永和县	1350	1335	1233	1218	6.58
蒲　县	1662	1382	1509	1229	8.68
汾　西	1160	532	1174	546	4.68
侯马市	1169	217	973	21	0.92
霍州市	5311	8083	5588	8360	3.80

1-8 实际用水量(2009年)

单位：万立方米

	总　计	农田灌溉	工　业	城镇生活	农村生活	林牧渔业
全　市	**61126**	**39779**	**9498**	**3705**	**3674**	**2971**
尧都区	13894	10248	1000	1369	548	414
曲沃县	5144	3805	600	129	225	304
翼城县	3430	1962	650	126	252	279
襄汾县	7692	5183	698	326	480	943
洪洞县	17923	12857	2892	396	976	384
古　县	929	236	519	47	85	19
安泽县	350	144	44	43	90	9
浮山县	489	200	103	45	107	19
吉　县	299	91	16	60	58	61
乡宁县	684	152	170	78	161	106
大宁县	197	105	16	13	50	13
隰　县	418	208	10	50	49	92
永和县	205	127	4	28	30	16
蒲　县	510	205	95	64	99	22
汾　西	262	46	41	70	55	30
侯马市	2800	1456	400	471	204	209
霍州市	5900	2754	2240	390	205	51

1-9 平均每天主要社会经济活动

指 标	单 位	1980	1990	1995	2000	2005	2006	2007	2008	2009
一、全市每天创造财富										
地区生产总值	万元	288.9	1043.5	2720.6	5277.6	14388.9	16305.8	18401.6	21177.0	21010.0
农林牧渔业总产值	万元	134.2	466.2	1099.9	1035.8	1488.4	1567.0	1833.5	2613.5	2799.9
全部工业增加值	万元	126.2	389.2	1081.4	2344.6	8757.6	9744.2	10921.1	12635.6	11030.6
原 煤	吨	19044	46548	89831	69581	143690	153230	130586	112786	72184
焦 炭	吨	2296	9553	45865	38523	59548	66617	63349	51107	46773
生 铁	吨	499	2208	9945	15800	30885	36329	32148	21000	25132
洗精煤	吨	726	10819	32540	37841	66627	79006	83252	76603	75942
发电量	万千瓦时	780.6	1010.4	980.8	997.4	1981.4	2859.5	2908.8	1877.9	1755.2
水 泥	吨	310	978	2918	4024	5893	6869	6680	5877	7493
纱	吨	46	34	31	39	38	41	30	19	21
布	万米	22.8	18.2	19.1	20.3	14.5	13.0	5.0	0.9	0.9
机制纸及纸板	吨	58	216	255	199	290	241	156	87	25
二、其他经济活动										
全社会固定资产投资	万元	63	173	422	1236	4193	5232	6418	7268	11478
施工房屋面积	平方米	3972	4858	5183	8337	8618	12235	12769	11726	19684
竣工房屋面积	平方米	3459	3730	3431	5231	4855	5647	5422	3762	5068
全市用电量	万千瓦时	183.5	443.4	687.7	986.0	2643.5	3257.8	3634.3	3173.4	3328.4
#人民生活用电	万千瓦时	9.2	38.0	83.9	84.0	162.4	217.8	222.5	252.5	323.7
煤炭消费量	吨	11822	30071	80732	83414	188170	218436	242362	205321	207978
财政总收入	万元	25.4	84.6	220.8	409.0	2275.3	2799.9	3383.1	3860.5	3771.7
社会消费品零售总额	万元	121.5	368.6	975.6	1825.7	3617.5	4219.7	5085.9	6138.6	7467.2
邮电业务量	万元	1.5	5.9	33.5	194.6	874.2	1115.6	1431.8	1653.0	1796.9
公路客运量	人	11945	44000	64027	114272	144027	149781	151918	112301	112822
公路货运量	吨	31260	89726	85233	158164	218301	221918	227671	264411	230630
三、人口变动										
出生人口	人	124	182	131	244	147	141	139	140	134
死亡人口	人	47	49	46	77	68	68	70	69	69

1-10 社会经济主要指标人均水平

指标	单位	1980	1990	1995	2000	2005	2006	2007	2008	2009
一、地区生产总值	**元**	**357**	**1115**	**2679**	**4835**	**12790**	**14398**	**16147**	**18469**	**18215**
二、农林牧渔业总产值	**元**	**165**	**491**	**1077**	**942**	**1318**	**1446**	**1657**	**2279**	**2428**
三、主要产品产量										
原煤	千克	2355	4975	8845	6448	12773	13530	11459	9837	6258
焦炭	千克	284	1021	4516	3570	5293	5882	5559	4457	4055
生铁	千克	62	236	979	1464	2745	3208	2821	1832	2179
洗精煤	千克	90	1156	3204	3506	5922	6976	7305	6681	6584
发电量	千瓦时	965	1080	966	924	1761	2525	2552	1638	1522
水泥	千克	38	105	287	373	524	606	586	513	650
纱	千克	6.0	4.0	3.0	4.0	3.0	3.6	2.6	1.7	1.8
布	米	28	19	19	19	13	11	4	1	1
机制纸及纸板	千克	7	23	25	18	26	21	14	8	2
粮食	千克	284	440	411	307	329	403	414	408	396
棉花	千克	6	6	4	1	1	2	2	2	2
油料	千克	3	8	10	11	8	7	7	6	5
水果	千克	9	15	37	49	54	55	59	62	70
肉类总产量	千克	6	11	20	19	27	18	19	21	23
四、财政总收入	**元**	**31**	**90**	**217**	**379**	**2022**	**2472**	**2969**	**3367**	**3270**
五、社会消费品零售总额	**元**	**150**	**394**	**961**	**1692**	**3216**	**3726**	**4463**	**5354**	**6474**
六、邮电业务量	**元**	**2**	**6**	**33**	**180**	**777**	**985**	**1256**	**1442**	**1558**
固定电话	部/百人	…	1	2	8	22	22	21	20	19
移动电话	部/百人			…	4	27	29	38	44	50
七、人民生活										
职工平均货币工资	元	697	1898	4225	6790	13962	16506	18729	22307	24217
#国有单位	元	714	2030	4482	7175	13851	15742	18058	21932	24443
农民人均纯收入	元	63	501	1130	2195	3326	3598	4065	4394	4749
农民家庭生活消费支出	元		390	613	1048	1846	2089	2528	2864	3083
城镇居民人均可支配收入	元	377	1020	2780	4158	7852	8853	9997	11203	12247
城镇居民消费性支出	元	350	795	1940	3074	5481	6181	6982	7944	8436

1-11　国民经济主要比例关系

单位：%

指　　标	1990	1995	2000	2005	2006	2007	2008	2009
一、地区生产总值中三次产业比例	**100**	**100**	**100**	**100**	**100**	**100**	**100**	**100**
第一产业	30.34	26.94	11.92	5.80	5.71	5.75	4.99	7.24
第二产业	41.37	43.23	49.94	64.23	63.48	63.36	63.44	57.38
第三产业	28.29	29.83	38.14	29.97	30.81	30.89	31.57	35.38
二、工业总产值中轻重工业比例	**100**	**100**	**100**	**100**	**100**	**100**	**100**	**100**
轻工业	23.30	16.71	9.91	1.71	1.88	1.61	1.46	1.73
重工业	76.70	83.29	90.09	98.29	98.12	98.39	98.54	98.27
三、农林牧渔业总产值内部比例	**100**	**100**	**100**	**100**	**100**	**100**	**100**	**100**
农业产值	79.27	73.61	71.93	66.63	75.58	72.72	59.16	58.65
林业产值	4.23	4.23	5.23	2.87	3.15	2.84	10.39	10.83
牧业产值	16.16	21.82	22.22	27.48	18.87	22.06	28.26	28.27
渔业产值	0.34	0.34	0.62	0.60	0.47	0.64	0.74	0.73
农林牧渔服务业				2.42	1.93	1.74	1.45	1.52
四、固定资产投资中三次产业比重	**100**	**100**	**100**	**100**	**100**	**100**	**100**	**100**
第一产业	1.29	0.30	3.83	1.64	2.12	2.82	3.15	3.57
第二产业	79.59	69.76	57.86	69.08	63.65	62.24	57.57	50.38
采矿业			4.83	17.09	11.18	16.67	13.22	16.31
制造业			36.14	35.52	36.86	34.86	25.86	16.52
电力燃气及水的生产和供应业			16.89	16.47	15.61	10.71	18.49	17.54
第三产业	19.12	29.94	38.31	29.28	34.23	34.94	39.28	46.05
五、能源使用比例	**100**	**100**	**100**	**100**	**100**	**100**	**100**	**100**
第一产业				0.99	0.85	0.86	0.86	1.05
第二产业				90.82	91.33	90.49	89.26	86.84
第三产业				3.60	3.12	3.89	3.92	6.77
人民生活				4.59	4.70	4.76	5.96	5.34

1-12 人民物质文化生活提高情况

指　　标	单　位	1990	1995	2000	2005	2006	2007	2008	2009
一、城乡居民收入									
农民人均纯收入	元	501	1130	2195	3326	3598	4065	4394	4749
城镇居民人均可支配收入	元	1020	2780	4158	7852	8853	9997	11203	12247
在岗职工平均货币工资	元	1898	4225	6790	13962	16506	18729	22307	24217
二、平均每人住房面积(抽样)									
农民家庭	平方米	15.4	19.2	21.9	27.9	28.3	28.7	29.0	29.7
城镇居民	平方米	12.0	13.0	14.8	29.8	30.8	31.1	31.2	31.4
三、交通、文化、教育、卫生									
每百户拥有(抽样)									
自行车									
农　民	辆	102	125	118	105	94	102	103	107
城镇居民	辆	217	219	172	132				
摩托车									
农　民	辆	1	6	24	72	75	82	83	85
城镇居民	辆	3	19	45	68	72	71	64	66
洗衣机									
农　民	台	9	19	50	82	85	93	91	92
城镇居民	台	79	90	93	96	98	97	98	98
电冰箱									
农　民	台	1	2	8	22	23	30	28	29
城镇居民	台	15	32	60	71	74	85	90	91
彩色电视机									
农　民	台	4	18	56	96	98	101	103	104
城镇居民	台	56	84	102	103	105	106	108	108
移动电话									
农　民	部			0.2	44.5	58.0	77.9	90.2	98.4
城镇居民	部			7.1	121.2	133.0	153.9	168.3	171.2
电视人口覆盖率	%	85.9	86.0	92.9	97.6	97.9	97.9	97.9	97.9
每千人拥有医院床位数	张	3.2	3.0	2.9	2.7	3.0	3.3	3.7	3.8
每千人拥有卫生技术人员	人	4.3	4.0	3.9	3.4	4.5	4.0	4.3	4.6
四、储　蓄									
城乡居民储蓄存款余额	亿元	21.08	73.57	155.34	430.18	508.56	563.18	674.05	748.79
人均储蓄存款	元	617	1984	3944	10476	12303	13539	16106	17787

1-13　主要年份总产出

按当年价格计算　　　　单位：万元

年 份	总产出	第一产业	第二产业	#工 业	第三产业	#运输邮电业	#批零住宿餐饮业
1949	14369	9801	912	897	3656	749	1231
1952	21921	15178	2167	2040	4576	616	1814
1957	37596	21076	6835	5415	9685	570	3417
1962	39741	14482	13555	11365	11704	1950	4019
1965	58450	21028	20567	16330	16855	2246	5821
1970	83402	23278	42077	27587	18047	1870	6762
1975	125859	34648	70956	59485	20255	2458	7167
1978	173389	32439	108240	87050	32710	5349	10352
1980	204134	48987	117877	98882	37270	7621	10306
1985	424962	101287	220181	181215	103494	25156	25556
1990	870161	170174	480947	422013	219040	48288	63009
1995	2898318	404849	1877853	1739738	615616	157161	191994
2000	5109965	385730	3166572	2821733	1557663	428694	499531
2001	6071721	399008	3875569	3512373	1797144	538143	567627
2002	7207294	435616	4723441	4289604	2048237	638647	634402
2003	9470064	480596	6671723	6104008	2317745	685577	722340
2004	11316607	567116	8062711	7424880	2686780	721163	963710
2005	13659465	546248	9976793	9277411	3136424	846709	1043598
2006	15886532	597848	11596787	10714731	3691897	967822	1238343
2007	18322677	689314	13448286	12370770	4185077	983051	1423182
2008	20635591	717341	14901574	13629431	5016676	1131872	1719402
2009	20245927	1021959	13736674	12330040	5487294	1197527	1931593

1-14 主要年份总产出构成

单位：%

年 份	总产出	第一产业	第二产业	#工 业	第三产业	#运 输 邮电业	#批零住宿 餐 饮 业
1949	100.00	68.21	6.35	6.24	25.44	5.21	8.57
1952	100.00	69.24	9.89	9.31	20.87	2.81	8.28
1957	100.00	56.06	18.18	14.40	25.76	1.52	9.09
1962	100.00	36.44	34.11	28.60	29.45	4.91	10.11
1965	100.00	35.97	35.19	27.94	28.84	3.84	9.96
1970	100.00	27.91	50.45	33.08	21.64	2.24	8.11
1975	100.00	27.53	56.38	47.26	16.09	1.95	5.69
1978	100.00	18.71	62.42	50.21	18.87	3.08	5.97
1980	100.00	24.00	57.74	48.44	18.26	3.73	5.05
1985	100.00	23.84	51.81	42.64	24.35	5.92	6.01
1990	100.00	19.56	55.27	48.50	25.17	5.55	7.24
1995	100.00	13.97	64.79	60.03	21.24	5.42	6.62
2000	100.00	7.55	61.97	55.22	30.48	8.39	9.78
2001	100.00	6.57	63.83	57.85	29.60	8.86	9.35
2002	100.00	6.04	65.54	59.52	28.42	8.86	8.80
2003	100.00	5.08	70.45	64.46	24.47	7.24	7.63
2004	100.00	5.01	71.25	65.61	23.74	6.37	8.52
2005	100.00	4.00	73.04	67.92	22.96	6.20	7.64
2006	100.00	3.76	73.00	67.45	23.24	6.09	7.79
2007	100.00	3.76	73.40	67.52	22.84	5.37	7.77
2008	100.00	3.48	72.21	66.05	24.31	5.49	8.33
2009	100.00	5.05	67.85	60.90	27.10	5.91	9.54

1-15 主要年份总产出指数

1949年=100　　　　单位：%

年 份	总产出	第一产业	第二产业	#工 业	第三产业	#运 输 邮电业	#批零住宿 餐 饮 业
1949	100.0	100.0	100.0	100.0	100.0	100.0	100.0
1952	145.0	142.4	237.7	227.1	132.0	82.2	147.4
1957	211.0	164.1	716.4	593.0	256.2	98.7	288.7
1962	176.9	108.8	1071.8	963.9	225.7	343.7	292.4
1965	250.4	147.2	1594.4	1409.4	315.7	391.7	471.0
1970	293.9	137.0	2958.8	2020.4	255.9	318.8	526.0
1975	438.8	207.3	4918.8	4321.5	271.1	418.5	505.6
1978	579.3	191.3	7496.2	6427.5	383.2	909.8	682.2
1980	588.5	207.0	7316.3	6440.5	413.0	1296.9	533.0
1985	977.4	366.1	11507.4	10417.0	745.3	4280.1	933.9
1990	1396.8	374.6	18033.5	17428.2	1129.1	4566.7	915.4
1995	3123.4	481.5	49967.2	50101.2	1782.4	7956.3	1516.6
2000	5179.8	493.9	85252.5	82630.3	3352.0	16345.1	3123.5
2001	5967.1	505.8	101535.7	100395.8	3677.2	18911.3	3414.0
2002	6939.8	560.9	120827.5	118768.2	4074.3	21521.0	3700.7
2003	8168.1	605.8	145113.8	140977.9	4652.8	23393.4	4229.9
2004	9662.9	654.9	174281.7	171993.0	5406.6	29662.8	4703.7
2005	11266.9	644.4	208615.2	207939.5	6179.7	42388.1	5084.7
2006	12911.9	702.4	238864.4	236635.2	7143.8	47601.8	5949.1
2007	14758.3	743.1	273977.4	270000.7	8172.5	50124.7	6823.6
2008	15629.0	772.9	280552.9	273240.7	9578.1	56590.8	8010.9
2009	16332.3	809.2	288969.5	275153.4	10382.7	59363.8	8723.9

1-16 主要年份总产出指数

上年=100　　　　　　　　　　　　　　　　　　　　　　单位：%

年 份	总产出	第一产业	第二产业	#工 业	第三产业	#运 输 邮电业	#批零住宿 餐 饮 业
1952	116.0	113.4	136.4	138.0	123.2	141.1	120.5
1957	98.7	91.9	105.8	105.5	111.2	105.4	106.2
1962	77.1	108.5	67.9	76.8	62.2	52.1	77.3
1965	119.4	114.4	114.8	129.3	132.1	107.0	152.6
1970	129.2	87.5	205.9	159.2	117.2	100.1	153.9
1975	110.0	112.4	110.2	117.8	105.4	107.0	96.3
1978	115.7	102.7	123.7	123.7	108.2	115.3	111.3
1980	93.8	94.1	94.3	94.8	91.9	118.6	77.2
1985	110.6	89.7	121.3	112.3	115.3	147.7	128.9
1990	107.3	109.3	108.9	109.1	105.3	91.2	94.4
1995	112.7	112.6	114.3	114.5	111.9	117.6	106.5
2000	110.5	96.9	111.9	113.2	110.8	115.7	110.1
2001	115.2	102.4	119.1	121.5	109.7	115.7	109.3
2002	116.3	110.9	119.0	118.3	110.8	113.8	108.4
2003	117.7	108.0	120.1	118.7	114.2	108.7	114.3
2004	118.3	108.1	120.1	122.0	116.2	126.8	111.2
2005	116.6	98.4	119.7	120.9	114.3	142.9	108.1
2006	114.6	109.0	114.5	113.8	115.6	112.3	117.0
2007	114.3	105.8	114.7	114.1	114.4	105.3	114.7
2008	105.9	104.0	102.4	101.2	117.2	112.9	117.4
2009	104.5	104.7	103.0	100.7	108.4	104.9	108.9

1-17 主要年份地区生产总值

按当年价格计算

年 份	地区生产总值(万元)	第一产业	第二产业	#工 业	第三产业	#运输邮电业	#批零住宿餐饮业	人均地区生产总值(元)
1949	9917	7427	348	327	2142	188	1091	72
1952	15450	11503	852	815	3095	281	1571	104
1957	22108	13288	3059	2492	5761	298	2764	131
1962	22473	10579	5150	4370	6744	927	2279	110
1965	32376	15695	7907	6425	8774	1094	3715	152
1970	41843	16947	15820	10829	9076	957	3801	172
1975	63083	25285	26393	22393	11405	1203	4030	230
1978	83730	22621	42446	35120	18663	2649	6052	291
1980	105445	29867	54039	46074	21539	3904	5176	357
1985	201541	69597	88090	73573	43854	12264	9300	643
1990	380878	115573	157550	142053	107755	25108	22668	1115
1995	993034	267503	429292	394724	296239	68030	72958	2679
2000	1908074	227546	952852	855775	727676	187213	182700	4835
2001	2191699	238334	1126392	1021394	826973	221758	206703	5509
2002	2588376	257674	1391483	1278685	939219	263394	229764	6444
2003	3380330	287118	1986372	1838766	1106840	301599	269641	8353
2004	4487398	339461	2798794	2636720	1349143	388016	312091	11007
2005	5251933	304605	3373365	3196525	1573963	464640	330979	12790
2006	5951633	339655	3778170	3556651	1833808	527766	386119	14398
2007	6716579	386005	4255573	3986194	2075001	555061	450674	16147
2008	7729621	385620	4904000	4612000	2440001	635000	530000	18469
2009	7668659	555442	4400173	4026171	2713044	662007	616030	18215

1-18 主要年份地区生产总值构成

单位：%

年　份	地区生产总　值	第一产业	第二产业	#工　业	第三产业	#运　输邮电业	#批零住宿餐饮业
1949	100.0	74.9	3.5	3.3	21.6	1.9	11.0
1952	100.0	74.5	5.5	5.3	20.0	1.8	10.2
1957	100.0	60.1	13.8	11.3	26.1	1.3	12.5
1962	100.0	47.1	22.9	19.4	30.0	4.1	10.1
1965	100.0	48.5	24.4	19.8	27.1	3.4	11.5
1970	100.0	40.5	37.8	25.9	21.7	2.3	9.1
1975	100.0	40.1	41.8	35.5	18.1	1.9	6.4
1978	100.0	27.0	50.7	41.9	22.3	3.2	7.2
1980	100.0	28.3	51.3	43.7	20.4	3.7	4.9
1985	100.0	34.5	43.7	36.5	21.8	6.1	4.6
1990	100.0	30.3	41.4	37.3	28.3	6.6	6.0
1995	100.0	27.0	43.2	39.7	29.8	6.9	7.3
2000	100.0	11.9	49.9	44.9	38.2	9.8	9.6
2001	100.0	10.9	51.4	46.6	37.7	10.1	9.4
2002	100.0	10.0	53.7	49.4	36.3	10.2	8.9
2003	100.0	8.5	58.8	54.4	32.7	8.9	8.0
2004	100.0	7.6	62.3	58.8	30.1	8.6	7.0
2005	100.0	5.8	64.2	60.9	30.0	8.8	6.3
2006	100.0	5.7	63.5	59.8	30.8	8.9	6.5
2007	100.0	5.7	63.4	59.3	30.9	8.3	6.7
2008	100.0	5.0	63.4	59.7	31.6	8.2	6.9
2009	100.0	7.2	57.4	52.5	35.4	8.6	8.0

1-19 主要年份地区生产总值指数

1949年=100 单位：%

年 份	地 区 生产总值	第一产业	第二产业	#工 业	第三产业	#运 输 邮电业	#批零住宿 餐 饮 业	人均地区 生产总值
1949	100.0	100.0	100.0	100.0	100.0	100.0	100.0	100.0
1952	145.3	142.2	241.8	243.7	145.6	147.5	141.8	135.9
1957	185.6	143.3	845.4	736.2	264.4	114.1	240.8	152.8
1962	170.0	105.7	1173.4	1000.7	240.2	285.6	167.8	121.9
1965	241.4	147.4	1835.9	1437.5	296.5	310.1	216.4	157.4
1970	282.3	133.8	3172.6	2232.4	291.1	264.4	198.8	161.2
1975	403.3	203.8	4790.6	4591.0	324.0	242.5	167.4	204.3
1978	466.8	184.6	7378.5	7239.7	456.0	508.9	194.4	225.9
1980	528.9	190.1	8913.0	9012.5	521.1	709.7	143.0	249.3
1985	860.3	333.9	12475.9	12855.4	938.5	1768.0	211.2	381.7
1990	1065.0	364.9	14903.5	17831.0	1496.8	1975.4	190.6	434.3
1995	1903.3	462.2	33527.4	42481.9	2610.7	3129.8	385.5	716.0
2000	3204.6	499.3	59449.1	72608.3	4909.7	6428.2	808.0	1132.5
2001	3632.5	523.3	69117.6	85172.3	5509.5	7576.4	895.5	1273.2
2002	4178.8	567.2	81532.9	101403.4	6226.4	8566.3	1021.6	1450.8
2003	4847.9	615.5	97380.4	120499.5	7052.4	9436.1	1162.7	1670.6
2004	5647.2	663.5	115102.5	143770.4	8199.5	11901.8	1312.4	1931.6
2005	6499.9	624.3	137784.2	173530.9	9306.4	13818.0	1389.8	2206.7
2006	7435.9	680.6	157467.2	197455.7	10767.6	15434.7	1730.3	2508.1
2007	8231.6	717.4	175761.0	219487.6	11812.0	15959.5	1898.1	2758.7
2008	8651.4	722.0	177403.3	220011.5	13560.2	17842.7	2184.8	2881.0
2009	9014.7	754.5	181128.8	220671.6	14672.1	18699.2	2372.6	2984.8

1-20 主要年份地区生产总值指数

上年=100 单位：%

年 份	地 区 生产总值	第一产业	第二产业	#工 业	第三产业	#运 输 邮电业	#批零住宿 餐 饮 业	人均地区 生产总值
1952	115.3	113.4	144.7	144.9	119.0	117.1	118.5	112.4
1957	86.3	77.3	99.9	100.5	108.0	106.1	100.1	84.3
1962	95.6	112.7	78.3	86.5	73.5	48.2	68.3	92.5
1965	113.5	114.5	113.0	124.2	112.3	106.1	123.2	111.0
1970	115.2	85.9	185.5	153.9	112.7	103.1	148.8	111.2
1975	107.3	112.5	103.8	119.9	101.8	103.5	98.1	105.2
1978	109.1	108.2	127.8	133.6	107.0	116.1	110.8	107.7
1980	101.9	95.5	105.5	106.4	103.5	117.2	73.5	100.5
1985	105.8	89.6	117.4	109.4	114.1	139.2	108.5	104.4
1990	107.1	115.2	105.8	110.1	101.7	102.1	93.2	104.7
1995	110.2	112.5	109.0	109.0	110.7	111.8	112.7	108.9
2000	109.3	96.8	110.9	112.8	111.7	114.2	112.0	108.2
2001	113.4	104.8	116.3	117.3	112.2	117.9	110.8	112.4
2002	115.0	108.4	118.0	119.1	113.0	113.1	114.1	114.0
2003	116.0	108.5	119.4	118.8	113.3	110.2	113.8	115.1
2004	116.5	107.8	118.2	119.3	116.3	126.1	112.9	115.6
2005	115.1	94.1	119.7	120.7	113.5	116.1	105.9	114.2
2006	114.4	109.0	114.3	113.8	115.7	111.7	124.5	113.7
2007	110.7	105.4	111.6	111.2	109.7	103.4	109.7	110.0
2008	105.1	100.6	100.9	100.2	114.8	111.8	115.1	104.4
2009	104.2	104.5	102.1	100.3	108.2	104.8	108.6	103.6

1-21 支出法地区生产总值

按当年价格计算　　单位：万元

指　　标	2008	2009	2009年为2008年%
总　计	**7718533**	**7676343**	**104.3**
一、最终消费	3417098	3587524	104.5
居民消费	2240098	2388872	106.1
农村居民	861613	894423	103.6
城镇居民	1378485	1494449	107.7
政府消费	1177000	1198652	101.5
二、资本形成总额	4314435	4108961	104.0
固定资本形成总额	3664370	3619760	107.5
存货增加	650065	489201	84.0
三、货物和服务净流出	−13000	−20142	

1-22 支出法地区生产总值构成

按当年价格计算　　单位：%

指　　标	2008	2009
总　计	**100.0**	**100.0**
一、最终消费	44.3	46.7
居民消费	29.0	31.1
农村居民	11.2	11.6
城镇居民	17.8	19.5
政府消费	15.3	15.6
二、资本形成总额	55.9	53.6
固定资本形成总额	47.5	47.2
存货增加	8.4	6.4
三、货物和服务净流出	−0.2	−0.3

1–23　主要年份最终消费与资本形成总额

按当年价格计算　　　　单位：万元

年 份	最终消费	居民消费	政府消费	资本形成总额	固定资本形成	存货增加
1949	9320	8603	717	471	432	39
1952	13916	12518	1398	1454	1280	174
1957	18336	16014	2322	3410	2794	616
1962	20221	17528	2693	2523	3056	–533
1965	26315	23297	3018	5519	4543	976
1970	25658	21432	4226	16850	14284	2566
1975	39943	31378	8565	23293	17779	5514
1978	45999	32752	13247	38053	29462	8591
1980	61616	44839	16777	44230	36121	8109
1985	134601	104778	29823	70241	54103	16138
1990	232864	176850	56014	153359	80610	72749
1995	576178	441885	134293	437401	316725	120676
2000	1065224	735128	330096	863034	667286	195748
2001	1195800	810011	385789	1018525	791934	226591
2002	1369941	915573	454368	1232858	986963	245895
2003	1714677	1106162	608515	1678978	1342159	336819
2004	2137877	1326551	811326	2340079	1837276	502803
2005	2341116	1479527	861589	2900250	2235813	664437
2006	2657842	1679939	977903	3303709	2610989	692720
2007	3026856	1956011	1070845	3697387	3139870	557517
2008	3417098	2240098	1177000	4314435	3664370	650065
2009	3587524	2388872	1198652	4108961	3619760	489201

1-24 主要年份最终消费与资本形成总额构成

单位：%

年 份	最终消费	居民消费	政府消费	资本形成总 额	固定资本形 成	存货增加
1949	95.39	88.05	7.34	4.82	4.42	0.40
1952	90.81	81.69	9.12	9.49	8.35	1.14
1957	84.49	73.79	10.70	15.71	12.87	2.84
1962	89.11	77.24	11.87	11.12	13.47	-2.35
1965	82.89	73.38	9.51	17.38	14.31	3.07
1970	60.55	50.58	9.97	39.77	33.71	6.06
1975	63.29	49.72	13.57	36.91	28.17	8.74
1978	54.89	39.08	15.81	45.41	35.16	10.25
1980	58.39	42.49	15.90	41.92	34.23	7.69
1985	66.62	51.86	14.76	34.77	26.78	7.99
1990	61.07	46.38	14.69	40.22	21.14	19.08
1995	58.02	44.50	13.52	44.05	31.90	12.15
2000	55.83	38.53	17.30	45.23	34.97	10.26
2001	54.56	36.96	17.60	46.47	36.13	10.34
2002	52.93	35.37	17.56	47.63	38.13	9.50
2003	50.73	32.73	18.00	49.67	39.71	9.96
2004	47.64	29.56	18.08	52.15	40.94	11.21
2005	44.58	28.17	16.41	55.23	42.58	12.65
2006	44.66	28.23	16.43	55.51	43.87	11.64
2007	45.10	29.14	15.96	55.08	46.78	8.30
2008	44.27	29.02	15.25	55.90	47.48	8.42
2009	46.73	31.12	15.61	53.53	47.16	6.37

1-25 主要年份最终消费与资本形成总额指数

上年=100　　　　　　　　　　　　　　　　　　　　　　　　　　　单位：%

年　份	最终消费			资本形成总　额		
		居民消费	政府消费		固定资本形　成	存货增加
1949	100.0	100.0	100.0	100.0	100.0	100.0
1952	113.6	113.4	118.6	193.5	191.3	203.1
1957	100.8	101.2	96.9	97.7	86.5	265.8
1962	93.8	98.6	70.7	28.9	59.1	–10.7
1965	117.1	118.2	106.3	106.8	81.1	118.6
1970	95.2	92.7	116.1	196.6	392.1	68.2
1975	107.6	104.6	114.3	104.8	101.4	166.8
1978	102.5	103.0	99.9	116.2	115.3	117.9
1980	100.8	100.7	101.0	87.2	94.5	65.5
1985	102.7	102.6	102.9	108.0	109.9	105.7
1990	101.5	101.6	101.1	103.6	99.1	109.0
1995	107.2	108.6	104.0	111.2	108.8	118.2
2000	111.9	112.1	111.5	108.0	110.0	101.5
2001	111.3	109.6	115.1	117.2	117.9	115.0
2002	110.5	108.1	115.5	119.8	123.3	107.3
2003	112.0	108.9	117.9	119.0	119.4	117.2
2004	113.0	110.6	117.4	118.2	118.8	115.8
2005	108.6	110.5	105.7	121.6	119.3	130.8
2006	111.3	111.2	111.5	116.5	116.2	117.4
2007	114.8	117.9	109.4	107.9	120.0	67.9
2008	104.4	105.1	103.0	105.9	105.2	109.7
2009	104.5	106.1	101.5	104.0	107.5	84.0

1-26 主要年份最终消费总额及构成

按当年价格计算　　　　单位：万元、%

年份	最终消费	居民消费			政府消费	构成			
						以最终消费为100		以居民消费为100	
		合计	农村居民	城镇居民		居民消费	政府消费	农村居民	城镇居民
1949	9320	8603	7679	924	717	92.31	7.69	89.26	10.74
1952	13916	12518	10828	1690	1398	89.95	10.05	86.50	13.50
1957	18336	16014	12966	3048	2322	87.34	12.66	80.97	19.03
1962	20221	17528	13122	4406	2693	86.68	13.32	74.86	25.14
1965	26315	23297	18523	4774	3018	88.53	11.47	79.51	20.49
1970	25658	21432	15349	6083	4226	83.53	16.47	71.62	28.38
1975	39943	31378	21188	10190	8565	78.56	21.44	67.53	32.47
1978	45999	32752	21895	10857	13247	71.20	28.80	66.85	33.15
1980	61616	44839	31721	13118	16777	72.77	27.23	70.74	29.26
1985	134601	104778	74015	30763	29823	77.84	22.16	70.64	29.36
1990	232864	176850	119885	56965	56014	75.95	24.05	67.79	32.21
1995	576178	441885	285198	156687	134293	76.69	23.31	64.54	35.46
2000	1065224	735128	431665	303463	330096	69.01	30.99	58.72	41.28
2001	1195800	810011	450085	359926	385789	67.74	32.26	55.57	44.43
2002	1369941	915573	499048	416525	454368	66.83	33.17	54.51	45.49
2003	1714677	1106162	545769	560393	608515	64.51	35.49	49.34	50.66
2004	2137877	1326551	578988	747563	811326	62.05	37.95	43.65	56.35
2005	2341116	1479527	622580	856947	861589	63.20	36.80	42.08	57.92
2006	2657842	1679939	682425	997514	977903	63.21	36.79	40.62	59.38
2007	3026856	1956011	793733	1162278	1070845	64.62	35.38	40.58	59.42
2008	3417098	2240098	861613	1378485	1177000	65.56	34.44	38.46	61.54
2009	3587524	2388872	894423	1494449	1198652	66.59	33.41	37.44	62.56

1-27 主要年份居民人均消费水平及指数

按当年价格计算　　　　单位：元/人、%

年　份	居　民总消费	农村居民	城镇居民	以上年为100 居　民总消费	农村居民	城镇居民	以1949年为100 居　民总消费	农村居民	城镇居民
1949	63	59	129				100.0	100.0	100.0
1952	85	78	189	112.9	115.5	101.6	140.0	143.6	123.6
1957	95	84	202	99.2	96.5	111.1	165.2	185.5	170.0
1962	90	73	278	98.6	94.9	111.3	95.9	94.4	141.2
1965	110	95	262	107.0	118.6	97.7	142.4	171.9	167.4
1970	88	70	270	98.3	81.2	130.8	141.3	131.6	200.1
1975	114	86	340	103.5	104.7	99.1	158.6	152.0	221.1
1978	114	86	325	101.6	101.1	99.3	171.9	155.4	230.8
1980	152	123	352	99.4	103.2	88.3	170.3	163.6	188.3
1985	334	277	663	101.1	101.9	96.9	190.5	175.3	206.8
1990	503	411	968	99.2	100.0	97.2	211.6	197.4	212.7
1995	1192	942	2310	107.3	106.3	107.9	343.7	291.3	333.5
2000	1863	1439	3205	110.9	107.0	109.3	510.1	410.4	472.8
2001	2036	1545	3376	108.7	105.9	106.4	554.4	434.7	503.0
2002	2280	1740	3627	107.1	105.3	105.7	593.7	457.9	531.6
2003	2734	1949	4495	108.1	105.5	106.8	641.7	482.9	568.0
2004	3254	2078	5793	109.7	106.6	111.4	704.2	514.6	632.8
2005	3603	2277	6249	109.7	109.1	106.4	772.5	561.5	673.3
2006	4064	2548	6853	110.5	109.6	107.4	853.6	615.4	723.1
2007	4702	2984	7749	110.6	109.2	109.8	943.7	671.8	794.2
2008	5353	3276	8865	104.5	103.2	103.4	986.0	693.1	821.3
2009	5674	3418	9381	105.4	104.1	105.1	1039.3	721.5	863.2

1-28 地区生产总值构成项目(2009年)

单位：万元

指　标	总　计	劳动者报酬	生产税净额	固定资产折旧	营业盈余
地区生产总值	**7668659**	**2715762**	**1137880**	**1120702**	**2694315**
第一产业	**555442**	**433518**	**-2571**	**12575**	**111920**
农、林、牧、渔、农林牧渔服务业	555442	433518	-2571	12575	111920
第二产业	**4400173**	**1267099**	**919691**	**624553**	**1588830**
工　业	4026171	1066704	857635	577551	1524281
建筑业	374002	200395	62056	47002	64549
第三产业	**2713044**	**1015145**	**220760**	**483574**	**993565**
交通运输、仓储和邮政业	662007	149798	32759	101998	377452
信息传输、计算机服务和软件业	134867	28134	7977	53096	45660
批发和零售业	464018	101815	127382	55291	179530
住宿和餐饮业	152012	25897	9465	10442	106208
金融保险业	227003	86262	27916	11552	101273
房地产业	178004	4777	3019	165739	4469
租赁和商务服务业	25153	8269	2180	5529	9175
科学研究、技术服务和地质勘查业	15935	10393	827	1703	3012
水利、环境和公共设施管理业	15783	11166	441	3408	768
居民服务和其他服务业	140942	18075	4413	4965	113489
教　育	261739	223044	1269	24414	13012
卫生、社会保障和社会福利业	122132	79842	1020	10111	31159
文化、体育和娱乐业	23039	10292	1199	3190	8358
公共管理和社会组织	290410	257381	893	32136	

1–29 按行业划分的法人单位及产业活动单位数(2009年)

单位：个

指 标	法人单位				产业活动单位	
	单位数	单产业法人	多产业法人	规模、资质或限额以上单位	单位数	#多产业法人所属的产业活动单位
总 计	**23189**	**19598**	**3591**	**882**	**33859**	**14261**
农、林、牧、渔业	2702	2692	10		3039	347
采矿业	1381	1374	7	200	1399	25
制造业	2502	2465	37	245	2597	132
电力、燃气及水的生产和供应业	106	100	6	11	155	55
建筑业	443	415	28	122	714	299
交通运输、仓储和邮政业	455	437	18		755	318
信息传输、计算机服务和软件业	397	392	5		882	490
批发和零售业	3958	3717	241	98	5580	1863
住宿和餐饮业	341	335	6	63	387	52
金融业	93	61	32		746	685
房地产业	415	404	11	143	464	60
租赁和商务服务业	879	864	15		1074	210
科学研究、技术服务和地质勘查业	443	429	14		609	180
水利、环境和公共设施管理业	216	207	9		343	136
居民服务和其他服务业	366	363	3		396	33
教 育	1606	1499	107		2932	1433
卫生、社会保障和社会福利业	669	655	14		3571	2916
文化、体育和娱乐业	254	246	8		347	101
公共管理和社会组织	5963	2942	3020		7869	4926

主要统计指标解释

国内(地区)生产总值 指按市场价格计算的一个国家(或地区)所有常住单位在一定时期内生产活动的最终成果。国内生产总值有三种表现形态，即价值形态、收入形态和产品形态。从价值形态看，它是所有常住单位在一定时期内生产的全部货物和服务的价值超过同期投入的全部非固定资产货物和服务价值的差额；从收入形态看，它是所有常住单位在一定时期内创造并分配给常住单位和非常住单位的初次分配收入之和；从产品形态看，它等于最终使用的货物和服务减去进口的货物和服务。在核算中，国内生产总值的三种表现形态表现为三种计算方法，即生产法、收入法和支出法。三种方法从不同的方面反映国内生产总值及其构成。

三次产业 三次产业的划分是世界上较为通用的产业结构分类，但各国的划分不尽一致。我国的三次产业划分是：

第一产业：农业(包括种植业、林业、牧业、渔业和农林牧渔服务业)。

第二产业：工业(包括采掘业、制造业、电力、煤气及水的生产和供应业)和建筑业。

第三产业：除第一、二产业以外的其他各业。

总产出 指常住单位在核算期内生产的货物和服务的价值总和。总产出中既包括核算期内新增加的价值，也包括中间投入的转移价值，它反映了国民经济各个部门生产活动的总规模。

中间投入 指常住单位在生产货物和提供服务的过程中，消耗和使用的所有非固定资产货物和服务的价值。中间投入也称为中间消耗，一般按购买者价格计算。

增加值 指常住单位在生产过程中创造的新增价值和固定资产的转移价值。增加值可以按照生产法计算也可以按照收入法计算。按生产法计算，等于总产出价值扣除中间投入价值后的余额；按收入法计算，等于劳动者报酬、生产税净额、固定资产折旧和营业盈余之和。增加值反映生产单位或部门在一定时期内生产经营活动的最终成果，也是本单位或部门对国内(地区)生产总值的贡献。

最终消费 指常住单位在核算期内对于货物和服务的全部最终消费支出，也就是常住单位为满足物质、文化与精神生活的需要，从本国(地区)经济领土和国(地区)外购买的货物和服务的支出，不包括非常住单位在本国(地区)的消费支出。最终消费包括居民消费和政府消费。

居民消费 指常住住户在核算期内对于货物和服务的全部最终消费。居民消费除了居民直接以货币形式购买的货物和服务的消费以外，还包括以其他方式获得的货物和服务的消费，即政府或单位以实物报酬及实物转移的形式提供给劳动者的货物和服务；住户生产并由住户自己消费的货物和服务，其中的服务仅指住户的自有住房服务和保姆提供的有酬服务；金融机构提供的金融媒介服务；保险公司提供的保险服务。

政府消费 指政府部门为全社会提供公共服务的消费支出和免费或以较低的价格向居民住户提供的货物和服务的净支出。前者等于政府服务的产出价值减去政府单位所获得的经营收入后的价值，政府服务的产出价值等于它的经常性业务支出加上虚拟固定资产折旧；后者等于政府部门免费或以较低价格向居民住户提供的货物和服务的市场价值减去向居民住户收取的费用。

资本形成总额 指常住单位在核算期内获得的减处置的固定资产与存货的净变动的合计，包括固定资本形成总额和存货增加。

固定资本形成总额 指常住单位在一定时期内购置、转入和建造的固定资产，扣除旧固定资产的销售和转让后的价值。固定资产是通过生产活动生产出来的、使用期限在一年以上、单位价值在固定标准以上的资产，不包括自然资产。固定资本形成总额可分为有形固定资本形成总额和无形固定资本形成总额。

存货增加 指常住单位存货实物量变动的市场价值，等于存货的期末价值减期初价值，再扣除由于当期价格变动而产生的持有收益。存货包括生产单位从其他单位购买的原材料、燃料和储备物资以及生产单位生产的产成品、半成品和在制品等。

劳动者报酬 指劳动者因从事生产活动所获得的全部报酬。包括劳动者获得的各种形式的工资、奖金和津贴，既有货币形式的，也有实物形式的，还包括劳动所享受的公费医疗和医药卫生费、上下班交通补贴、单位支付的社会保险费、住房公积金等。对于个体经济来说，其所有获得的劳动报酬和经营利润不易区分，这两部分统一作为劳动者报酬处理。

生产税净额 指生产税减生产补贴后的差额。生产税指政府对生产单位从事生产、销售和经营活动以及因从事生产活动使用某些生产要素（如固定资产、土地、劳动力）所征收的各种税、附加费和规费。生产补贴与生产税相反，指政府对生产单位的单方面转移支付，因此视为负生产税，包括政策性亏损补贴、价格补贴等。

固定资产折旧 指一定时期内为弥补固定资产损耗按照规定的固定资产折旧率提取的固定资产折旧，或按国民经济核算统一规定的折旧率虚拟计算的固定资产折旧。它反映了固定资产在当期生产中的转移价值。各类企业和企业化管理的事业单位的固定资产折旧是指实际计提的折旧费；不计提折旧的政府机关、非企业化管理的事业单位和居民住房的固定资产折旧是按照统一规定的折旧率和固定资产原值计算的虚拟折旧。原则上，固定资产折旧应按固定资产的重置价值计算，但是目前我国尚不具备对全社会固定资产进行重估价的基础，所以暂时还不能采用这种办法。

营业盈余 指常住单位创造的增加值扣除劳动者报酬、生产税净额和固定资产折旧后的余额。它相当于企业的营业利润加上生产补贴，但要扣除从利润中开支的工资和福利等。

支出法地区生产总值 指一个地区所有常住单位在一定时期内用于最终消费、资本形成总额及货物和服务净出口的总额，它反映本期生产的地区生产总值的使用情况。

货物和服务净出口 指货物和服务出口减货物和服务进口的差额。出口包括常住单位向非常住单位出售或无偿转让的各种货物和服务的价值；进口包括常住单位从非常住单位购买或无偿得到的各种货物和服务的价值。由于服务活动的提供与使用同时发生，因此服务的进出口业务并不发生出入境现象，一般把常住单位从国外得到的服务作为进口，常住单位向国外提供的服务作为出口。

02

人口、从业人员和劳动报酬

资料整理人员

师先明　郗跃华　梁　燕　张　睿

人　口

总户数	123.88	万户
总人口数	422.17	万人
男性	217.66	万人
女性	204.51	万人
出生人口	4.90	万人
死亡人口	2.53	万人

人口构成 (%)

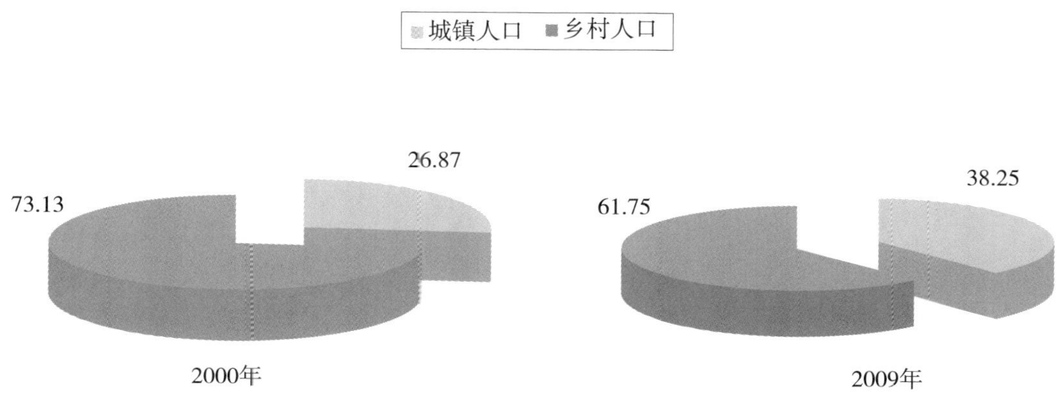

人口出生率、死亡率、自然增长率 (‰)

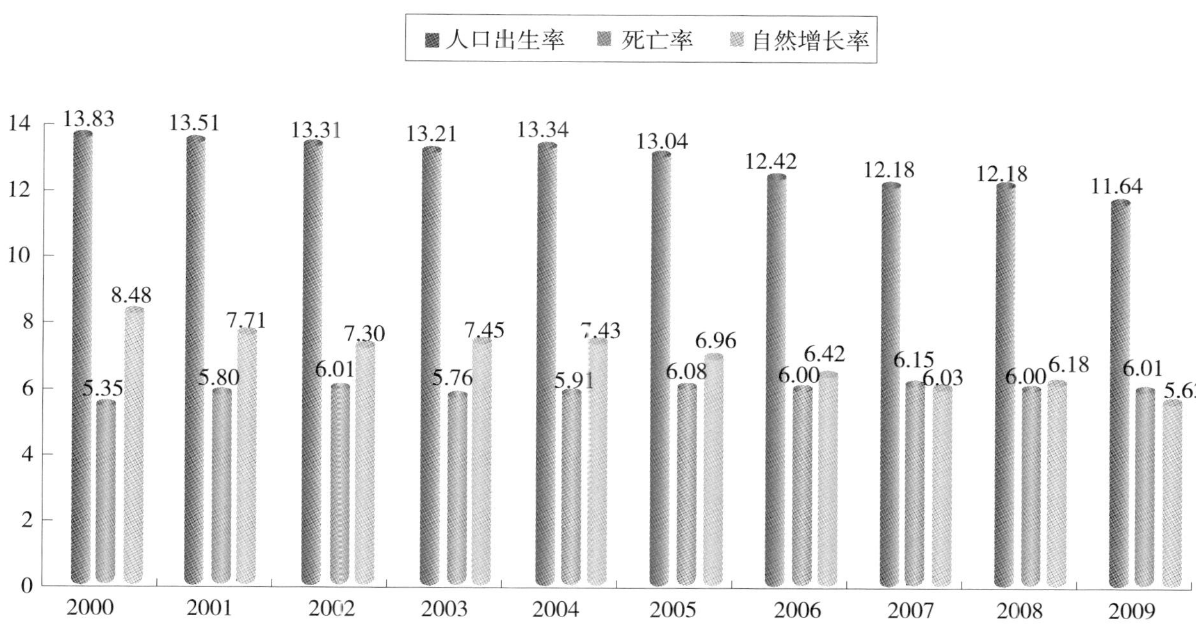

社会从业人员和劳动报酬

社会从业人员	195.02	万人
第一产业	86.70	万人
第二产业	43.31	万人
第三产业	65.01	万人
在岗职工人数	34.80	万人
在岗职工工资总额	78.73	亿元

社会从业人员和职工人数（万人）

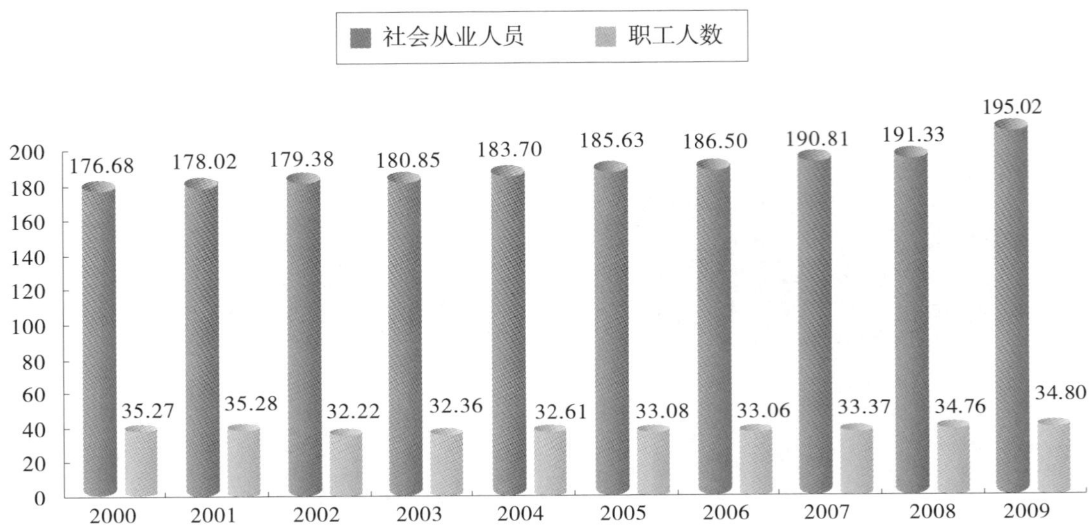

职工平均工资（元）

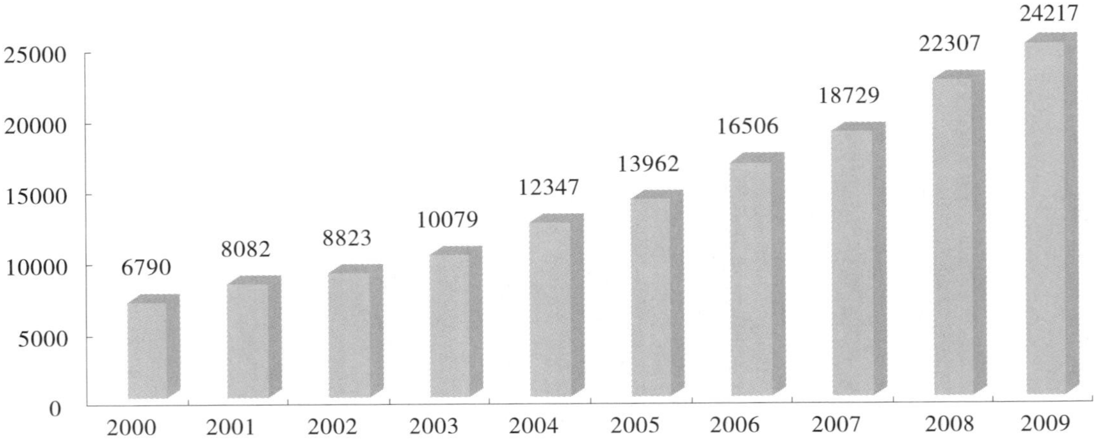

2-1 主要年份总户数、总人口

单位：人

年份	总户数(户)	总人口	按性别分		按城镇乡村分	
			男性	女性	城镇人口	乡村人口
1952	366584	1493178	770426	722752	155367	1337541
1957	399841	1706885	891889	814996	231124	1475761
1962	458431	1989326	1021614	967712	266159	1723167
1965	473172	2151789	1100690	1051099	134832	2016957
1970	534943	2458590	1262196	1196394	229210	2229380
1975	589663	2771561	1426370	1345191	341219	2430342
1978	626326	2894823	1483295	1411528	382455	2512368
1980	651279	2975484	1522853	1452631	471009	2504475
1985	705140	3155759	1625139	1530620	1836560	1319199
1995	918776	3729449	1908923	1820526	2354533	1374916
2000	1048142	3955730	2015355	1940375	1062905	2892825
2001	995074	4001348	2051587	1949761	1069311	2932037
2002	1022622	4031537	2067359	1964178	1227555	2803982
2003	1049297	4061684	2072819	1988865	1265975	2795709
2004	1078579	4091975	2100296	1991679	1314957	2777018
2005	1105548	4120505	2103185	2017320	1427872	2692633
2006	1136176	4147043	2112876	2034167	1483100	2663943
2007	1179856	4172164	2128852	2043312	1516999	2655165
2008	1213300	4198017	2150156	2047861	1571700	2626317
2009	1238806	4221719	2176574	2045145	1614812	2606907

2-2 主要年份人口自然变动

单位：人

年份	出生		死亡		自然增长	
	人数	出生率(‰)	人数	死亡率(‰)	人数	增长率(‰)
1952	37554	25.46	15656	10.62	21898	14.84
1957	46821	27.74	18019	10.68	28802	17.06
1962	69480	35.61	18812	9.64	50668	25.97
1965	64963	30.55	19467	9.16	45496	21.39
1970	71833	29.64	17568	7.25	54265	22.39
1975	56157	21.51	19150	6.96	40007	14.55
1978	46679	16.24	15853	5.52	30826	10.72
1980	45129	15.29	16973	5.75	28156	9.54
1985	40794	13.01	16610	5.30	24184	7.71
1995	47994	12.95	16714	4.51	31280	8.44
2000	54557	13.83	21118	5.35	33439	8.48
2001	53738	13.51	23060	5.80	30678	7.71
2002	53442	13.31	24117	6.01	29325	7.30
2003	53471	13.21	23320	5.76	30151	7.45
2004	54387	13.34	24096	5.91	30291	7.43
2005	53565	13.04	25004	6.08	28561	6.96
2006	51325	12.42	24787	6.00	26538	6.42
2007	50722	12.18	25591	6.15	25131	6.03
2008	50980	12.18	25130	6.00	25850	6.18
2009	49003	11.64	25302	6.01	23701	5.63

2-3 城乡劳动力资源配置情况

单位：人

指 标	2008	2009
年末劳动力资源总数	**2441451**	**2481617**
年末劳动力配置		
一、从业人员	**1913312**	**1950245**
按经济类型分		
国有经济	259335	250164
集体经济	1318158	1328491
私营经济	96173	105523
个体经济	161658	176334
联营经济		
股份制经济	18516	15727
外商投资经济	570	2323
港澳台投资经济	2251	1821
其他经济	56651	69862
按国民经济行业分组		
农、林、牧、渔业	854673	866964
采矿业	117552	110249
制造业	192366	185381
电力、燃气及水的生产和供应业	20599	20551
建筑业	104577	116958
交通运输、仓储和邮政业	135964	133495
信息传输、计算机服务和软件业	4866	9654
批发和零售业	164298	171453
住宿和餐饮业	50257	58319
金融业	13492	14049
房地产业	1174	1195
租赁和商务服务业	4632	3954
科学研究、技术服务和地质勘查业	4119	3750
水利、环境和公共设施管理业	6512	7610
居民服务和其他服务业	16513	17270
教 育	63146	63675
卫生、社会保障和社会福利业	19775	21061
文化、体育和娱乐业	7339	6173
公共管理和社会组织	131458	138484
按三次产业分		
第一产业	854673	866964
第二产业	435094	433139
第三产业	623545	650142
二、城镇登记失业人员	**11360**	**14460**
三、16岁以上在校学生	**140020**	**142500**
四、其他劳动者	**376750**	**374412**
#家务劳动者	200150	190950

2-4 主要年份从业人员年末人数

单位：人

年 份	从业人员合计	职工人数				其他从业人员	城镇私营企业及个体从业人员	农村经济从业人员
		合 计	国有单位	集体单位	其他单位			
1952	627207	23811	22773	1038			11053	592343
1957	734839	60033	50893	9140			1560	673246
1962	763426	78424	66730	11694			252	684750
1965	834694	94433	76646	17787			292	739969
1970	941784	136321	116881	19440			80	805383
1975	1065445	199230	163000	36230			71	866144
1978	1113986	242851	209907	32944			26	871109
1980	1132912	260719	224453	36266			1238	870955
1985	1341726	312025	250808	61217			18663	1011038
1995	1783620	422224	361692	56022	4510	12499	51674	1297223
2000	1766820	352701	299960	26622	26119	7641	45342	1361136
2001	1780196	352804	282293	23881	46630	8179	45453	1373760
2002	1793762	322165	241585	21676	58904	29866	57731	1384000
2003	1808513	323587	237495	23082	63010	29893	57872	1397161
2004	1837020	326134	236228	23237	66669	30532	70014	1410340
2005	1856339	330754	236808	20435	73511	28601	70095	1426889
2006	1864958	330606	235987	19341	75278	7465	78102	1428785
2007	1908141	333664	233567	18700	81397	6589	89778	1458110
2008	1913312	347624	253732	17307	76585	7715	96667	1461306
2009	1950245	348018	244773	15208	88037	8080	107151	1486996

2-5 主要年份工农业劳动者人数

单位：人

年 份	工农业劳动者合计			劳动者构成(%)	
		工业劳动者	农业劳动者	工业劳动者	农业劳动者
1990	1170167	268772	901395	23.0	77.0
1995	1214442	371778	842664	30.6	69.4
2000	1179730	314115	865615	26.6	73.4
2001	1178860	320602	858258	27.2	72.8
2002	1185559	325638	859921	27.5	72.5
2003	1195012	339190	855822	28.4	71.6
2004	1195642	344735	850907	28.8	71.2
2005	1200210	349402	850808	29.1	70.9
2006	1198596	347644	850952	29.0	71.0
2007	1207723	357516	850207	29.6	70.4
2008	1185190	330517	854673	27.9	72.1
2009	1183145	316181	866964	26.7	73.3

2-6 城镇单位从业人员(2009年)

单位：人

指标	从业人员	#女性	在岗职工	其他从业人员
总计	**336098**	**130396**	**328018**	**8080**
按企业、事业、机关分组				
企业	167487	51530	162845	4642
事业	108539	60140	106007	2532
机关	59726	18495	58833	893
按国民经济行业分组				
农、林、牧、渔业	4121	1117	4078	43
采矿业	39334	5512	39317	17
制造业	58156	19496	57388	768
电力、燃气及水的生产和供应业	9931	3214	9720	211
建筑业	15044	2213	14844	200
交通运输、仓储和邮政业	11595	4975	11169	426
信息传输、计算机服务和软件业	2641	864	2531	110
批发和零售业	15015	6419	14818	197
住宿和餐饮业	2555	1471	2510	45
金融业	13889	7315	11205	2684
房地产业	963	449	956	7
租赁和商务服务业	2715	790	2667	48
科学研究、技术服务和地质勘查业	3187	1103	3170	17
水利、环境和公共设施管理业	7591	3863	7503	88
居民服务和其他服务业	113	33	107	6
教育	56302	35115	54541	1761
卫生、社会保障和社会福利业	17164	11420	16718	446
文化、体育和娱乐业	3798	1915	3722	76
公共管理和社会组织	71984	23112	71054	930

2-7 城镇单位从业人员劳动报酬(2009年)

单位：千元

指　　标	从业人员劳动报酬	在岗职工工资总额	其他从业人员劳动报酬	在岗职工平均工资(元)
总　计	**7993691**	**7872879**	**120812**	**24217**
按企业、事业、机关分组				
企　业	4163918	4080179	83739	25376
事　业	2407207	2378402	28805	22563
机　关	1417215	1409166	8049	24059
按国民经济行业分组				
农、林、牧、渔业	63499	63215	284	15521
采矿业	1277510	1277406	104	33883
制造业	1217942	1205453	12489	21246
电力、燃气及水的生产和供应业	351263	348618	2645	35785
建筑业	331642	317688	13954	20447
交通运输、仓储和邮政业	185580	181172	4408	16250
信息传输、计算机服务和软件业	64230	63163	1067	25085
批发和零售业	245432	243814	1618	16588
住宿和餐饮业	30084	29527	557	11830
金融业	484462	437292	47170	40163
房地产业	14510	14431	79	15467
租赁和商务服务业	44814	44550	264	16997
科学研究、技术服务和地质勘查业	79608	79397	211	24882
水利、环境和公共设施管理业	109472	108854	618	14786
居民服务和其他服务业	2209	2163	46	20215
教　育	1435565	1417434	18131	26033
卫生、社会保障和社会福利业	351716	343669	8047	20911
文化、体育和娱乐业	62174	61518	656	16550
公共管理和社会组织	1641979	1633515	8464	23090

2-8 国有单位从业人员(2009年)

单位：人

指　　标	从业人员	#女性	在岗职工	其他从业人员
总　计	**230164**	**97207**	**224773**	**5391**
按隶属关系分组				
中　央	21112	8850	19346	1766
省	42768	11423	42395	373
市	22952	10847	22626	326
县及县以下	143332	66087	140406	2926
按企业、事业、机关分组				
企　业	64244	19725	62193	2051
#地　方	46037	11862	45700	337
事　业	106194	58987	103747	2447
#地　方	105394	58763	102948	2446
机　关	59726	18495	58833	893
#地　方	57621	17732	56779	842
按国民经济行业分组				
农、林、牧、渔业	4121	1117	4078	43
采矿业	13278	1583	13278	
制造业	16369	5215	16210	159
电力、燃气及水的生产和供应业	8368	2888	8157	211
建筑业	5653	1097	5615	38
交通运输、仓储和邮政业	8261	3480	7872	389
信息传输、计算机服务和软件业	937	228	827	110
批发和零售业	7214	2311	7100	114
住宿和餐饮业	1269	706	1243	26
金融业	5312	2860	4226	1086
房地产业	523	275	520	3
租赁和商务服务业	1707	496	1685	22
科学研究、技术服务和地质勘查业	2938	1026	2921	17
水利、环境和公共设施管理业	7363	3750	7337	26
居民服务和其他服务业	89	25	83	6
教　育	55823	34870	54062	1761
卫生、社会保障和社会福利业	15521	10470	15135	386
文化、体育和娱乐业	3434	1698	3370	64
公共管理和社会组织	71984	23112	71054	930

2-9 国有单位从业人员劳动报酬(2009年)

单位：千元

指标	从业人员劳动报酬	在岗职工工资总额	其他从业人员劳动报酬	在岗职工平均工资(元)
总计	**5509191**	**5447201**	**61990**	**24443**
按隶属关系分组				
中央	652537	627871	24666	32446
省	1222394	1219934	2460	29156
市	502262	499059	3203	22409
县及县以下	3131998	3100337	31661	22242
按企业、事业、机关分组				
企业	1720022	1693902	26120	27713
#地方	1149465	1147527	1938	25702
事业	2371954	2344133	27821	22723
#地方	2351395	2323604	27791	22703
机关	1417215	1409166	8049	24059
#地方	1355794	1348199	7595	23858
按国民经济行业分组				
农、林、牧、渔业	63499	63215	284	15521
采矿业	465743	465743		38032
制造业	415103	414497	606	25210
电力、燃气及水的生产和供应业	334086	331441	2645	40145
建筑业	104705	104655	50	18891
交通运输、仓储和邮政业	137457	133826	3631	16983
信息传输、计算机服务和软件业	19932	18865	1067	22593
批发和零售业	137410	136358	1052	19317
住宿和餐饮业	14338	14089	249	11436
金融业	139067	121547	17520	30570
房地产业	8175	8120	55	15984
租赁和商务服务业	30834	30720	114	18629
科学研究、技术服务和地质勘查业	75797	75586	211	25727
水利、环境和公共设施管理业	106008	105793	215	14702
居民服务和其他服务业	1889	1843	46	22205
教育	1425356	1407225	18131	26076
卫生、社会保障和社会福利业	329323	322245	7078	21678
文化、体育和娱乐业	58490	57918	572	17212
公共管理和社会组织	1641979	1633515	8464	23090

2-10 集体单位从业人员(2009年)

单位：人

指　　标	从业人员	#女　性	在岗职工	其他从业人员
总　计	**16201**	**7020**	**15208**	**993**
按企业、事业分组				
企　业	13856	5867	12948	908
事　业	2345	1153	2260	85
按国民经济行业分组				
采矿业	207	16	194	13
制造业	2769	1730	2748	21
建筑业	2350	268	2208	142
交通运输、仓储和邮政业	465	175	465	
批发和零售业	2288	999	2237	51
住宿和餐饮业	117	62	100	17
金融业	5120	2424	4456	664
房地产业	63	14	63	
租赁和商务服务业	614	221	588	26
科学研究、技术服务和地质勘查业	189	58	189	
水利、环境和公共设施管理业	66	14	66	
居民服务和其他服务业	24	8	24	
教　育	479	245	479	
卫生、社会保障和社会福利业	1297	719	1250	47
文化、体育和娱乐业	153	67	141	12

2-11 集体单位从业人员劳动报酬(2009年)

单位：千元

指　　标	从业人员劳动报酬	在岗职工工资总额	其他从业人员劳动报酬	在岗职工平均工资(元)
总　计	**442589**	**421277**	**21312**	**27292**
按企业、事业分组				
企　业	407336	387008	20328	29359
事　业	35253	34269	984	15204
按国民经济行业分组				
采矿业	3125	3060	65	15773
制造业	49637	46465	3172	18505
建筑业	65950	63945	2005	22587
交通运输、仓储和邮政业	5046	5046		10875
批发和零售业	23571	23218	353	10860
住宿和餐饮业	1760	1472	288	14720
金融业	252049	237604	14445	53964
房地产业	900	900		14286
租赁和商务服务业	8936	8786	150	15019
科学研究、技术服务和地质勘查业	2145	2145		11230
水利、环境和公共设施管理业	1155	1155		17500
居民服务和其他服务业	320	320		13333
教　育	10209	10209		21269
卫生、社会保障和社会福利业	17042	16292	750	13086
文化、体育和娱乐业	744	660	84	4681

2-12 其他单位从业人员(2009年)

单位：人

指　　标	从业人员	#女　性	在岗职工	其他人员
总　计	**89733**	**26169**	**88037**	**1696**
按登记注册类型分组				
内　资	85589	24964	84304	1285
股份合作	257	130	257	
有限责任公司	69418	18204	69172	246
#国有独资	35238	8346	35228	10
股份有限公司	15470	6364	14459	1011
其　他	444	266	416	28
港、澳、台商投资	1821	650	1819	2
外商投资	2323	555	1914	409
按企业、事业分组				
企　业	89387	25938	87704	1683
民间非盈利组织	346	231	333	13
按国民经济行业分组				
采矿业	25849	3913	25845	4
制造业	39018	12551	38430	588
电力、燃气及水的生产和供应业	1563	326	1563	
建筑业	7041	848	7021	20
交通运输、仓储和邮政业	2869	1320	2832	37
信息传输、计算机服务和软件业	1704	636	1704	
批发和零售业	5513	3109	5481	32
住宿和餐饮业	1169	703	1167	2
金融业	3457	2031	2523	934
房地产业	377	160	373	4
租赁和商务服务业	394	73	394	
科学研究、技术服务和地质勘查业	60	19	60	
水利、环境和公共设施管理业	162	99	100	62
卫生、社会保障和社会福利业	346	231	333	13
文化、体育和娱乐业	211	150	211	

2-13 其他单位从业人员劳动报酬(2009年)

单位：千元

指　　标	从业人员劳动报酬			在岗职工平均工资(元)
		在岗职工工资总额	其他从业人员劳动报酬	
总　计	**2041911**	**2004401**	**37510**	**23090**
按登记注册类型分组				
内　资	1967924	1936480	31444	23301
股份合作	2101	2101		8175
有限责任公司	1619541	1604161	15380	23544
#国有独资	1034609	1034203	406	29865
股份有限公司	340171	324369	15802	22670
其　他	6111	5849	262	14336
港、澳、台商投资	32024	31932	92	17770
外商投资	41963	35989	5974	18912
按企业、事业分组				
企　业	2036560	1999269	37291	23118
民间非盈利组织	5351	5132	219	15791
按国民经济行业分组				
采矿业	808642	808603	39	32010
制造业	753202	744491	8711	19703
电力、燃气及水的生产和供应业	17177	17177		11559
建筑业	160987	149088	11899	20805
交通运输、仓储和邮政业	43077	42300	777	15080
信息传输、计算机服务和软件业	44298	44298		26321
批发和零售业	84451	84238	213	15313
住宿和餐饮业	13986	13966	20	11998
金融业	93346	78141	15205	31144
房地产业	5435	5411	24	14948
租赁和商务服务业	5044	5044		13034
科学研究、技术服务和地质勘查业	1666	1666		26871
水利、环境和公共设施管理业	2309	1906	403	19060
卫生、社会保障和社会福利业	5351	5132	219	15791
文化、体育和娱乐业	2940	2940		13934

2-14 主要年份职工平均工资及指数

单位：元、%

年 份	全部职工平均工资	指数(以上年为100)		国有单位职工平均工资	指数(以上年为100)		城镇集体单位职工平均工资	指数(以上年为100)	
		货币工资	实际工资		货币工资	实际工资		货币工资	实际工资
1949	281			281					
1952	348	108.4		348	108.1		343	114.0	
1957	465	102.2		477	102.8		396	98.3	
1960	485	104.5		492	104.5		417	105.3	
1962	510	108.0		535	108.3		453	108.1	
1965	574	98.5		542	98.2		459	102.5	
1970	576	99.8		558	100.0		475	96.1	
1975	579	100.2		594	100.7		483	100.2	
1978	585	104.3		604	104.1		490	99.2	
1980	697	105.3		714	105.0		594	108.4	
1985	983	103.5		1036	104.4		756	98.7	
1986	1114	113.3		1184	114.3		821	108.6	
1987	1212	108.8		1279	108.0		915	111.4	
1988	1417	116.9		1519	118.8		969	105.9	
1989	1614	113.9	98.4	1729	113.8	98.4	1090	112.5	97.2
1990	1898	117.6	116.3	2030	117.4	116.1	1254	115.0	113.8
1991	2045	107.7	102.7	2165	106.7	101.7	1436	114.5	109.2
1992	2291	112.0	105.9	2431	112.3	106.1	1547	107.7	101.8
1993	2706	118.1	105.6	2863	117.8	105.2	1805	116.7	104.3
1994	3507	129.6	107.4	3757	131.2	108.7	2066	114.5	94.8
1995	4225	120.5	104.8	4482	119.3	103.7	2582	125.0	108.7
1996	4652	110.1	103.5	4889	109.1	102.5	3001	116.2	109.2
1997	4953	106.5	104.3	5263	107.6	105.4	3219	107.3	105.1
1998	4969	100.3	102.5	5823	110.6	113.0	3529	109.6	112.0
1999	6045	121.7	124.9	6376	109.5	112.4	3869	109.6	112.6
2000	6790	112.3	112.8	7175	112.5	113.0	4304	111.2	111.7
2001	8082	119.0	118.9	8517	118.7	118.6	5314	123.5	123.3
2002	8823	109.2	110.0	9084	106.7	107.5	8451	159.0	160.3
2003	10079	114.2	111.3	10199	112.3	109.4	8203	97.1	94.6
2004	12347	122.5	116.2	11999	117.6	111.6	10423	127.1	120.6
2005	13962	113.1	110.2	13851	115.4	112.5	13029	125.0	121.8
2006	16506	118.2	115.8	15742	113.7	111.4	16488	126.6	124.0
2007	18729	113.5	108.6	18058	114.7	109.8	18914	114.7	109.8
2008	22307	119.1	113.5	21932	121.5	115.8	24516	129.6	123.5
2009	24217	108.6	107.8	24443	111.4	110.6	27292	111.3	110.5

注:1989年以前没有实际工资统计。

2-15 离开本单位仍保留劳动关系职工的生活费(2009年)

指　　标	人　数 (人)	生活费 (千元)	平均生活费 (元)
总　计	**24311**	**195549**	**7973**
一、国有单位	**11059**	**122919**	**11014**
按隶属关系分组			
中　央	1007	18435	18947
省	4590	58292	12667
市	1371	13993	10266
县及县以下	4091	32199	7626
按企业、事业、机关分组			
企　业	7708	88398	11437
#地　方	6749	70144	10308
事　业	2009	9175	4379
#地　方	1961	8994	4396
机　关	1342	25346	18972
#地　方	1342	25346	18972
按国民经济行业分组			
农、林、牧、渔业	226	218	960
采矿业	341	278	797
制造业	3072	46291	14889
电力、燃气及水的生产和供应业	709	9783	13837
建筑业	1526	13645	8855
交通运输、仓储和邮政业	576	3692	7855
信息传输、计算机服务和软件业	8	101	12625
批发和零售业	977	8383	8545
住宿和餐饮业	275	280	1018
金融业	261	6086	23498
房地产业	35	66	1886
租赁和商务服务业	218	151	693
科学研究、技术服务和地质勘查业	268	1123	4054
水利、环境和公共设施管理业	255	495	1934
居民服务和其他服务业			
教　育	135	2583	18717
卫生、社会保障和社会福利业	194	891	4593
文化、体育和娱乐业	337	1531	4387
公共管理和社会组织	1646	27322	15462
二、城镇集体单位	**3568**	**10733**	**3140**
企　业	3358	334	3239
事　业	210	9532	1590
三、其他各种类型单位	**9684**	**61563**	**6255**

主要统计指标解释

总人口 指一定时点、一定地区范围内有生命的个人总和。

年度统计的年末人口数指每年 12 月 31 日 24 时的常住人口数。

人口变动抽样调查的对象包括：1、在抽中调查小区居住并且户口在本乡(镇、街道)的人口；2、在抽中调查小区居住半年以上，户口在外乡(镇、街道)的人口；3、在抽中调查小区居住不满半年，离开户口登记地半年以上的人口；4、在抽中调查小区居住，户口待定的人口。

城镇人口和乡村人口 城镇人口指居住在城镇范围内的全部常住人口；乡村人口是除上述人口以外的全部人口。

城镇包括城区和镇区。城区指在市辖区和不设区的市中，街道办事处所辖的居民委员会地域；城市公共设施、居住设施等连接到的其他居民委员会地域和村民委员会地域。

镇区指在城区以外的镇和其他区域，其包括镇所辖的居民委员会地域；镇的公共设施、居住设施等连接到的村民委员会地域。

出生人数 指胎儿脱离母体时（不管怀孕月数），有过呼吸或其他生命现象的活产婴儿数。

出生率 指在一年内平均每千人中所在地出生的人数，用千分率表示。计算公式：

出生率=年出生人数/年平均人数 ×1000‰。

年平均人数 指年初、年末人口的平均数。

死亡人数 指无论何种原因造成停止呼吸人数，包括出生后随即死亡的婴儿数。

死亡率 指在一年内平均每千人中所在地死亡的人数。用千分率表示。计算公式：

死亡率=年死亡人数/年平均人数×1000‰。

人口自然增长率 指在一年内自然增加的人数（出生人数减死亡人数）与年平均人数之比。用千分率表示。计算公式：

人口自然增长率=(本年出生人数−本年死亡人数)/年平均人数×1000‰。

劳动力资源总数 指在劳动年龄内，具有劳动能力，在正常情况下，可能或实际参加社会劳动的人口数。劳动力资源的范围为：劳动年龄内（16 周岁以上），有劳动能力，实际参加社会劳动和未参加社会劳动的人员。劳动力资源也可划分为：经济活动人口和非经济活动人口。劳动力资源不包括下列人员：（1）在押犯人；（2）劳动年龄内丧失劳动能力的人员；（3）16 岁以下实际参加社会劳动的人员。

从业人员 指从事一定社会劳动并取得劳动报酬或经营收入的人员。从业人员按就业身份分组包括：职工；再就业的离退休人员；私营业主；个体户主；私营企业和个体从业人员；乡镇企业从业人员；农村从业人员；其他从业人员。其他从业人员中包括现役军人。

单位从业人员 指在各级国家机关、政党机关、社会团体及企业、事业单位中工作，取得工资或其他形式的劳动报酬的全部人员。包括：在岗职工、再就业的离退休人员、民办教师以及在各单位中工作的外方人员和港澳台方人员、兼职人员、借用的外单位人员和第二职业者。不包括离开本单位仍保留劳动关系的职工。

职工 指在国有经济、城镇集体经济、联营经济、股份制经济、外商和港、澳、台投资经济、其他经济单位及其附属机构工作，并由其支付工资的各类人员，不包括返聘的离退休人员、民办教师、在国有经济单位工作的外方人员和港、澳、台人员（1998 年以后的数据均为在岗职工数据，其他相关指标如职工工资总额、职工平均工资等指标也从 1998 年按此口径进行了相应调整）。

在岗职工 指在本单位工作并由单位支付工资的人员，以及有工作岗位，但由于学习、病伤产假等原因暂未工作仍由单位支付工资的人员。

离开本单位仍保留劳动关系的职工 指由于各种原因，已经离开本人的生产或工作岗位，并已不在本单位从事其他工作，但仍与用人单位保留劳动关系的职工。

下岗职工 指实行劳动合同制以前参加工作的正式职工（不含从农村招收的临时合同工），以及实行劳动合同制以后参加工作且合同期未满的职工，由于企业的生产和经营状况等原因，已经离开本人的生产和工作岗位，并已不在本企业从事其他工作，但尚未与企业解除劳动关系，没有在社会找到其它工作的人员。

职工平均工资 指企业、事业、机关等单位的职工在一定时期内平均每人所得的货币工资额。它表明一定时期职工工资收入的高低程度，是反映职工工资水平的主要指标。计算公式为：

职工平均工资=报告期实际支付的全部职工工资总额/报告期全部职工平均人数

职工平均实际工资 指扣除的物价变动因素后的职工平均工资。计算公式为：

职工平均实际工资=报告期职工平均工资/报告期职工生活费价格指数×100%

职工平均工资指数 指报告期平均工资与基期平均工资的比率，是反映不同时期职工货币工资水平变动情况的相对数。它表明报告期平均工资比基期平均工资提高或降低程度。计算公式为：

职工平均工资指数=报告期职工平均工资/基期职工平均工资×100%

城镇登记失业人员 指有非农业户口，在一定的劳动年龄内（16周岁至退休年龄），有劳动能力，无业而要求就业，并在当地劳动保障部门进行失业登记的人员。

城镇登记失业率 指城镇登记失业人数同城镇从业人数与城镇登记失业人数之和的比。计算公式为：城镇登记失业率=城镇登记失业人数/（城镇从业人数+城镇登记失业人数）×100%。

03

固定资产投资

资料整理人员

樊晋阳　王福勤　刘　炜　李晓华

固定资产投资

全社会固定资产投资	418.96	亿元
第一产业	14.97	亿元
第二产业	211.07	亿元
第三产业	192.91	亿元
本年新增固定资产	340.85	亿元
全社会竣工房屋面积	185.0	万平方米
#住宅	118.7	万平方米

全社会固定资产投资总额构成(%)

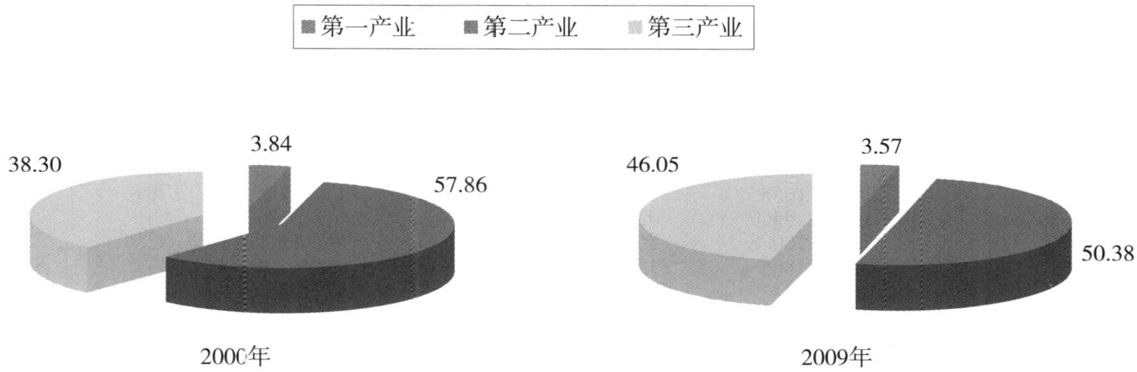

全社会固定资产投资额增长(%)(**上年**=100)

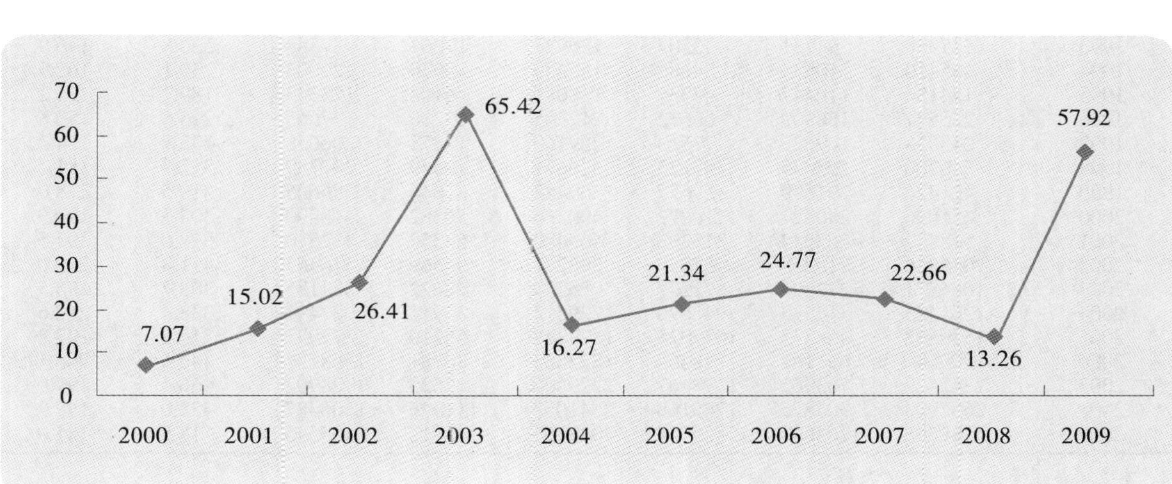

3-1 全社会固定资产投资

单位：万元

年份	全社会固定资产投资	国有	非国有	城镇	农村	新增固定资产	房屋施工面积（万平方米）	房屋竣工面积（万平方米）	#住宅（万平方米）
1949	15	10	5	15		12	0.3	0.3	
1950	72	49	23	72		68	1.0	0.9	…
1951	111	54	57	108	3	107	1.9	1.4	…
1952	127	60	67	115	12	122	2.4	1.8	0.2
1953	132	29	103	112	20	123	3.5	3.1	0.3
1954	168	97	71	151	17	158	3.0	2.3	0.4
1955	361	257	104	341	20	327	3.1	2.6	0.2
1956	1302	1026	276	1210	92	1152	8.9	6.5	2.1
1957	1420	932	488	1320	100	1370	15.8	13.0	2.7
1958	5328	4387	941	5147	181	3013	73.3	54.0	16.4
1959	11636	8728	2908	10076	1560	7245	107.3	78.2	15.9
1960	15917	12361	3556	13737	2180	12501	107.3	94.4	22.9
1961	3821	2916	905	3567	254	2368	33.4	24.2	4.9
1962	2190	1490	700	1994	196	1485	15.7	9.6	0.7
1963	2938	2033	905	2684	254	2174	16.7	4.4	1.1
1964	5503	4159	1344	5126	377	4371	30.0	23.2	4.0
1965	4660	3989	671	4494	166	4913	34.4	24.7	4.4
1966	3433	2710	723	3254	179	1671	27.9	18.5	1.9
1967	5520	4298	1222	5218	302	1768	30.2	23.0	1.0
1968	4764	3757	1007	4515	249	3538	45.2	32.6	5.3
1969	4065	3096	969	3825	240	1873	42.7	24.8	2.5
1970	14490	12668	1822	14039	451	10648	54.1	21.4	5.7
1971	11889	9002	2887	11277	612	5179	85.5	63.0	6.9
1972	15486	12936	2550	14855	631	6065	80.4	60.5	6.7
1973	16720	13457	3263	15860	860	12714	80.0	64.7	8.5
1974	13792	10585	3207	12998	794	11069	78.8	57.8	9.0
1975	11471	9440	2031	10968	503	5582	66.1	41.9	6.5
1976	13733	10078	3655	13064	669	5568	92.7	60.0	5.4
1977	17167	13688	3479	16548	619	8729	84.6	58.1	4.3
1978	22900	18117	4783	22000	900	14406	132.6	103.7	7.7
1979	20549	15327	5222	19449	1100	12523	135.4	112.3	9.5
1980	19584	13724	5860	18284	1300	22459	145.0	126.2	10.4
1981	14300	7754	6546	12790	1510	20190	147.8	133.0	8.8
1982	21384	13255	8129	18876	2508	20372	221.4	195.6	12.8
1983	21616	12140	9476	18382	3234	18424	151.7	127.1	11.2
1984	28954	16871	12083	23364	5590	20203	191.8	161.9	10.1
1985	38554	24441	14113	32997	5557	26443	258.7	205.8	12.9
1986	47225	32336	14889	43146	4079	32786	241.8	194.0	16.7
1987	49850	35178	14672	45541	4309	41453	224.5	185.1	17.7
1988	55486	37377	18109	49633	5853	60291	201.4	162.6	14.6
1989	47766	31082	16684	43222	4544	39236	173.4	140.3	13.4
1990	63280	39861	23419	57351	5929	53878	177.3	136.2	19.7
1991	80401	55234	25167	71293	9108	71199	178.7	141.9	12.0
1992	90791	64768	26023	84195	6596	108272	207.1	141.2	16.8
1993	137988	94781	43207	126927	11061	87588	220.8	146.9	14.6
1994	165419	110534	54885	155449	9970	129003	230.1	162.9	19.8
1995	154184	110447	43737	148081	6103	123343	189.2	125.2	10.6
1996	225521	158909	66612	212305	13216	137665	215.6	150.8	28.4
1997	243038	169525	73513	229160	13878	206658	235.7	154.3	36.7
1998	346200	253075	93125	326631	19569	207789	312.3	181.2	46.6
1999	421326	291699	129627	369482	51844	386605	319.5	228.0	73.6
2000	451096	240824	210272	400714	50382	413990	304.3	190.9	42.5
2001	518832	203534	315298	465482	53350	452570	314.0	197.5	138.8
2002	655846	218258	437588	598277	57569	576363	411.8	219.0	91.0
2003	1084871	212594	872277	1026249	58622	827185	303.7	198.5	104.7
2004	1261423	314533	946890	1229512	31911	937497	338.4	212.6	115.4
2005	1530558	458533	1072025	1474348	56210	1372072	314.5	177.2	89.4
2006	1909646	631182	1278464	1822865	86781	1368171	446.6	206.1	89.8
2007	2342429	763962	1578467	2229806	112623	1728902	466.1	197.9	117.2
2008	2652993	903825	1749168	2541067	111926	1506487	428.0	137.3	74.1
2009	4189568	1763807	2425761	4043756	145812	3408546	718.5	185.0	118.7

注：本表城镇投资包括房地产开发投资。

3-2 主要年份全社会固定资产投资

单位：万元

年份	全社会固定资产投资	按经济类型分			按产业分		
		国有	集体	其他	第一产业	第二产业	第三产业
恢复时期	310	163	44	103	1	77	232
“一五”时期	3383	2341	466	576	401	1072	1910
“二五”时期	38892	29882	5765	3245	5595	19603	13694
调整时期	13101	10181	1448	1472	1065	8135	3901
“三五”时期	32272	26529	2584	3159	2018	21510	8744
“四五”时期	69358	55420	5018	8920	3689	47463	18206
“五五”时期	93933	70934	5445	17554	8171	55021	30741
“六五”时期	124808	74461	20908	29439	3060	53290	68458
“七五”时期	263607	175834	31733	56040	5844	138609	119154
“八五”时期	628783	435764	56679	136340	5616	336424	286743
“九五”时期	1687181	1114032	93660	479489	31646	761015	894520
1996	225521	158909	14528	52084	1504	125602	98415
1997	243038	169525	16957	56556	1653	113563	127822
1998	346200	253075	26168	66957	3663	101209	241328
1999	421326	291699	14787	114840	7526	159627	254173
2000	451096	240824	21220	189052	17300	261014	172782
“十五”时期	5051530	1407452	156358	3487720	88106	3311729	1651695
2001	518832	203534	23405	291893	17081	289197	212554
2002	655846	218258	29286	408302	16116	367808	271922
2003	1084871	212594	28539	843738	18629	747641	318601
2004	1261423	314533	36565	910325	11126	849572	400725
2005	1530558	458533	38563	1033462	25154	1057511	447893
“十一五”时期							
2006	1909646	631182	70164	1208300	40575	1215563	653508
2007	2342429	763862	34640	1543927	66108	1457950	818371
2008	2652993	903825	9230	1739938	83593	1527313	1042087
2009	4189568	1763807	41822	2383939	149741	2110722	1929105

3-2 续表

年 份	新增固定资产(万元)	房屋施工面积(平方米)	房屋竣工面积(平方米)	#住 宅
恢复时期	297		40743	3332
"一五"时期	3130		274138	57331
"二五"时期	26612		2603431	607770
调整时期	11458		522667	94400
"三五"时期	19498		1202935	164146
"四五"时期	40609		2879642	376659
"五五"时期	63685		4603806	371922
"六五"时期	105632		8232695	557748
"七五"时期	227644		7281945	821477
"八五"时期	519405		7181780	738248
"九五"时期	1352707		9052397	2278698
1996	137665	2155518	1507794	284071
1997	206658	2356492	1543440	367287
1998	207789	3123379	1811711	466179
1999	386605	3195079	2280184	736127
2000	413990	3042926	1909268	425034
"十五"时期	4176664		10047930	5394188
2001	452570	3140412	1974950	1387511
2002	576363	4117926	2189865	910399
2003	827185	3036461	1985437	1047381
2004	937497	3384103	2125618	1154282
2005	1383049	3145435	1772060	894615
"十一五"时期				
2006	1368171	4465921	2061049	897514
2007	1728902	4660711	1979135	1171558
2008	1506487	4280299	1372573	740519
2009	3408546	7184719	1850219	1186571

3-3 固定资产投资建设规模和新增生产能力(2009年)

指 标	建设规模	本年施工规模	本年新开工	累计生产能力	#本年新增
原煤开采(万吨/年)	1102	1072	447	478	478
洗煤(万吨/年)	915	915	765	765	765
焦炭(万吨/年)	280	250	120	150	120
铁矿开采(原矿)(万吨/年)	70	70	70	70	70
生铁(万吨/年)	320	270	150	115	115
热轧钢材(万吨/年)	180	180	180	80	80
冷轧(拔)钢材(万吨/年)	80	80	80	80	80
水力发电(万千瓦)	0.24	0.24			
火力发电(万千瓦)	421.2	361.2	181.2	120.0	120.0
其他发电(万千瓦)	1.2	1.2	1.2		
输电线路长度(11万伏及以上)(公里)	608.3	608.3	333.3	578.3	578.3
水泥(万吨/年)	792	623	163	270	210
石墨及炭素制品(吨/年)	61000	61000	1000	61000	61000
木材(万立方米/年)	9	9	9	9	9
精甲醇(吨/年)	400000	400000		200000	200000
合成橡胶(吨/年)	50000	50000		50000	50000
化学纤维(吨/年)	300000	300000			
棉纺锭(锭)	50000				
新建铁路投产里程(公里)	61.68	1.38		1.38	1.38
新建公路(公里)	476.1	430.3	370.3	135.2	135.2
高速公路	141.5	118.6	118.6		
一级公路	32.5	32.5	32.5	26.0	26.0
二级公路	5.1	5.1	5.1	5.1	5.1
改建公路(公里)	5012.6	4881.1	4409.8	4494.6	4374.1
高速公路					
一级公路	47.1	47.1	42.1	5.0	5.0
二级公路	569.2	569.2	422.1	385.8	385.8
新建独立公路桥梁(延长米)	3380	2680	124	2680	2680
新建独立公路桥梁(座)	7	6	3	6	6
新(扩)建公路客、货运站(个)	2	2	1	2	2
新(扩)建公路客、货运站(平方米)	7210	7210	540	7210	7210
城市自来水供水能力(万吨/日)	1.01	0.86	0.36	0.50	0.50
城市污水处理能力(万吨/日)	27.52	27.52	12.92	8.62	8.62

3-4 分经济类型、分行业

	1995	1996	1997	1998	1999	2000
总　计	**154184**	**225521**	**243038**	**346200**	**421326**	**451096**
一、按经济类型分组						
国　有	110447	158909	169525	253075	291699	240824
集　体	9718	15228	17663	26168	14787	21220
股份合作				499	14328	4084
联　营	150		6430	4288	3084	6000
有限责任公司	400		472	12635	33023	81220
股份有限公司	1905	14089	4496	5253	6721	28538
私营个体	29428	31255	34215	40233	51854	67870
其他内资		40	5000	2200	3340	
港澳台投资	1826	3404	2020	1849	2490	1340
外商投资	310	2596	3217			
二、按三次产业分						
第一产业	349	1504	1653	3663	7526	17300
第二产业	75382	125602	113563	101209	159627	261014
#工　业	75182	125019	112563	98850	157481	260734
第三产业	78453	98415	127822	241328	254173	172782
三、按国民经济行业分类(部分行业)						
农、林、牧、渔业	349	1504	1653	3663	7526	17300
采掘业	32149	54453	41869	20562	24998	18899
煤炭采选业	31233	54353	40839	19348	24068	16469
黑色金属矿采选业	616	65	1030	1214	930	2430
制造业	36321	57443	60370	66554	112231	175872
食品加工制造业	984	2669	265	1322	2658	1385
饮料制造业	598	1311		560	2910	1517
木材加工及竹、藤、棕、草制品业	3450	4526	4326			
造纸及纸制品业	1744	2408	1155	156	2220	934

全社会固定资产投资

单位：万元

2001	2002	2003	2004	2005	2006	2007	2008	2009
518832	**655846**	**1084871**	**1261423**	**1530558**	**1909646**	**2342429**	**2652993**	**4189568**
203534	218258	212594	314533	458533	631182	763862	903825	1763807
23405	29286	28539	36565	38563	70164	34640	9230	41822
1687	2300	200	3957	960	4828	10335	20388	8986
15824	3300	2030	13450	9184	4693	2652	238	600
122091	271340	589257	680808	753366	902379	1142918	1306268	1591815
68707	19616	39378	34609	42214	42407	35240	66200	139784
79036	98532	188003	156152	207135	228247	326259	330442	620072
60	232				620		1124	
60	8216	16070	17952	8993	5567	4178		3582
4428	4766	8800	3387	11610	18820	20240	15278	15214
17081	16116	18629	11126	25154	40575	66108	83593	149741
289197	367808	747641	849572	1057511	1215563	1457950	1527313	2110722
286891	364929	745386	848332	1057233	1212172	1457520	1527313	2110722
212554	271922	318601	400725	447893	653508	818371	1042087	1929105
17081	16116	18629	11126	25154	40575	66108	83593	149741
22037	30654	42327	93497	261506	213569	390373	350741	683509
20195	29475	39977	91381	253406	190259	369528	321886	649612
1842	1179	2350	1975	7910	23030	10585	28855	29682
205495	276298	633357	537575	543710	700443	816389	686096	692287
890	5810	2036	9368	8540	28597	44614	24234	21301
238	7797	1000	1101	2400	6030	8364	10216	13007
115				1916	530			4021
68								

3-4 续

	1995	1996	1997	1998	1999	2000
印刷业	220	103	130	406	295	170
石油加工及炼焦业	9637	6194	21078	15242	30925	59765
化学原料及化学制品制造业	5250	4749	5797	3061	4827	30311
医药制造业	60				200	4260
化学纤维制造业	3663	11838	4120	1146		
非金属矿物制品业	576	50	6560	9083	15981	3558
黑色金属冶炼及压延加工业	6333	8783	3375	2774	17991	39979
有色金属冶炼及压延加工业	585	8581	7955	23598	18913	22573
金属制品业	188	110	61	1483	1859	4475
通用设备制造业	885	615	10	593	2495	1959
专用设备制造业	822	702	1341	1581	1917	1261
交通运输设备制造业	217	274	597	603	1420	
电气机械及器材制造业	370	450	394	245	698	800
电力、煤气及水的生产和供应业	6712	13123	10297	11734	20252	65963
建筑业	200	583	1027	2359	2146	280
地质勘查业、水利管理业	4564	4235	16859	14563	17811	9599
交通运输、仓储及邮政业	19723	27910	32212	119776	105294	30712
#道路运输业		22146	3848	4890	89497	17525
信息传输、计算机服务和软件业	12186	5764	4529	17034	7528	10623
批发、零售、住宿及餐饮业	6730	6618	6777	8454	9227	11100
金融、保险业	2059	3352	4500	7528	10686	5950
房地产业	54	171	75	140	325	1200
社会服务业	5087	5242	5782	8352	18508	29404
卫生、体育和社会福利业	761	2374	1535	2945	2991	3573
教育、文化艺术及广播电影电视业	4069	6967	9474	14544	20410	15596
科学研究和综合技术服务业	231	313	523	600	862	313
国家机关、政党机关和社会团体	3031	7331	10101	15642	17621	12540
其他行业	174	244	60	320	620	444

表

单位：万元

2001	2002	2003	2004	2005	2006	2007	2008	2009
2282	2000							
78951	57158	228820	301602	200094	213901	166684	132866	100296
37661	32924	30039	25740	38524	70729	195051	236610	137493
16592	6961	7410	15536		500	5761	3628	2399
570	5857	15615	15320	15600	51183	45407	39673	77381
41602	135810	306335	141761	159210	232764	258255	190808	196787
6650	3180	19977		17910	18018	21889	800	14960
1551			300		3392	3830	1800	28330
9942	9166	18205	13548	62615	36741	30739	17712	44926
1236	2236	1778	6773	5172	15108	7456		28562
	2421	1840	2768	18106	13897	13969	10240	3994
200	1300		800	4000	5000	11550	11809	11478
59359	57977	69702	217260	252017	298160	250758	490476	734926
2306	2879	2255	1240	278	3391	430		
12791	18168	20963	15410	15401				
35897	51133	88990	182299	189567	238895	266645	270466	593922
14448	24687	40964	120182	145258	163804	213244		553590
19299	19826	43035	52287	35461	53577	43319	45830	71522
21102	25580	17912	26956	19174	69599	96407	103979	211929
5642	2496	2006	736	1186	3053	185		1300
1050	130		3418	9526	122169	167999	266524	556279
37260	55015	49585	41292	54868			269225	311907
3372	4483	3660	6644	6937	2960	7747	15546	83533
26380	31517	23004	41349	46951			58106	119259
289	422	1479	640	257	4415	4565	4553	695
12092	7306	7716	15418	15562			6858	10304
51	40							230

3-5 全社会固定资产投资(2009年)

指　　标	合　计	城　镇	农　村	房地产开发
一、计划投资(万元)				
#计划总投资	10988152	9749094	224615	1014443
自开始建设累计完成投资	6418801	5520713	190107	707981
二、自年初累计完成投资(万元)	4189568	3654488	145812	389268
#500万元以下项目完成投资	68789	57727	11062	
国有经济控股	2537294	2530233	7061	
住　宅	149464	145942	3522	
按登记注册类型分				
内资企业	4157313	3622533	145512	389268
国有企业	1763807	1754021	7061	2725
集体企业	41822	26059	14271	1492
股份合作企业	8986	8986		
联营企业	600	600		
国有联营企业	600	600		
集体联营企业				
国有与集体联营企业				
其他联营企业				
有限责任公司	1591815	1422816	74439	94560
国有独资公司	290329	290329		
其他有限责任公司	1301486	1132487	74439	94560
股份有限公司	139784	139784		3886
私营企业	606613	270267	49741	286605
其他企业				
港、澳、台商投资企业	3582	3582		
合资经营企业	3582	3582		
合作经营企业				
独资经营企业				
股份有限公司				
外商投资企业	15214	15214		
中外合资经营企业	15214	15214		
中外合作经营企业				
外资企业				
外商投资股份有限公司				
个体经营	13459	13159	300	
个体户	9959	9859	100	
个人合伙	3500	3300	200	
按建设性质分				
新　建	1397408	1364961	32447	
改　建	1303255	1239287	63968	
改建和技术改造	904241	863461	40780	
按构成分				
建筑工程	2111311	1764094	67054	280163
安装工程	374716	326194	11671	36851
设备工器具购置	1057029	1001099	54547	1383
#用于更新的设备	82564	82564		
其他费用	646512	563101	12540	70871

3–5　续表1

指　　标	合　计	城　镇	农　村	房地产开发
按国民经济行业分				
农、林、牧、渔业	149741	125607	24134	
农　业	7717	7067	650	
林　业	45119	40909	4210	
畜牧业	59832	41917	17915	
渔　业			500	
农、林、牧、渔服务业	36573	35714	859	
采矿业	683509	626420	57089	
煤炭开采和洗选业	649612	608559	41053	
石油和天然气开采业				
黑色金属矿采选业	29682	13906	15776	
有色金属矿采选业				
非金属矿采选业	4215	3955	260	
其他采矿业				
制造业	692287	651265	41022	
农副食品加工业	9463	7763	1700	
食品制造业	11838	9870	1968	
饮料制造业	13007	13007		
烟草制品业				
纺织业				
纺织服装、鞋、帽制造业				
皮革、毛皮、羽毛(绒)及其制品业				
木材加工及木、竹、藤、棕、草制品业	4021	1841	2180	
家具制造业	7020	7020		
造纸及纸制品业				
印刷业和记录媒介的复制业				
文教体育用品制造业				
石油加工、炼焦及核燃料加工业	100296	80492	19804	
化学原料及化学制品制造业	137493	137493		
医药制造业	2399	2399		
化学纤维制造业				
橡胶制品业				
塑料制品业	102	102		
非金属矿物制品业	77381	69111	8270	
黑色金属冶炼及压延加工业	196787	189687	7100	
有色金属冶炼及压延加工业	14960	14960		
金属制品业	28330	28330		
通用设备制造业	44926	44926		
专用设备制造业	28562	28562		
交通运输设备制造业	3994	3994		
电气机械及器材制造业	11478	11478		
通信设备、计算机及其他电子设备制造业				
仪器仪表及文化、办公用机械制造业				
工艺品及其他制造业				
废弃资源和废旧材料回收加工业	230	230		
电力、燃气及水的生产和供应业	734926	731426	3500	
电力、热力的生产和供应业	598473	598473		
燃气生产和供应业	80255	76755	3500	
水的生产和供应业	56198	56198		

3-5 续表2

指 标	合 计	城 镇	农 村	房地产开发
建筑业				
房屋和土木工程建筑业				
建筑安装业				
建筑装饰业				
其他建筑业				
交通运输、仓储和邮政业	593922	587135	6787	
铁路运输业		14100		
道路运输业	553590	547315	6275	
城市公共交通业	208	208		
水上运输业				
航空运输业				
管道运输业				
装卸搬运和其他运输服务业	5430	5430		
仓储业	20594	20082	512	
邮政业				
信息传输、计算机服务和软件业	71522	71522		
电信和其他信息传输服务业	71522	71522		
计算机服务业				
软件业				
批发和零售业	145446	141776	3670	
批发业	87401	84791	2610	
零售业	58045	56985	1060	
住宿和餐饮业	66483	65983	500	
住宿业	59683	59183	500	
餐饮业	6800	6800		
金融业	1300	1300		
银行业	1300	1300		
证券业				
保险业				
其他金融活动				
房地产业	556279	163214	3797	389268
房地产业	556279	163214	3797	389268
租赁和商务服务业	1570	1570		
租赁业				
商务服务业	1570	1570		
科学研究、技术服务和地质勘查业	695	695		
研究与试验发展				
专业技术服务业	395	395		
科技交流和推广服务业	300	300		
地质勘查业				
水利、环境和公共设施管理业	311678	306693	4985	
水利管理业	58432	57702	730	
环境管理业	82075	81590	485	
公共设施管理业	171171	167401	3770	
居民服务和其他服务业	229	229		
居民服务业	229	229		
其他服务业				

3-5 续表3

指 标	合 计	城 镇	农 村	房地产开发
教 育	85914	85914		
教 育	85914	85914		
卫生、社会保障和社会福利业	50188	50090	98	
卫 生	48294	48294		
社会保障业				
社会福利业	1894	1796	98	
文化、体育和娱乐业	33345	33345		
新闻出版业				
广播、电视、电影和音像业	5152	5152		
文化艺术业	20443	20443		
体 育	150	150		
娱乐业	7600	7600		
公共管理和社会组织	10534	10304	230	
中国共产党机关				
国家机构	9854	9854		
人民政协和民主党派				
群众团体、社会团体和宗教组织	450	450		
基层群众自治组织	230		230	
国际组织				
国际组织				
三、新增固定资产(万元)	3408546	3186039	148328	74179
四、项目个数(个)				
施工项目个数	1068	939	129	
#500万元以下项目	312	266	46	
本年新开工	886	767	119	
本年投产项目个数	818	705	113	
五、房屋建筑面积(万平方米)				
施工面积	7184719	2895126	128003	4161590
#住 宅	5393978	1803494	48400	3542084
竣工面积	1850219	1428551	63290	358378
#住 宅	1186571	849015	14740	322816
六、本年资金来源合计(万元)	4351043	3755779	139206	456058
上年末结余资金	123091	73834		49257
本年资金来源小计	4227952	3681945	139206	406801
国家预算内资金	692012	642456	945	48611
国内贷款	508140	467421	2415	38304
债券				
利用外资				
#外商直接投资				
自筹资金	2657587	2297750	134231	225606
#企、事业单位自有资金	2079801	1847718	113584	118499
其他资金来源	408517	274318	1615	132584
七、各项应付款合计(万元)	308951	244761	9405	54785
#工程款	251561	206055	4295	41211
八、征用和购置土地情况				
规划用地面积(平方米)	46089803	39430541	3775482	2883780
本年实际征用和购置土地面积(平方米)	5743152	4830480	141990	770682
本年实际征用和购置土地成交价款(万元)	81564	25864	492	55208

3-6 分行业固定资产投资(2009年)

单位：万元、平方米

指　　标	计　划 总投资	本年完成 投　资	#住宅	本年新增 固定资产	本年施工 房屋面积	#住宅	本年竣工 房屋面积	#住宅
总　　计	**10172301**	**3800300**	**149464**	**3371765**	**3023129**	**1851894**	**1491841**	**863755**
农、林、牧、渔业	254065	149741	386	124626	96093	5510	53750	5350
农　业	33560	7717		5560	1950		1950	
林　业	53747	45119	26	42447	6550	310	200	150
畜牧业	112497	59832	360	47829	78393	5200	43200	5200
渔　业	980	500			800			
农、林、牧、渔服务业	53281	36573		28790	8400		8400	
采矿业	994834	683509		672518	41525		34525	
煤炭开采和洗选业	955937	649612		639621	38030		34030	
黑色金属矿采选业	29682	29682		29682	495		495	
非金属矿采选业	9215	4215		3215	3000			
制造业	2426027	692287	1171	728985	177912	13315	77003	510
农副食品加工业	55804	9463	6	11226	9900	60	3400	60
食品制造业	22510	11838		4968	14729			
饮料制造业	29121	13007		7470	17420		3300	
木材加工及木、竹、藤、棕、草制品业	11250	4021			3100			
家具制造业	8200	7020		5400				
石油加工、炼焦及核燃料加工业	265107	100296		198122	24225		19225	
化学原料及化学制品制造业	1203534	137493	20	260723	24820	2000	18820	
医药制造业	30950	2399		2800				
塑料制品业	102	102		102				
非金属矿物制品业	152255	77381	45	60295	16032	450	16032	450
黑色金属冶炼及压延加工业	250806	196787		119574	7100			
有色金属冶炼及压延加工业	15000	14960		3000				
金属制品业	44765	28330		1230	9500		5500	
通用设备制造业	121716	44926		43181	10526		10526	
专用设备制造业	141846	28562						
交通运输设备制造业	48300	3994		3994				
电气机械及器材制造业	23661	11478	1100	6800	40000	10805		
废弃资源和废旧材料回收加工业	1100	230		100	560		200	
电力、燃气及水的生产和供应业	2298299	734926	430	739290	32988	3888	23888	3888
电力、热力的生产和供应业	2075139	598473		622765	29100		20000	
燃气生产和供应业	121821	80255		85299				
水的生产和供应业	101339	56198	430	31226	3888	3888	3888	3888
交通运输、仓储和邮政业	2000987	593922		272111	16825		8525	
铁路运输业	193900	14100		7500	2000		2000	
道路运输业	1763676	553590		238657	3905		3905	
城市公共交通业	3000	208			8300			
装卸搬运和其他运输服务业	5430	5430		5430				
仓储业	34981	20594		20524	2620		2620	

注：本表不含房地产开发投资。

3–6 续表

单位：万元、平方米

指 标	计 划总投资	本年完成投 资	#住宅	本年新增固定资产	本年施工房屋面积	#住宅	本年竣工房屋面积	#住宅
信息传输、计算机服务和软件业	73786	71522		68641	12850			
电信和其他信息传输服务业	73786	71522		68641	12850			
批发和零售业	352016	145446	550	121811	98248	10000	87848	10000
批发业	122129	87401		73058	29079		25079	
零售业	229887	58045	550	48753	69169	10000	62769	10000
住宿和餐饮业	129056	66483		58456	60704		3000	
住宿业	100500	59683		52900	60704		3000	
餐饮业	28556	6800		5556				
金融业	1621	1300			6600			
银行业	1621	1300			6600			
房地产业	298992	167011	140269	111781	1788429	1758838	800164	788964
房地产业	298992	167011	140269	111781	1788429	1758838	800164	788964
租赁和商务服务业	3500	1570	1100		22000	17000	17000	17000
商务服务业	3500	1570	1100	3000	22000	17000	17000	17000
科学研究、技术服务和地质勘查业	1226	695		300	5604			
专业技术服务业	926	395			5604			
科技交流和推广服务业	300	300		300				
水利、环境和公共设施管理业	726897	311678	1975	316528	21450	17522	21450	17522
水利管理业	88344	58432		71440	220		220	
环境管理业	238868	82075		27218				
公共设施管理业	399685	171171	1975	217870	21230	17522	21230	17522
居民服务和其他服务业	229	229		229				
居民服务业	229	229		229				
教 育	148423	85914	2069	58441	347055	20521	241011	19521
教 育	148423	85914	2069	58441	347055	20521	241011	19521
卫生、社会保障和社会福利业	122305	50188	1514	26342	222361	5300	85252	1000
卫 生	118907	48294		26244	203911		84252	
社会福利业	3398	1894	1514	98	18450	5300	1000	1000
文化、体育和娱乐业	126605	33345		24019	35180		9600	
广播、电视、电影和音像业	11417	5152		4478	1200		1200	
文化艺术业	30438	20443		9791	33980		8400	
体 育	150	150		150				
娱乐业	84600	7600		9600				
公共管理和社会组织	14841	10534		7289	37305		28825	
国家机构	14161	9854		6609	32505		24025	
群众团体、社会团体和宗教组织	450	450		450	2000		2000	
基层群众自治组织	230	230		230	2800		2800	

3-7 按控股情况分行业固定资产投资(2009年)

单位：万元

指　　标	总　计	国有控股	集体控股	私人控股	港澳台商控　　股	外商控股
总　　计	**3800300**	**2537294**	**95099**	**1154831**	**3582**	**9494**
农、林、牧、渔业	149741	92384	7345	50012		
农　业	7717	4557		3160		
林　业	45119	39693	910	4516		
畜牧业	59832	14020	5576	40236		
渔　业	500			500		
农、林、牧、渔服务业	36573	34114	859	1600		
采矿业	683509	352774	9168	321567		
煤炭开采和洗选业	649612	335913	9168	304531		
黑色金属矿采选业	29682	13906		15776		
非金属矿采选业	4215	2955		1260		
制造业	692287	136399	32232	514162		9494
农副食品加工业	9463	943		8520		
食品制造业	11838			11838		
饮料制造业	13007			13007		
木材加工及木、竹、藤、棕、草制品业	4021			4021		
家具制造业	7020			7020		
石油加工、炼焦及核燃料加工业	100296	49540		50756		
化学原料及化学制品制造业	137493	63157		74336		
医药制造业	2399			2399		
塑料制品业	102			102		
非金属矿物制品业	77381	2034	7232	68115		
黑色金属冶炼及压延加工业	196787	3637		193150		
有色金属冶炼及压延加工业	14960	3000		11960		
金属制品业	28330			28330		
通用设备制造业	44926	14088		30838		
专用设备制造业	28562		25000	3562		
交通运输设备制造业	3994			300		3694
电气机械及器材制造业	11478			5678		5800
废弃资源和废旧材料回收加工业	230			230		
电力、燃气及水的生产和供应业	734926	693693	15833	25400		
电力、热力的生产和供应业	598473	589058		9415		
燃气生产和供应业	80255	60770	3500	15985		
水的生产和供应业	56198	43865	12333			
交通运输、仓储和邮政业	593922	562503	2500	28919		
铁路运输业	14100	11000		3100		
道路运输业	553590	550856	2500	234		
城市公共交通业	208	208				
装卸搬运和其他运输服务业	5430			5430		
仓储业	20594	439		20155		

注：本表不含房地产开发投资。

3-7 续表

单位：万元

指　　标	总　计	国有控股	集体控股	私人控股	港澳台商控　股	外商控股
信息传输、计算机服务和软件业	71522	71522				
电信和其他信息传输服务业	71522	71522				
批发和零售业	145446	77374	6020	58470	3582	
批发业	87401	55764	4100	17537		
零售业	58045	11610	1920	40933	3582	
住宿和餐饮业	66483	4280		62203		
住宿业	59683	1480		58203		
餐饮业	6800	2800		4000		
金融业	1300		1300			
银行业	1300		1300			
房地产业	167011	95692	12261	59058		
房地产业	167011	95692	12261	59058		
租赁和商务服务业	1570	1100	470			
商务服务业	1570	1100	470			
科学研究、技术服务和地质勘查业	695	695				
专业技术服务业	395	395				
科技交流和推广服务业	300	300				
水利、环境和公共设施管理业	311678	286646	7520	17512		
水利管理业	58432	58432				
环境管理业	82075	80213	185	1677		
公共设施管理业	171171	148001	7335	15835		
居民服务和其他服务业	229	229				
居民服务业	229	229				
教　育	85914	73694	220	12000		
教　育	85914	73694	220	12000		
卫生、社会保障和社会福利业	50188	49960		228		
卫　生	48294	48164		130		
社会福利业	1894	1796		98		
文化、体育和娱乐业	33345	28045		5300		
广播、电视、电影和音像业	5152	5152				
文化艺术业	20443	20443				
体　育	150	150				
娱乐业	7600	2300		5300		
公共管理和社会组织	10534	10304	230			
国家机构	9854	9854				
群众团体、社会团体和宗教组织	450	450				
基层群众自治组织	230		230			

3-8 按隶属关系分行业固定资产投资(2009年)

单位：万元

指 标	总 计	中 央	省	市	县	其 他
总 计	**3800300**	**311430**	**795895**	**217434**	**1164976**	**1310565**
农、林、牧、渔业	149741				94335	55406
农 业	7717				3557	4160
林 业	45119				38153	6966
畜牧业	59832				18830	41002
渔 业	500					500
农、林、牧、渔服务业	36573				33795	2778
采矿业	683509		266777	1370	94646	320716
煤炭开采和洗选业	649612		266777	1370	86491	294974
黑色金属矿采选业	29682				5200	24482
非金属矿采选业	4215				2955	1260
制造业	692287	14088	99061	938	83028	495172
农副食品加工业	9463				943	8520
食品制造业	11838				1968	9870
饮料制造业	13007					13007
木材加工及木、竹、藤、棕、草制品业	4021					4021
家具制造业	7020				400	6620
石油加工、炼焦及核燃料加工业	100296		52137		9636	38523
化学原料及化学制品制造业	137493		43220		16122	78151
医药制造业	2399					2399
塑料制品业	102					102
非金属矿物制品业	77381			938	15766	60677
黑色金属冶炼及压延加工业	196787		704		2933	193150
有色金属冶炼及压延加工业	14960		3000		11960	
金属制品业	28330				23000	5330
通用设备制造业	44926	14088				30838
专用设备制造业	28562					28562
交通运输设备制造业	3994				300	3694
电气机械及器材制造业	11478					11478
废弃资源和废旧材料回收加工业	230					230
电力、燃气及水的生产和供应业	734926	215490	83212	20584	222072	193568
电力、热力的生产和供应业	598473	215490	30037	12000	166943	174003
燃气生产和供应业	80255		51000	1780	7990	19485
水的生产和供应业	56198		2175	6804	47139	80
交通运输、仓储和邮政业	593922		314332	34579	217575	27436
铁路运输业	14100					14100
道路运输业	553590		314332	34579	197285	7394
城市公共交通业	208				208	
装卸搬运和其他运输服务业	5430					5430
仓储业	20594				20082	512

注：本表不含房地产开发投资。

3-8 续表

单位：万元

指　标	总　计	中　央	省	市	县	其　他
信息传输、计算机服务和软件业	71522	70002	1200		320	
电信和其他信息传输服务业	71522	70002	1200		320	
批发和零售业	145446	7950	15142	15000	52042	55312
批发业	87401	7950	15142	15000	35432	13877
零售业	58045				16610	41435
住宿和餐饮业	66483				4280	62203
住宿业	59683				1480	58203
餐饮业	6800				2800	4000
金融业	1300				1300	
银行业	1300				1300	
房地产业	167011	3770	16171	10621	77783	58666
房地产业	167011	3770	16171	10621	77783	58666
租赁和商务服务业	1570				1570	
商务服务业	1570				1570	
科学研究、技术服务和地质勘查业	695				695	
专业技术服务业	395				395	
科技交流和推广服务业	300				300	
水利、环境和公共设施管理业	311678	130		118174	165751	27623
水利管理业	58432			9744	48688	
环境管理业	82075			51360	28853	1862
公共设施管理业	171171	130		57070	88210	25761
居民服务和其他服务业	229				229	
居民服务业	229				229	
教　育	85914			513	73181	12220
教　育	85914			513	73181	12220
卫生、社会保障和社会福利业	50188			10997	38963	228
卫　生	48294			10997	37167	130
社会福利业	1894				1796	98
文化、体育和娱乐业	33345			400	31445	1500
广播、电视、电影和音像业	5152				5152	
文化艺术业	20443				20443	
体　育	150				150	
娱乐业	7600			400	5700	1500
公共管理和社会组织	10534			4258	5761	515
国家机构	9854			4258	5311	285
群众团体、社会团体和宗教组织	450				450	
基层群众自治组织	230					230

3-9 按登记注册类型分

指　　标	总　计	内资企业					
			国有企业	集体企业	股份合作企　业	联营企业	
							国有联营企业、
总　　计	**3800300**	**3768045**	**1761082**	**40330**	**8986**	**600**	**600**
农、林、牧、渔业	149741	149541	92384	6965			
农　业	7717	7717	4557				
林　业	45119	45119	39693	910			
畜牧业	59832	59632	14020	5576			
渔　业	500	500					
农、林、牧、渔服务业	36573	36573	34114	479			
采矿业	683509	683509	125969	4518			
煤炭开采和洗选业	649612	649612	109108	4518			
黑色金属矿采选业	29682	29682	13906				
非金属矿采选业	4215	4215	2955				
制造业	692287	676813	14205		7232		
农副食品加工业	9463	9363	150				
食品制造业	11838	11838					
饮料制造业	13007	13007					
木材加工及木、竹、藤、棕、草制品业	4021	4021					
家具制造业	7020	7020					
石油加工、炼焦及核燃料加工业	100296	94576					
化学原料及化学制品制造业	137493	137493					
医药制造业	2399	2399					
塑料制品业	102	102					
非金属矿物制品业	77381	77221	2034		7232		
黑色金属冶炼及压延加工业	196787	196787	2933				
有色金属冶炼及压延加工业	14960	14960					
金属制品业	28330	28330					
通用设备制造业	44926	44926	9088				
专用设备制造业	28562	28562					
交通运输设备制造业	3994	300					
电气机械及器材制造业	11478	5678					
废弃资源和废旧材料回收加工业	230	230					
电力、燃气及水的生产和供应业	734926	734926	346900	80		600	600
电力、热力的生产和供应业	598473	598473	297427			600	600
燃气生产和供应业	80255	80255	9770				
水的生产和供应业	56198	56198	39703	80			
交通运输、仓储和邮政业	593922	593922	551503	2500			
铁路运输业	14100	14100					
道路运输业	553590	553590	550856	2500			
城市公共交通业	208	208	208				
装卸搬运和其他运输服务业	5430	5430					
仓储业	20594	20594	439				

注：本表不含房地产开发投资。

行业固定资产投资(2009年)

单位：万元

集体联营企业	国有与集体联营企业	其他联营企业	有限责任公司	国有独资公司	其他有限责任公司	股份有限公司	私营企业	其他企业
			1497255	**290329**	**1206926**	**139784**	**320008**	
			22969		22969		27223	
			1690		1690		1470	
			4516		4516			
			16383		16383		23653	
							500	
			380		380		1600	
			472665	175401	297264		80357	
			470865	175401	295464		65121	
			1800		1800		13976	
							1260	
			527382	69436	457946	26507	101487	
			7096		7096		2117	
			8838		8838		3000	
			8435		8435		4572	
			2180		2180		1841	
			7020		7020			
			77639	47621	30018		16937	
			111088	16815	94273	26405		
			1559		1559		840	
						102		
			35766		35766		32189	
			173741		173741		20113	
			14960		14960			
			24230		24230		4100	
			25968	5000	20968		9870	
			28562		28562			
			300		300			
							5678	
							230	
			276604	390	276214	104927	5815	
			240704		240704	53927	5815	
			19485		19485	51000		
			16415	390	16025			
			36073		36073		3846	
			11000		11000		3100	
							234	
			5430		5430			
			19643		19643		512	

3-9 续

指 标	总 计	内资企业	国有企业	集体企业	股份合作企 业	联营企业	国有联营企业
信息传输、计算机服务和软件业	71522	71522	31206				
电信和其他信息传输服务业	71522	71522	31206				
批发和零售业	145446	141864	69374	4520	1500		
批发业	87401	87401	57764	4100			
零售业	58045	54463	11610	420	1500		
住宿和餐饮业	66483	57533	4280				
住宿业	59683	50733	1480				
餐饮业	6800	6800	2800				
金融业	1300	1300		1300			
银行业	1300	1300		1300			
房地产业	167011	162962	79521	12007	254		
房地产业	167011	162962	79521	12007	254		
租赁和商务服务业	1570	1570	1100	470			
商务服务业	1570	1570	1100	470			
科学研究、技术服务和地质勘查业	695	695	695				
专业技术服务业	395	395	395				
科技交流和推广服务业	300	300	300				
水利、环境和公共设施管理业	311678	311678	285713	7520			
水利管理业	58432	58432	58432				
环境管理业	82075	82075	79748	185			
公共设施管理业	171171	171171	147533	7335			
居民服务和其他服务业	229	229	229				
居民服务业	229	229	229				
教 育	85914	85914	73694	220			
教 育	85914	85914	73694	220			
卫生、社会保障和社会福利业	50188	50188	49960				
卫 生	48294	48294	48164				
社会福利业	1894	1894	1796				
文化、体育和娱乐业	33345	33345	24045				
广播、电视、电影和音像业	5152	5152	5152				
文化艺术业	20443	20443	16443				
体 育	150	150	150				
娱乐业	7600	7600	2300				
公共管理和社会组织	10534	10534	10304	230			
国家机构	9854	9854	9854				
群众团体、社会团体和宗教组织	450	450	450				
基层群众自治组织	230	230		230			

表1

单位：万元

集体联营企业	国有与集体联营企业	其他联营企业	有限责任公司	国有独资公司	其他有限责任公司	股份有限公司	私营企业	其他企业
	31966	31966		8350				
	31966	31966		8350				
	40340		40340		26130			
	23340		23340		2197			
	17000		17000		23933			
	40453		40453		12800			
	36453		36453		12800			
	4000		4000					
	27670	12671	14999		43510			
	27670	12671	14999		43510			
	11833	465	11368		6612			
	465	465			1677			
	11368		11368		4935			
					12000			
					12000			
					228			
					130			
					98			
	9300		9300					
	4000		4000					
	5300		5300					

3-9 续

指　　标	港、澳、台商投资企业	合资经营企业	合作经营企业	独资经营企业	股份有限公司
总　　计	3582	3582			
农、林、牧、渔业					
农　业					
林　业					
畜牧业					
渔　业					
农、林、牧、渔服务业					
采矿业					
煤炭开采和洗选业					
黑色金属矿采选业					
非金属矿采选业					
制造业					
农副食品加工业					
食品制造业					
饮料制造业					
木材加工及木、竹、藤、棕、草制品业					
家具制造业					
石油加工、炼焦及核燃料加工业					
化学原料及化学制品制造业					
医药制造业					
塑料制品业					
非金属矿物制品业					
黑色金属冶炼及压延加工业					
有色金属冶炼及压延加工业					
金属制品业					
通用设备制造业					
专用设备制造业					
交通运输设备制造业					
电气机械及器材制造业					
废弃资源和废旧材料回收加工业					
电力、燃气及水的生产和供应业					
电力、热力的生产和供应业					
燃气生产和供应业					
水的生产和供应业					
交通运输、仓储和邮政业					
铁路运输业					
道路运输业					
城市公共交通业					
装卸搬运和其他运输服务业					
仓储业					

表2

单位：万元

外商投资企业	中外合资经营企业	中外合作经营企业	外资企业	外商投资股份有限公司	个体经营	个体户	个人合伙
15214	15214				13459	9959	3500
					200		200
					200		200
15214	15214				260	260	
					100	100	
5720	5720						
					160	160	
3694	3694						
5800	5800						

3-9 续

指　　标	港、澳、台商投资企业	合资经营企业	合作经营企业	独资经营企业	股份有限公司
信息传输、计算机服务和软件业					
电信和其他信息传输服务业					
批发和零售业	3582	3582			
批发业					
零售业	3582	3582			
住宿和餐饮业					
住宿业					
餐饮业					
金融业					
银行业					
房地产业					
房地产业					
租赁和商务服务业					
商务服务业					
科学研究、技术服务和地质勘查业					
专业技术服务业					
科技交流和推广服务业					
水利、环境和公共设施管理业					
水利管理业					
环境管理业					
公共设施管理业					
居民服务和其他服务业					
居民服务业					
教　育					
教　育					
卫生、社会保障和社会福利业					
卫　生					
社会福利业					
文化、体育和娱乐业					
广播、电视、电影和音像业					
文化艺术业					
体　育					
娱乐业					
公共管理和社会组织					
国家机构					
群众团体、社会团体和宗教组织					
基层群众自治组织					

表3

单位：万元

外商投资企业	中外合资经营企业	中外合作经营企业	外资企业	外商投资股份有限公司	个体经营	个体户	个人合伙
					8950	8950	
					8950	8950	
					4049	749	3300
					4049	749	3300

3-10 按构成分行业固定资产投资(2009年)

单位：万元

指标	总计	#住宅	建筑工程	安装工程	设备工器具购置	其他费用
总计	**3800300**	**149464**	**1831148**	**337865**	**1055646**	**575641**
农、林、牧、渔业	149741	386	80659	3936	6755	58391
农业	7717		6637			1080
林业	45119	26	9570	1	70	35478
畜牧业	59832	360	43242	2918	4455	9217
渔业	500		347			153
农、林、牧、渔服务业	36573		20863	1017	2230	12463
采矿业	683509		222872	81389	305810	73438
煤炭开采和洗选业	649612		201887	80736	293771	73218
黑色金属矿采选业	29682		18624	451	10457	150
非金属矿采选业	4215		2361	202	1582	70
制造业	692287	1171	193549	126748	310253	61737
农副食品加工业	9463	6	3862	117	5247	237
食品制造业	11838		4940	1370	4858	670
饮料制造业	13007		8273	504	2226	2004
木材加工及木、竹、藤、棕、草制品业	4021		2206	150	1370	295
家具制造业	7020		300	1550	4070	1100
石油加工、炼焦及核燃料加工业	100296		28912	18262	39573	13549
化学原料及化学制品制造业	137493	20	32883	29852	59162	15596
医药制造业	2399		2059	60	280	
塑料制品业	102				102	
非金属矿物制品业	77381	45	37284	5281	25221	9595
黑色金属冶炼及压延加工业	196787		35226	52629	104388	4544
有色金属冶炼及压延加工业	14960		4290	3980	6490	200
金属制品业	28330		9561	5581	10188	3000
通用设备制造业	44926		12831	1992	28543	1560
专用设备制造业	28562		5254	4190	12776	6342
交通运输设备制造业	3994		150	450	600	2794
电气机械及器材制造业	11478	1100	5393	760	5089	236
废弃资源和废旧材料回收加工业	230		125	20	70	15
电力、燃气及水的生产和供应业	734926	430	231708	76019	315351	111848
电力、热力的生产和供应业	598473		154304	55356	282019	106794
燃气生产和供应业	80255		37916	17572	21809	2958
水的生产和供应业	56198	430	39488	3091	11523	2096
交通运输、仓储和邮政业	593922		457143	3033	12743	121003
铁路运输业	14100		500	400	2000	11200
道路运输业	553590		452565	208	1360	99457
城市公共交通业	208		208			
装卸搬运和其他运输服务业	5430		3000	700	1530	200
仓储业	20594		870	1725	7853	10146

注：本表不含房地产开发投资。

3-10 续表

单位：万元

指　　标	总　计	#住　宅	建筑工程	安装工程	设备工器具购　　置	其他费用
信息传输、计算机服务和软件业	71522		3752	12930	51662	3178
电信和其他信息传输服务业	71522		3752	12930	51662	3178
批发和零售业	145446	550	107641	5709	11454	20642
批发业	87401		71843	2696	5431	7431
零售业	58045	550	35798	3013	6023	13211
住宿和餐饮业	66483		40453	10384	5986	9660
住宿业	59683		37653	10384	5986	5660
餐饮业	6800		2800			4000
金融业	1300		1300			
银行业	1300		1300			
房地产业	167011	140269	136375	1908	434	28294
房地产业	167011	140269	136375	1908	434	28294
租赁和商务服务业	1570	1100	1570			
商务服务业	1570	1100	1570			
科学研究、技术服务和地质勘查业	695		355	20	280	40
专业技术服务业	395		355			40
科技交流和推广服务业	300			20	280	
水利、环境和公共设施管理业	311678	1975	226591	11551	22252	51284
水利管理业	58432		39109	3519	4553	11251
环境管理业	82075		56898	3050	14297	7830
公共设施管理业	171171	1975	130584	4982	3402	32203
居民服务和其他服务业	229		42	66	121	
居民服务业	229		42	66	121	
教　育	85914	2069	69999	850	748	14317
教　育	85914	2069	69999	850	748	14317
卫生、社会保障和社会福利业	50188	1514	31859	2064	4602	11663
卫　生	48294		29965	2064	4602	11663
社会福利业	1894	1514	1894			
文化、体育和娱乐业	33345		18704	543	3982	10116
广播、电视、电影和音像业	5152		866	432	3768	86
文化艺术业	20443		15688	12	13	4730
体　育	150		150			
娱乐业	7600		2000	99	201	5300
公共管理和社会组织	10534		6576	715	3213	30
国家机构	9854		5896	715	3213	30
群众团体、社会团体和宗教组织	450		450			
基层群众自治组织	230		230			

3-11 按建设性质分行业固定资产投资(2009年)

单位：万元

指　　标	总　计	新　建	扩　建	改建和技术改造	单纯建造生活设施	迁　建	恢　复	单纯购置
总　　计	**3800300**	**1397408**	**1303255**	**904241**	**169310**	**1510**		**24576**
农、林、牧、渔业	149741	56969	72314	20408		50		
农　业	7717	2860	4807			50		
林　业	45119	4680	37542	2897				
畜牧业	59832	45898	13344	590				
渔　业	500	500						
农、林、牧、渔服务业	36573	3031	16621	16921				
采矿业	683509	64819	205183	398376				15131
煤炭开采和洗选业	649612	64559	198828	371094				15131
黑色金属矿采选业	29682		2400	27282				
非金属矿采选业	4215	260	3955					
制造业	692287	245385	389451	48402				9049
农副食品加工业	9463	4120	1443					3900
食品制造业	11838	8838	3000					
饮料制造业	13007	4572	8435					
木材加工及木、竹、藤、棕、草制品业	4021	4021						
家具制造业	7020	5400	1620					
石油加工、炼焦及核燃料加工业	100296		84130	11119				5047
化学原料及化学制品制造业	137493	72977	43258	21258				
医药制造业	2399	840	1559					
塑料制品业	102							102
非金属矿物制品业	77381	55317	20064	2000				
黑色金属冶炼及压延加工业	196787	2300	189550	4937				
有色金属冶炼及压延加工业	14960	11960	3000					
金属制品业	28330	26000	2330					
通用设备制造业	44926	8600	27238	9088				
专用设备制造业	28562	28562						
交通运输设备制造业	3994	300	3694					
电气机械及器材制造业	11478	11478						
废弃资源和废旧材料回收加工业	230	100	130					
电力、燃气及水的生产和供应业	734926	532825	184679	17422				
电力、热力的生产和供应业	598473	435287	156186	7000				
燃气生产和供应业	80255	63350	16865	40				
水的生产和供应业	56198	34188	11628	10382				
交通运输、仓储和邮政业	593922	209843	54134	329945				
铁路运输业	14100	14100						
道路运输业	553590	181800	47845	323945				
城市公共交通业	208		208					
装卸搬运和其他运输服务业	5430		5430					
仓储业	20594	13943	651	6000				

注：本表不含房地产开发投资。

3-11 续表

单位：万元

指 标	总 计	新 建	扩 建	改建和技术改造	单纯建造生活设施	迁 建	恢 复	单纯购置
信息传输、计算机服务和软件业	71522		71522					
电信和其他信息传输服务业	71522		71522					
批发和零售业	145446	79358	60813	5275				
批发业	87401	38343	47393	1665				
零售业	58045	41015	13420	3610				
住宿和餐饮业	66483	60303	5680	500				
住宿业	59683	53503	5680	500				
餐饮业	6800	6800						
金融业	1300	1300						
银行业	1300	1300						
房地产业	167011				167011			
房地产业	167011				167011			
租赁和商务服务业	1570		1570					
商务服务业	1570		1570					
科学研究、技术服务和地质勘查业	695		695					
专业技术服务业	395		395					
科技交流和推广服务业	300		300					
水利、环境和公共设施管理业	311678	51073	194224	66381				
水利管理业	58432	8836	27316	22280				
环境管理业	82075	13116	68230	729				
公共设施管理业	171171	29121	98678	43372				
居民服务和其他服务业	229		229					
居民服务业	229		229					
教 育	85914	51126	20447	12042	2299			
教 育	85914	51126	20447	12042	2299			
卫生、社会保障和社会福利业	50188	35498	11256	1578		1460		396
卫 生	48294	34082	10778	1578		1460		396
社会福利业	1894	1416	478					
文化、体育和娱乐业	33345	6909	26030	406				
广播、电视、电影和音像业	5152		5152					
文化艺术业	20443	3359	16678	406				
体 育	150	150						
娱乐业	7600	3400	4200					
公共管理和社会组织	10534	2000	5028	3506				
国家机构	9854	2000	4506	3348				
群众团体、社会团体和宗教组织	450		292	158				
基层群众自治组织	230		230					

3-12 按行业分固定资产投资项目及资金来源(2009年)

单位：个、万元

指　　标	施工项目个数	#本年新开工	本年投产项目个数	本年资金来源合计	国家预算内资金	国内贷款	利用外资	自筹资金	其他资金来源
总　　计	**1068**	**886**	**818**	**3894985**	**643401**	**469836**		**2431981**	**275933**
农、林、牧、渔业	171	158	136	143769	42196	2200		89394	9410
农　业	13	12	8	8950	3600	100		4220	1030
林　业	50	49	48	41791	15385			19969	6074
畜牧业	52	47	43	55456	2658	2100		49748	800
渔　业	1	1		480				480	
农、林、牧、渔服务业	55	49	37	37092	20553			14977	1506
采矿业	115	105	106	703136	751	4848		646971	22618
煤炭开采和洗选业	79	69	71	663589	751	4848		607424	22618
黑色金属矿采选业	33	33	33	30332				30332	
非金属矿采选业	3	3	2	9215				9215	
制造业	125	78	80	696508	4280	16480		642126	17577
农副食品加工业	11	6	7	9753	240	215		9158	140
食品制造业	4	3	2	11468				8468	3000
饮料制造业	4	2	3	12407	500			11907	
木材加工及木、竹、藤、棕、草制品业	2	2		4250				4250	
家具制造业	3	3	2	8200				8200	
石油加工、炼焦及核燃料加工业	17	12	12	95827	900			94625	302
化学原料及化学制品制造业	16	7	13	167558				149597	3900
医药制造业	2		1	2210				2210	
塑料制品业				102				102	
非金属矿物制品业	23	13	16	67854	1640	4765		53749	7700
黑色金属冶炼及压延加工业	19	14	13	175330				171546	2300
有色金属冶炼及压延加工业	2	2	1	15000		3000		12000	
金属制品业	3	3	1	31100		500		30600	
通用设备制造业	12	7	5	49693				48958	235
专用设备制造业	1	1		29462		4000		25462	
交通运输设备制造业	2	1	2	3994				3994	
电气机械及器材制造业	2		1	12000	1000	4000		7000	
废弃资源和废旧材料回收加工业	2	2	1	300				300	
电力、燃气及水的生产和供应业	75	49	47	737623	45866	231381		319636	125821
电力、热力的生产和供应业	40	29	26	596658	17041	180221		267214	121818
燃气生产和供应业	11	5	8	80103		51100		27389	1154
水的生产和供应业	24	15	13	60862	28825	60		25033	2849
交通运输、仓储和邮政业	128	118	113	673122	350748	122372		173914	24058
铁路运输业	1		1	24100				24100	
道路运输业	119	112	106	622246	350703	122372		123083	24058
城市公共交通业	1			752				752	
装卸搬运和其他运输服务业	1	1	1	5430				5430	
仓储业	6	5	5	20594	45			20549	

注：本表不含房地产开发投资。

3-12 续表

单位：个、万元

指　　标	施工项目个数	#本年新开工	本年投产项目个数	本年资金来源合计	国家预算内资金	国内贷款	利用外资	自筹资金	其他资金来源
信息传输、计算机服务和软件业	8	8	7	73550	2720			68802	
电信和其他信息传输服务业	8	8	7	73550	2720			68802	
批发和零售业	40	31	33	144769	395	5700		137574	1100
批发业	21	17	16	86108	95			86013	
零售业	19	14	17	58661	300	5700		51561	1100
住宿和餐饮业	10	3	6	62695	1985	3300		50689	5500
住宿业	9	3	5	56710		3300		46689	5500
餐饮业	1		1	5985	1985			4000	
金融业	1	1		1300				1300	
银行业	1	1		1300				1300	
房地产业	79	67	48	172020	49495	4000		95446	19985
房地产业	79	67	48	172020	49495	4000		95446	19985
租赁和商务服务业	2	1	1	1570				470	1100
商务服务业	2	1	1	1570				470	1100
科学研究、技术服务和地质勘查业	4	3	1	695	400			295	
专业技术服务业	3	2		395	100			295	
科技交流和推广服务业	1	1	1	300	300				
水利、环境和公共设施管理业	168	143	140	290382	76979	53905		121893	32903
水利管理业	67	63	62	59187	38530			19258	975
环境管理业	22	20	15	68231	14494	25611		21313	4915
公共设施管理业	79	60	63	162964	23955	28294		81322	27013
居民服务和其他服务业	2	2	2	229	72			157	
居民服务业	2	2	2	229	72			157	
教　育	59	54	43	91027	34675	18500		33113	4739
教　育	59	54	43	91027	34675	18500		33113	4739
卫生、社会保障和社会福利业	33	26	21	54371	21070	7150		17750	7123
卫　生	30	24	20	53193	20370	7150		17272	7123
社会福利业	3	2	1	1178	700			478	
文化、体育和娱乐业	34	26	23	37138	5312			27985	3841
广播、电视、电影和音像业	6	5	4	5402	266			4215	921
文化艺术业	23	19	16	20646	4896			12830	2920
体　育	1	1	1	240	150			90	
娱乐业	4	1	2	10850				10850	
公共管理和社会组织	14	13	11	11081	6457			4466	158
国家机构	11	10	8	10431	6165			4266	
群众团体、社会团体和宗教组织	2	2	2	450	292				158
基层群众自治组织	1	1	1	200				200	

3-13 分行业城镇固定资产投资(2009年)

单位：万元、平方米

指　　标	计划总投资	本年完成投资	#住宅	本年新增固定资产	本年施工房屋面积	#住宅	本年竣工房屋面积	#住宅
总　　计	**9937366**	**3654488**	**145942**	**3223437**	**2895126**	**1803494**	**1428551**	**849015**
农、林、牧、渔业	221695	125607	330	104270	76910	3200	49280	3200
农　业	32910	7067		4900				
林　业	48647	40909		39147	5750			
畜牧业	87716	41917	330	32272	62760	3200	40880	3200
农、林、牧、渔服务业	52422	35714		27951	8400		8400	
采矿业	920305	626420		627989	37030		34030	
煤炭开采和洗选业	897444	608559		611128	34030		34030	
黑色金属矿采选业	13906	13906		13906				
非金属矿采选业	8955	3955		2955	3000			
制造业	2345530	651265	1120	670372	137087	12805	42278	
农副食品加工业	53942	7763		10671	3500			
食品制造业	20542	9870		3000	14729			
饮料制造业	29121	13007		7470	17420		3300	
木材加工及木、竹、藤、棕、草制品业	9000	1841						
家具制造业	8200	7020		5400				
石油加工、炼焦及核燃料加工业	209850	80492		161102	5000			
化学原料及化学制品制造业	1203534	137493	20	260723	24820	2000	18820	
医药制造业	30950	2399		2800				
塑料制品业	102	102		102				
非金属矿物制品业	142555	69111		50225	3932		3932	
黑色金属冶炼及压延加工业	241346	189687		110574	7100			
有色金属冶炼及压延加工业	15000	14960		3000				
金属制品业	44765	28330		1230	9500		5500	
通用设备制造业	121716	44926		43181	10526		10526	
专用设备制造业	141846	28562						
交通运输设备制造业	48300	3994		3994				
电气机械及器材制造业	23661	11478	1100	6800	40000	10805		
废弃资源和废旧材料回收加工业	1100	230		100	560		200	
电力、燃气及水的生产和供应业	2295299	731426	430	735790	32988	3888	23888	3888
电力、热力的生产和供应业	2075139	598473		622765	29100		20000	
燃气生产和供应业	118821	76755		81799				
水的生产和供应业	101339	56198	430	31226	3888	3888	3888	3888
交通运输、仓储和邮政业	1993060	587135		265674	14525		6225	
铁路运输业	193900	14100		7500	2000		2000	
道路运输业	1756261	547315		232732	2705		2705	
城市公共交通业	3000	208			8300			
装卸搬运和其他运输服务业	5430	5430		5430				
仓储业	34469	20082		20012	1520		1520	

注：本表不含房地产开发投资。

3-13 续表

单位：万元、平方米

指　　标	计划总投资	本年完成投资	#住　宅	本年新增固定资产	本年施工房屋面积	#住　宅	本年竣工房屋面积	#住　宅
信息传输、计算机服务和软件业	73786	71522		68641	12850			
电信和其他信息传输服务业	73786	71522		68641	12850			
批发和零售业	347806	141776	550	118441	87428	10000	83428	10000
批发业	119519	84791		70448	28579		24579	
零售业	228287	56985	550	47993	58849	10000	58849	10000
住宿和餐饮业	128556	65983		57956	60704		3000	
住宿业	100000	59183		52400	60704		3000	
餐饮业	28556	6800		5556				
金融业	1621	1300			6600			
银行业	1621	1300			6600			
房地产业	287475	163214	136952	110501	1743849	1714258	789084	777884
房地产业	287475	163214	136952	110501	1743849	1714258	789084	777884
租赁和商务服务业	3500	1570	1100	3000	22000	17000	17000	17000
商务服务业	3500	1570	1100	3000	22000	17000	17000	17000
科学研究、技术服务和地质勘查业	1226	695		300	5604			
专业技术服务业	926	395			5604			
科技交流和推广服务业	300	300		300				
水利、环境和公共设施管理业	717160	306693	1975	307113	19450	17522	19450	17522
水利管理业	87362	57702		70790	220		220	
环境管理业	238383	81590		26733				
公共设施管理业	391415	167401	1975	209590	19230	17522	19230	17522
居民服务和其他服务业	229	229		229				
居民服务业	229	229		229				
教　育	148423	85914	2069	58441	347055	20521	241011	19521
教　育	148423	85914	2069	58441	347055	20521	241011	19521
卫生、社会保障和社会福利业	122207	50090	1416	26244	221361	4300	84252	
卫　生	118907	48294		26244	203911		84252	
社会福利业	3300	1796	1416		17450	4300		
文化、体育和娱乐业	126605	33345		24019	35180		9600	
广播、电视、电影和音像业	11417	5152		4478	1200		1200	
文化艺术业	30438	20443		9791	33980		8400	
体　育	150	150		150				
娱乐业	84600	7600		9600				
公共管理和社会组织	14611	10304		7059	34505		26025	
国家机构	14161	9854		6609	32505		24025	
群众团体、社会团体和宗教组织	450	450		450	2000		2000	

3-14 按控股情况分行业城镇固定资产投资(2009年)

单位：万元

指　　标	总　计	国有控股	集体控股	私人控股	港澳台商控　股	外商控股
总　　计	**3654488**	**2530233**	**76948**	**1034231**	**3582**	**9494**
农、林、牧、渔业	125607	91494	5576	28537		
农　业	7067	4557		2510		
林　业	40909	38803		2106		
畜牧业	41917	14020	5576	22321		
农、林、牧、渔服务业	35714	34114		1600		
采矿业	626420	352774	4778	268868		
煤炭开采和洗选业	608559	335913	4778	267868		
黑色金属矿采选业	13906	13906				
非金属矿采选业	3955	2955		1000		
制造业	651265	136399	32232	473140		9494
农副食品加工业	7763	943		6820		
食品制造业	9870			9870		
饮料制造业	13007			13007		
木材加工及木、竹、藤、棕、草制品业	1841			1841		
家具制造业	7020			7020		
石油加工、炼焦及核燃料加工业	80492	49540		30952		
化学原料及化学制品制造业	137493	63157		74336		
医药制造业	2399			2399		
塑料制品业	102			102		
非金属矿物制品业	69111	2034	7232	59845		
黑色金属冶炼及压延加工业	189687	3637		186050		
有色金属冶炼及压延加工业	14960	3000		11960		
金属制品业	28330			28330		
通用设备制造业	44926	14088		30838		
专用设备制造业	28562		25000	3562		
交通运输设备制造业	3994			300		3694
电气机械及器材制造业	11478			5678		5800
废弃资源和废旧材料回收加工业	230			230		
电力、燃气及水的生产和供应业	731426	693693	12333	25400		
电力、热力的生产和供应业	598473	589058		9415		
燃气生产和供应业	76755	60770		15985		
水的生产和供应业	56198	43865	12333			
交通运输、仓储和邮政业	587135	557762	1200	28173		
铁路运输业	14100	11000		3100		
道路运输业	547315	546115	1200			
城市公共交通业	208	208				
装卸搬运和其他运输服务业	5430			5430		
仓储业	20082	439		19643		

注：本表不含房地产开发投资。

3-14 续表

单位：万元

指　　标	总　计	国有控股	集体控股	私人控股	港澳台商控　股	外商控股
信息传输、计算机服务和软件业	71522	71522				
电信和其他信息传输服务业	71522	71522				
批发和零售业	141776	76974	4720	56500	3582	
批发业	84791	65764	2800	16227		
零售业	56985	11210	1920	40273	3582	
住宿和餐饮业	65983	4280		61703		
住宿业	59183	1480		57703		
餐饮业	6800	2800		4000		
金融业	1300		1300			
银行业	1300		1300			
房地产业	163214	95692	9064	58458		
房地产业	163214	95692	9064	58458		
租赁和商务服务业	1570	1100	470			
商务服务业	1570	1100	470			
科学研究、技术服务和地质勘查业	695	695				
专业技术服务业	395	395				
科技交流和推广服务业	300	300				
水利、环境和公共设施管理业	306693	285616	5055	16022		
水利管理业	57702	57702				
环境管理业	81590	79913		1677		
公共设施管理业	167401	148001	5055	14345		
居民服务和其他服务业	229	229				
居民服务业	229	229				
教　育	85914	73694	220	12000		
教　育	85914	73694	220	12000		
卫生、社会保障和社会福利业	50090	49960		130		
卫　生	48294	48164		130		
社会福利业	1796	1796				
文化、体育和娱乐业	33345	28045		5300		
广播、电视、电影和音像业	5152	5152				
文化艺术业	20443	20443				
体　育	150	150				
娱乐业	7500	2300		5300		
公共管理和社会组织	10304	10304				
国家机构	9854	9854				
群众团体、社会团体和宗教组织	450	450				

3-15 按隶属关系分行业城镇固定资产投资(2009年)

单位：万元

指　　标	总　计	中　央	省	市	县	其　他
总　　计	**3654488**	**311430**	**795895**	**217434**	**1144849**	**1184880**
农、林、牧、渔业	125607				88170	37437
农　业	7067				3557	3510
林　业	40909				38153	2756
畜牧业	41917				13430	28487
农、林、牧、渔服务业	35714				33030	2684
采矿业	626420		266777	1370	94646	263627
煤炭开采和洗选业	608559		266777	1370	86491	253921
黑色金属矿采选业	13906				5200	8706
非金属矿采选业	3955				2955	1000
制造业	651265	14088	99061	938	74547	462631
农副食品加工业	7763				943	6820
食品制造业	9870					9870
饮料制造业	13007					13007
木材加工及木、竹、藤、棕、草制品业	1841					1841
家具制造业	7020				400	6620
石油加工、炼焦及核燃料加工业	80492		52137		3123	25232
化学原料及化学制品制造业	137493		43220		16122	78151
医药制造业	2399					2399
塑料制品业	102					102
非金属矿物制品业	69111			938	15766	52407
黑色金属冶炼及压延加工业	189687		704		2933	186050
有色金属冶炼及压延加工业	14960		3000		11960	
金属制品业	28330				23000	5330
通用设备制造业	44926	14088				30838
专用设备制造业	28562					28562
交通运输设备制造业	3994				300	3694
电气机械及器材制造业	11478					11478
废弃资源和废旧材料回收加工业	230					230
电力、燃气及水的生产和供应业	731426	215490	83212	20584	222072	190068
电力、热力的生产和供应业	598473	215490	30037	12000	166943	174003
燃气生产和供应业	76755		51000	1780	7990	15985
水的生产和供应业	56198		2175	6804	47139	80
交通运输、仓储和邮政业	587135		314332	34579	213524	24700
铁路运输业	14100					14100
道路运输业	547315		314332	34579	193234	5170
城市公共交通业	208				208	
装卸搬运和其他运输服务业	5430					5430
仓储业	20082				20082	

注：本表不含房地产开发投资。

3-15 续表

单位：万元

指　　标	总　计	中　央	省	市	县	其　他
信息传输、计算机服务和软件业	71522	70002	1200		320	
电信和其他信息传输服务业	71522	70002	1200		320	
批发和零售业	141776	7950	15142	15000	51642	52042
批发业	84791	7950	15142	15000	35432	11267
零售业	56985				16210	40775
住宿和餐饮业	65983				4280	61703
住宿业	59183				1480	57703
餐饮业	6800				2800	4000
金融业	1300				1300	
银行业	1300				1300	
房地产业	163214	3770	16171	10621	77783	54869
房地产业	163214	3770	16171	10621	77783	54869
租赁和商务服务业	1570				1570	
商务服务业	1570				1570	
科学研究、技术服务和地质勘查业	695				695	
专业技术服务业	395				395	
科技交流和推广服务业	300				300	
水利、环境和公共设施管理业	306693	130		118174	164721	23668
水利管理业	57702			9744	47958	
环境管理业	81590			51360	28553	1677
公共设施管理业	167401	130		57070	88210	21991
居民服务和其他服务业	229				229	
居民服务业	229				229	
教　育	85914			513	73181	12220
教　育	85914			513	73181	12220
卫生、社会保障和社会福利业	50090			10997	38963	130
卫　生	48294			10997	37167	130
社会福利业	1796				1796	
文化、体育和娱乐业	33345			400	31445	1500
广播、电视、电影和音像业	5152				5152	
文化艺术业	20443				20443	
体　育	150				150	
娱乐业	7600			400	5700	1500
公共管理和社会组织	10304			4258	5761	285
国家机构	9854			4258	5311	285
群众团体、社会团体和宗教组织	450				450	

3-16 按登记注册类型分行业

指　　标	总　计	内资企业	国有企业	集体企业	股　份合作企业	联营企业
总　　计	**3654488**	**3622533**	**1754021**	**26059**	**8986**	**600**
农、林、牧、渔业	125607	125607	91494	5576		
农　业	7067	7067	4557			
林　业	40909	40909	38803			
畜牧业	41917	41917	14020	5576		
农、林、牧、渔服务业	35714	35714	34114			
采矿业	626420	626420	125969	128		
煤炭开采和洗选业	608559	608559	109108	128		
黑色金属矿采选业	13906	13906	13906			
非金属矿采选业	3955	3955	2955			
制造业	651265	635891	14205		7232	
农副食品加工业	7763	7763	150			
食品制造业	9870	9870				
饮料制造业	13007	13007				
木材加工及木、竹、藤、棕、草制品业	1841	1841				
家具制造业	7020	7020				
石油加工、炼焦及核燃料加工业	80492	74772				
化学原料及化学制品制造业	137493	137493				
医药制造业	2399	2399				
塑料制品业	102	102				
非金属矿物制品业	69111	68951	2034		7232	
黑色金属冶炼及压延加工业	189687	189687	2933			
有色金属冶炼及压延加工业	14960	14960				
金属制品业	28330	28330				
通用设备制造业	44926	44926	9088			
专用设备制造业	28562	28562				
交通运输设备制造业	3994	300				
电气机械及器材制造业	11478	5678				
废弃资源和废旧材料回收加工业	230	230				
电力、燃气及水的生产和供应业	731426	731426	346900	80		600
电力、热力的生产和供应业	598473	598473	297427			600
燃气生产和供应业	76755	76755	9770			
水的生产和供应业	56198	56198	39703	80		
交通运输、仓储和邮政业	587135	587135	546762	1200		
铁路运输业	14100	14100				
道路运输业	547315	547315	546115	1200		
城市公共交通业	208	208	208			
装卸搬运和其他运输服务业	5430	5430				
仓储业	20082	20082	439			

注：本表不含房地产开发投资。

城镇固定资产投资(2009年)

国有联营企业	集体联营企业	国有与集体联营企业	其他联营企业	有限责任公司	国有独资公司	其他有限责任公司	股份有限公司
600				**1422816**	**290329**	**1132487**	**139784**
				11609		11609	
				1530		1530	
				2106		2106	
				7973		7973	
				438143	175401	262742	
				438143	175401	262742	
				502625	69436	433189	26507
				6946		6946	
				6870		6870	
				8435		8435	
				7020		7020	
				67280	47621	19659	
				111088	16815	94273	26405
				1559		1559	
							102
				32766		32766	
				166641		166641	
				14960		14960	
				24230		24230	
				25968	5000	20968	
				28562		28562	
				300		300	
600				273104	390	272714	104927
600				240704		240704	53927
				15985		15985	51000
				16415	390	16025	
				36073		36073	
				11000		11000	
				5430		5430	
				19643		19643	

3-16 续

指　　标						
	私营企业	其他企业	港、澳、台商投资企业	合资经营企业	合作经营企业	独资经营企业
总　　计	**270267**		**3582**	**3582**		
农、林、牧、渔业	16928					
农　业	980					
林　业						
畜牧业	14348					
农、林、牧、渔服务业	1600					
采矿业	62180					
煤炭开采和洗选业	61180					
黑色金属矿采选业						
非金属矿采选业	1000					
制造业	85322					
农副食品加工业	667					
食品制造业	3000					
饮料制造业	4572					
木材加工及木、竹、藤、棕、草制品业	1841					
家具制造业						
石油加工、炼焦及核燃料加工业	7492					
化学原料及化学制品制造业						
医药制造业	840					
塑料制品业						
非金属矿物制品业	26919					
黑色金属冶炼及压延加工业	20113					
有色金属冶炼及压延加工业						
金属制品业	4100					
通用设备制造业	9870					
专用设备制造业						
交通运输设备制造业						
电气机械及器材制造业	5678					
废弃资源和废旧材料回收加工业	230					
电力、燃气及水的生产和供应业	5815					
电力、热力的生产和供应业	5815					
燃气生产和供应业						
水的生产和供应业						
交通运输、仓储和邮政业	3100					
铁路运输业	3100					
道路运输业						
城市公共交通业						
装卸搬运和其他运输服务业						
仓储业						

表1

单位：万元

港、澳、台商投资股份有限公司	外商投资企业	中外合资经营企业	中外合作经营企业	外资企业	外商投资股份有限公司	个体经营	个体户	个人合伙
	15214	**15214**				**13159**	**9859**	**3300**
	15214	15214				160	160	
	5720	5720						
						160	160	
	3694	3694						
	5800	5800						

3-16 续

指　　标	总　计	内资企业	国有企业	集体企业	股份合作企　业	联营企业
信息传输、计算机服务和软件业	71522	71522	31206			
电信和其他信息传输服务业	71522	71522	31206			
批发和零售业	141776	138194	68974	3220	1500	
批发业	84791	84791	57764	2800		
零售业	56985	53403	11210	420	1500	
住宿和餐饮业	65983	57033	4280			
住宿	59183	50233	1480			
餐饮业	6800	6800	2800			
金融业	1300	1300		1300		
银行业	1300	1300		1300		
房地产业	163214	159165	79521	8810	254	
房地产业	163214	159165	79521	8810	254	
租赁和商务服务业	1570	1570	1100	470		
商务服务业	1570	1570	1100	470		
科学研究、技术服务和地质勘查业	695	695	695			
专业技术服务业	395	395	395			
科技交流和推广服务业	300	300	300			
水利、环境和公共设施管理业	306693	306693	284683	5055		
水利管理业	57702	57702	57702			
环境管理业	81590	81590	79448			
公共设施管理业	167401	167401	147533	5055		
居民服务和其他服务业	229	229	229			
居民服务业	229	229	229			
教　育	85914	85914	73694	220		
教　育	85914	85914	73694	220		
卫生、社会保障和社会福利业	50090	50090	49960			
卫　生	48294	48294	48164			
社会福利业	1796	1796	1796			
文化、体育和娱乐业	33345	33345	24045			
广播、电视、电影和音像业	5152	5152	5152			
文化艺术业	20443	20443	16443			
体　育	150	150	150			
娱乐业	7600	7600	2300			
公共管理和社会组织	10304	10304	10304			
国家机构	9854	9854	9854			
群众团体、社会团体和宗教组织	450	450	450			

表2

国有联营企业	集体联营企业	国有与集体联营企业	其他联营企业	有限责任公司	国有独资公司	其他有限责任公司	股份有限公司
				31966	31966		8350
				31966	31966		8350
				40040		40040	
				23340		23340	
				16700		16700	
				40453		40453	
				36453		36453	
				4000		4000	
				27670	12671	14999	
				27670	12671	14999	
				11833	465	11368	
				465	465		
				11368		11368	
				9300		9300	
				4000		4000	
				5300		5300	

3-16 续

指　　标	私营企业	其他企业	港、澳、台商投资企业	合资经营企业	合作经营企业	独资经营企业
信息传输、计算机服务和软件业						
电信和其他信息传输服务业						
批发和零售业	24460		3582	3582		
批发业	887					
零售业	23573		3582	3582		
住宿和餐饮业	12300					
住宿业	12300					
餐饮业						
金融业						
银行业						
房地产业	42910					
房地产业	42910					
租赁和商务服务业						
商务服务业						
科学研究、技术服务和地质勘查业						
专业技术服务业						
科技交流和推广服务业						
水利、环境和公共设施管理业	5122					
水利管理业						
环境管理业	1677					
公共设施管理业	3445					
居民服务和其他服务业						
居民服务业						
教　育	12000					
教　育	12000					
卫生、社会保障和社会福利业	130					
卫　生	130					
社会福利业						
文化、体育和娱乐业						
广播、电视、电影和音像业						
文化艺术业						
体　育						
娱乐业						
公共管理和社会组织						
国家机构						
群众团体、社会团体和宗教组织						

表3

单位：万元

港、澳、台商投资股份有限公司	外商投资企业	中外合资经营企业	中外合作经营企业	外资企业	外商投资股份有限公司	个体经营	个体户	个人合伙
				8950	8950			
				8950	8950			
				4049	749	3300		
				4049	749	3300		

3-17 按构成分行业城镇固定资产投资(2009年)

单位：万元

指　　标	总　计	#住　宅	建筑工程	安装工程	设备工器具购置	其他费用
总　　计	**3654488**	**145942**	**1764094**	**326194**	**1001099**	**563101**
农、林、牧、渔业	125607	330	68942	2479	5605	48581
农　业	7067		6067			1000
林　业	40909		9070	1	70	31768
畜牧业	41917	330	33421	1461	3305	3730
农、林、牧、渔服务业	35714		20384	1017	2230	12083
采矿业	626420		198931	76247	278505	72737
煤炭开采和洗选业	608559		189367	75900	270755	72537
黑色金属矿采选业	13906		7463	145	6168	130
非金属矿采选业	3955		2101	202	1582	70
制造业	651265	1120	182150	122548	285966	60601
农副食品加工业	7763		2453	106	5058	146
食品制造业	9870		4340	1170	3690	670
饮料制造业	13007		8273	504	2226	2004
木材加工及木、竹、藤、棕、草制品业	1841		1241	50	550	
家具制造业	7020		300	1550	4070	1100
石油加工、炼焦及核燃料加工业	80492		25137	15213	26683	13459
化学原料及化学制品制造业	137493	20	32883	29852	59162	15596
医药制造业	2399		2059	60	280	
塑料制品业	102				102	
非金属矿物制品业	69111		33964	4841	21371	8935
黑色金属冶炼及压延加工业	189687		33896	52229	99018	4544
有色金属冶炼及压延加工业	14960		4290	3980	6490	200
金属制品业	28330		9561	5581	10188	3000
通用设备制造业	44926		12831	1992	28543	1560
专用设备制造业	28562		5254	4190	12776	6342
交通运输设备制造业	3994		150	450	600	2794
电气机械及器材制造业	11478	1100	5393	760	5089	236
废弃资源和废旧材料回收加工业	230		125	20	70	15
电力、燃气及水的生产和供应业	731426	430	230378	75399	313841	111808
电力、热力的生产和供应业	598473		154304	55356	282019	106794
燃气生产和供应业	76755		36586	16952	20299	2918
水的生产和供应业	56198	430	39488	3091	11523	2096
交通运输、仓储和邮政业	587135		450361	3033	12743	120998
铁路运输业	14100		500	400	2000	11200
道路运输业	547315		446295	208	1360	99452
城市公共交通业	208		208			
装卸搬运和其他运输服务业	5430		3000	700	1530	200
仓储业	20082		358	1725	7853	10146

注：本表不含房地产开发投资。

3-17 续表

单位：万元

指标	总计	#住宅	建筑工程	安装工程	设备工器具购置	其他费用
信息传输、计算机服务和软件业	71522		3752	12930	51662	3178
电信和其他信息传输服务业	71522		3752	12930	51662	3178
批发和零售业	141776	550	104487	5609	11354	20326
批发业	84791		69559	2596	5331	7305
零售业	56985	550	34928	3013	6023	13021
住宿和餐饮业	65983		39953	10384	5986	9660
住宿业	59183		37153	10384	5986	5660
餐饮业	6800		2800			4000
金融业	1300		1300			
银行业	1300		1300			
房地产业	163214	136952	132798	1908	434	28074
房地产业	163214	136952	132798	1908	434	28074
租赁和商务服务业	1570	1100	1570			
商务服务业	1570	1100	1570			
科学研究、技术服务和地质勘查业	695		355	20	280	40
专业技术服务业	395		355			40
科技交流和推广服务业	300			20	280	
水利、环境和公共设施管理业	306693	1975	222265	11399	22057	50972
水利管理业	57702		38529	3389	4533	11251
环境管理业	81590		56568	3048	14274	7700
公共设施管理业	167401	1975	127168	4962	3250	32021
居民服务和其他服务业	229		42	66	121	
居民服务业	229		42	66	121	
教育	85914	2069	69999	850	748	14317
教育	85914	2069	69999	850	748	14317
卫生、社会保障和社会福利业	50090	1416	31761	2064	4602	11663
卫生	48294		29965	2064	4602	11663
社会福利业	1796	1416	1796			
文化、体育和娱乐业	33345		18704	543	3982	10116
广播、电视、电影和音像业	5152		866	432	3768	86
文化艺术业	20443		15688	12	13	4730
体育	150		150			
娱乐业	7600		2000	99	201	5300
公共管理和社会组织	10304		6346	715	3213	30
国家机构	9854		5896	715	3213	30
群众团体、社会团体和宗教组织	450		450			

3-18 按建设性质分行业城镇固定资产投资(2009年)

单位：万元

指　　标	总　计	新　建	扩　建	改建和技术改造	单纯建造生活设施	迁　建	恢　复	单纯购置
总　　计	**3654488**	**1364961**	**1239287**	**863461**	**165513**	**1510**		**19756**
农、林、牧、渔业	125607	40140	65009	20408		50		
农　业	7067	2500	4517			50		
林　业	40909	3470	34542	2897				
畜牧业	41917	31519	9808	590				
农、林、牧、渔服务业	35714	2651	16142	16921				
采矿业	626420	64559	173441	373364				15056
煤炭开采和洗选业	608559	64559	169486	359458				15056
黑色金属矿采选业	13906			13906				
非金属矿采选业	3955		3955					
制造业	651265	236287	368785	41889				4304
农副食品加工业	7763	2870	993					3900
食品制造业	9870	6870	3000					
饮料制造业	13007	4572	8435					
木材加工及木、竹、藤、棕、草制品业	1841	1841						
家具制造业	7020	5400	1620					
石油加工、炼焦及核燃料加工业	80492		75584	4606				302
化学原料及化学制品制造业	137493	72977	43258	21258				
医药制造业	2399	840	1559					
塑料制品业	102							102
非金属矿物制品业	69111	51617	15494	2000				
黑色金属冶炼及压延加工业	189687	2300	182450	4937				
有色金属冶炼及压延加工业	14960	11960	3000					
金属制品业	28330	26000	2330					
通用设备制造业	44926	8600	27238	9088				
专用设备制造业	28562	28562						
交通运输设备制造业	3994	300	3694					
电气机械及器材制造业	11478	11478						
废弃资源和废旧材料回收加工业	230	100	130					
电力、燃气及水的生产和供应业	731426	529325	184679	17422				
电力、热力的生产和供应业	598473	435287	156186	7000				
燃气生产和供应业	76755	59850	16865	40				
水的生产和供应业	56198	34188	11628	10382				
交通运输、仓储和邮政业	587135	209743	53622	323770				
铁路运输业	14100	14100						
道路运输业	547315	181700	47845	317770				
城市公共交通业	208		208					
装卸搬运和其他运输服务业	5430		5430					
仓储业	20082	13943	139	6000				

注：本表不含房地产开发投资。

3-18 续表

单位：万元

指　　标	总 计	新 建	扩 建	改建和技术改造	单纯建造生活设施	迁 建	恢 复	单纯购置
信息传输、计算机服务和软件业	71522		71522					
电信和其他信息传输服务业	71522		71522					
批发和零售业	141776	78188	58713	4875				
批发业	84791	37833	45293	1665				
零售业	56985	40355	13420	3210				
住宿和餐饮业	65983	60303	5680					
住宿业	59183	53503	5680					
餐饮业	6800	6800						
金融业	1300	1300						
银行业	1300	1300						
房地产业	163214				163214			
房地产业	163214				163214			
租赁和商务服务业	1570		1570					
商务服务业	1570		1570					
科学研究、技术服务和地质勘查业	695		695					
专业技术服务业	395		395					
科技交流和推广服务业	300		300					
水利、环境和公共设施管理业	306693	49583	192909	64201				
水利管理业	57702	8836	26816	22050				
环境管理业	81590	13116	67875	599				
公共设施管理业	167401	27631	98218	41552				
居民服务和其他服务业	229		229					
居民服务业	229		229					
教　育	85914	51126	20447	12042	2299			
教　育	85914	51126	20447	12042	2299			
卫生、社会保障和社会福利业	50090	35498	11158	1578		1460		396
卫　生	48294	34082	10778	1578		1460		396
社会福利业	1796	1416	380					
文化、体育和娱乐业	33345	6909	26030	406				
广播、电视、电影和音像业	5152		5152					
文化艺术业	20443	3359	16678	406				
体　育	150	150						
娱乐业	7600	3400	4200					
公共管理和社会组织	10304	2000	4798	3506				
国家机构	9854	2000	4506	3348				
群众团体、社会团体和宗教组织	450		292	158				

3-19 城镇固定资产投资项目及资金来源(2009年)

单位：个、万元

指　　标	施工项目个　　数	本　年新开工	本年投产项目个　数	本年资金来源合　计	国家预算内资金	国内贷款	利用外资	自筹资金	其他资金来源
总　　计	**939**	**767**	**705**	**3755779**	**642456**	**467421**		**2297750**	**274318**
农、林、牧、渔业	135	124	106	122316	41871	1600		68866	9410
农　业	9	8	4	8300	3550			3720	1030
林　业	44	43	43	37581	15385			15759	6074
畜牧业	30	27	25	39982	2623	1600		34809	800
农、林、牧、渔服务业	52	46	34	36453	20313			14578	1506
采矿业	74	66	66	646097	751	4848		589932	22618
煤炭开采和洗选业	70	62	63	622586	751	4848		566421	22618
黑色金属矿采选业	2	2	2	14556				14556	
非金属矿采选业	2	2	1	8955				8955	
制造业	109	66	68	656717	4280	14665		604550	17177
农副食品加工业	7	2	4	8053	240			7673	140
食品制造业	3	2	1	9500				6500	3000
饮料制造业	4	2	3	12407	500			11907	
木材加工及木、竹、藤、棕、草制品	1	1		2000				2000	
家具制造业	3	3	2	8200				8200	
石油加工、炼焦及核燃料加工业	12	8	8	76884	900			75682	302
化学原料及化学制品制造业	16	7	13	167558				149597	3900
医药制造业	2		1	2210				2210	
塑料制品业				102				102	
非金属矿物制品业	20	12	13	60084	1640	3165		47979	7300
黑色金属冶炼及压延加工业	17	13	12	168170				164386	2300
有色金属冶炼及压延加工业	2	2	1	15000		3000		12000	
金属制品业	3	3	1	31100		500		30600	
通用设备制造业	12	7	5	49693				48958	235
专用设备制造业	1	1		29462		4000		25462	
交通运输设备制造业	2	1	2	3994				3994	
电气机械及器材制造业	2		1	12000	1000	4000		7000	
废弃资源和废旧材料回收加工业	2	2	1	300				300	
电力、燃气及水的生产和供应业	74	48	46	734123	45866	231381		316136	125821
电力、热力的生产和供应业	40	29	26	596658	17041	180221		267214	121818
燃气生产和供应业	10	4	7	76603		51100		23889	1154
水的生产和供应业	24	15	13	60862	28825	60		25033	2849
交通运输、仓储和邮政业	117	107	103	667669	350578	122372		168681	24008
铁路运输业	1		1	24100				24100	
道路运输业	109	102	97	617305	350533	122372		118362	24008
城市公共交通业	1			752				752	
装卸搬运和其他运输服务业	1	1	1	5430				5430	
仓储业	5	4	4	20082	45			20037	

注：本表不含房地产开发投资。

3-19 续表

单位：个、万元

指　　标	施工项目个数	本年新开工	本年投产项目个数	本年资金来源合计	国家预算内资金	国内贷款	利用外资	自筹资金	其他资金来源
信息传输、计算机服务和软件业	8	8	7	73550	2720			68802	
电信和其他信息传输服务业	8	8	7	73550	2720			68802	
批发和零售业	33	24	27	140939	95	5700		134044	1100
批发业	17	13	12	83338	95			83243	
零售业	16	11	15	57601		5700		50801	1100
住宿和餐饮业	9	2	5	62195	1985	3300		50189	5500
住宿业	8	2	4	56210		3300		46189	5500
餐饮业	1		1	5985	1985			4000	
金融业	1	1		1300				1300	
银行业	1	1		1300				1300	
房地产业	75	64	46	168113	49495	4000		92539	18985
房地产业	75	64	46	168113	49495	4000		92539	18985
租赁和商务服务业	2	1	1	1570				470	1100
商务服务业	2	1	1	1570				470	1100
科学研究、技术服务和地质勘查业	4	3	1	695	400			295	
专业技术服务业	3	2		395	100			295	
科技交流和推广服务业	1	1	1	300	300				
水利、环境和公共设施管理业	158	134	131	286947	76829	53905		118773	32738
水利管理业	64	60	60	58507	38450			18708	925
环境管理业	19	17	12	67746	14424	25611		21013	4800
公共设施管理业	75	57	59	160694	23955	28294		79052	27013
居民服务和其他服务业	2	2	2	229	72			157	
居民服务业	2	2	2	229	72			157	
教　育	59	54	43	91027	34675	18500		33113	4739
教　育	59	54	43	91027	34675	18500		33113	4739
卫生、社会保障和社会福利业	32	25	20	54273	21070	7150		17652	7123
卫　生	30	24	20	53193	20370	7150		17272	7123
社会福利业	2	1		1080	700			380	
文化、体育和娱乐业	34	26	23	37138	5312			27985	3841
广播、电视、电影和音像业	6	5	4	5402	266			4215	921
文化艺术业	23	19	16	20646	4896			12830	2920
体　育	1	1	1	240	150			90	
娱乐业	4	1	2	10850				10850	
公共管理和社会组织	13	12	10	10881	6457			4266	158
国家机构	11	10	8	10431	6165			4266	
群众团体、社会团体和宗教组织	2	2	2	450	292				158

3-20 城镇固定资产投资建设规模和新增生产能力(2009年)

指 标	建设规模	本年施工规模	本年新开工	累计生产能力	#本年新增
原煤开采 (万吨／年)	982	952	417	448	448
洗煤(万吨／年)	795	795	645	645	645
焦炭 (万吨／年)	220	220	120	120	120
铁矿开采(原矿) (万吨／年)	50	50	50	50	50
生铁 (万吨／年)	300	250	150	95	95
热轧钢材(万吨／年)	180	180	180	80	80
冷轧(拔)钢材(万吨／年)	80	80	80	80	80
水力发电(万千瓦)	0.24	0.24			
火力发电(万千瓦)	421.2	361.2	181.2	120.0	120.0
其他发电(万千瓦)	1.2	1.2	1.2		
输电线路长度(11万伏及以上)(公里)	608.3	608.3	333.3	578.3	578.3
水泥 (万吨／年)	792	623	163	270	210
石墨及炭素制品(吨／年)	61000	61000	1000	61000	61000
木材(万立方米／年)	9	9	9	9	9
精甲醇(吨／年)	400000	400000		200000	200000
合成橡胶(吨／年)	50000	50000		50000	50000
化学纤维(吨／年)	300000	300000			
新建铁路投产里程 (公里)	61.68	1.38		1.38	1.38
新建公路 (公里)	476.1	430.3	370.3	135.2	135.2
高速公路	141.5	118.6	118.6		
一级公路	32.5	32.5	32.5	26.0	26.0
二级公路	5.1	5.1	5.1	5.1	5.1
改建公路 (公里)	4911.6	4780.1	4308.8	4410.6	4290.1
一级公路	47.1	47.1	42.1	5.0	5.0
二级公路	569.2	569.2	422.1	385.8	385.8
新建独立公路桥梁(延长米)	3360	2660	104	2660	2660
新建独立公路桥梁(座)	6	5	2	5	5
新(扩)建公路客、货运站 (个)	2	2	1	2	2
新(扩)建公路客、货运站 (平方米)	7210	7210	540	7210	7210
城市自来水供水能力(万吨／日)	1.01	0.86	0.36	0.50	0.50
城市污水处理能力 (万吨／日)	27.52	27.52	12.92	8.62	8.62

3-21 固定资产投资房屋面积和价值(2009年)

单位：平方米、万元

指　　标	本年施工房屋面积	#住宅	本年竣工房屋面积	#住宅	本年竣工房屋价值	#住宅
总　　计	**3023129**	**1851894**	**1491841**	**863755**	**190874**	**113929**
农、林、牧、渔业	96093	5510	53750	5350	5333	543
农　业	1950		1950		206	
林　业	5550	310	200	150	21	13
畜牧业	73393	5200	43200	5200	3606	530
渔　业	800					
农、林、牧、渔服务业	8400		8400		1500	
采矿业	41525		34525		3806	
煤炭开采和洗选业	38030		34030		3756	
黑色金属矿采选业	495		495		50	
非金属矿采选业	3000					
制造业	177912	13315	77003	510	9852	26
农副食品加工业	9900	60	3400	60	320	6
食品制造业	14729					
饮料制造业	17420		3300		425	
木材加工及木、竹、藤、棕、草制品业	3100					
家具制造业						
石油加工、炼焦及核燃料加工业	24225		19225		1863	
化学原料及化学制品制造业	24820	2000	18820		2258	
医药制造业						
塑料制品业						
非金属矿物制品业	16032	450	16032	450	2510	20
黑色金属冶炼及压延加工业	7100					
有色金属冶炼及压延加工业						
金属制品业	9500		5500		458	
通用设备制造业	10526		10526		2000	
专用设备制造业						
交通运输设备制造业						
电气机械及器材制造业	40000	10805				
废弃资源和废旧材料回收加工业	560		200		18	
电力、燃气及水的生产和供应业	32988	3888	23888	3888	5930	430
电力、热力的生产和供应业	29100		20000		5500	
燃气生产和供应业						
水的生产和供应业	3888	3888	3888	3888	430	430
交通运输、仓储和邮政业	16825		8525		1010	
铁路运输业	2000		2000		260	
道路运输业	3905		3905		529	
城市公共交通业	8300					
装卸搬运和其他运输服务业						
仓储业	2620		2620		221	

注：本表不含房地产开发投资。

3-21 续表

单位：平方米、万元

指 标	本年施工房屋面积	#住宅	本年竣工房屋面积	#住宅	本年竣工房屋价值	#住宅
信息传输、计算机服务和软件业	12850					
电信和其他信息传输服务业	12850					
批发和零售业	98248	10000	87848	10000	12749	1500
批发业	29079		25079		4489	
零售业	69169	10000	62769	10000	8260	1500
住宿和餐饮业	60704		3000		726	
住宿业	60704		3000		726	
餐饮业						
金融业	6600					
银行业	6600					
房地产业	1788429	1758838	800164	788964	104292	104289
房地产业	1788429	1758838	800164	788964	104292	104289
租赁和商务服务业	22000	17000	17000	17000	3000	3000
商务服务业	22000	17000	17000	17000	3000	3000
科学研究、技术服务和地质勘查业	5604					
专业技术服务业	5604					
科技交流和推广服务业						
水利、环境和公共设施管理业	21450	17522	21450	17522	2271	1760
水利管理业	220		220		19	
环境管理业						
公共设施管理业	21230	17522	21230	17522	2252	1760
居民服务和其他服务业						
居民服务业						
教 育	347055	20521	241011	19521	24481	2283
教 育	347055	20521	241011	19521	24481	2283
卫生、社会保障和社会福利业	222361	5300	85252	1000	11550	98
卫 生	203911		84252		11452	
社会福利业	18450	5300	1000	1000	98	98
文化、体育和娱乐业	35180		9600		1068	
广播、电视、电影和音像业	1200		1200		192	
文化艺术业	33980		8400		876	
体 育						
娱乐业						
公共管理和社会组织	37305		28825		4806	
国家机构	32505		24025		4418	
群众团体、社会团体和宗教组织	2000		2000		158	
基层群众自治组织	2800		2800		230	

3-22 城镇固定资产投资房屋面积和价值(2009年)

单位：平方米、万元

指　　标	本年施工房屋面积	#住宅	本年竣工房屋面积	#住宅	本年竣工房屋价值	#住宅
总　　计	**2895126**	**1803494**	**1428551**	**849015**	**183677**	**112324**
农、林、牧、渔业	76910	3200	49280	3200	4877	330
农　业						
林　业	5750					
畜牧业	62750	3200	40880	3200	3377	330
农、林、牧、渔服务业	8400		8400		1500	
采矿业	37030		34030		3756	
煤炭开采和洗选业	34030		34030		3756	
黑色金属矿采选业						
非金属矿采选业	3000					
制造业	137087	12805	42278		5819	
农副食品加工业	3500					
食品制造业	14729					
饮料制造业	17420		3300		425	
木材加工及木、竹、藤、棕、草制品业						
家具制造业						
石油加工、炼焦及核燃料加工业	5000					
化学原料及化学制品制造业	24820	2000	18820		2258	
医药制造业						
塑料制品业						
非金属矿物制品业	3932		3932		660	
黑色金属冶炼及压延加工业	7100					
有色金属冶炼及压延加工业						
金属制品业	9500		5500		458	
通用设备制造业	10526		10526		2000	
专用设备制造业						
交通运输设备制造业						
电气机械及器材制造业	40000	10805				
废弃资源和废旧材料回收加工业	560		200		18	
电力、燃气及水的生产和供应业	32988	3888	23888	3888	5930	430
电力、热力的生产和供应业	29100		20000		5500	
燃气生产和供应业						
水的生产和供应业	3888	3888	3888	3888	430	430
交通运输、仓储和邮政业	14525		6225		682	
铁路运输业	2000		2000		260	
道路运输业	2705		2705		295	
城市公共交通业	8300					
装卸搬运和其他运输服务业						
仓储业	1520		1520		127	

注：本表不含房地产开发投资。

3–22 续表

单位：平方米、万元

指　　标	本年施工房屋面积	#住宅	本年竣工房屋面积	#住宅	本年竣工房屋价值	#住宅
信息传输、计算机服务和软件业	12850					
电信和其他信息传输服务业	12850					
批发和零售业	87428	10000	83428	10000	12335	1500
批发业	28579		24579		4429	
零售业	58849	10000	58849	10000	7906	1500
住宿和餐饮业	60704		3000		726	
住宿	60704		3000		726	
餐饮业						
金融业	6600					
银行业	6600					
房地产业	1743849	1714258	789084	777884	103024	103021
房地产业	1743849	1714258	789084	777884	103024	103021
租赁和商务服务业	22000	17000	17000	17000	3000	3000
商务服务业	22000	17000	17000	17000	3000	3000
科学研究、技术服务和地质勘查业	5604					
专业技术服务业	5604					
科技交流和推广服务业						
水利、环境和公共设施管理业	19450	17522	19450	17522	1951	1760
水利管理业	220		220		19	
环境管理业						
公共设施管理业	19230	17522	19230	17522	1932	1760
居民服务和其他服务业						
居民服务业						
教　育	347055	20521	241011	19521	24481	2283
教　育	347055	20521	241011	19521	24481	2283
卫生、社会保障和社会福利业	221361	4300	84252		11452	
卫　生	203911		84252		11452	
社会福利业	17450	4300				
文化、体育和娱乐业	35180		9600		1068	
广播、电视、电影和音像业	1200		1200		192	
文化艺术业	33980		8400		876	
体　育						
娱乐业						
公共管理和社会组织	34505		26025		4576	
国家机构	32505		24025		4418	
群众团体、社会团体和宗教组织	2000		2000		158	

3-23 分行业农村非农户固定资产投资(2009年)

单位：万元、平方米

指　　标	计　划 总投资	本年完成 投　　资	#住宅	本年新增 固定资产	本年施工 房屋面积	#住宅	本年竣工 房屋面积	#住宅
总　　计	**234935**	**145812**	**3522**	**148328**	**128003**	**48400**	**63290**	**14740**
农、林、牧、渔业	32370	24134	56	20356	19183	2310	4470	2150
农　业	650	650		660	1950		1950	
林　业	5100	4210	26	3300	800	310	200	150
畜牧业	24781	17915	30	15557	15633	2000	2320	2000
渔　业	980	500			800			
农、林、牧、渔服务业	859	859		839				
采矿业	74529	57089		44529	4495		495	
煤炭开采和洗选业	58493	41053		28493	4000			
黑色金属矿采选业	15776	15776		15776	495		495	
非金属矿采选业	260	260		260				
制造业	80497	41022	51	58613	40825	510	34725	510
农副食品加工业	1862	1700	6	555	6400	60	3400	60
食品制造业	1968	1968		1968				
木材加工及木、竹、藤、棕、草制品业	2250	2180			3100			
石油加工、炼焦及核燃料加工业	55257	19804		37020	19225		19225	
非金属矿物制品业	9700	8270	45	10070	12100	450	12100	450
黑色金属冶炼及压延加工业	9460	7100		9000				
电力、燃气及水的生产和供应业	3000	3500		3500				
燃气生产和供应业	3000	3500		3500				
交通运输、仓储和邮政业	7927	6787		6437	2300		2300	
道路运输业	7415	6275		5925	1200		1200	
仓储业	512	512		512	1100		1100	
批发和零售业	4210	3670		3370	10820		4420	
批发业	2610	2610		2610	500		500	
零售业	1600	1060		760	10320		3920	
住宿和餐饮业	500	500		500				
住宿业	500	500		500				
房地产业	11517	3797	3317	1280	44580	44580	11080	11080
房地产业	11517	3797	3317	1280	44580	44580	11080	11080
水利、环境和公共设施管理业	9737	4985		9415	2000		2000	
水利管理业	982	730		650				
环境管理业	485	485		485				
公共设施管理业	8270	3770		8280	2000		2000	
卫生、社会保障和社会福利业	98	98	98	98	1000	1000	1000	1000
社会福利业	98	98	98	98	1000	1000	1000	1000
公共管理和社会组织	230	230		230	2800		2800	
基层群众自治组织	230	230		230	2800		2800	

3-24 按控股情况分行业农村非农户固定资产投资(2009年)

指　　标	总　计	国有控股	集体控股	私人控股	港澳台商控　　股	外商控股
总　　计	**145812**	**7061**	**18151**	**120600**		
农、林、牧、渔业	24134	890	1769	21475		
农　业	650			650		
林　业	4210	890	910	2410		
畜牧业	17915			17915		
渔　业	500			500		
农、林、牧、渔服务业	859		859			
采矿业	57089		4390	52699		
煤炭开采和洗选业	41053		4390	36663		
黑色金属矿采选业	15776			15776		
非金属矿采选业	260			260		
制造业	41022			41022		
农副食品加工业	1700			1700		
食品制造业	1968			1968		
木材加工及木、竹、藤、棕、草制品业	2180			2180		
石油加工、炼焦及核燃料加工业	19804			19804		
非金属矿物制品业	8270			8270		
黑色金属冶炼及压延加工业	7100			7100		
电力、燃气及水的生产和供应业	3500		3500			
燃气生产和供应业	3500		3500			
交通运输、仓储和邮政业	6787	4741	1300	746		
道路运输业	6275	4741	1300	234		
仓储业	512			512		
批发和零售业	3670	400	1300	1970		
批发业	2610		1300	1310		
零售业	1060	400		660		
住宿和餐饮业	500			500		
住宿业	500			500		
房地产业	3797		3197	600		
房地产业	3797		3197	600		
水利、环境和公共设施管理业	4985	1030	2465	1490		
水利管理业	730	730				
环境管理业	485	300	185			
公共设施管理业	3770		2280	1490		
卫生、社会保障和社会福利业	98			98		
社会福利业	98			98		
公共管理和社会组织	230		230			
基层群众自治组织	230		230			

3-25 按隶属关系分行业农村非农户固定资产投资(2009年)

单位：万元

指　标	总　计	中　央	省	市	县	其　他
总　计	**145812**				**20127**	**125685**
农、林、牧、渔业	24134				6165	17969
农　业	650					650
林　业	4210					4210
畜牧业	17915				5400	12515
渔　业	500					500
农、林、牧、渔服务业	859				765	94
采矿业	57089					57089
煤炭开采和洗选业	41053					41053
黑色金属矿采选业	15776					15776
非金属矿采选业	260					260
制造业	41022				8481	32541
农副食品加工业	1700					1700
食品制造业	1968				1968	
木材加工及木、竹、藤、棕、草制品业	2180					2180
石油加工、炼焦及核燃料加工业	19804				6513	13291
非金属矿物制品业	8270					8270
黑色金属冶炼及压延加工业	7100					7100
电力、燃气及水的生产和供应业	3500					3500
燃气生产和供应业	3500					3500
交通运输、仓储和邮政业	6787				4051	2736
道路运输业	6275				4051	2224
仓储业	512					512
批发和零售业	3670				400	3270
批发业	2610					2610
零售业	1060				400	660
住宿和餐饮业	500					500
住宿业	500					500
房地产业	3797					3797
房地产业	3797					3797
水利、环境和公共设施管理业	4985				1030	3955
水利管理业	730				730	
环境管理业	485				300	185
公共设施管理业	3770					3770
卫生、社会保障和社会福利业	98					98
社会福利业	98					98
公共管理和社会组织	230					230
基层群众自治组织	230					230

3-26 按登记注册分行业农村

指　　标	总　计	内资企业	国有企业	集体企业	股份合作企　　业	联营企业
总　　计	**145812**	**145512**	**7061**	**14271**		
农、林、牧、渔业	24134	23934	890	1389		
农　业	650	650				
林　业	4210	4210	890	910		
畜牧业	17915	17715				
渔　业	500	500				
农、林、牧、渔服务业	859	859		479		
采矿业	57089	57089		4390		
煤炭开采和洗选业	41053	41053		4390		
黑色金属矿采选业	15776	15776				
非金属矿采选业	260	260				
制造业	41022	40922				
农副食品加工业	1700	1600				
食品制造业	1968	1968				
木材加工及木、竹、藤、棕、草制品业	2180	2180				
石油加工、炼焦及核燃料加工业	19804	19804				
非金属矿物制品业	8270	8270				
黑色金属冶炼及压延加工业	7100	7100				
电力、燃气及水的生产和供应业	3500	3500				
燃气生产和供应业	3500	3500				
交通运输、仓储和邮政业	6787	6787	4741	1300		
道路运输业	6275	6275	4741	1300		
仓储业	512	512				
批发和零售业	3670	3670	400	1300		
批发业	2610	2610		1300		
零售业	1060	1060	400			
住宿和餐饮业	500	500				
住宿业	500	500				
房地产业	3797	3797		3197		
房地产业	3797	3797		3197		
水利、环境和公共设施管理业	4985	4985	1030	2465		
水利管理业	730	730	730			
环境管理业	485	485	300	185		
公共设施管理业	3770	3770		2280		
卫生、社会保障和社会福利业	98	98				
社会福利业	98	98				
公共管理和社会组织	230	230		230		
基层群众自治组织	230	230		230		

非农户固定资产投资(2009年)

国有联营企业	集体联营企业	国有与集体联营企业	其他联营企业	有限责任公司	国有独资公司	其他有限责任公司	股份有限公司
				74439		**74439**	
				11360		11360	
				160		160	
				2410		2410	
				8410		8410	
				380		380	
				34522		34522	
				32722		32722	
				1800		1800	
				24757		24757	
				150		150	
				1968		1968	
				2180		2180	
				10359		10359	
				3000		3000	
				7100		7100	
				3500		3500	
				3500		3500	
				300		300	
				300		300	

3-26 续

指　　标	私营企业	其他企业	港、澳、台商投资企　业	合资经营企业	合作经营企业	独资经营企业
总　　计	**49741**					
农、林、牧、渔业	10295					
农　业	490					
林　业						
畜牧业	9305					
渔　业	500					
农、林、牧、渔服务业						
采矿业	18177					
煤炭开采和洗选业	3941					
黑色金属矿采选业	13976					
非金属矿采选业	260					
制造业	16165					
农副食品加工业	1450					
食品制造业						
木材加工及木、竹、藤、棕、草制品业						
石油加工、炼焦及核燃料加工业	9445					
非金属矿物制品业	5270					
黑色金属冶炼及压延加工业						
电力、燃气及水的生产和供应业						
燃气生产和供应业						
交通运输、仓储和邮政业	746					
道路运输业	234					
仓储业	512					
批发和零售业	1670					
批发业	1310					
零售业	360					
住宿和餐饮业	500					
住宿业	500					
房地产业	600					
房地产业	600					
水利、环境和公共设施管理业	1490					
水利管理业						
环境管理业						
公共设施管理业	1490					
卫生、社会保障和社会福利业	98					
社会福利业	98					
公共管理和社会组织						
基层群众自治组织						

表

单位：万元

股份有限公司	外商投资企业	中外合资经营企业	中外合作经营企业	外资企业	外商投资股份有限公司	个体经营	个体户	个人合伙
						300	**100**	**200**
						200		200
						200		200
						100	100	
						100	100	

3-27 按构成分行业农村非农户固定资产投资(2009年)

单位：万元

指标	总计	#住宅	建筑工程	安装工程	设备工器具购置	其他费用
总计	**145812**	**3522**	**67054**	**11671**	**54547**	**12540**
农、林、牧、渔业	24134	56	11717	1457	1150	9810
农业	650		570			80
林业	4210	26	500			3710
畜牧业	17915	30	9821	1457	1150	5487
渔业	500		347			153
农、林、牧、渔服务业	859		479			380
采矿业	57089		23941	5142	27305	701
煤炭开采和洗选业	41053		12520	4836	23016	681
黑色金属矿采选业	15776		11161	306	4289	20
非金属矿采选业	260		260			
制造业	41022	51	11399	4200	24287	1136
农副食品加工业	1700	6	1409	11	189	91
食品制造业	1968		600	200	1168	
木材加工及木、竹、藤、棕、草制品业	2180		965	100	820	295
石油加工、炼焦及核燃料加工业	19804		3775	3049	12890	90
非金属矿物制品业	8270	45	3320	440	3850	660
黑色金属冶炼及压延加工业	7100		1330	400	5370	
电力、燃气及水的生产和供应业	3500		1330	620	1510	40
燃气生产和供应业	3500		1330	620	1510	40
交通运输、仓储和邮政业	6787		6782			5
道路运输业	6275		6270			5
仓储业	512		512			
批发和零售业	3670		3154	100	100	316
批发业	2610		2284	100	100	126
零售业	1060		870			190
住宿和餐饮业	500		500			
住宿业	500		500			
房地产业	3797	3317	3577			220
房地产业	3797	3317	3577			220
水利、环境和公共设施管理业	4985		4326	152	195	312
水利管理业	730		580	130	20	
环境管理业	485		330	2	23	130
公共设施管理业	3770		3416	20	152	182
卫生、社会保障和社会福利业	98	98	98			
社会福利业	98	98	98			
公共管理和社会组织	230		230			
基层群众自治组织	230		230			

3-28 按建设性质分行业农村非农户固定资产投资(2009年)

单位：万元

指标	总计	新建	扩建	改建和技术改造	单纯建造生活设施	迁建	恢复	单纯购置
总计	**145812**	**32447**	**63968**	**40780**	**3797**			**4820**
农、林、牧、渔业	24134	16329	7305					
农业	650	360	290					
林业	4210	1210	3000					
畜牧业	17915	14379	3536					
渔业	500	500						
农、林、牧、渔服务业	859	380	479					
采矿业	57089	260	31742	25012				75
煤炭开采和洗选业	41053		29342	11636				75
黑色金属矿采选业	15776		2400	13376				
非金属矿采选业	260	260						
制造业	41022	9098	20666	6513				4745
农副食品加工业	1700	1250	450					
食品制造业	1968	1968						
木材加工及木、竹、藤、棕、草制品业	2180	2180						
石油加工、炼焦及核燃料加工业	19804		8546	6513				4745
非金属矿物制品业	8270	3700	4570					
黑色金属冶炼及压延加工业	7100		7100					
电力、燃气及水的生产和供应业	3500	3500						

3-29 农村非农户固定资产投资项目及资金来源(2009年)

单位：个、万元

指标	施工项目个数	#本年新开工	本年投产项目个数	本年资金来源合计	国家预算内资金	国内贷款	利用外资	自筹资金	其他资金来源
总计	**129**	**119**	**113**	**139206**	**945**	**2415**		**134231**	**1615**
农、林、牧、渔业	36	34	30	21453	325	600		20528	
农业	4	4	4	650	50	100		500	
林业	6	6	5	4210				4210	
畜牧业	22	20	18	15474	35	500		14939	
渔业	1	1		480				480	
农、林、牧、渔服务业	3	3	3	639	240			399	
采矿业	41	39	40	57039				57039	
煤炭开采和洗选业	9	7	8	41003				41003	
黑色金属矿采选业	31	31	31	15776				15776	
非金属矿采选业	1	1	1	260				260	
制造业	16	12	12	39791		1815		37576	400
农副食品加工业	4	4	3	1700		215		1485	
食品制造业	1	1	1	1968				1968	
木材加工及木、竹、藤、棕、草制品业	1	1		2250				2250	
石油加工、炼焦及核燃料加工业	5	4	4	18943				18943	
非金属矿物制品业	3	1	3	7770		1600		5770	400
黑色金属冶炼及压延加工业	2	1	1	7160				7160	
电力、燃气及水的生产和供应业	1	1	1	3500				3500	

3-30 农村非农户固定资产投资房屋面积和价值(2009年)

单位：平方米、万元

指标	本年施工房屋面积	#住宅	本年竣工房屋面积	#住宅	本年竣工房屋价值	#住宅
总计	**128003**	**48400**	**63290**	**14740**	**7197**	**1605**
农、林、牧、渔业	19183	2310	4470	2150	456	213
农业	1950		1950		206	
林业	800	310	200	150	21	13
畜牧业	15633	2000	2320	2000	229	200
渔业	800					
农、林、牧、渔服务业						
采矿业	4495		495		50	
煤炭开采和洗选业	4000					
黑色金属矿采选业	495		495		50	
非金属矿采选业						
制造业	40325	510	34725	510	4033	26
农副食品加工业	6400	60	3400	60	320	6
食品制造业						
木材加工及木、竹、藤、棕、草制品业	3100					
石油加工、炼焦及核燃料加工业	19225		19225		1863	
非金属矿物制品业	12100	450	12100	450	1850	20
黑色金属冶炼及压延加工业						
电力、燃气及水的生产和供应业						
燃气生产和供应业						
交通运输、仓储和邮政业	2300		2300		328	
道路运输业	1200		1200		234	
仓储业	1100		1100		94	
批发和零售业	10820		4420		414	
批发业	500		500		60	
零售业	10320		3920		354	
住宿和餐饮业						
住宿业						
房地产业	44580	44580	11080	11080	1268	1268
房地产业	44580	44580	11080	11080	1268	1268
水利、环境和公共设施管理业	2000		2000		320	
水利管理业						
环境管理业						
公共设施管理业	2000		2000		320	
卫生、社会保障和社会福利业	1000	1000	1000	1000	98	98
社会福利业	1000	1000	1000	1000	98	98
公共管理和社会组织	2800		2800		230	
基层群众自治组织	2800		2800		230	

3-31 农村非农户固定资产投资建设规模和新增生产能力(2009年)

指　　标	建设规模	本年施工规模	本年新开工	累计生产能力	#本年新增
原煤开采(万吨/年)	120	120	30	30	30
洗煤 (万吨/年)	120	120	120	120	120
焦炭 (万吨/年)	60	30		30	
铁矿开采(原矿)(万吨/年)	20	20	20	20	20
铁矿选矿处理原矿量(万吨/年)					
铁矿石成品矿(万吨/年)					
生铁 (万吨/年)	20	20		20	20
棉纺锭(锭)	50000				
改建公路(公里)	101	101	101	84	84
高速公路					
一级公路					
二级公路					
新建独立公路桥梁(延长米)	20	20	20	20	20
新建独立公路桥梁(座)	1	1	1	1	1

3-32 房地产开发完成情况

项　　目	2006	2007	2008	2009
本年完成投资(万元)	92296	134635	223111	389268
#商品住宅	69195	103631	177811	338718
本年新增固定资产(万元)	55585	54144	77445	74179
本年商品房屋销售额 (万元)	72119	113827	155687	179566
#商品住宅	61408	93459	150636	162140
本年销售面积(平方米)	368387	466756	644653	664415
#商品住宅	347754	435467	632208	630424
本年施工房屋面积(平方米)	1271601	1706419	2581226	4161590
#商品住宅	1029362	1505362	2236183	3542084
本年新开工施工房屋面积(平方米)	625036	611581	1472980	2280251
#商品住宅	538405	566520	1273043	1901410
本年竣工房屋面积(平方米)	395314	370214	497949	358378
#商品住宅	311597	325519	414473	322816
本年竣工房屋价值(万元)	54997	45749	86838	75949
#商品住宅	32837	36157	67559	60680

3-33 房地产开发施工、销售和空置情况(2009年)

单位：套、平方米、万元

指标	合计	住宅	#90平方米以下住房	办公楼	商业营业用房	其他
房屋施工面积	4161590	3542084	748713	50793	374175	194538
#本年新开工面积	2280251	1901410	373906	13742	234941	130158
房屋竣工面积	358378	322816	45304	2000	31562	2000
#不可销售面积	11970	9684	6804		2286	
商品住宅竣工套数		3382	694			
竣工房屋价值	75949	60680	9622	276	8000	274
出租房屋面积						
商品房销售面积	664415	630424	85095		33991	
现房销售面积	115734	96270	16499		19464	
期房销售面积	548681	534154	68596		14527	
商品房销售额	179566	162140	21071		17426	
现房销售额	23807	15568	3389		8239	
期房销售额	155759	146572	17682		9187	
商品住宅销售套数		5249	1000			
现房销售套数		798	191			
期房销售套数		4451	809			
平均销售价格	2703	2572	2476		5127	
现房	2057	1617	2054		4233	
期房	2839	2744	2578		6324	
空置面积	211712	178534	37879	2000	28678	2500
空置1-3年面积	51191	47674	5300		3017	500
空置3年以上面积	1074	1074				

3-34 房地产开

指　　标	企业个数(个)	计　划总投资	累计完成投资	本年完成投资	#土地开发投资额	建筑工程	安装工程	设备工器具购置
总　计	**147**	**1014443**	**707981**	**389268**	**18109**	**280163**	**36851**	**1383**
按登记注册类型分								
内　资	146	1014443	707981	389268	18109	280163	36851	1383
国　有	5	3880	4376	2725		2215	510	
集　体	3	4807	4805	1492	38	1492		
其他有限责任公司	42	275933	183930	94560	2651	69223	14360	1151
股份有限公司	5	11800	3886	3886	90	3416		
私营独资	6	29985	29677	10378		10378		
私营合伙	1	17800	13741	11973	430	8413		
私营有限责任公司	82	670238	467566	264254	14900	185026	21981	232
私营股份有限公司	2							
港澳台商投资企业	1							
按隶属关系分								
省	1	12000	2934	339		339		
市	2							
县	8	45080	38479	17207	38	12587	2280	1150
村委会	2	3607	3613	300		300		
其　他	134	953756	662955	371422	18071	266937	34571	233

发投资(2009年)

单位: 万元

其他费用	#旧建筑物购置费	#土地购置费	住宅	#90平方米以下住房	办公楼	商业营业用房	其他	本年新增固定资产
70871	**9092**	**51905**	**338718**	**91661**	**8071**	**30082**	**12397**	**74179**
70871	9092	51905	338718	91661	8071	30082	12397	74179
			1965			755	5	3159
			1492					4805
9826	743	7564	79335	30757	1128	11051	3046	16388
470		430	3456	1992			430	
			9564	400		814		1935
3560	775	1035	11232	1165		741		3755
57015	7574	42876	231674	57347	6943	16721	8916	44137
			339	132				
1190			12637	4200		2865	1705	4351
			300					3613
69681	9092	51905	325442	87329	8071	27217	10692	66215

3-35 房地产开发资金来源情况(2009年)

单位: 万元

指 标	本年资金来源合计	上年末结余资金	本年资金来源小计	国内贷款	利用外资	自筹资金	其他资金来源	#定金及预收款
总 计	**456058**	**49257**	**406801**	**48611**		**225606**	**132584**	**92913**
按登记注册类型分								
内 资	456058	49257	406801	48611		225606	132584	92913
国 有	3190	215	2975			985	1990	890
集 体	1959	309	1650			50	1600	1600
其他有限责任公司	120607	12465	108142	7100		60468	40574	27383
股份有限公司	3896		3896			3896		
私营独资	14158	87	14071			8704	5367	4475
私营合伙	12603	756	11847	1350		5573	4924	4924
私营有限责任公司	299645	35425	264220	40161		145930	78129	53641
私营股份有限公司								
港澳台商投资企业								
按隶属关系分								
省	2405	20	2385			800	1585	1585
市								
县	19005	230	18775			15185	3590	2490
村委会	344	294	50			50		
其 他	434304	48713	385591	48611		209571	127409	88838

3-36 房地产开发企业土地购置、开发和空置情况(2009年)

单位: 平方米

指　　标	本年完成开发土地面积	待开发土地面积	本年购置土地面积	本年土地成交价款(万元)	空置面积	#空置面积(一年至三年)	#空置面积(三年以上)
总　计	**934448**	**233428**	**770682**	**55208**	**211712**	**51191**	**1074**
按登记注册类型分							
内　资	934448	233428	770682	55208	211712	51191	1074
国　有					8066	2400	1074
集　体	1250	2500	1250	38	40134	27300	
其他有限责任公司	166933	59099	163814	7184	47515	21491	
股份有限公司	15930	16960	19560	430			
私营独资							
私营合伙	20277		20277	1035			
私营有限责任公司	730058	154869	565781	46521	115997		
私营股份有限公司							
港澳台商投资企业							
按隶属关系分							
省							
市							
县	1250		1250	38	8066	2400	1074
村委会		2500			40134	27300	
其　他	933198	230928	769432	55170	163512	21491	

3-37 房地产开发企业

指标	固定资产原价	固定资产累计折旧	#本年折旧	资产总计	负债总计	所有者权益合计	主营业务收入
总计	**290165**	**33071**	**7648**	**9760606**	**7605888**	**2154718**	**1058400**
按登记注册类型分							
内资	290077	33069	7646	9750520	7605888	2144632	1058400
国有	40198	1612	240	126483	100330	26153	20501
集体	1420	257	56	75861	55406	20455	26287
其他有限责任公司	107004	8556	1781	2531862	2013732	518130	370880
股份有限公司	1568	65	64	92207	31290	60917	
私营独资	6770	606	158	556843	515676	41167	91181
私营合伙	1293	374	226	161129	130022	31107	20514
私营有限责任公司	126058	20771	4807	5616261	4190913	1425348	526217
私营股份有限公司	5766	828	314	589874	568519	21355	2820
港澳台商投资企业	88	2	2	10086		10086	
按隶属关系分							
省	746	344	117	82057	73688	8369	1177
市	37	28		78546	73496	5050	
县	67939	6383	582	481242	330165	151077	73702
村委会	420	57	16	74456	55006	19450	12787
其他	221023	26259	6933	9044305	7073533	1970772	970734

财务状况(2009年)

单位：千元

土地转让收入	商品房屋销售收入	房屋出租收入	其他收入	主营业务成本	主营业务税金及附加	主营业务利润	利润总额	应交所得税	全部从业人员年平均人数(人)
	1056392		**2008**	**854123**	**115462**	**79748**	**–90608**	**20863**	**2854**
	1056392		2008	854123	115462	79748	–90598	20863	2852
	20310		191	16748	1171	2498	242	54	171
	26287			23608	1743	870	–349	1	25
	370850		30	316495	23608	28971	–4390	3544	671
							–3		45
	91181			80605	9047	1441	–3801	148	95
	20514			13191	2490	4698	627	307	60
	524430		1787	400938	77227	41211	–64785	16809	1607
	2820			2538	176	59	–18139		178
							–10		2
	1177			1003	65	109	10	4	19
					6	–6	51	17	32
	73511		191	60883	4013	8533	3333	901	209
	12787			11688	968	131	–354		16
	968917		1817	780549	110410	70981	–93648	19941	2578

主要统计指标解释

固定资产投资

本年完成投资 指从本年1月1日起至本年最后一天止完成的全部投资额。实际完成投资额是以货币表示的工作量指标，包括实际完成的建筑安装工程价值，设备、工具、器具的购置费，以及实际发生的其他费用。

没用到工程实体的建筑材料、工程预付款和没有进行安装的需要安装的设备等，都不计算投资完成额。

计算投资额所依据的价格：建筑安装工程投资额一般按预算价格计算。实行招标的工程，按中标价格计算。凡经建设单位与施工单位双方协商同意的工程价差、量差，且经建设银行同意拨款的，应视同修改预算价格。建筑安装工程应按修改后的预算价格计算投资完成额。设备、工具、器具购置投资额一律按实际价格，即支出的全部金额计算。外购设备、工具、器具除设备本身的价格外，还应包括运杂费、仓库保管费等。自制的设备、工具、器具，按实际发生的全部支出计算。其他费用的价格：一般按财务部门实际支付的金额计算。

住宅 指专供居住使用的房屋，包括职工家属宿舍、职工单身宿舍、学生宿舍等。建设单位填自己建造的住宅，不包括购置的商品住宅。

本年新增固定资产 指报告期内交付使用的固定资产价值。包括本年内建成投入生产或交付使用的工程投资和达到固定资产标准的设备、工具、器具的投资及有关应摊入的费用。属于增加固定资产价值的其他建设费用，应随同交付使用的工程一并计入新增固定资产。

本年施工房屋面积 指报告期内施工的全部房屋建筑面积。包括本期新开工的面积和上期开工跨入本期继续施工的房屋面积，以及上期已停建在本期复工的房屋面积。本期竣工和本期施工后又停缓建的房屋，其建筑面积仍计入本期施工房屋面积中。

本年竣工房屋面积 指在报告期内房屋建筑按照设计要求已全部完工，达到住人和使用条件，经验收鉴定合格(或达到竣工验收标准)，可正式移交使用的各栋房屋建筑面积的总和。

本年新增生产能力 指在本年度内按照新增生产能力(或工程效益)的计算条件和标准，实际建成投入生产或交付使用的生产能力(或工程效益)。新增生产能力(或工程效益)，指通过固定资产投资活动而增加的设计能力。计算新增生产能力(或工程效益)是以能独立发挥生产能力(或工程效益)的工程为对象，如一座矿井、一座转炉、一套化工装置、一条铁路专用线等。当工程建成，经有关部门验收鉴定合格，正式移交投入生产，即应计算新增生产能力(或效益)。

下列情况不能计算新增生产能力：

(1)主体工程虽已建成，但设备尚不配套或缺乏正常生产所必需的附属辅助工程，因而不具备正常生产条件的工程；

(2)生产作业线尚未建成，采取临时措施(如厂房尚未建成，临时安装部分设备，或缺乏主体配套设备，临时利用代用设备等)进行生产，虽能生产设计规定的产品，但不能保持正常生产的工程。

房地产开发

计划总投资 指房地产开发企业(单位)在建的房屋建设工程或正在开发的土地开发工程，按照总体设计规定的内容全部建成计划(或按设计概算或预算)需要的总投资。

本年计划投资 指经计划部门同意安排的当年计划投资额(以立项报告为准)。

本年完成投资 指从本年1月1日起至本年最后一天止完成的全部用于房屋建设工程、土地开发工程的投资额以及公益性建筑和土地购置费等的投资。其中土地购置费在实际统计工作中如难以区分，计入“商品房建设投资额”中。

商品房建设投资额 指房地产开发企业(单位)开发建设的供出售、出租用的商品住宅、厂房、仓库、饭店、度假村、写字楼、办公楼等房屋工程及其配套的服务设施所完成的投资额(含拆迁、回迁还建用房)。

土地开发投资额 指房地产开发企业完成的前期工程投资，即路通、水通、电通、场地平整等(也称七通一平)所完成的投资。一般指生地开发成熟地的投资。在旧城区(老区拆迁)的开发中，如果有统一的规划，如政府有关部门批准的小区建设的前期工程中，有场地平整，原有建筑物、构筑物拆除，供水供电工程等工作量也可计算。未进行开发工程、只进行单纯的土地交易活动不作为土地开发投资统计。土地开发投资额在房屋用途分组中能分摊的部分就分摊，不能分摊的全部计入其他。

建筑工程 指各种房屋、建筑物的建造工程，又称建筑工作量。这部分投资额必须兴工动料，通过施工活动才能实现。

安装工程 指各种设备、装置的安装工程，又称安装工作量。

设备、工器具购置 指工业企业生产的产品转化为固定资产的购置活动，包括建设单位或企、事业单位购置或自制的，达到固定资产标准的设备、工具、器具的价值。

其他费用 指在固定资产建造和购置过程中发生的，除建筑安装工程和设备、工器具购置投资完成额以外的费用，不指经营中财务上的其他费用。包括土地出让金、大市政费、四源费(煤、热、自来水、污水)、不可预见费、旧房屋购置，基本畜禽支出，林木支出，退耕退牧还林还草、土壤改良、城市绿化，办公生活用家具、器具购置，建设单位管理费，土地征用、购置及迁移补偿费，政府收费，勘察设计费，研究实验费，可行性研究费，临时设施费，施工机械转移费，设备检验费，负荷联合试车费，土地占用、使用费，建设期应付利息，包干结余，企业债券发行费，合同公证费及工程质量监测费，国外借款手续费及承诺费，汇兑损益，调整器材调拨价格折价，坏帐损失，固定资产亏损及损失等。

土地购置费 指房地产开发企业为取得土地使用权而支付的费用。土地购置费按当期发生数计入投资，如土地购置费为分期付款的，可分期计入投资，不计入新增固定资产。土地购置费支出包括：①通过划拨方式取得的土地使用权所支付的土地补偿费、附着物和青苗补偿费、安置补偿费及土地征收管理费等；②通过出让方式取得土地使用权所支付的出让金。

投资额按房屋工程用途分组 指投资额中用于各类房屋建设的投资。

（1）住宅：指专供居住的房屋，包括别墅、公寓、职工家属宿舍和集体宿舍(包括职工单身宿舍和学生宿舍)等。但不包括住宅楼中作为人防用、不住人的地下室等。

（2）办公楼：指企业、事业、机关、团体、学校、医院等单位使用的各类办公用房(又称写字楼)。

（3）商业营业用房：指商业、粮食、供销、饮食服务业等部门对外营业的用房，如度假村、饭店、商店、门市部、粮店、书店、供销店、饮食店、菜店、加油站、日杂等房屋。

（4）其他：凡不属于上述各项用途的房屋建筑物，如中小学教学用房、托儿所、幼儿园、图书馆、体育馆等。

本年新增固定资产 指房地产开发公司进行开发经营活动的最终成果，即为社会提供的固定资产，而且是在报告期内新增加的。不是反映房地产开发企业本身固定资产的增加。

本年购置土地面积 指在本年内通过各种方

式获得土地使用权的土地面积。

本年土地成交价款 指进行土地使用权交易活动的最终金额。在土地一级市场，是指土地最后的划拨款和出让价；在土地二级市场是指土地转让、出租、抵押等最后确定的合同价格。土地成交价款与土地购置面积同口径，目的是正确计算平均土地购置价格。

本年完成开发土地面积 指报告期内对土地进行开发并已完成七通一平等前期开发工程，具备进行房屋建筑物施工或出让条件的土地面积。

房屋施工面积 指报告期内施工的全部房屋建筑面积。包括本期新开工的面积和上年开工跨入本期继续施工的房屋面积，以及上期已停建在本期恢复施工的房屋面积。本期竣工和本期施工后又停建缓建的房屋面积仍包括在施工面积中，多层建筑应填各层建筑面积之和。

房屋新开工面积 指在报告期内新开工建设的房屋面积。不包括上期跨入报告期继续施工房屋面积和上期停缓建而在本期恢复施工的房屋面积。

房屋竣工面积 指报告期内房屋建筑按照设计要求已全部完工，达到住人和使用条件，经验收鉴定合格或达到竣工验收标准(实行房地产开发小区综合验收的城市，应经小区综合验收合格)，可正式移交使用的各栋房屋建筑面积的总和。

竣工房屋价值 指在报告期内竣工房屋本身的建造价值。竣工房屋的价值一般按房屋设计和预算规定的内容计算。包括竣工房屋本身的基础、结构、屋面、装修以及水、电、卫等附属工程的建筑价值，也包括作为房屋建筑组成部分而列入房屋建筑工程预算内的设备(如电梯、通风设备等)的购置和安装费用；不包括厂房内的工艺设备、工艺管线的购置和安装，工艺设备基础的建造；办公和生活用家具的购置等费用；购置土地的费用；迁移补偿费和场地平整的费用及城市建设配套投资。竣工房屋价值一般按结算价格计算。

商品房销售面积 指报告期内出售商品房屋的合同总面积（即双方签署的正式买卖合同中所确定的建筑面积）。由现房销售面积和期房销售建筑面积两部分组成。2004 年以前指实际销售面积。

实际销售面积 指报告期已竣工的房屋面积中已正式交付给购房者或已签订(正式)销售合同的商品房屋面积。不包括已签订预售合同正在建设的商品房屋面积，但包括报告期或报告期以前签订了预售合同，在报告期又竣工的商品房屋面积。

空置面积 指报告期末已竣工的可供销售或出租的商品房屋建筑面积中，尚未销售或出租的商品房屋建筑面积，包括以前年度竣工和本期竣工的房屋面积，但不包括报告期已竣工的拆迁还建、统建代建、公共配套建筑、房地产公司自用及周转房等不可销售或出租的房屋面积。注意：未竣工的烂尾楼不能算空置面积。

资产总计 指企业拥有或控制的能以货币计量的经济资源，包括各种财产、债权和其他权利。资产按其流动性(即资产的变现能力和支付能力)划分为：流动资产、长期投资、固定资产、无形资产、递延资产和其他资产。根据会计“资产负债表”中“资产总计”项的年末数填列。

负债合计 指企业所承担的能以货币计量，将以资产或劳务偿付的债务，偿还形式包括货币、资产或提供劳务。负债一般按偿还期长短分为流动负债和长期负债。根据会计“资产负债表”中“负债合计”的年末数填列。

所有者权益合计 指企业投资人对企业净资产的所有权。企业净资产为企业全部资产与企业全部负债的差额，包括实收资本、资本公积、盈余公积、未分配利润等。根据会计“资产负债表”中“所有者权益”项的年末数填列。

利润总额 指企业在生产经营过程中各种收入扣除各种耗费后的盈余，反映企业在报告期内实现的盈亏总额，包括营业利润、补贴收入、投资净收益和营业外收支净额。根据会计“利润表”中的对应指标年末数填列。

04

对外经济贸易

资料整理人员

武俊峰

对外经济贸易

海关进出口总额	35519	万美元
出口总额	8687	万美元
进口总额	26832	万美元
实际利用外资额	11650	万美元

海关进出口总额(万美元)

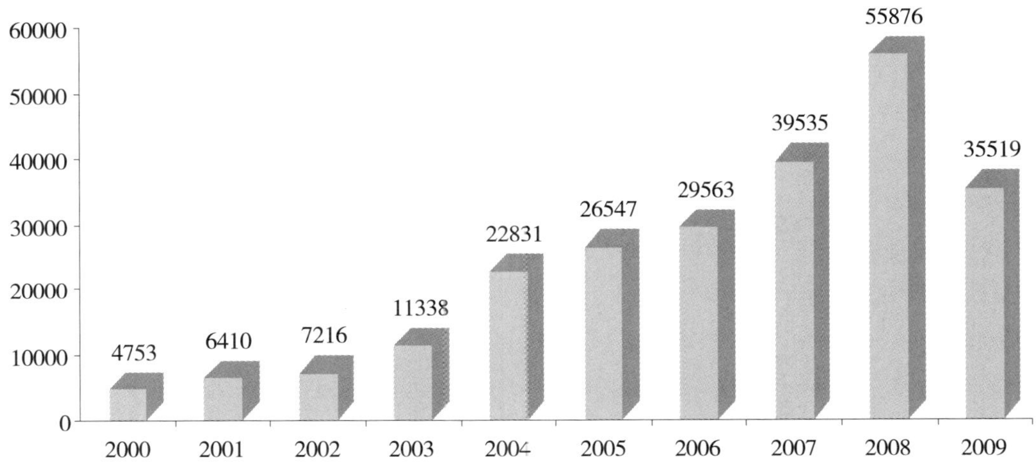

实际利用外资额 (万美元)

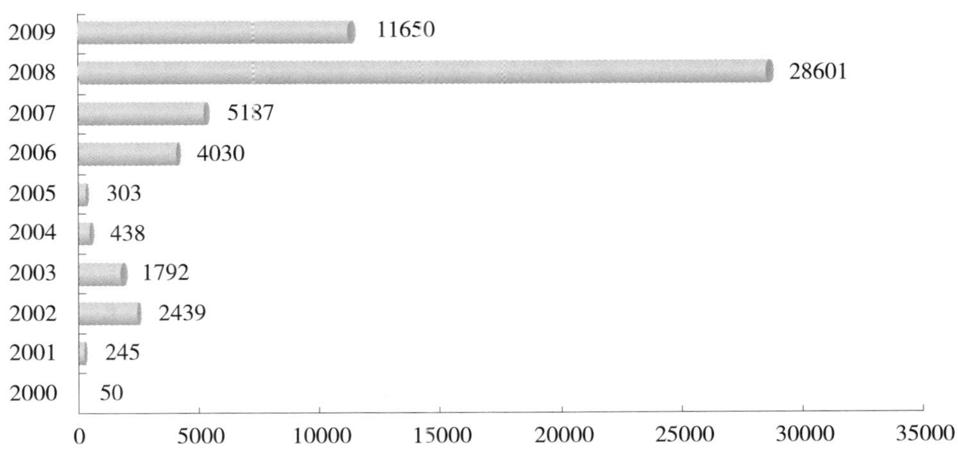

4-1 主要年份海关进出口贸易总额

单位：万美元

年份	进出口总额	出口总额	进口总额
1993	779	729	50
1994	1269	1269	
1995	2206	2206	
1996	2704	1952	752
1997	3225	2712	513
1998	4246	2781	1465
1999	1743	1316	427
2000	4753	1019	3734
2001	6410	4245	2165
2003	11338	8304	3034
2004	22831	18626	4205
2005	26547	17081	9466
2006	29563	20165	9398
2007	39535	22520	17015
2008	55876	32056	23820
2009	35519	8687	26832

4-2 海关进出口贸易总额(2009年)

单位：万美元

指标	进出口总额	出口总额	进口总额
总额	**35519**	**8687**	**26832**
一、按企业性质分			
国有企业	4038	3712	326
三资企业	2136	2133	3
其他	29345	2842	26503
二、按贸易方式分			
一般贸易	34843	8312	26531
进料加工贸易	676	375	301
外商作为投资进口的设备、物品			

4-3 海关进出口商品分类总额(2009年)

单位：万美元

指标	出口总额	进口总额
合计	**8687**	**26832**
植物产品	136	
食品、饮料、酒及醋；烟草及制品	34	
矿产品	891	26502
化学工业及其相关工业的产品	2362	221
塑料及其制品；橡胶及其制品	318	
木浆及其他纤维状纤维素浆；纸及纸板的废碎品；纸、纸板及其制品	42	
废碎品；纸、纸板及其制品		
纺织原料及纺织制品		
石料及其制品；陶瓷玻璃及制品		2
贱金属及其制品	736	48
机器、电子产品、电气设备及其零件	2038	59
车辆、航空器、船舶及运输设备	1511	
杂项制品	619	

4-4 海关分国别(地区)进出口贸易总额(2009年)

单位：万美元

国别 (地区)	进出口总额	出口总额	进口总额
总计	**35519**	**8687**	**26832**
亚洲	**10978**	**3383**	**7594**
香港	1	1	
印度	6112	144	5968
日本	1293	1290	3
韩国	592	592	
印度尼西亚	380	154	226
马来西亚	26	26	
新加坡	300	294	6
泰国	154	154	
台湾	292	71	221
土耳其	42	42	
非洲	**1675**	**249**	**1426**
南非	1509	125	1384
欧洲	**3420**	**2284**	**1136**
英国	215	193	22
德国	664	664	
法国	79	79	
意大利	164	164	
荷兰	188	188	
俄罗斯	55	55	
拉丁美洲	**8065**	**806**	**7259**
阿根廷	119	119	
巴西	6171	360	5812
墨西哥	251	251	
秘鲁	1026	6	1020
北美洲	**1765**	**1740**	**25**
加拿大	276	275	1
美国	1489	1465	23
大洋洲	**9616**	**224**	**9392**
澳大利亚	9613	220	9392
新西兰	3	3	
东盟组织	**972**	**740**	**232**
欧盟组织	**2071**	**2046**	**24**

4-5 主要年份实际利用外资额

单位：万美元

年 份	利用外资总 额	#外商直接投资
1984	12	12
1985		
1986		
1987		
1988	87	87
1989	13	13
1990		
1991	293	293
1992	134	134
1994	626	626
1995	2903	2903
1996	1360	1360
1997	449	449
1998	2220	2220
1999	74	74
2000	51	51
2001	245	245
2002	2439	2439
2003	1792	1792
2004	438	438
2005	303	303
2006	1467	1467
2007	5187	5187
2008	28601	28601
2009	11650	11650

4-6 按国别(地区)分利用外商直接投资额(2009年)

单位：万美元

国 别 (地区)	合同项目(个)	合同利用外资金额	实际使用外资金额
总 计	**9**	**3132**	**11650**
香 港	6	1690	3273
台 湾	1	1103	
德 国	1	55	1412
日 本		60	1578
韩 国		206	5315
马来西亚			54
美 国	1	18	18

注：德国、日本、韩国共同投资1个项目。

主要统计指标解释

进出口总额 指实际进出我国国境的货物总金额。包括对外贸易实际进出口货物，来料加工装配进出口货物，国家间、联合国及国际组织无偿援助物资和赠送品，华侨、港澳台同胞和外籍华人捐赠品，租赁期满归承租人所有的租赁货物，进料加工进出口货物，边境地方贸易及边境地区小额贸易进出口货物（边民互市贸易除外），中外合资经营企业，中外合作经营企业，外商独资经营企业进出口货物和公用物品，到、离岸价格在规定限额以上的进出口货样和广告品（无商业价值、无使用价值和免费提供出口的除外），从保税仓库提取在中国境内销售的进出口货物，以及其他进出口货物。进出口总额用以观察一个国家在对外贸易方面的总规模。我国规定出口货物按离岸价格统计，进口货物按到岸价格统计。

实际利用外资 指各级政府、部门、企业和其他经济组织通过对外借款、吸收外商直接投资以及用其他方式筹措的境外现汇、设备、技术等。

对外借款 是利用外资的主要部分。包括我国通过外国政府贷款、国际金融组织贷款、外国银行商业贷款、出口信贷以及对外发行债券、股票等方式，从境外筹措的资金。

外商直接投资 指外国企业和经济组织或个人（包括华侨、港澳台同胞以及我国在境外注册的企业）按我国有关政策、法规，用现汇、实物、技术等在我市境内开办外商独资企业，与我市境内的企业或经济组织共同举办中外合资经营企业、合作经营企业或合作开发资源的投资（包括外商投资收益的再投资）以及经政府有关部门批准的项目投资总额内，企业从境外借入的资金。

05

能源消费与库存

资料整理人员

杨晓春　李海娟

能源消费与库存

煤炭生产量	6338.9	万吨
煤炭销售量	5221.2	万吨
煤炭消费量	7591.2	万吨
社会用电量	121.5	亿万千瓦时
焦炭生产量	1707.2	万吨
焦炭销售量	1707.1	万吨

煤炭生产量（万吨）

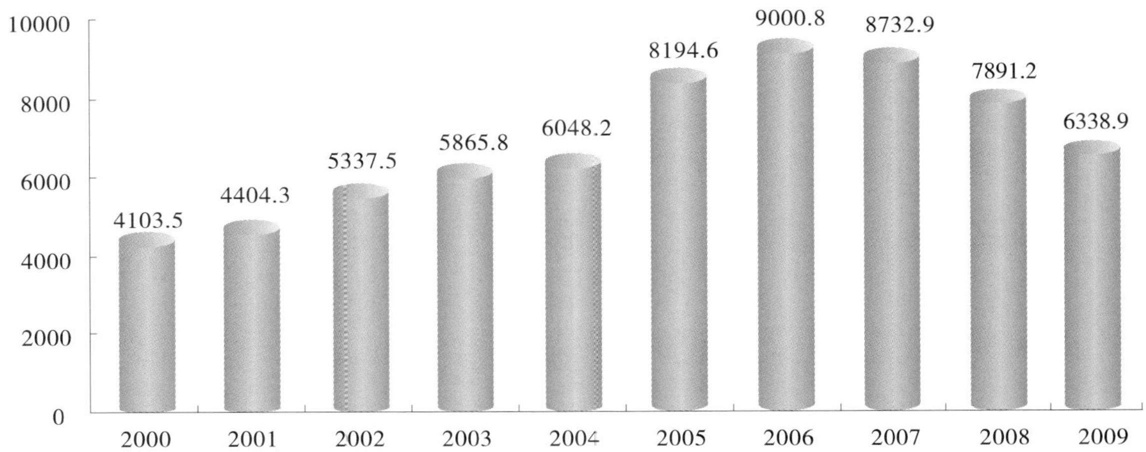

焦炭生产量（万吨）

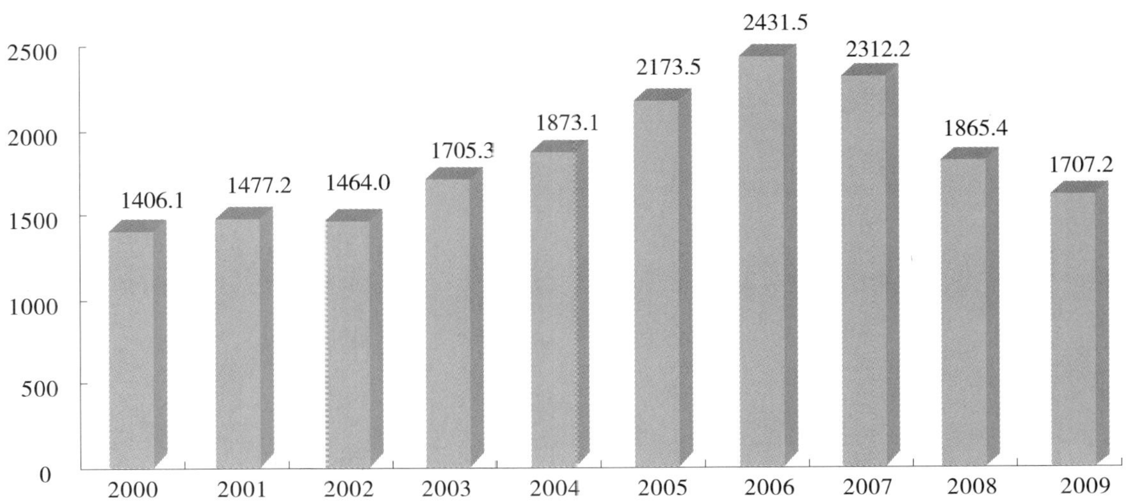

5-1 主要年份煤炭产品产、销、存

单位：万吨

年 份	年初库存	生产量	销售量			年末库存
			合 计	省内地销	销售外省	
1980	68.0	332.8	349.8	310.7	39.1	47.1
1985	306.4	1061.2	761.3	691.4	69.9	434.3
1986	401.4	986.7	728.7	663.6	65.1	474.0
1987	477.4	1026.1	971.1	918.4	52.7	266.8
1988	266.2	1112.1	996.8	920.9	75.9	215.0
1989	215.0	1910.0	1726.0	1335.0	391.0	248.0
1990	248.0	2190.4	1610.6	1238.9	371.7	395.7
1991	395.7	2189.6	1621.8	1258.2	363.6	455.8
1992	453.2	2478.7	1944.3	1523.1	421.2	346.6
1993	355.3	3089.7	2532.0	2075.4	456.6	286.8
1994	286.8	3879.1	3186.5	2804.0	382.5	264.0
1995	264.1	4265.6	3490.5	3138.0	352.5	289.6
1996	289.6	4802.1	3950.3	3702.6	247.7	331.8
1997	331.9	4578.4	3843.2	3436.2	407.0	220.2
1998	220.2	4695.7	3754.7	3307.2	447.5	225.3
1999	225.8	4028.8	3067.7	2518.0	526.3	237.2
2000	237.2	4103.5	3156.5	2612.6	550.9	182.0
2001	182.0	4404.3	3570.5	2783.9	743.0	98.5
2002	111.8	5337.5	3956.2	3205.3	623.3	168.2
2003	168.2	5865.8	4458.0	3672.0	408.4	143.2
2004	143.2	6048.2	4583.6	3537.7	980.1	155.6
2005	155.6	8194.6	6410.1	5335.4	1074.2	239.8
2006	239.7	9000.8	6965.0	5673.2	1291.9	191.4
2007	191.4	8732.9	6615.6	5414.7	1200.9	187.2
2008	187.2	7891.2	5880.7	4547.5	1333.2	266.2
2009	266.2	6338.9	5221.2	3919.0	1302.2	294.3

5-2 主要年份焦炭产品产、销、存

单位：万吨

年份	年初库存	生产量	销售量			年末库存
			合计	省内地销	销售外省	
1980	3.2	53.1	39.8	38.8	1.0	4.0
1985	16.0	71.5	65.1	46.5	18.7	18.6
1986	18.6	81.8	71.7	60.5	11.3	25.7
1987	25.7	118.2	121.0	90.4	30.6	19.9
1988	19.9	148.9	129.8	115.7	14.1	32.9
1989	6.7	99.1	70.2	29.9	40.3	10.3
1990	37.1	242.3	227.6	182.4	45.2	37.6
1991	37.6	193.9	181.7	150.0	31.7	42.9
1992	42.9	297.8	284.2	231.6	52.6	49.8
1993	57.7	807.2	752.3	678.5	73.8	82.0
1994	82.0	1318.6	1292.4	1197.2	95.2	83.5
1995	83.9	1670.1	1603.2	1260.2	343.0	115.7
1996	115.7	1551.1	1506.3	1293.7	212.6	115.3
1997	115.3	1776.1	1739.5	1550.8	188.7	102.1
1998	102.1	1795.5	1734.6	1578.0	156.6	111.0
1999	111.0	1381.3	1375.6	1092.5	168.7	112.1
2000	112.1	1406.1	1415.2	1177.0	255.0	96.9
2001	96.9	1477.2	1499.7	1191.2	308.5	70.1
2002	70.1	1464.0	1463.7	935.3	506.7	37.1
2003	37.1	1705.3	1653.8	1048.2	553.0	44.1
2004	44.1	1873.1	1797.1	1011.7	744.9	85.3
2005	85.3	2173.5	2052.9	1088.6	923.9	118.6
2006	118.6	2431.5	2289.4	1212.2	1038.8	151.8
2007	151.8	2312.2	2239.5	1115.1	1094.6	139.7
2008	139.7	1865.4	1819.2	905.8	913.3	140.4
2009	140.4	1707.2	1707.1	820.4	886.7	85.3

5-3 主要年份煤炭消费量

单位：万吨

年 份	煤 炭 消费量	生产建设消费				生活消费		入洗原煤
		消费量	比重(%)	发电用煤	炼焦用煤	消费量	比重(%)	
1978	356.0	267.7	75.2	135.2	121.2	88.3	24.8	42.2
1980	431.5	338.4	78.4	146.5	146.7	93.1	21.6	43.9
1985	672.4	566.7	84.3	196.4	190.7	105.7	15.7	111.5
1990	1097.6	976.3	88.9	204.7	551.1	121.3	11.1	602.6
1995	2946.7	2795.7	94.9	214.9	2080.8	151.0	5.2	1603.2
1996	3026.8	2873.9	94.9	214.3	2059.6	152.9	5.1	1967.9
1997	3177.8	3024.2	95.2	215.8	2258.3	153.6	4.8	2021.1
1998	3264.9	3111.5	95.3	202.7	2410.2	153.4	4.7	1993.8
1999	2964.3	2810.8	94.8	195.9	2003.6	153.5	5.2	1907.7
2000	3044.6	2893.9	95.1	225.9	2038.9	150.7	4.9	1968.3
2001	4640.2	4491.9	96.8	238.0	1972.3	148.3	3.2	2281.6
2002	4839.2	4699.0	97.1	248.9	1965.8	140.2	2.9	2484.3
2003	5622.3	5486.9	97.6	302.6	2557.9	135.4	2.4	2626.4
2004	6108.7	5998.1	98.2	332.4	2526.2	110.6	1.8	3139.5
2005	6868.2	6777.4	98.7	378.1	2963.2	90.8	1.3	3436.1
2006	7972.9	7851.0	98.5	461.8	3297.4	121.9	1.5	4070.2
2007	8846.2	8715.4	98.5	445.5	3248.6	130.8	1.5	4406.0
2008	7494.2	7363.3	98.2	154.7	2706.3	130.9	1.8	4166.3
2009	7591.2	7465.1	98.3	306.1	2771.9	126.1	1.7	4347.3

5-4 主要年份用电量及分类

单位：万千瓦时

年份	社会用电量	全行业用电量				人民生活用电		
		合计	第一产业	第二产业	第三产业	合计	城镇	乡村
1978	56026	52999	11354	40093	1552	3027	1842	1185
1980	66992	63653	13856	47536	2261	3339	1983	1356
1985	99067	91203	12139	75537	3527	7864	5329	2640
1990	161836	148108	18760	123088	6260	13728	9000	4728
1995	250991	226038	26744	188358	10936	24953	15095	9858
1996	270835	242908	25940	204873	12095	26795	16191	10604
1997	295128	264644	31784	220103	12757	26176	15077	11099
1998	300917	268318	28476	226442	13400	26549	11323	15226
1999	315537	286750	29219	235955	21576	28787	16683	12104
2000	359882	329259	30423	270948	27888	30623	17918	12705
2001	426151	390632	30815	326705	33112	34010	20168	13842
2002	506751	468952	16355	391458	61139	37799	21218	16581
2003	582684	539617	11249	460710	67658	43067	24130	18937
2004	678863	631821	10166	541958	79696	47042	25931	21111
2005	964873	905586	38323	794083	73180	59287	38647	20639
2006	1189111	1109605	28004	1024182	57419	79506	53411	26095
2007	1326506	1245276	26513	1129841	88922	81230	46807	34423
2008	1158305	1066161	28269	973941	63951	92144	43501	48643
2009	1214884	1096737	36233	966744	93760	118147	58762	59385

5-5 主要年份工业行业用电量

单位：万千瓦时

年 份	煤炭工业	黑色金属	有色金属	金属加工	建材工业	化工工业	纺织工业	造纸工业	其 它
1978	5948	7174	291	3476	1459	10035	3714	2022	5373
1980	8251	7720	700	3884	1324	14431	4112	2532	3945
1985	11547	10758	261	5073	2504	30935	4406	3154	5709
1990	18098	26083	2447	7191	3460	45764	4723	4473	9060
1995	26764	52369	1966	12837	7637	46626	7017	5396	26795
1996	30701	56013	2629	12268	8406	55436	7154	6556	39086
1997	29428	63528	1414	10218	10241	63115	7362	6973	42418
1998	27349	66360	1161	10851	8425	70039	6301	6490	27610
1999	25573	72685	2531	11508	10679	74596	6641	6476	23311
2000	26385	87484	7000	12552	12122	78597	7987	7122	26020
2001	27457	112251	14343	12820	14257	88197	7879	7311	69672
2002	31779	127131	17482	19032	26527	93470	17885	9073	45563
2003	37584	184566	20791	21169	42993	93994	16723	7615	47689
2004	47018	221885	16450	16450	25263	100757	15344	6005	82127
2005	81197	326809	31747	25478	27735	154268	7699	6432	130706
2006	152371	416671	39689	32217	36460	191065	10713	6749	135545
2007	131886	532932	47655	42731	37973	198357	6604	6683	121299
2008	76767	445083	43695	50254	36257	176298	2570	3266	134145
2009	113473	421009	40428	49780	43194	157966	2810	1226	136858

5-6 主要年份能源工业固定资产投资及构成

年 份	工业投资(万元)	能源工业投资				占工业比 重(%)	能源工业投资构成(%)		
		合计	煤炭	电力	炼焦		煤炭	电力	焦炭
1952	29	8	2	6		27.6	25.0	75.0	
1957	382	242	225	17		63.4	93.0	7.0	
1962	1154	675	675	1		58.6	99.8	0.2	
1965	3170	868	638	230		27.4	73.5	26.5	
1970	7332	2534	643	1641	250	34.6	25.4	64.8	9.8
1975	7203	2677	882	795	1000	37.2	32.9	29.7	37.4
1978	15216	7370	1763	3451	2156	48.4	23.9	46.8	29.3
1980	10000	5734	2818	934	1982	57.3	49.2	16.3	34.5
1985	18126	10001	8122	1459	420	55.2	81.2	14.6	4.2
1990	29848	21982	17962	2512	1508	73.6	81.7	11.4	6.9
1991	41650	24954	17218	4666	3070	59.9	69.0	18.7	12.3
1992	47485	30611	22404	5413	2794	64.5	73.2	17.7	9.1
1993	63868	39274	30769	8261	244	61.5	78.4	21.0	0.6
1994	61718	41646	31229	9565	852	67.5	75.0	23.0	2.0
1995	75182	47610	31261	6712	9637	63.3	65.7	14.1	20.2
1996	93000	48500	32200	6500	9800	52.2	66.4	13.4	20.2
1997	112536	69600	40400	6500	22700	61.9	58.1	9.3	32.6
1998	98850	45574	19348	10515	15711	46.1	42.5	23.0	34.5
1999	157471	74040	24068	19047	30925	47.0	32.5	25.7	41.8
2000	260734	142197	16469	65963	59765	54.5	11.6	46.4	42.0
2001	286891	158505	20195	59359	78951	55.2	12.7	37.5	49.8
2002	364929	144610	29475	57977	57158	39.6	20.4	40.1	39.5
2003	745386	338499	39977	69702	228820	45.4	11.8	20.6	67.6
2004	848332	610243	91381	217260	301602	71.9	15.0	35.6	49.4
2005	1057233	705517	253406	252017	200094	66.7	35.9	35.7	28.4
2006	1212172	702320	190259	298160	213901	57.9	27.1	42.5	30.4
2007	1457520	786970	369528	250758	166684	54.0	46.9	31.9	21.2
2008	1531605	948648	322486	490476	135666	61.9	33.9	51.7	14.4
2009	2110722	1484834	659797	724741	100296	70.4	44.4	48.8	6.8

5-7 主要年份能源产品产量

年份	原煤(万吨)	#霍州煤电集团	#王庄煤矿	#市营以下	发电量(万千瓦时)	#水电	#火电	焦炭(万吨)	#机焦
1949	23.3			23.3	42		42	1.0	
1952	30.0			30.0	72		72	1.6	
1957	84.7	6.6	12.8	65.3	269	4	265	6.8	
1960	199.2	50.0	35.7	113.5	4183	188	3995	22.2	
1962	161.6	70.0	26.0	65.6	3293	296	2997	4.4	
1965	246.4	109.6	28.0	108.8	6124	751	5373	4.5	
1970	334.5	152.3	22.8	159.4	31100	599	30501	10.8	
1975	391.0	135.0	14.0	242.0	161913	452	161461	45.0	19.3
1978	553.0	141.0	14.0	398.0	227165	246	226919	67.0	20.8
1980	695.1	144.0	2.8	548.3	284927	248	284679	83.8	44.0
1985	1328.0	252.8	5.3	1069.9	358714	549	358165	119.2	70.4
1986	1342.3	300.5	5.0	1036.8	354182	236	353946	177.3	72.8
1987	1316.4	304.0	4.7	1007.7	351431	131	351300	226.3	83.0
1988	1445.3	312.2	3.7	1129.4	347970	322	347638	282.6	80.8
1989	1714.9	365.1	6.1	1343.7	377884	351	377533	310.8	79.3
1990	1699.0	450.0	10.1	1238.9	368800	373	368427	348.7	85.3
1991	1591.9	500.6	10.0	1081.3	358150	198	357952	302.0	83.7
1992	1961.7	502.1	10.1	1449.5	333540	150	333390	410.8	86.3
1993	2352.4	401.7	7.2	1943.5	340603	219	340384	808.6	84.9
1994	2719.3	451.7	8.3	2259.3	352119	386	351733	1354.5	94.2
1995	3278.8	448.6	7.7	2814.4	358007	354	357953	1674.1	110.9
1996	3110.2	484.9	8.1	2617.2	367992	605	367387	1566.4	134.1
1997	2939.9	480.9	5.7	2453.3	376903	281	376622	1678.1	144.4
1998	3221.6	598.2	8.5	2614.9	337515	56	337459	1795.5	180.2
1999	2405.4	600.0	8.1	1797.3	342070	52	343748	1381.9	198.4
2000	2539.7	604.3	9.3	1926.1	364037	40	369337	1406.1	255.5
2001	2623.0	661.7	11.5	1949.7	394372	54	395518	1477.2	516.1
2002	3394.0	803.2	12.5	2578.4	430764	14	430750	1464.0	686.9
2003	3727.4	916.9	12.8	2797.7	506024	45	505679	1705.3	1156.5
2004	3884.2	1159.1	15.0	2710.1	570338	12	570326	1909.3	1755.1
2005	5244.7	1335.6	12.1	3897.0	723210	10	723200	2173.5	2114.3
2006	5592.9	1548.9	8.6	4035.4	1043709	9	1043700	2431.5	2226.0
2007	4766.4	1610.1	11.4	3144.9	1061708	8	1061700	2312.2	2287.9
2008	4116.7	1562.4	2.7	2551.6	685425	8	656810	1865.4	1865.4
2009	2634.7	1121.2		1513.5	640646	26	640620	1707.2	1707.2

5-8 综合能源消费量

指 标	2008年			2009年		
	综合能源消费量(吨标准煤)	工业总产值(万元)	产值单耗(吨标准煤/万元)	综合能源消费量(吨标准煤)	工业总产值(万元)	产值单耗(吨标准煤/万元)
工业消费合计	**16196206**	**11686559**	**1.39**	**15212153**	**9940495**	**1.53**
按轻重工业分						
轻工业	106572	186325	0.57	61718	171201	0.36
重工业	16089633	11500234	1.40	15150434	9769294	1.55
按工业行业分						
采矿业	3169151	2902333	1.09	3445868	2841408	1.21
煤炭开采和洗选业	3151016	2705123	1.16	3427472	2651335	1.29
黑色金属矿采选业	13758	192616	0.07	14424	183253	0.08
非金属矿采选业	4378	4594	0.95	3972	6820	0.58
制造业	11870214	8671046	1.37	10603190	6964969	1.52
农副食品加工业	2686	28543	0.09	1700	25447	0.07
食品制造业	42932	20948	2.05	2401	5429	0.44
饮料制造业	4464	16325	0.27	3486	6683	0.52
纺织业	2510	11602	0.22	3357	13443	0.25
纺织服装、鞋、帽制造业	63	2131	0.03	51	2408	0.02
造纸及纸制品业	6817	4266	1.60	6871	4382	1.57
印刷业和记录媒介的复制业	10	554	0.02	7	636	0.01
文教体育用品制造业	7648	5614	1.36	5818	6567	0.89
石油加工炼焦及核燃料	4549659	3037825	1.50	4061132	2390251	1.70
化学原料及化学制品制造	865398	413985	2.09	700116	316693	2.21
医药制造业	7802	24814	0.31	6677	31331	0.21
橡胶制品业	125	12759	0.01	125	12403	0.01
塑料制品业	1157	10633	0.11	1309	11989	0.11
非金属矿物制品业	208365	71075	2.93	209807	80210	2.62
黑色金属冶炼及压延	5913517	4161143	1.42	5430240	3344101	1.62
有色金属冶炼及压延	111299	383149	0.29	58603	283973	0.21
金属制品业	470	3597	0.13	358	2867	0.13
通用设备制造业	79450	114778	0.69	57329	104383	0.55
专用设备制造业	28253	262846	0.11	23099	231433	0.10
交通运输设备制造业	33654	40247	0.84	22172	35098	0.63
电气机械及器材制造业	2676	36643	0.07	6822	45389	0.15
工艺品及其他制造业	1260	7510	0.17	1528	9333	0.16
电力、煤气及水的生产等	1156840	113180	10.22	1163095	134118	8.67
电力、热力的生产和供应	1154860	105618	10.93	1161181	127104	9.14
水的生产和供应业	1980	7562	0.26	1914	7014	0.27

主要统计指标解释

能源资源　指报告期全市各种能源资源总量。能源品种包括原煤、洗精煤、焦炭、原油、汽油、柴油、煤油、燃料油、天然气、焦炉煤气、其他煤气、其他焦化制品、热力、电力等品种。能源资源组成包括：

期初、期末库存量指一定时点各种能源的库存量，其中包括产成品库存量，各种能源库存量。产成品库存量中，还包括乡村企业能源产成品库存量。

一次能源生产量指报告期一次能源的生产量，其中包括原煤、水电、天然气（煤矿瓦斯）的生产量，不包括太阳能、风能产量。由一次能源加工转换产出的二次能源产量不包括在内。

外省市调入量指报告期调入的各种能源数量。

能源消费总量　指报告期用于生产、生活的各种能源消费量的总和。能源消费总量按标准煤折算。能源消费总量中包括：原煤、原油及其制品、天然气、电力，不包括生物能和太阳能等的利用。能源消费总量包括：

能源终端消费量指报告期物质生产部门、非物质生产部门的各种能源消费量。不包括加工转换损失量和运输、管理中的损失量。

能源加工转换损失量指投入加工转换的各种能源数量和与产出能源及制品之和的差数，是能源加工转换过程的消费量，也称加工转换损失量。

损失量指能源的运输、储存中发生的经营管理损失量，　包括煤炭库存中的水冲、自燃等损失量。

能源加工转换效率　指报告期内一次能源产品经过加工转换后，产出的各种能源产品及其制品的数量，与同期投入加工转换的各种一次能源数量的比率。它是观察能源加工转换装置和生产工艺先进与落后、管理水平高低等的重要指标。

能源外调量　报告期通过铁路、公路售给外省市、供应外贸出口的各种能源数量。

一、二次能源外调量构成　指报告期各种能源外调量在能源外调总量中的结构比。它是反映能源产业结构变化的重要标志。

06

物价

资料整理人员

裴欣丽　吉海燕　乔淑芳

物 价

居民消费价格指数	100.7
商品零售价格指数	100.2
农业生产资料价格指数	104.1
原材料、燃料动力购进价格指数	89.0
工业品出厂价格指数	83.0

居民消费价格指数（上年=100）

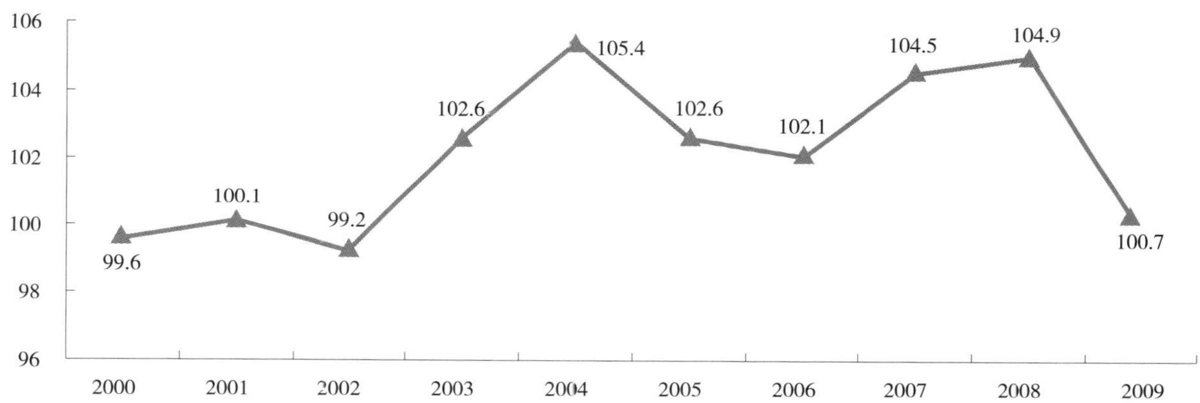

工业品出厂价格指数（上年=100）

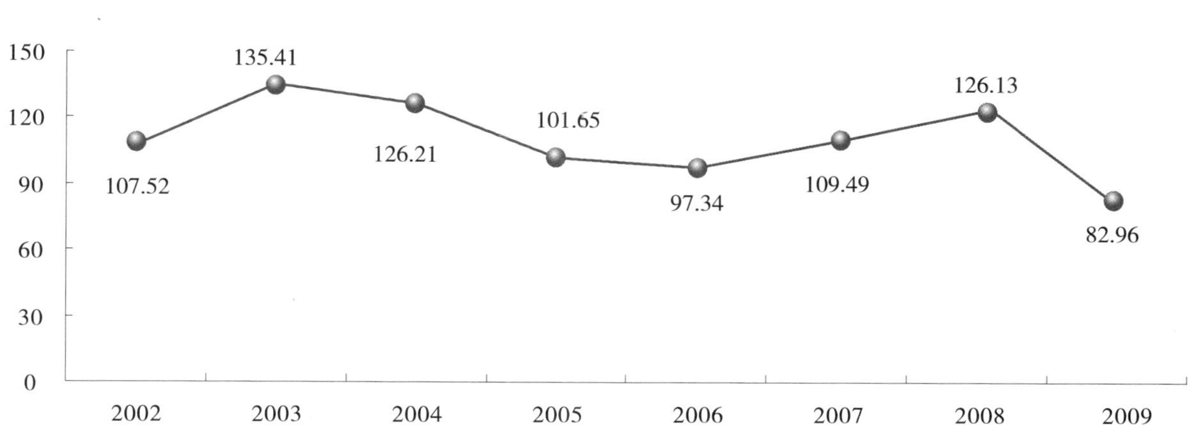

6-1 主要年份物价总指数

上年价格=100

年 份	全市商品零售价格总指数	全市居民消费价格总指数
1952		
1957		
1962		
1965		
1970		
1975		
1978		
1980		
1985		
1990	100.1	101.1
1995	114.7	115.0
2000	98.0	99.6
2001	99.3	100.1
2002	99.4	99.2
2003	101.3	102.6
2004	105.5	105.4
2005	101.2	102.6
2006	101.4	102.1
2007	103.9	104.5
2008	105.0	104.9
2009	100.2	100.7

6-2 商品零售价格分类指数(2009年)

上年价格=100

指　　标	全　　市	市政府驻地(尧都区)
商品零售价格总指数	**100.2**	**99.3**
一、食　品	102.8	102.1
粮　食	107.6	108.1
淀　粉	102.9	106.2
干豆类及豆制品	100.9	94.0
油　脂	85.7	85.1
肉禽及其制品	90.1	89.8
蛋	101.2	99.9
水产品	94.9	97.6
菜	113.9	119.9
调味品	103.5	105.2
糖	100.9	97.2
干鲜瓜果	110.1	102.7
糕点饼干面包	101.7	101.9
液体乳及乳制品	99.5	99.0
在外用膳食品	109.8	102.3
其他食品	101.0	102.2
二、饮料、烟酒	99.7	100.3
茶及饮料	99.0	102.2
烟　草	100.0	99.9
酒	99.3	98.9
三、服装、鞋帽	101.6	102.3
服　装	101.8	101.8
鞋袜帽	101.2	104.4
其　他	100.0	100.0
四、纺织品	98.9	99.7
衣着材料	99.5	99.2
床上用品	98.4	100.0
五、家用电器及音像器材	94.2	90.6
家庭设备	97.3	93.7
文娱用耐用消费品	90.3	84.8
音像器材类	92.3	91.4

6-2 续表

上年价格=100

指　　标	全　　市	市政府驻地(尧都区)
六、文化办公用品	95.9	95.3
七、日用品	101.2	102.2
日用百货	101.4	104.1
日用杂品	100.5	100.0
洗涤用品	101.2	102.1
其他日用品	101.3	101.8
八、体育娱乐用品	98.0	95.3
体育用品	100.9	103.4
娱乐用品	95.8	89.5
九、交通、通信用品	98.7	95.5
交通运输机械	99.8	100.2
通讯器材类	96.4	88.1
十、家　具	99.7	101.3
十一、化妆品	99.8	99.8
十二、金银珠宝	96.1	89.6
十三、中西药品及医疗保健用品	99.9	99.4
医疗器具及用品	105.1	107.2
中药材及中成药	100.6	101.4
西　药	99.5	98.5
保健品及器具	99.5	98.1
十四、书报杂志及电子出版物	103.9	106.8
教材及参考书	105.2	108.8
书报杂志	103.4	106.1
电子音像制品	101.2	97.9
十五、燃　料	101.0	98.7
煤炭及制品	120.1	109.7
石油及制品	91.8	88.8
十六、建筑材料及五金电料	98.1	95.8
建筑装璜材料	98.0	95.7
五金电料	98.6	96.1

6-3 居民消费价格分类指数(2009年)

上年价格 = 100

指 标	全 市	市政府驻地(尧都区)
居民消费价格总指数	**100.7**	**100.2**
一、食 品	101.8	102.1
粮 食	105.6	108.1
淀 粉	101.1	106.2
干豆类及豆制品	101.2	94.0
油 脂	84.0	85.1
肉禽及其制品	89.9	89.8
食用畜肉及副产品	84.4	83.3
禽	99.2	95.0
加工肉禽	100.0	100.8
蛋	101.6	99.9
水产品	95.7	97.6
鱼	94.7	93.5
其他水产品	93.7	105.1
菜	111.9	119.9
鲜 菜	111.6	122.0
干菜及菜制品	100.5	100.9
调味品	102.9	105.2
糖	101.8	97.2
茶及饮料	99.2	102.4
茶 叶	99.9	100.0
饮 料	99.0	100.0
干鲜瓜果	106.5	102.7
鲜 果	105.7	102.6
干(坚)果及瓜果制品	109.9	96.0
糕点饼干面包	102.9	101.9
液体乳及乳制品	98.7	99.0
在外用膳食品	110.2	102.3
主 食	105.0	103.9
炒 菜	110.9	101.6
地方小吃	116.1	104.4
其他食品	101.1	102.2
二、烟酒及用品	100.2	99.7
烟 草	100.0	99.9
酒	100.2	98.9
吸烟饮酒用品	102.8	100.0
三、衣 着	101.4	102.4
服 装	101.5	101.8
男式服装	103.1	100.2
女式服装	100.9	102.2
儿童服装	100.0	105.1
衣着材料	99.7	99.2
鞋袜帽	101.1	104.4
鞋	101.3	104.7
袜 子	100.1	100.0
帽 子	99.6	100.0

6-3 续表

上年价格＝100

指　　标	全　　市	市政府驻地(尧都区)
衣着加工服务	103.3	106.5
四、家庭设备用品及维修服务	99.8	98.4
耐用消费品	98.6	96.0
家　具	99.2	101.3
家庭设备	98.2	93.7
室内装饰品	100.4	100.0
床上用品	99.1	100.0
家庭日用杂品	101.0	99.6
家庭服务及加工维修服务	104.2	104.8
五、医疗保健和个人用品	100.0	99.6
医疗保健	100.1	99.9
医疗器具及用品	102.6	107.2
中药材及中成药	100.3	101.4
西　药	99.8	98.6
保健器具及用品	99.7	98.1
医疗保健服务	100.3	100.9
个人用品及服务	99.7	98.9
化妆美容用品	99.9	100.0
清洁化妆用品	100.2	100.9
个人饰品	97.9	93.6
个人服务	100.9	102.5
六、交通和通信	99.0	98.5
交　通	98.5	98.7
交通工具	97.5	97.6
车用燃料及零配件	93.3	89.8
车辆使用及维修费	100.7	107.5
市区公共交通费	100.5	101.9
城市间交通费	100.0	100.0
通　信	99.6	98.3
通信工具	97.2	85.5
通信服务	100.1	100.0
七、娱乐教育文化用品及服务	100.1	99.9
文娱用耐用消费品及服务	94.2	84.9
教 育	100.7	101.3
教材及参考书	102.1	108.8
学杂托幼费	100.6	100.6
文化娱乐用品	101.6	104.2
文化娱乐用品	101.2	98.8
书报杂志	103.1	106.1
文娱费	101.3	106.6
旅　游	103.1	102.2
八、居 住	100.3	98.8
建房及装修材料	99.1	99.7
租　房	99.9	100.0
自有住房	98.4	90.1
水、电、燃料	102.0	100.3

6-4 农业生产资料价格分类指数

上年价格=100

类 别	2000	2005	2006	2007	2008	2009
农业生产资料价格指数	**99.6**	**115.7**	**103.2**	**111.1**	**111.2**	**104.1**
一、农用手工工具	102.8	91.6	100.0	100.0	100.0	100.0
二、饲 料	87.1	110.6	110.0	100.4	105.3	108.6
三、产品畜	118.0	90.3	110.6	269.3	157.2	84.1
四、半机械化农具	98.1	101.4	90.9	98.5	100.0	100.0
五、机械化农具	96.3	115.7	81.0	97.8	100.0	100.0
六、化学肥料	90.9	126.1	107.8	108.8	110.2	100.6
七、农药及农药械	94.2	117.1	102.5	101.4	109.3	108.3
化学农药	93.6	121.6	103.1	101.7	111.6	111.2
农药器械	95.1	98.9	100.0	100.0	100.0	96.6
八、农用机油	117.3	112.9	98.7	101.5	113.4	98.6
九、其他农业生产资料	98.3	121.7	100.0	100.3	120.4	120.4
十、农业生产服务			102.1	102.7	106.4	112.0

6-5 原材料、燃料、动力购进价格指数

上年价格=100

类 别	2005	2006	2007	2008	2009
总 指 数	**104.81**	**96.89**	**111.84**	**124.14**	**88.95**
一、燃料动力类	105.91	94.45	112.02	136.02	92.48
二、黑色金属材料类	101.04	93.32	116.58	132.05	77.21
钢 材	106.38	98.73	110.19	119.69	95.43
其 它	99.89	92.09	118.04	134.69	72.42
三、有色金属材料和电线类	125.45	151.62	108.83	93.00	74.49
四、化工原料类	110.13	103.13	108.13	120.74	91.26
五、木材及纸浆类	108.51	100.67	104.18	111.24	107.51
六、建筑材料及非金属矿类	123.15	103.56	102.78	105.99	100.79
七、其他工业原材料及半成品类	103.00	99.13	104.65	101.87	100.05
八、农副产品类	95.94	104.84	112.74	109.80	105.78
九、纺织原料类				92.21	98.23

6-6 工业品出厂价格指数

上年价格=100

指　　标	2005	2006	2007	2008	2009
全部工业品	**101.65**	**97.34**	**109.49**	**126.13**	**82.96**
轻工业	102.97	101.56	100.42	104.95	97.20
以农产品为原料	101.38	99.43	100.46	104.05	95.01
以非农产品为原料	104.58	102.64	100.85	106.60	99.77
重工业	101.50	97.22	109.92	127.79	82.15
采掘工业	106.26	92.27	105.90	131.96	90.35
原料工业	101.38	98.07	110.48	127.43	80.10
加工工业	98.78	97.99	111.51	124.65	80.83
生产资料	101.66	97.31	109.69	127.05	82.53
采掘工业	111.16	96.02	105.38	131.47	91.04
原料工业	99.22	97.56	111.45	127.20	78.61
加工工业	99.44	98.65	110.03	121.37	82.59
生活资料	100.39	99.84	99.29	103.32	95.90
食　品	100.13	99.60	99.65	102.25	94.43
衣　着				102.23	95.47
一般日用品	100.12	100.46	96.99	104.45	98.85
耐用消费品	103.12	101.51	104.91	111.10	98.97
按工业部门分					
冶金工业	98.98	97.72	111.20	124.46	75.40
电力工业	109.31	109.99	110.14	107.55	107.89
煤炭及炼焦工业	102.96	94.64	108.45	136.24	85.29
石油工业	118.75	100.54			
化学工业	105.08	104.79	113.88	108.57	83.10
机械工业	109.48	107.33	103.44	112.27	94.38
建筑材料工业	103.99	100.28	100.54	104.97	105.07
森林工业		103.81	108.64	100.74	
食品工业	99.90	100.07	100.57	101.85	92.49
纺织工业	102.28	100.33	100.36	99.65	97.06
缝纫工业				102.23	95.47
皮革工业					
造纸工业	103.64	99.41	98.57	106.38	98.16
文教艺术用品工业	102.36	101.17	104.25	114.88	98.80
其它工业	103.34	118.17	98.37	101.41	100.00

6-7 工业品分行业出厂价格指数

上年价格=100

指 标	2005	2006	2007	2008	2009
煤炭开采和洗选业	111.91	96.30	105.18	133.75	92.41
石油和天然气开采业					
黑色金属矿采选业	105.28	93.43	107.04	118.42	80.30
有色金属矿采选业					
非金属矿采选业				105.62	102.90
其他采矿业					
农副食品加工业	100.07	96.90	108.19	112.99	96.12
食品制造业	98.15	95.51	115.43	112.60	63.58
饮料制造业	101.87	100.57	97.28	98.33	93.37
烟草制品业	100.00				
纺织业	102.28	100.33	100.36	99.65	97.06
纺织服装、鞋、帽制造业				102.23	95.47
皮革、毛皮、羽毛(绒)及其制品业					
木材加工及木、竹、藤、棕、草制品业		103.81	108.64	100.74	
家具制造业					
造纸及纸制品业	103.64	99.41	98.57	106.38	98.16
印刷业和记录媒介的复制业	100.79	100.33	99.59	100.01	110.42
文教体育用品制造业	103.24	101.58	105.36	116.24	98.43
石油加工、炼焦及核燃料加工业	96.05	92.87	111.82	140.33	78.88
化学原料及化学制品制造业	104.94	105.46	116.20	109.98	81.20
医药制造业	100.05	100.00	97.57	104.39	98.24
化学纤维制造业					
橡胶制品业					
塑料制品业	113.57	100.47	100.43	102.32	94.99
非金属矿物制品业	105.29	106.75	99.58	103.46	105.55
黑色金属冶炼及压延加工业	97.62	91.17	111.49	128.83	74.40
有色金属冶炼及压延加工业	124.47	173.44	110.31	97.31	79.08
金属制品业	101.45	97.35	105.42	109.39	100.19
通用设备制造业	108.22	109.88	104.86	122.47	93.56
专用设备制造业	107.26	105.67	101.51	105.83	102.01
交通运输设备制造业	114.17	103.39	105.78	119.08	78.41
电气机械及器材制造业	105.93	95.23	104.19	108.97	99.52
通信设备、计算机及其他电子设备制造业					
仪器仪表及文化、办公用机械制造业					
工艺品及其他制造业					
废弃资源和废旧材料回收加工业					
电力、热力的生产和供应业	109.31	111.43	110.19	106.84	108.22
燃气生产和供应业	100.00	100.00	100.00		
水的生产和供应业	99.03	99.17	101.99	102.79	100.00

主要统计指标解释

居民消费价格指数 反映居民生活消费品及服务项目价格变动趋势和变动程度的相对数，采用链式拉斯贝尔公式，加权平均计算。

农业生产资料价格指数 反映农业生产资料价格变动趋势和程度的相对数。

工业产品出厂价格指数 反映全部工业产品出厂价格总水平的变动趋势和程度的相对数。根据全市部分重点企业的产品出厂价格的定期调查资料，按加权算术平均公式计算。

原材料、燃料、动力购进价格指数 反映工业企业购进主要原材料、燃料、动力价格水平变动趋势和程度的相对数。根据全市部分重点企业的产品出厂价格的定期调查资料，按加权算术平均公式计算。

07 人民生活

资料整理人员

尉文明　崔桂芳　刘浥蓉

人民生活

城镇居民家庭人均可支配收入	12247	元
城镇居民家庭人均消费性支出	8436	元
城镇居民人均住房建筑面积	31.4	平方米
农民人均纯收入	4749	元
农村住户人均生活消费支出	3083	元
农村居民人均居住面积	29.7	平方米

城乡居民恩格尔系数(%)

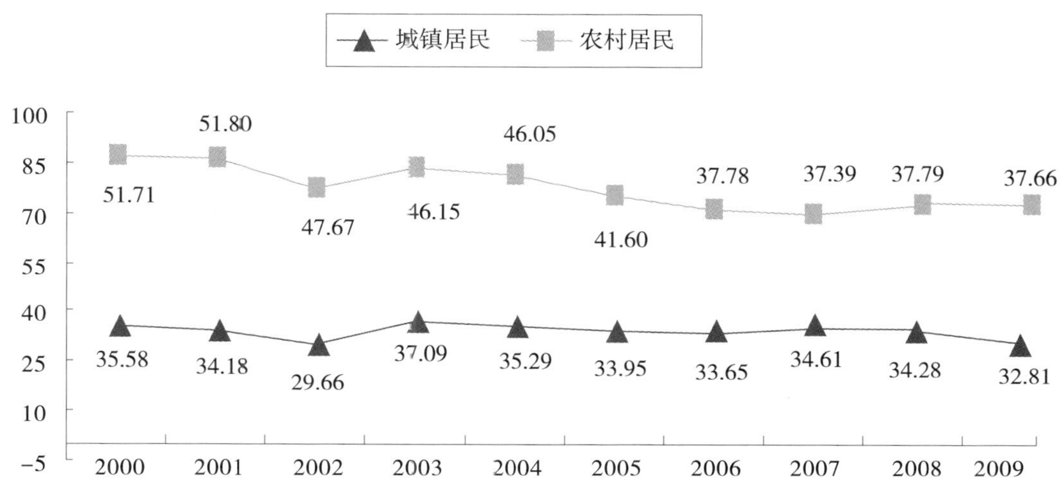

城乡居民家庭人均收入(元)

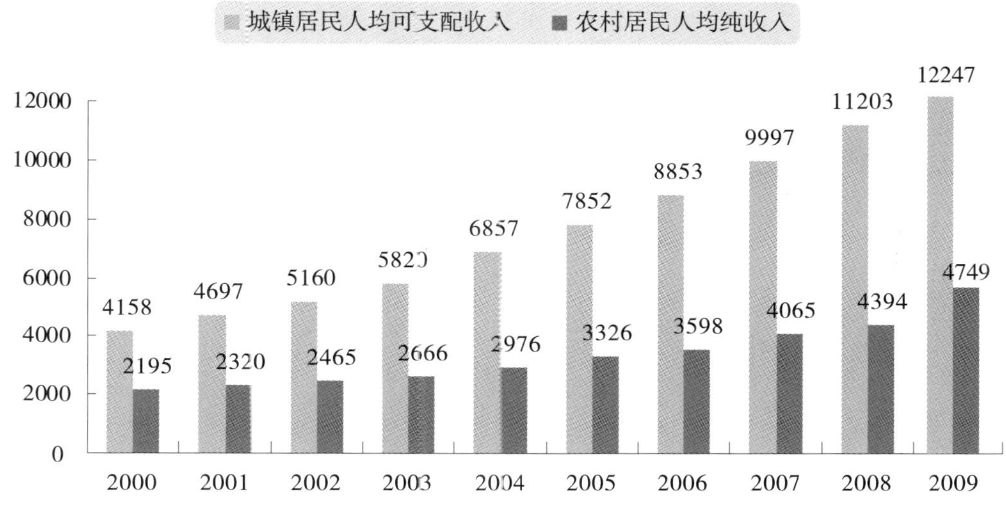

7-1 城镇居民家庭生活基本情况

指　　标	2000	2005	2006	2007	2008	2009
一、调查户数(户)	310	790	790	790	790	790
二、平均每户家庭人口数(人)	3.41	3.36	3.29	3.26	3.30	3.29
三、平均每户就业人口数(人)	1.88	1.78	1.76	1.95	1.71	1.71
四、平均每一就业者负担人数(人)	1.81	1.89	1.87	1.67	1.93	1.92
五、平均每人全年可支配收入(元)	4158	7852	8853	9997	11203	12247
高收入户	7206	15898	17432	16521	19153	20996
中等收入户	3930	7031	8006	9756	11035	12189
低收入户	2237	3487	4063	4612	5267	6193
六、平均每人全年消费性支出(元)	3073	5481	6181	6982	7944	8436
高收入户	4576	8451	9823	10170	12513	13592
中等收入户	3042	5359	5957	7026	7980	8263
低收入户	1901	3370	3779	4317	4884	5361
七、人均住房建筑面积(平方米)	14.82	29.75	30.79	31.09	31.17	31.35

按收入等级分组

指　　标	总　计	最　低收入户	#更　低收入户	低收入户	中下收入户
调查户数(户)	790	79	40	79	158
比　　重(%)	100	10	5	10	20
每户家庭人口数(人)	3.29	3.83	3.98	3.52	3.55
每户就业人口数(人)	1.71	1.43	1.27	1.61	1.78
每一就业者负担人数(人)	1.92	2.68	3.13	2.19	1.99
每人可支配收入(元)	12247	5208	4371	7693	9865
每人消费性支出(元)	8436	4538	4000	6263	7075

按收入等级分组(续表)

指　　标	中等收入户	中上收入户	高收入户	最高收入户
调查户数(户)	158	158	79	79
比　　重(%)	20	20	10	10
每户家庭人口数(人)	3.35	3.14	2.93	2.52
每户就业人口数(人)	1.81	1.80	1.69	1.62
每一就业者负担人数(人)	1.85	1.74	1.73	1.56
每人可支配收入(元)	12179	14826	17978	24409
每人消费性支出(元)	7904	9989	11533	15921

7-1　续表1

按人均月可支配收入分组

指　　标	总　计	200元以下	200-400元	400-600元	600-800元	800-1000元
调查户数(户)	790	12	41	86	125	139
比　　重(%)	100.00	1.52	5.19	10.89	15.82	17.59
每户家庭人口数(人)	3.29	3.59	3.82	3.65	3.51	3.35
每户就业人口数(人)	1.71	1.54	1.41	1.61	1.73	1.79
每一就业者负担人数(人)	1.92	2.33	2.71	2.27	2.03	1.87
每人可支配收入(元)	12247	1024	3720	6042	8277	10756
每人消费性支出(元)	8436	5243	4436	5596	6548	7674

指　　标	1000-1500元	1500-2000元	2000-2500元	2500-3000元	3000-4000元	4000元以上
调查户数(户)	255	79	30	9	9	5
比　　重(%)	32.28	10.00	3.80	1.14	1.14	0.63
每户家庭人口数(人)	3.20	2.86	2.64	2.66	2.52	2.80
每户就业人口数(人)	1.79	1.66	1.53	1.43	1.67	1.86
每一就业者负担人数(人)	1.79	1.72	1.73	1.86	1.51	1.51
每人可支配收入(元)	14418	20302	26666	32308	40349	67210
每人消费性支出(元)	9500	12683	14586	15896	18788	28797

7–1 续表2

按户主职业分组

指标	国家机关、企事业单位负责人	专业技术人员	办事人员和有关人员	商业、服务业人员	农、林、牧、渔、水利生产人员	生产、运输设备操作人员及有关人员	其它从业人员
调查户数(户)	61	110	367	56	4	47	7
比重(%)	9.36	16.87	56.29	8.59	0.61	7.21	1.07
每户家庭人口数(人)	3.57	3.35	3.27	3.43	2.84	3.39	3.62
每户就业人口数(人)	2.07	1.96	1.91	1.62	1.54	1.72	2.03
每一就业者负担人数(人)	1.72	1.71	1.71	2.12	1.84	1.97	1.78
每人可支配收入(元)	13965	13364	12232	10224	7768	9606	12184
每人消费性支出(元)	8743	8753	8507	8422	6177	7396	7500

按家庭规模分组

指标	总计	一人户	二人户	三人户	四人户	五人及以上户
调查户数(户)	790	6	120	381	232	51
比重(%)	100.00	0.76	15.19	48.23	29.37	6.46
每户家庭人口数(人)	3.29	1.24	2.04	3.01	3.98	5.11
每户就业人口数(人)	1.71	0.48	0.93	1.82	1.85	2.06
每一就业者负担人数(人)	1.92	2.58	2.19	1.65	2.15	2.48
每人可支配收入(元)	12247	16215	18582	13150	9929	11110
每人消费性支出(元)	8436	13395	12906	9165	6925	6787

7-2 城镇居民家庭人均全部收入及构成

指　　标	2000	2005	2006	2007	2008	2009
家庭总收入(元)	**4170.97**	**8105.04**	**9122.81**	**10770.55**	**11523.66**	**12745.26**
#可支配收入	4158.30	7852.21	8852.87	9997.21	11203.45	12247.14
一、工薪收入	3237.44	6186.51	7071.03	8311.65	9233.61	10088.84
工资及补贴收入	3177.10	5758.92	6628.63	7990.09	8802.45	9762.96
其他劳动收入	60.34	427.59	442.39	321.56	431.16	325.88
二、经营净收入	276.08	746.35	777.61	1320.23	842.32	911.98
三、财产性收入	73.53	180.62	211.01	134.62	154.58	167.02
#利息收入	14.13	6.62	12.67	9.39	8.60	27.14
股息与红利收入	1.87	33.80	29.16	50.92	11.25	9.36
其他投资收入		66.45	81.04	63.88	51.21	47.62
出租房屋收入		59.46	56.08	42.85	69.04	76.76
四、转移性收入	583.92	991.55	1063.16	1004.05	1293.15	1577.42
#养老金或离退休金	418.14	710.66	757.04	824.11	1060.20	1250.95
社会救济收入		9.28	10.94	13.20	18.27	20.96
赡养收入	18.62	23.70	29.14	13.42	32.47	43.24
捐赠收入	65.59	197.11	243.05	120.73	152.47	183.51
家庭总收入构成(%)	**100.00**	**100.00**	**100.00**	**100.00**	**100.00**	**100.00**
#可支配收入	99.70	96.88	97.04	92.82	97.22	96.09
一、工薪收入	77.62	76.33	77.51	77.17	80.13	79.16
工资及补贴收入	76.17	71.05	72.66	74.18	76.38	76.60
其他劳动收入	1.45	5.28	4.85	2.99	3.74	2.56
二、经营净收入	6.62	9.21	8.52	12.26	7.31	7.16
三、财产性收入	1.76	2.23	2.31	1.25	1.34	1.31
#利息收入	0.34	0.08	0.14	0.09	0.07	0.21
股息与红利收入	0.04	0.42	0.32	0.47	0.09	0.07
其他投资收入		0.82	0.89	0.59	0.44	0.37
出租房屋收入		0.73	0.61	0.40	0.59	0.60
四、转移性收入	14.00	12.23	11.66	9.32	11.22	12.38
#养老金或离退休金	10.03	8.77	8.30	7.65	9.20	9.82
社会救济收入		0.11	0.12	0.12	0.15	0.16
赡养收入	0.45	0.29	0.32	0.12	0.28	0.34
捐赠收入	1.57	2.43	2.66	1.12	1.32	1.44

7-3 城镇居民家庭平均每人全年消费性支出及构成

指　　标	2000	2005	2006	2007	2008	2009
消费性支出(元)	**3073**	**5481**	**6181**	**6982**	**7944**	**8436**
一、食　品	1093	1861	2080	2245	2723	2768
粮油类	301	345	360	423	515	488
肉禽蛋水产品类	174	297	303	390	455	414
蔬菜类	148	225	248	240	281	291
调味品	19	22	26	31	34	36
糖烟酒饮料类	212	265	309	365	415	460
干鲜瓜果类	54	99	120	138	150	168
糕点、奶及奶制品	52	153	181	215	236	238
其他食品	16	32	37	43	46	49
饮食服务	44	422	495	401	591	625
二、衣　着	492	922	1009	1147	1299	1297
三、家庭设备用品及服务	206	298	370	374	410	525
四、医疗保健	211	398	398	383	506	537
五、交通和通信	298	598	669	832	905	967
六、教育、文化、娱乐服务	365	627	771	695	736	830
七、居　住	260	595	672	785	1089	1210
八、杂项商品及服务	150	183	212	240	276	303
消费性支出构成 (%)	**100.00**	**100.00**	**100.00**	**100.00**	**100.00**	**100.00**
一、食　品	35.58	33.95	33.65	32.16	34.28	32.81
粮油类	9.80	6.30	5.83	6.06	6.48	5.78
肉禽蛋水产品类	5.67	5.41	4.90	5.59	5.73	4.91
蔬菜类	4.82	4.11	4.01	3.43	3.53	3.45
调味品	0.61	0.40	0.42	0.44	0.42	0.43
糖烟酒饮料类	6.90	4.84	5.00	5.23	5.21	5.45
干鲜瓜果类	1.77	1.81	1.95	1.98	1.89	1.99
糕点、奶及奶制品	1.68	2.80	2.93	3.07	2.97	2.82
其他食品	0.51	0.58	0.59	0.61	5.70	0.58
饮食服务	1.42	7.70	8.02	5.75	7.43	7.41
二、衣　着	16.00	16.81	16.32	16.43	16.34	15.37
三、家庭设备用品及服务	6.70	5.44	5.98	5.36	5.15	6.22
四、医疗保健	6.86	7.25	6.45	5.48	6.36	6.37
五、交通和通信	9.68	10.91	10.82	11.92	11.39	11.46
六、教育、文化、娱乐服务	11.86	11.44	12.48	9.96	9.26	9.84
七、居　住	8.45	10.86	10.88	11.25	13.71	14.34
八、杂项商品及服务	4.87	3.33	3.43	3.44	3.47	3.59

7-4 主要年份城镇居民人均可支配收入增长情况

年份	可支配收入(元)	比上年增加额(元)	比上年增长(%)	城镇居民消费价格指数(以上年为100)	扣除物价上涨因素后	
					实际收入(元)	比上年增长(%)
1952	146					
1957	220					
1965	226					
1978	260					
1980	377					
1985	636					
1990	1020	88	9.5	101.1	1009	8.3
1995	2780	627	29.1	115.0	2417	12.3
2000	4158	389	10.3	99.6	4175	10.8
2001	4697	539	13.0	100.1	4692	12.8
2002	5160	463	9.8	99.2	5201	10.7
2003	5820	660	12.8	102.6	5672	9.9
2004	6857	1037	17.8	105.4	6506	11.8
2005	7852	995	14.5	102.6	7653	11.6
2006	8853	1001	12.7	102.1	8671	10.4
2007	9997	1144	12.9	104.5	9567	8.1
2008	11203	1206	12.1	104.9	10223	6.9
2009	12247	1044	9.3	100.7	12162	8.6

7-5 主要年份城镇居民人均消费性支出增长情况

年份	消费性支出(元)	比上年增加额(元)	比上年增长(%)	城镇居民消费价格指数(以上年为100)	扣除物价上涨因素后	
					实际支出(元)	比上年增长(%)
1952	109					
1957	180					
1965	199					
1978	236					
1980	350					
1985	598					
1990	795	15	2.0	101.1	787	0.9
1995	1940	448	30.0	115.0	1687	13.1
2000	3073	395	14.7	99.6	3086	15.2
2001	3330	256	8.3	100.1	3327	8.2
2002	4064	734	22.0	99.2	4097	23.0
2003	4329	265	6.5	102.6	4220	3.8
2004	4924	595	13.7	105.4	4672	7.9
2005	5481	557	11.3	102.6	5342	8.5
2006	6181	700	12.8	102.1	6054	10.5
2007	6982	801	13.0	104.5	6681	8.1
2008	7944	962	13.8	104.9	7248	8.5
2009	8436	492	6.2	100.7	8377	5.5

7-6 城镇居民家庭平均每人全年购买的主要商品数量

指　　标	2000	2005	2006	2007	2008	2009
粮　　食（公斤）	114.9	95.2	96.5	71.8	98.5	76.0
食用植物油（公斤）	10.2	8.2	8.4	9.4	13.5	9.2
猪　　肉（公斤）	7.0	7.6	8.8	8.6	11.4	9.1
牛 羊 肉（公斤）	0.5	0.8	0.8	1.2	1.2	1.0
家　　禽（公斤）	0.5	1.8	2.9	0.8	1.5	1.4
蛋　　类（公斤）	14.5	15.6	16.7	17.6	23.3	18.5
鱼　　虾（公斤）	1.5	1.8	2.1	2.4	3.0	2.3
蔬　　菜（公斤）	119.3	122.9	121.4	107.8	119.9	122.1
酒　　类（公斤）	4.4	2.7	2.9	3.3	3.3	2.7
服　　装（件）	6.2	8.5	8.6	8.1	7.7	7.8
鞋　　类（双）	2.8	3.2	3.1	3.3	3.3	3.4
煤　　炭（公斤）	216.4	399.1	378.1	309.3	208.4	181.9

7-7 城镇居民家庭平均每百户年末耐用消费品拥有量

指　　标	2000	2004	2005	2006	2007	2008	2009
洗 衣 机（台）	92.9	97.0	96.2	98.5	97.0	98.1	98.3
电 冰 箱（台）	59.7	61.5	71.0	73.6	85.2	90.3	90.5
微 波 炉（台）		7.7	10.9	11.6	12.2	15.2	15.5
彩色电视机（台）	102.3	107.8	103.0	105.0	106.0	108.3	108.3
组合音响（套）	14.8	15.2	12.0	11.6	15.4	17.8	17.8
空 调 机（台）	12.9	23.5	33.8	36.3	32.9	42.2	42.4
照 相 机（架）	30.6	24.7	25.7	26.2	18.6	20.3	20.5
摩 托 车（辆）	44.5	68.8	67.8	71.5	71.4	63.5	66.3
家用电脑（台）	1.0	10.7	18.2	22.7	31.9	44.6	46.2
移动电话（部）	7.1	87.0	121.2	133.0	153.9	168.3	171.2
家用汽车（辆）	0.3	2.1	3.5	3.8	6.0	10.7	12.2

7-8 城镇居民家庭年末居住情况

单位：%

指　　标	2005	2006	2007	2008	2009
一、按房屋产权	100.00	100.00	100.00	100.00	100.00
租赁公房	5.11	4.33	1.88	1.60	1.47
租赁私房	5.70	6.04	5.22	3.74	3.53
原有私房	40.30	39.94	44.01	40.45	40.53
房改私房	17.05	17.86	8.68	8.08	8.04
商品房	25.14	25.43	38.54	43.55	43.70
其　他	6.70	6.40	1.67	1.49	1.64
二、住宅建筑式样	100.00	100.00	100.00	100.00	100.00
单栋住宅	6.21	7.33	9.02	12.58	12.43
四居室	9.61	9.08	5.30	4.77	4.81
三居室	27.45	26.21	22.33	28.85	28.61
二居室	23.74	24.43	10.33	10.11	10.30
一居室	1.52	1.37	2.19	0.16	0.11
普通楼房	6.49	7.03	9.65	8.18	8.52
平房及其他	24.97	24.54	41.18	35.24	35.12
三、饮水情况	100.00	100.00	100.00	100.00	100.00
自来水	96.71	98.05	99.12	99.35	99.34
矿泉水					
纯净水	0.25			0.11	0.11
井、河水	3.04	1.95	0.88	0.54	0.55
其　他					
四、用水情况	100.00	100.00	100.00	100.00	100.00
独用自来水	84.27	84.70	93.74	98.02	98.14
公用自来水	12.95	13.22	5.48	1.44	1.31
井、河水	2.79	2.08	0.74	0.54	0.55
其　他					
五、卫生设备	100.00	100.00	100.00	100.00	100.00
无卫生设备	14.30	13.16	10.13	6.37	6.42
有厕所浴室	35.74	39.03	33.74	51.64	51.49
有厕所无浴室	42.50	41.49	51.51	38.22	38.42
公　用	6.96	5.81	4.62	3.77	3.66
六、取暖设备	100.00	100.00	100.00	100.00	100.00
无取暖设备	0.32	0.46	0.59	1.60	1.61
空调设备	8.35	6.59	3.03	2.33	2.35
暖　气	72.11	76.78	89.10	86.52	86.55
其　他	19.22	16.17	7.28	9.44	9.38
七、炊用燃料使用情况	100.00	100.00	100.00	100.00	100.00
管道煤气	20.84	22.16	14.13	19.44	20.08
液化石油气	14.79	15.14	17.13	36.34	35.30
煤	60.53	57.61	60.56	34.31	34.46
其　他	3.84	4.79	8.18	9.90	9.93

7-9 城镇居民家庭平均

按户主职业分组

指　　标	国家机关、企事业单位负责人	专　　业技术人员	办事人员和有关人员
消费性支出(元)	**8743**	**8753**	**8507**
一、食　品	2739	2753	2789
粮　食	323	302	332
油脂类	80	76	82
肉禽蛋水产品类	419	415	405
蔬菜类	276	276	294
糖烟酒饮料类	480	452	477
干鲜瓜果类	179	178	163
奶及奶制品	196	202	212
饮食服务	593	649	636
二、衣　着	1427	1340	1370
#服　装	1026	912	953
衣着材料	7	11	7
三、居　住	1382	1173	1200
#住　房	472	249	305
水、电、燃料及其他	848	806	805
四、家庭设备用品及服务	492	504	538
#耐用消费品	183	189	227
五、医疗保健	605	440	471
六、交通和通讯	1078	1152	1014
七、教育文化娱乐服务	722	1037	823
#文化娱乐用品	275	180	181
文化娱乐服务	94	217	104
教　育	353	640	538
八、杂项商品和服务	297	354	302

每人全年消费性支出(2009年)

商业、服务业人员	农、林、牧、渔、水利生产人员	生产、运输设备操作人员及有关人员	其它从业人员
8422	**6177**	**7396**	**7500**
2785	2611	2499	2069
380	421	287	218
91	84	69	55
386	385	362	279
282	298	254	201
497	361	449	347
158	161	161	134
164	174	158	108
660	567	587	610
1149	1082	1085	1404
775	670	742	1063
5		5	2
1574	636	803	1360
669	296	217	603
759	328	535	710
598	204	423	684
265		192	287
302	265	717	279
875	1007	756	940
817	263	810	403
284	76	107	75
140	101	207	164
394	85	495	164
322	108	303	359

7–9 续

按收入等级分组

指　　标	总　计	最低收入户	更低收入户	低收入户
消费性支出(元)	**8436**	**4538**	**4000**	**6263**
一、食　品	2768	1783	1614	2275
粮　食	340	289	272	309
油脂类	85	77	69	80
肉禽蛋水产品类	414	284	268	372
蔬菜类	291	202	176	239
糖烟酒饮料类	460	326	271	422
干鲜瓜果类	168	94	83	128
奶及奶制品	198	115	75	166
饮食服务	625	283	305	416
二、衣　着	1297	693	540	951
#服　装	897	449	338	606
衣着材料	7	5	4	3
三、居　住	1210	583	497	854
#住　房	313	53	19	95
水、电、燃料及其他	809	498	464	685
四、家庭设备用品及服务	525	252	260	376
#耐用消费品	220	80	88	192
五、医疗保健	537	166	144	265
六、交通和通讯	967	457	406	699
七、教育文化娱乐服务	830	448	408	609
#文化娱乐用品	188	81	59	135
文化娱乐服务	140	30	17	84
教　育	502	336	332	390
八、杂项商品和服务	303	156	132	234

表1

中下收入户	中等收入户	中上收入户	高收入户	最高收入户
7075	**7904**	**9989**	**11533**	**15921**
2484	2710	3048	3699	4305
341	311	352	382	463
86	83	85	90	96
383	396	448	550	581
269	291	326	363	410
452	480	443	555	628
150	159	200	233	279
175	185	248	262	285
457	626	719	1016	1286
1102	1380	1542	1846	1909
744	974	1071	1340	1353
4	9	7	6	12
967	992	1523	1550	2865
175	147	436	478	1393
738	790	950	990	1192
365	468	566	699	1492
115	183	216	333	774
441	453	605	856	1494
813	898	1253	1394	1624
639	682	1077	1132	1765
117	161	264	231	474
102	113	198	163	413
420	407	615	738	878
263	322	374	358	467

7-9 续

按人均月可支配收入分组

指　标	总　计	200元下	200-400元	400-600元	600-800元
消费性支出(元)	**8436**	**5243**	**4436**	**5596**	**6548**
一、食　品	2768	2124	1780	2084	2339
粮　食	340	299	266	316	320
油脂类	85	89	68	78	86
肉禽蛋水产品类	414	301	280	332	364
蔬菜类	291	246	205	225	253
糖烟酒饮料类	460	266	276	379	426
干鲜瓜果类	168	101	101	121	126
奶及奶制品	198	155	117	150	169
饮食服务	625	489	353	341	440
二、衣　着	1297	693	625	856	1045
#服　装	897	465	411	553	694
衣着材料	7	11	7	3	4
三、居　住	1210	552	536	781	867
#住　房	313	108	65	109	117
水、电、燃料及其他	809	384	443	607	689
四、家庭设备用品及服务	525	189	278	317	331
#耐用消费品	220	32	95	114	110
五、医疗保健	537	397	175	242	371
六、交通和通讯	967	798	480	590	768
七、教育文化娱乐服务	830	382	435	521	582
#文化娱乐用品	188	128	119	55	103
文化娱乐服务	140	8	18	68	91
教　育	502	245	298	399	388
八、杂项商品和服务	303	109	127	205	244

表2

800-1000元	1000-1500元	1500-2000元	2000-2500元	2500-3000元	3000-4000元	4000元以上
7674	**9500**	**12683**	**14586**	**15896**	**18788**	**28797**
2696	2996	3603	3754	4419	5203	11371
344	342	391	363	398	586	919
81	86	92	90	105	154	113
391	450	536	603	672	644	779
289	323	359	380	370	474	515
490	466	567	567	887	599	1822
164	195	245	267	260	225	306
221	219	235	232	273	302	300
541	703	935	979	1077	1889	6303
1209	1467	1933	2082	2915	2870	3273
823	1029	1358	1539	2153	2146	2528
8	7	10	6	30	32	
858	1437	2054	2918	2000	2893	4360
95	419	746	1044	298	1710	3300
709	916	1161	1483	1646	1063	957
431	574	928	1165	1077	1454	4294
151	227	535	685	376	876	1523
440	594	1070	1398	1607	1427	910
1006	1121	1304	1377	2114	1448	2147
717	947	1388	1528	1155	3035	2031
121	231	333	565	87	1193	785
101	170	226	438	622	632	195
495	546	829	524	446	1210	1051
319	364	402	364	608	459	412

7-9 续表3

按家庭规模分组

指　　标	总　计	一人户	二人户	三人户	四人户	五人及以上户
消费性支出(元)	**8436**	**13395**	**12906**	**9165**	**6925**	**6787**
一、食　品	2768	5090	4223	2982	2249	2415
粮　食	340	808	543	347	291	299
油脂类	85	96	125	84	78	73
肉禽蛋水产品类	414	1012	682	438	337	341
蔬菜类	291	539	448	323	232	230
糖烟酒饮料类	460	590	679	463	398	477
干鲜瓜果类	168	374	258	191	131	123
奶及奶制品	198	672	314	225	153	136
饮食服务	625	591	891	704	475	595
二、衣　着	1297	1676	1671	1466	1081	1023
#服　装	897	1206	1155	1023	737	699
衣着材料	7	12	14	7	6	4
三、居　住	1210	2120	1773	1309	1066	795
#住　房	313	1006	357	363	292	118
水、电、燃料及其他	809	1079	1274	830	716	644
四、家庭设备用品及服务	525	1089	925	577	382	458
#耐用消费品	220	490	454	238	144	214
五、医疗保健	537	1451	1605	492	330	541
六、交通和通讯	967	1002	1307	1047	829	822
七、教育文化娱乐服务	830	705	943	956	749	482
#文化娱乐用品	188	442	302	208	157	104
文化娱乐服务	140	262	357	170	71	76
教　育	502	1	284	578	521	302
八、杂项商品和服务	303	262	457	337	240	251

7-10 主要年份农民家庭基本情况

单位：人

年 份	调查户数(户)	调查户常住人口	户均常住人口	平均每户整半劳动力	每个劳力负担人口	平均每人居住面积(平方米)
1980	300	1518	5.06	2.57	1.97	9.36
1985	300	1497	4.99	2.69	1.86	12.97
1990	1340	6386	4.77	2.75	1.73	15.40
1995	1060	4743	4.47	2.85	1.57	19.17
2000	1340	5883	4.39	2.80	1.57	21.91
2001	1360	5942	4.37	2.74	1.59	22.48
2002	1360	5898	4.34	2.74	1.58	23.20
2003	1360	5786	4.25	2.81	1.51	23.49
2004	1360	5776	4.25	2.89	1.47	25.53
2005	1360	5758	4.23	2.88	1.47	27.92
2006	1360	5734	4.22	2.90	1.46	28.25
2007	1360	5732	4.21	2.93	1.44	28.73
2008	1360	5717	4.20	2.93	1.43	29.01
2009	1360	5694	4.19	3.00	1.40	29.69

7-11 农民家庭人口状况(2009年)

指 标	总 计	每户平均
一、调查户数 (户)	**1360**	
二、家庭常住人口(人)	**5694**	**4.19**
#整半劳动力数	4083	3.00
#整劳动力	2896	2.13
学龄前人数	122	0.09
7-15岁	630	0.46
#在校人数	630	0.46
16-60岁	2892	2.13
60岁以上	439	0.32

7-12 农民家庭劳动力状况(2009年)

单位：人

指　　标	总　　计	每百人
一、劳动力文化状况		
不识字或识字很少	52	0.91
小学程度	633	11.12
初中程度	2610	45.84
高中程度	614	10.78
中　专	113	1.98
大专及以上	61	1.07
二、劳动力就业情况		
第一产业	2608	45.80
农　业	2547	44.73
林　业	19	0.33
第二产业	587	10.31
采矿业	183	3.21
制造业	228	4.00
电力煤气及水的生产供应业	21	0.37
建筑业	155	2.72
第三产业	870	15.28
交通运输仓储及邮电通讯业	232	4.07
批发和零售贸易业	185	3.25

7-13 农民家庭平均每户房屋情况

指　　标	2000	2005	2006	2007	2008	2009
一、年内新建房屋面积（平方米）	**1.17**	**3.16**	**0.76**	**1.33**	**0.64**	**2.46**
砖木结构面积	0.81	1.38	0.36	0.35	0.24	2.46
钢筋混凝土结构面积	0.34	1.78	0.40	0.98	0.40	
年内新建房屋价值（元）	276	1120	342	463	249	878
平均每平方米新建房屋价值（元）	205.00	354.23	451.06	364.72	386.67	396.16
新建房屋中生活用房面积（平方米）	1.17	3.16	0.76	1.33	0.64	2.46
新建房屋中楼房面积（平方米）		1.11				1.21
二、年末住房面积（平方米）	**94.77**	**120.75**	**121.51**	**122.79**	**123.43**	**125.77**
砖木结构面积	61.95	90.30	90.65	85.01	85.25	87.71
钢筋混凝土结构面积	11.91	26.20	26.60	26.18	26.58	26.58
人均生活用房面积（平方米）	21.91	27.92	28.25	28.73	29.01	29.69
三、年末住房价值（元）	**13297**	**27046**	**28150**	**29148**	**29569**	**30372**

7-14 农民家庭土地经营情况(2009年)

单位：亩

指　　标	总 计	每户平均	每人平均
一、期初实际经营土地面积	**6270.97**	**11.20**	**2.64**
#耕　地	5780.47	10.32	2.44
#有效灌溉面积	1721.49	3.07	0.73
二、期内增加的经营土地面积	**104.88**	**0.19**	**0.04**
#耕　地	104.88	0.19	0.04
#有效灌溉面积	54.00	0.10	0.02
三、期内减少的经营土地面积	**32.78**	**0.06**	**0.01**
#耕　地	32.78	0.06	0.01
#有效灌溉面积	26.70	0.05	0.01
四、期末实际经营的土地面积	**6343.07**	**11.33**	**2.67**
#耕　地	5852.57	10.45	2.47
#有效灌溉面积	1748.79	3.12	0.74

7-15 农民家庭收支情况(2009年)

单位：元

指　　标	合　　计	每人平均
一、总收入	**14342394**	**6046.54**
工资性收入	4832305	2037.23
家庭经营收入	8622671	3635.19
第一产业	5789926	2440.95
农　业	4561138	1922.91
林　业	112761	47.54
牧　业	1116026	470.50
第二产业	638828	269.32
工　业	267842	112.92
建筑业	370986	156.40
第三产业	2193918	924.92
交通、运输、邮电业	889311	374.92
批零贸易业、餐饮业	739018	311.56
社会服务业	293113	123.57
文教卫生业	150220	63.33
其他行业	121524	51.23
财产性收入	114827	48.41
转移性收入	772591	325.71
二、总支出	**10577534**	**4459.33**
家庭经营费用	2607280	1099.19
第一产业生产费用	1984940	836.82
农　业	1294798	545.87
林　业	18023	7.60
牧　业	672119	283.36
第二产业生产费用	127483	53.74
工　业	56997	24.03
建筑业	70486	29.72
第三产业生产费用	494858	208.62
交通运输邮电业	211151	89.02
批零贸易餐饮业	138134	58.24
社会服务业	70755	29.83
文教卫生业	53022	22.35
其他行业	21796	9.19
购置生产性固定资产支出	92295	38.91
建造生产性固定资产雇工支出	37200	15.68
税费支出	29995	12.65
生活消费支出	7313576	3083.29
财产性支出	10931	4.61
转移性支出	486257	205.00
三、全年可支配收入	**10891764**	**4591.81**
四、全年纯收入	**11265644**	**4749.43**

7-16 农民家庭平均每百户拥有主要生产性固定资产数量

指　　标	2000	2005	2006	2007	2008	2009
汽　车(辆)	1.79	4.64	5.36	5.89	6.07	5.89
大中型拖拉机(台)	1.79	2.68	2.86	3.21	4.11	4.64
小型和手扶拖拉机(台)	24.86	31.07	33.75	37.68	37.14	26.07
机动脱粒机(台)	0.57	1.43	1.61	1.79	2.50	2.68
胶轮大车 (辆)	7.86	0.79	0.18	0.18	0.18	0.14
水　泵(台)	5.36	2.50	3.04	6.61	5.18	6.25
役　畜(头)	40.54	17.86	17.68	18.39	15.89	15.71
产品畜(头)	16.79	13.57	17.14	19.29	10.36	28.75

7-17 农民家庭平均每人家庭经营纯收入

单位：元

指　　标	2000	2005	2006	2007	2008	2009
家庭经营纯收入	**1251.42**	**1801.51**	**1857.94**	**2157.11**	**2238.08**	**2390.06**
农业收入	668.49	971.04	1031.39	1212.71	1272.16	1314.65
林业收入	19.59	32.03	26.76	37.18	40.33	39.70
牧业收入	99.92	127.51	113.95	154.77	188.28	183.33
渔业收入						
工业收入	32.49	75.94	83.28	90.51	83.44	79.57
建筑业收入	16.51	95.40	95.95	95.68	97.07	119.36
运输业收入	187.38	206.46	235.09	244.43	220.21	238.64
商业、餐饮业收入	99.89	195.55	193.77	200.44	211.63	243.31
服务业收入	34.87	44.29	62.07	91.74	98.01	129.56
其他收入	92.28	53.29	15.69	29.65	26.95	41.92

7-18 主要年份农村住户每人平均纯收入

单位：元

年份	全年纯收入	按纯收入来源分					按纯收入性质分	
		基本收入	工资性收入	家庭经营纯收入	转移性收入	财产性收入	生产性收入	非生产性收入
1980	63	44	11	33	17	2	44	19
1985	335	300	21	279	31	4	300	35
1990	501	467	123	344	30	4	467	34
1995	1130	1089	269	820	36	5	1089	41
2000	2195	2135	884	1251	54	6	2135	60
2001	2320	2272	1016	1256	41	7	2272	48
2002	2465	2410	1132	1278	45	10	2410	55
2003	2666	2625	1208	1417	33	8	2625	41
2004	2976	2920	1251	1669	43	13	2920	56
2005	3326	3242	1441	1801	64	20	3242	84
2006	3598	3472	1614	1858	104	22	3472	126
2007	4065	3913	1756	2157	118	34	3913	152
2008	4394	4156	1918	2238	196	42	4156	238
2009	4749	4427	2037	2390	274	48	4427	322

7-19 主要年份农村住户每人平均生活消费支出

单位：元

年份	生活消费支出	食品	衣着	居住	家庭设备用品及服务	医疗保健	交通和通讯	文教娱乐用品及服务	其他商品和服务
1986	256.29	155.23	28.84	37.86	20.00	6.65	2.72	3.43	1.56
1987	271.09	157.74	27.79	42.51	24.01	8.20	4.22	4.82	1.80
1988	329.90	196.72	41.27	33.29	22.03	10.90	7.64	12.40	4.84
1989	354.25	202.49	41.63	39.31	38.00	11.90	6.04	10.84	4.04
1990	390.43	232.78	46.48	42.63	37.50	11.40	6.29	9.92	3.43
1991	402.57	232.06	46.86	45.92	38.00	14.58	6.47	13.63	5.05
1992	402.77	246.63	46.36	31.05	40.00	14.44	6.53	13.19	4.57
1993	511.26	319.04	51.07	68.64	22.03	12.29	7.44	26.39	4.36
1994	560.62	359.92	66.46	35.34	34.27	15.96	7.37	33.85	7.45
1995	613.41	382.37	73.37	59.14	28.51	16.31	7.82	38.67	7.22
1996	972.10	537.09	128.98	83.47	55.67	48.38	37.04	69.65	11.82
1997	990.40	533.18	123.05	70.27	56.11	57.61	49.49	85.28	15.41
1998	903.60	492.23	114.04	76.34	52.07	36.77	46.04	76.63	9.48
1999	963.59	499.98	130.15	101.35	64.54	42.54	31.05	81.96	12.02
2000	1048.27	542.06	127.10	106.59	59.81	55.97	36.92	96.21	23.61
2001	1114.67	577.42	130.15	97.96	56.82	66.66	55.34	103.69	26.63
2002	1198.91	571.48	146.36	141.40	60.41	54.36	70.93	128.35	25.62
2003	1332.17	614.85	155.55	171.75	60.49	60.17	90.77	164.10	14.49
2004	1657.44	763.25	177.14	223.81	72.05	74.75	127.69	196.98	21.77
2005	1845.68	767.73	219.83	239.01	78.59	84.84	192.06	238.43	25.19
2006	2089.39	789.40	235.20	254.33	94.13	111.86	253.54	324.68	26.25
2007	2527.71	945.08	280.64	321.39	119.35	149.82	302.33	367.40	41.70
2008	2863.99	1082.39	296.79	424.83	154.79	154.63	313.71	399.37	37.48
2009	3083.29	1161.23	304.57	523.99	151.05	184.56	328.25	385.47	44.18

7-20 农民家庭平均每人现金收入

单位：元

指　　标	2000	2005	2006	2007	2008	2009
一、人均现金收入	**2030.06**	**3408.89**	**3799.63**	**4494.13**	**4891.31**	**5314.03**
工资性收入	882.69	1437.84	1613.79	1755.06	1915.10	2036.94
出售产品收入	468.43	829.70	909.27	1303.15	1607.69	1664.51
工业服务性收入	60.55	123.51	147.50	167.99	116.80	94.35
运输业收入	171.24	320.53	377.25	425.82	367.20	374.92
商业、餐饮业收入	102.84	263.12	273.96	277.88	271.51	311.56
服务业收入	93.89	119.73	76.96	113.66	127.21	186.90
其他经营收入	100.84	60.29	96.08	80.63	76.26	51.23
建筑业服务性收入	89.96	130.40	146.16	135.16	137.13	156.40
转移性收入	53.57	105.39	137.31	167.99	219.70	311.53
财产性收入	6.05	18.38	21.34	23.65	22.46	43.51
二、非收入所得	**182.10**	**385.19**	**395.81**	**526.86**	**775.20**	**880.60**

7-21 农民家庭平均每人现金支出

单位：元

指　　标	2000	2005	2006	2007	2008	2009
总　计	**1192.61**	**2333.91**	**2780.20**	**3328.72**	**3819.92**	**4042.34**
一、生产费用支出	**278.05**	**675.68**	**782.26**	**960.14**	**1069.89**	**1103.43**
#家庭经营费用支出	247.88	634.23	749.63	919.22	989.10	1048.84
购置生产性固定资产支出	30.17	41.45	32.63	40.92	80.19	38.91
二、税费支出	**40.30**	**1.24**	**4.41**	**9.93**	**18.19**	**12.65**
三、生活消费支出	**782.52**	**1548.56**	**1827.15**	**2230.58**	**2538.52**	**2731.06**
食　品	280.59	486.84	538.74	671.92	775.07	837.28
#主　食	43.66	55.71	63.76	73.18	88.75	96.71
副　食	116.96	367.96	396.13	493.88	578.27	573.76
衣　着	126.97	219.82	235.18	280.56	296.77	304.54
居　住	102.44	222.92	242.88	297.54	406.71	495.74
家庭设备、用品及服务	59.81	78.59	94.13	119.35	154.79	151.05
医疗保健	55.97	84.84	111.86	149.82	154.63	184.56
交通和通讯	36.92	192.06	253.54	302.33	313.71	328.25
文教娱乐用品及服务	96.21	238.43	324.68	367.40	399.37	385.47
其他商品和服务	23.61	25.06	26.13	41.66	37.48	44.18
四、财产性支出	**4.45**	**4.27**	**7.84**	**7.08**	**7.41**	**4.61**
五、转移性支出	**87.29**	**104.16**	**158.54**	**120.99**	**185.92**	**190.60**

7-22 农村住户调查按平均每人

指　　标	500元以下户	500-800元户	800-1000元户	1000-1300元户	1300-1500元户	1500-1700元户	1700-2000元户	2000-2300元户
一、调查户数(户)	16	26	27	63	49	36	78	71
二、调查户常住人口(人)	81	123	138	271	203	138	360	297
三、整半劳动力数(人)	57	91	98	186	145	104	267	212
四、年末经营耕地面积(亩)	283.6	483.1	318.5	762.3	541.7	391.9	1004.9	738.0
五、山地面积(亩)	79.9	68.0		78.9	255.1	105.1	208.1	149.6
六、生产性固定资产原值(元)	70958	101370	72070	248760	278240	162370	594945	668175
七、主要生产性固定资产数量								
房屋及建筑物(平方米)	158	397	407	2443	1273	989	3321	1583
汽　车(辆)							2	2
大中型拖拉机(台)								2
小型和手扶拖拉机(台)	1	4	2	4	5	5	18	15
机动脱粒机(台)		1		1	1	1	2	
收割机(台)								2
农用动力机械(台)		1	3	3	4	2	10	13
胶轮大车(架)	3		1	2	1	1	3	1
水　泵(台)	2	2	3	4	4	3	7	5
役　畜(头)	19	11	8	28	22	12	30	19
产品畜(头)	15	6	3	18	13	5	118	18
八、住房面积(平方米)	1265	2397	2403	4493	3970	3934	8337	7230
住房价值(元)	116000	305300	310500	622750	570000	783700	1599650	1766900
住房结构(平方米)								
钢筋混凝土结构面积				208	484	847	1110	1025
砖木结构面积	845	2065	1963	3012	2083	2678	5608	5070
九、期内粮食收入合计(公斤)	57377	83113	63434	194135	121244	76562	255117	219522
期内粮食支出合计(公斤)	46972	53375	69008	166910	99206	72056	239963	197432
期末粮食结存实际调查数(公斤)	65945	84131	76258	202363	144784	109525	290588	262194
十、生产量(公斤)								
谷　物	16970	36263	42640	108920	77848	51258	170830	152785
薯　类	301	392	800	2800	1618	922	1819	1963
豆　类	2	828	420	1350	1579	615	5235	2608
棉　花	150	820	190	800	380	332	277	605
油　料	200	1138	1070	2652	1860	1410	1408	2295
蔬　菜	185	1737	6117	19024	8715	9775	26332	25419
畜　肉	268	53	426	1858	1482	1574	5913	9666
家禽肉	20			20	17			25
蛋　类	109	230	231	1023	983	384	1133	723
皮(张)								
毛、绒								

纯收入分组基本情况(2009年)

2300–2500元户	2500–2800元户	2800–3000元户	3000–3500元户	3500–4000元户	4000–4500元户	4500–5000元户	5000–5500元户	5500–6000元户	6000–7000元户	7000–8000元户	8000元以上户
50	58	52	108	107	74	88	84	69	110	68	126
207	249	239	476	439	323	369	341	288	435	269	448
140	174	161	318	302	234	270	232	207	332	205	348
565.5	650.0	617.0	1041.1	1005.1	741.5	854.1	690.3	664.6	955.8	608.5	1207.3
27.0	2.0	51.0	77.5	18.7			10.0				
342890	345485	268510	733010	800507	554070	866350	909150	637660	786205	512080	1505981
1360	1690	2059	3030	2655	3400	3463	2303	1719	1938	2522	3948
2		2	3	7	1	4	2	5	7	2	12
3	3	2	3	4	2	4	5	2	2		7
9	15	14	21	19	20	13	17	12	29	15	31
1	4	2	4	1	1	1	4		1	2	2
	1		1				1		1		1
14	6	6	15	24	17	19	20	17	24	16	32
2	1		4	3		3	3		2	2	2
5	4		6	4	6	9	5	3	5	2	10
10	17	14	28	19	12	29	11	20	24	14	14
1	4	5	5	11	3	6	2	11	15	3	1
4881	6518	6218	12401	13136	9297	10860	10825	9244	14154	8523	17192
990600	1280800	1463500	2443450	2926600	2341600	2214050	2675800	2416000	4139200	2545600	5260200
616	861	756	1397	2102	1902	861	1235	1446	2680	1980	4827
3080	4437	4892	9531	8964	6229	7773	8088	7268	11004	5430	10978
172476	188845	165952	321775	331762	265048	320734	223994	229788	369941	204019	467286
135177	156605	133932	289824	272974	224631	276098	196917	194892	268695	176541	378078
207049	232148	177242	448290	460833	325794	405828	342567	323547	438904	270826	548196
142227	159676	139617	273503	293848	230002	287574	193832	208443	304203	183417	421867
1767	1958	1770	2951	952	634	2423	642	722	4135	433	1050
380	1200	1815	4910	3458	1700	2910	4960	5226	4930	1525	8335
200	100	880	4162	922	3260	1884	3067	1598	5771	3079	10069
1575	170	2085	5610	820	570	1714	2750	100	1035	775	2879
14730	19029	10625	16817	30865	43977	49798	11417	75281	40635	93168	130510
1877	3620	4192	5676	6607	7934	6542	3530	6131	14756	9897	16778
36	81	25	59	104	1896	27	8	96	79	585	2670
723	1014	692	952	1265	12396	1007	780	1627	4127	4460	15764
50											15

7-22 续

指　　标	500元以下户	500-800元户	800-1000元户	1000-1300元户	1300-1500元户	1500-1700元户	1700-2000元户	2000-2300元户
奶　类					100			7280
十一、出售量 (公斤)								
谷　物	9400	19200	28135	48347	44084	21970	85510	78747
薯　类				300	84		33	16
豆　类	300	1520	240	1668	1178	1260	3495	1250
棉　花	220	170	540	1420	1035	340	340	185
油　料	1020	2700	950	4230	2740	1705	2265	2686
蔬　菜		20	4008	14065	5065	4420	18933	15496
肉猪及猪肉	268	53	426	1674	1319	1469	5151	8101
肉羊及羊肉				123	163	105	429	196
肉牛及牛肉							402	1424
家　禽	20			20	17			25
蛋　类	82	95	71	265	264	129	347	89
畜　皮 (张)				3				
毛、绒					15			
奶　类								7250
十二、食品消费情况 (公斤)								
粮食消费量	16106.9	18014.9	18369.1	43998.0	34421.4	28129.3	68142.9	59190.0
谷　物	15488.8	17451.0	18028.7	42561.2	33577.6	27320.3	66658.2	57439.5
薯　类	363.6	373.4	216.4	1095.8	618.3	559.0	932.1	854.5
豆　类	254.5	190.5	124.0	341.0	225.5	250.0	552.7	896.0
油脂类	199.8	389.7	478.9	1076.4	742.0	706.2	1711.5	1782.7
蔬菜及菜制品	2080.0	2886.2	3845.3	10933.4	9387.0	9595.7	24665.5	21634.1
肉禽及其制品	230.7	385.2	310.9	1001.8	694.9	542.7	1316.2	1641.2
蛋类及蛋制品	208.7	461.5	498.4	1288.8	1257.9	772.0	2038.2	1825.5
奶和奶制品	258.0	198.5	90.0	344.1	379.0	188.5	538.8	485.1
食　糖	19.0	38.9	78.5	127.0	122.6	76.5	213.0	273.9
十三、期末每百户耐用消费品拥有量								
洗衣机 (台)	2	8	8	18	15	17	39	41
电冰箱 (台)			1	3	1	5	12	10
空调机 (台)			1					2
微波炉 (台)				2		1	2	1
自行车 (辆)	13	15	11	33	36	23	46	54
摩托车 (台)	5	14	13	35	23	18	53	47
移动电话 (部)	6	6	10	28	30	26	52	53
彩色电视机 (台)	12	16	17	43	32	32	75	70
影碟机 (台)	2	4	2	8	4	8	16	18
照相机 (架)						1	2	2

表

2300–2500元户	2500–2800元户	2800–3000元户	3000–3500元户	3500–4000元户	4000–4500元户	4500–5000元户	5000–5500元户	5500–6000元户	6000–7000元户	7000–8000元户	8000元以上户
			11350						25500	11530	5000
60618	82008	62954	121176	110736	105226	130303	46608	94557	94519	60066	190861
120	820	760	916	65	70	3075	144	176	1845		1607
811	1165	993	1286	943	1235	656	2150	546	713	882	1090
560		880	4082	922	2724	1884	3039	1598	5521	3079	10062
545	130	1365	2640	260	50	674	1450	25	22	600	1635
7958	7865	4330	7584	22178	37374	45298	4686	68227	38576	93148	121073
1113	3000	2586	5225	5340	5217	3494	3416	4957	12699	9160	12509
602	21	872	217	105	2332	1904		550	1722	403	2058
146	599	438	362	927	183	1234		453	1312		1073
36	77	25	9	104	1889	27	8	51	79	585	2670
163	197	143	122	93	11516	17	18	872	3196	4084	14617
50											15
			11350						25500	11530	5000
39650.6	47483.3	43661.8	95418.9	90487.7	68867.9	82036.2	76165.5	64027.6	98180.3	59784.9	110854.3
39060.7	46305.2	42698.7	93416.7	88668.1	68086.2	80948.1	74460.3	63028.6	96599.2	59016.3	108613.7
296.9	600.3	340.5	921.8	647.8	245.1	267.0	439.1	318.0	476.8	256.2	308.7
293.1	577.7	622.5	1080.4	1171.7	536.7	821.1	1266.1	681.0	1104.3	512.4	1931.9
1049.9	1353.4	1308.9	3287.1	3434.5	2638.0	2690.7	2379.2	2171.8	3478.7	2746.6	4379.2
14021.3	17377.5	16100.0	33638.0	31818.9	21867.0	27483.3	22250.7	17740.7	27521.4	17320.8	35139.6
866.0	1456.1	1192.7	2736.8	2905.5	1996.7	2405.3	2194.6	1923.5	3995.2	2416.1	4360.2
1116.0	1685.4	1758.5	3057.3	3325.6	2503.3	2603.8	2577.0	2515.7	3004.5	2009.0	4243.1
241.0	575.3	528.9	1222.2	880.3	622.1	1080.8	1118.7	917.5	984.1	1297.7	1233.2
150.4	200.5	216.4	581.8	456.0	395.0	401.5	322.0	299.2	462.0	519.8	584.6
22	37	40	88	78	60	75	70	60	89	59	116
10	7	10	31	34	16	21	31	21	33	20	46
1		1	6	8	1	7	8	4	3	6	16
2	4	1	1	5	6	8	5	4	4	7	11
36	44	29	88	95	68	71	75	68	159	105	157
30	46	44	71	76	68	67	65	54	94	55	110
40	47	56	98	101	69	83	80	66	106	62	133
46	57	58	114	109	82	94	92	74	111	80	138
10	17	8	21	31	22	32	28	30	30	20	55
2	3	1	5	6	3	4	1	4	6	10	13

7-23 农村住户调查按平均每人

指 标	500元以下户	500-800元户	800-1000元户	1000-1300元户	1300-1500元户	1500-1700元户	1700-2000元户	2000-2300元户
一、总收入	**59817**	**117872**	**160813**	**459646**	**405747**	**299035**	**968767**	**974734**
工资性收入	7460	21062	44406	78588	106957	81721	289133	322379
在非企业组织中劳动得到		1140		500	1141	800	4627	15100
在本乡地域内劳动得到	5510	16952	40944	50747	58553	59781	252240	248134
外出从业得到	1950	2970	3462	27341	47263	21140	32266	59145
家庭经营收入	42641	80001	91412	334239	256435	186042	570805	596848
第一产业	41591	78451	90477	320546	229168	166112	528770	523762
农 业	34069	72889	80344	269134	196311	140951	403685	347817
林 业	1230	3555	2370	18602	3690	3930	26983	16883
牧 业	6292	2006	7763	32810	29167	21231	98103	159063
渔 业								
第二产业	200	300	300	2445	4550	17030	12735	14279
工 业	200			320	1200	2880	6785	6979
建筑业		300	300	2125	3350	14150	5950	7300
第三产业	850	1250	635	11248	22717	2900	29300	58807
其他产品收入								400
第三产业服务性收入	850	1250	635	11248	22717	2900	29300	58407
交通、运输、邮电业	300	1000	100	2260	17470	1800	20200	51672
批零贸易业、餐饮业	430	250		8628	3247	600	3480	3700
社会服务业	120		265	210	2000		1600	300
文教卫生业						500		
其他行业			270	150			4020	2735
财产性收入	349	2605	2729	4272	4223	197	9647	-13307
转移性收入	9367	14205	22266	42548	38132	31075	99182	68814
二、总支出	**106163**	**166103**	**152142**	**500953**	**397463**	**343780**	**946999**	**940528**
家庭经营费用支出	21480	25935	24498	135287	94866	62668	232427	267763
第一产业生产费用	20825	23161	23355	130071	81867	51664	222480	229540
农 业	18057	19994	17440	109905	64728	41244	147666	123692
林 业	273	177	24	1816	994	865	2782	1162
牧 业	2495	2990	5891	18350	16145	9556	72032	104686
渔 业								
第二产业生产费用	35	600	5	1991	4680	9135	6332	2290
工 业	35		5	185	130	105	3406	1080
建筑业		600		1806	4550	9030	2926	1210
第三产业生产费用	620	2174	1138	3225	8319	1869	3615	35933
交通运输邮电业	210	1934	978	2080	6594	1685	3392	30612
批零贸易餐饮业	310	130		1135	500	184	100	
社会服务业	100		135	10	1120		4	4820
文教卫生业					5			20
其他行业		110	25		100		119	481
购置生产性固定资产支出	238	4061	35	7812	3600	86	6600	9284
建造生产性固定资产雇工支出								
税费支出					840		32	645

纯收入分组收支情况(2009年)

单位：元

2300–2500元户	2500–2800元户	2800–3000元户	3000–3500元户	3500–4000元户	4000–4500元户	4500–5000元户	5000–5500元户	5500–6000元户	6000–7000元户	7000–8000元户	8000元以上户
683064	**855345**	**902893**	**1912348**	**2022202**	**1758160**	**2113999**	**2121410**	**2022857**	**3431056**	**2373970**	**5581725**
200658	265439	384246	774956	756879	638177	813463	892339	668845	1218918	866959	1571721
17640	19159	39418	59270	69407	82296	73302	146140	104237	88399	137606	410658
129868	224023	270178	557388	546602	403691	514488	479611	371028	792004	518296	723893
53150	22257	74650	158298	140870	152193	225673	266588	193580	338515	211057	437170
438186	516253	481129	1020238	1162768	991757	1185823	1142481	1298535	2059824	1374076	3741481
359749	426683	358753	719667	695410	714007	770097	556151	705923	1033849	794294	1690095
319019	351529	283559	586014	562476	503539	658553	477764	584783	754499	573377	1281111
11479	13882	12667	18357	23888	18243	16383	14090	12344	8018	11600	25940
29250	61272	62526	115296	109047	192225	95161	64297	108797	271332	209307	383044
										10	
18350	13273	22610	71098	70395	46900	103377	206874	141215	223147	117476	334903
12850	9973	22610	40297	30955	7760	33357	168582	18725	88786	43445	128665
5500	3300		30801	39440	39140	70020	38292	122490	134361	74031	206238
60087	76298	99767	229472	396963	230851	312349	379456	451397	802828	462306	1716483
30		600	25	24	54						
60057	76298	99167	229447	396939	230797	312349	379456	451397	802828	462306	1716483
33520	60178	33760	130169	199016	124911	138130	209278	129729	356987	138863	807568
23137	5150	49782	64975	117060	60162	67810	98932	151478	251243	189738	593790
400	2300	4000	25183	72803	28179	44135	24856	75100	76115	99487	106735
	1300	5600			13410	38444		52590	43763	21800	105900
3000	7370	6025	9120	8060	4136	23830	46390	42500	74720	12418	102490
-268	2503	933	27264	10533	11474	14262	13838	9371	36732	52936	77954
44488	71150	36585	89891	92022	116752	100451	72752	46105	115582	79999	190570
659144	**830809**	**837962**	**1587850**	**1502995**	**1214985**	**1441995**	**1441707**	**1324257**	**1944151**	**1268896**	**3384835**
154285	147884	184197	296678	302828	307035	308578	254587	307410	512501	319962	885968
124693	129932	127359	232317	220327	242096	179987	122361	177606	299937	203066	477505
111149	95512	93347	174069	168254	137164	157769	98132	135067	154441	112286	294880
2974	1670	2976	4220	3790	3039	1131	3641	3898	688	1930	3784
10570	32750	30545	53711	48284	101787	21086	20587	38641	144663	88440	178575
		491	318		106				145	410	265
9120	3726	8276	19830	12987	9199	28730	43157	22462	46700	23373	61566
3080	2236	7300	7040	6958	2630	14420	38269	8382	23355	8918	25775
6040	1490	976	12790	6029	6569	14310	4888	14080	23345	14455	35791
20473	14226	48562	44531	69514	55740	99862	89070	107342	165864	93523	346898
11956	11441	5386	24344	46732	37590	38113	39539	27061	72749	28469	193933
7843	1550	41089	12154	12486	9322	42954	17224	39176	55312	31703	90802
670	532	1845	4555	9056	4840	7835	9160	29466	14666	25587	9894
			1900	30	1345	6159		7072	7713	2390	46250
4	703	242	1578	1210	2643	4801	23147	4567	15424	5374	6019
7370	15600	9570	23514	8011	18240	9100	7370	15105	5045	1296	9412
			19200								18000
934	2237	550	6123	7235	3462	3511	8137	4262	5598	2944	9288

7-23 续

指　　标	500元以下户	500-800元户	800-1000元户	1000-1300元户	1300-1500元户	1500-1700元户	1700-2000元户	2000-2300元户
生活消费支出	77955	130527	120339	328173	281705	270999	642894	619208
#服务性	12664	32725	27927	78189	59671	56452	165714	148790
食　品	50725	72031	66772	170980	146408	122483	299890	284191
衣　着	5958	5591	6621	25300	22458	20925	53287	59976
居　住	4861	11750	14134	28830	32635	65422	101047	84043
家庭设备、用品	3331	3781	3924	14507	9178	11408	32225	36018
交通和通讯	5181	17085	10862	31274	26550	21889	46525	54197
文化教育、娱乐	3364	3629	8698	38856	21340	11500	59353	62003
医疗保健	4263	15835	7488	11931	18203	15082	30901	32974
其他商品和服务	272	827	1841	6495	4934	2291	19666	5807
财产性支出				2700	1500		1200	500
转移性支出	6490	5580	7270	26981	14952	10027	63846	43128
三、全年纯收入	**30156**	**80630**	**123191**	**305999**	**286403**	**220422**	**673849**	**642527**
四、期内现金收支情况								
期内现金收入	50348	91958	133649	358388	340135	244430	825585	856692
工资性收入	7460	21062	44406	78588	106957	81721	289103	322379
在非企业组织中劳动得到		1140		500	1141	800	4627	15100
在本乡地域内劳动得到	5510	16952	40944	50747	58553	59781	252210	248134
外出从业得到	1950	2970	3462	27341	47263	21140	32266	59145
家庭经营现金收入	33205	54243	66790	232316	192564	129252	429986	466278
第一产业	32155	52693	65855	218623	165297	109322	387951	393192
第二产业	200	300	300	2445	4550	17030	12735	14279
第三产业	850	1250	635	11248	22717	2900	29300	58807
财产性收入	316	2448	288	5139	2570	2381	9436	1848
转移性收入	9367	14205	22165	42346	38044	31075	97060	66187
非收入现金所得	24260	68985	38160	129480	76088	72380	198735	202260
期内现金支出	81583	134017	127434	431972	336402	293834	815450	826898
生产费用支出	21718	29872	22574	138311	94862	62286	227659	263165
家庭经营费用支出	21480	25811	22539	130499	91262	62200	221059	253881
第一产业生产费用	20825	23037	21396	125283	78263	51196	211112	215658
第二产业生产费用	35	600	5	1991	4680	9135	6332	2290
第三产业生产费用	620	2174	1138	3225	8319	1869	3615	35933
购置生产性固定资产支出	238	4061	35	7812	3600	86	6600	9284
税费支出					840		32	645
生活消费支出	55885	99875	98091	270396	226778	223461	527554	521379
财产性支出				2700	1500		1200	500
转移性支出	3980	4270	6770	20566	12422	8087	59006	41209
非消费性支出	4180	11350	59860	77737	72547	57931	170882	176354
期末金融资产余额	34643	73843	65008	153916	179877	77880	395459	528639
手存现金	22443	61493	34508	72406	77027	61047	187092	191439
存款余额	12200	12350	30500	81510	102850	16833	208367	337200
期末债务余额			1000	39100	91810	29000	149700	45100

表

单位：元

2300–2500元户	2500–2800元户	2800–3000元户	3000–3500元户	3500–4000元户	4000–4500元户	4500–5000元户	5000–5500元户	5500–6000元户	6000–7000元户	7000–8000元户	8000元以上户
458323	620276	606168	1154958	1119654	813605	1036481	1088555	932064	1328381	874847	2292048
148685	151737	158874	280164	300562	205569	281313	311664	273768	367786	244124	741924
194852	233735	230191	513941	473047	335368	413789	389197	331343	507069	321829	653598
38824	68030	52022	118506	131310	86397	101970	119068	87983	181921	123622	246472
68992	103140	52653	133582	97471	104795	136731	167215	177300	160351	88580	508522
17775	18815	29873	67368	57292	34771	58550	52151	38708	74045	51866	120643
46241	57238	101859	118399	140882	97320	111555	129851	103851	133348	123211	234465
42523	79185	54516	111051	130322	65929	119939	147119	103756	165948	89435	334584
44056	48484	61767	73900	61144	79081	75507	61996	74962	79965	67812	147749
5060	11649	23288	18210	28186	9945	18439	21959	14160	25735	8492	46015
1063	2000	600	3034	600				1000		280	5566
37169	42812	36878	84343	64667	72643	84325	83058	64417	92626	69567	164552
496984	**664221**	**693766**	**1552941**	**1635966**	**1366838**	**1746800**	**1792171**	**1660530**	**2833179**	**2007437**	**4551823**
551179	710786	766126	1626555	1726012	1538241	1862568	1855325	1794837	3082199	2163189	5143321
200658	265364	375146	770566	756879	635087	813032	892139	666675	1214618	861139	1568939
17640	19159	39418	59155	69407	82296	73202	145940	103737	88399	137586	410158
129868	223948	269678	557313	546602	403061	514488	479611	371028	792004	518296	723261
53150	22257	66050	154198	140870	149730	225342	266588	191910	334215	205257	435520
303995	374584	350726	747064	869979	784296	935217	882235	1076370	1721182	1171763	3308709
225558	285013	228349	446494	402621	506545	521491	295905	484058	695207	591981	1257323
18350	13273	22610	71098	70395	46900	101377	206874	140915	223147	117476	334903
60087	76298	99767	229472	396963	230851	312349	379456	451397	802828	462306	1716483
3065	1494	6224	23607	11333	8760	17970	12259	7376	32091	51785	77730
43461	69344	34031	85218	87822	110098	96349	68692	44416	114308	78502	187943
236090	166917	189390	385160	228083	218069	201756	124889	200687	126050	90959	649758
589487	749875	753130	1376843	1323449	1050359	1245067	1287071	1177999	1757574	1148244	3154391
158509	159015	185294	327428	294305	309211	309017	254973	308258	504311	314740	890635
151139	143415	175724	284714	286294	290971	299917	247603	293153	499266	313444	863223
121546	125463	118886	220353	203793	226032	171325	115376	163350	286702	197868	454760
9120	3726	8276	19830	12987	9199	28730	43157	22462	46700	23373	61566
20473	14226	48562	44531	69514	55740	99862	89070	107342	165864	92203	346898
7370	15600	9570	23514	8011	18240	9100	7370	15105	5045	1296	9412
934	2237	350	6123	7235	3262	3411	8137	4262	5498	2944	9288
396162	543986	530654	961077	960817	680978	851029	957991	810646	1162330	769248	2101274
1063	2000	600	3034	600				1000		280	5566
32819	42636	36232	79181	60492	56908	81610	65970	53833	85435	61032	147628
141670	122520	153132	391787	378648	271704	343098	214203	306600	441890	366936	1074700
288119	254071	548133	1209215	1201157	1285692	1338635	1387144	1096592	1487927	1449348	3308118
124989	138230	240833	571320	555489	463253	517892	548094	439521	682126	550031	1185283
163130	115841	307300	637895	645668	822439	820743	839050	657071	805801	899317	2122835
115650	42696	39000	37000	117000	22700	67000	50100	56300	92000	70000	241000

7-24 农民家庭平均每人主要消费品消费量

单位：公斤

指　　标	2000	2005	2006	2007	2008	2009
粮　食(原 粮)	253.13	214.10	205.30	204.35	198.94	200.12
#细　粮	205.41	177.21	164.95	160.36	160.81	158.46
蔬　菜	51.03	74.68	73.34	81.40	75.39	71.20
食　油	6.17	6.04	6.36	7.16	7.24	8.09
肉禽及其制品	5.25	5.67	5.85	6.17	5.37	6.34
#家　禽	0.09	0.22	0.17	0.39	0.32	0.34
蛋　类	9.20	9.39	9.95	10.22	10.40	8.96
鱼　虾	0.33	0.53	0.44	0.65	0.48	0.44
食　糖	0.98	0.77	0.72	0.88	0.92	0.89
酒	2.83	3.41	3.78	4.23	3.64	3.35

7-25 农民家庭平均每百户耐用消费品拥有量

单位：台、架、部、辆

指　　标	2000	2005	2006	2007	2008	2009
洗 衣 机	50.18	82.32	84.82	93.04	91.25	92.32
摩 托 车	23.75	71.79	74.64	82.14	83.21	85.18
微 波 炉		1.07	2.14	5.18	6.07	6.07
黑白电视机	53.93	10.18	10.00	14.11	5.00	5.00
彩色电视机	55.54	95.71	97.68	100.72	103.15	104.32
空 调 机		1.79	1.79	8.93	5.36	6.43
照 相 机	3.21	6.25	6.43	6.82	5.00	5.36
电 冰 箱	7.50	21.96	23.21	30.36	27.68	29.11
影 碟 机	7.86	28.04	29.82	35.18	35.36	35.54
电 话 机	8.39	65.71	74.46	79.82	81.43	83.04
移动电话	0.18	44.46	58.04	77.86	90.18	98.39
家用电脑	0.18	0.18	0.18	4.11	1.79	4.82
生活用汽车		0.54	0.71	0.89	1.07	1.25

主要统计指标解释

城镇居民家庭就业人口 指从事社会劳动并取得劳动报酬或经营收入的人口。

城镇居民家庭总收入 指调查户中生活在一起的所有家庭成员在调查期得到的工薪收入、经营净收入、财产性收入、转移性收入的总和，不包括出售财物和借贷收入。

城镇居民家庭可支配收入 指调查户可用于最终消费支出和其他非义务性支出以及储蓄的总和，即居民家庭可以用来自由支配的收入。它是家庭总收入扣除交纳的所得税、个人交纳的社会保障费以及调查户的记帐补贴后的收入。计算公式为：

可支配收入 = 家庭总收入 – 交纳所得税 – 个人交纳的社会保障支出 – 记帐补贴

城镇居民家庭工薪收入 指就业人员通过各种途径得到的全部劳动报酬，包括所从事的主要职业的工资以及从事第二职业、其他兼职和零星劳动得到的其他劳动收入。

城镇居民家庭消费支出 指调查户用于本家庭日常生活的全部支出，包括食品、衣着、家庭设备用品及服务、医疗保健、交通和通讯、娱乐教育文化服务、居住、杂项商品和服务八大类等。不包括用于赠送的商品或服务。

农村居民家庭纯收入 指农村住户当年从各个来源得到的总收入相应地扣除所发生的费用后的收入总和。纯收入主要用于再生产投入和当年生活消费支出，也可用于储蓄和各种非义务性支出。“农民人均纯收入”是按人口平均的纯收入水平，反映的是一个地区农村居民的平均收入水平。计算方法：

纯收入 = 总收入 – 家庭经营费用支出 – 税费支出 – 生产性固定资产折旧 – 赠送农村内部亲友支出

农村居民家庭生活消费支出 指农村住户用于物质生活和精神生活方面的支出。生活消费支出包括食品支出、衣着支出、居住支出、家庭设备用品及服务支出、医疗保健支出、交通和通讯支出、文化教育娱乐用品及服务支出、其他商品和服务支出。

08

农村经济

资料整理人员

王华峰　柴华萍　程冬凤

农村经济

农作物播种面积	564.23	千公顷
#粮食	504.36	千公顷
粮食产量	1667399	吨
油料产量	22625	吨
肉类产量	98111	吨
水果产量	294222	吨

农林牧渔业总产值构成(%)

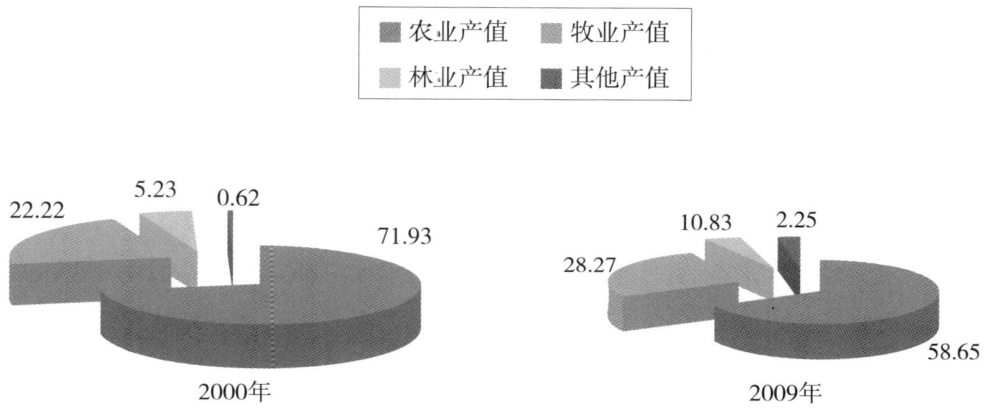

农林牧渔业总产值(亿元)

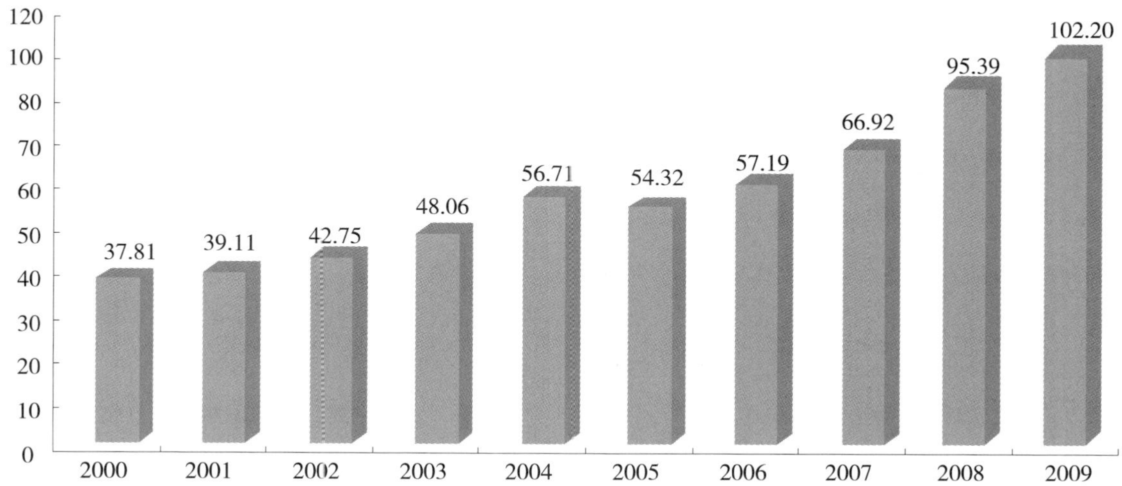

8-1 农村基层组织情况

指　　标	单　位	1995	2000	2005	2007	2008	2009
一、农村基层组织情况							
乡镇政府个数	个	249	248	161	161	161	161
乡政府	个	178	171	86	86	86	86
#农业办事处	个	7	5	10	10	10	10
镇政府	个	71	77	75	75	75	75
村民委员会个数	个	3372	3375	2966	2961	2961	2961
二、农村社会基础设施							
自来水受益村数	个	1546	1853	2089	2175	2259	2443
通汽车村数	个	3185	3309	2957	2961	2961	2961
通电话村数	个	918	2184	2616	2817	2857	2889
通电村数	个	3330	3361	2963	2961	2961	2961
通公路村数	个		3358	2965	2961	2961	2961
通公路乡数	个	249	248	161	161	161	161
三、乡村户数	户	719347	741460	767818	775269	781683	792217
四、乡村人口数	人	2997567	3075054	3173160	3203553	3226856	3244567
五、乡村劳动力资源总数	人	1715302	1801336	1883104	1914819	1926645	1940428
六、乡村实有劳动力	人	1297241	1361136	1426889	1458110	1466812	1486996
按性别分组							
男劳动力	人	713029	746484	795751	816433	820500	833540
女劳动力	人	584212	614652	631138	641677	646312	653456
按部门分组							
农林牧渔业劳动力	人	836757	858935	844958	843914	857436	861971
农　业	人	761777	773821	741755	738267	750507	
林　业	人	19071	23012	29100	31149	30578	
牧　业	人	54768	60844	73076	73447	75477	
渔　业	人	1141	1258	1027	1051	874	
农村工业劳动力	人	190117	188418	220842	232058	211116	201743
建筑业劳动力	人	59924	70816	82523	88617	94346	100826
交通运输仓储和邮电通讯	人	77187	89070	101900	106462	104303	100848
批发、零售贸易餐饮业	人	54770	68992	94738	104391	114624	132698
其　他	人	78486	84905	81928	82668	84987	88910

注：2009年乡村实有劳动力中按部门分组中的农业、林业、牧业、渔业从业人员指标年报中已经取消。

8-2 主要年份农林牧渔业总产值

按当年价格计算 单位：万元

年 份	农林牧渔业总产值	农 业 产 值	林 业 产 值	牧 业 产 值	渔 业 产 值	农林牧渔服务业产值
1952	15178	13999	234	945		
1957	21076	18626	630	1820		
1962	14482	12654	301	1527		
1965	21028	18295	654	2078	1	
1970	23278	19784	705	2785	4	
1975	34648	28231	2650	3762	5	
1978	32439	26967	1535	3932	5	
1980	48987	41915	1495	5567	10	
1985	101287	80068	7562	13595	62	
1990	170174	134897	7195	27507	575	
1995	401480	295533	16973	87627	1347	
2000	378062	271926	19764	84016	2356	
2001	391115	282956	17195	88800	2164	
2002	427505	311549	20029	93652	2275	
2003	480596	339120	21068	108584	2414	9410
2004	567116	400098	19177	134037	2643	11161
2005	543248	361982	15606	149261	3271	13128
2006	571939	432243	18009	107940	2702	11045
2007	669243	486658	18994	147650	4315	11626
2008	953916	564299	99117	269567	7075	13858
2009	1021958	599350	110717	288921	7428	15542

注：2008年、2009年重新调整了农林牧渔业总产值。

8-3 农林牧渔业总产值、中间消耗、增加值

按当年价格计算 单位：万元

指 标	1995	2000	2005	2006	2007	2008	2009
一、农林牧渔业总产值	401480	378062	543248	571939	669243	953916	1021958
农 业	295533	271926	361982	432243	486658	564299	599350
林 业	16973	19764	15606	18009	18994	99117	110717
牧 业	87627	84016	149261	107940	147650	269567	288921
渔 业	1347	2356	3271	2702	4315	7075	7428
农林牧渔服务业			13128	11045	11626	13858	15542
二、农林牧渔业中间消耗	135863	154874	238643	251159	295428	434710	466516
农 业	93882	110268	161735	181729	205420	266144	279515
林 业	4425	5727	5064	10104	10910	49937	56093
牧 业	37322	38471	64745	52779	71487	108602	119829
渔 业	234	408	741	1194	1946	3108	3467
农林牧渔服务业			6358	5353	5665	6919	7612
三、农林牧渔业增加值	265617	223188	304605	320780	373815	519206	555442
农 业	201651	161658	200247	250514	281238	298155	319835
林 业	12548	14037	10542	7905	8084	49180	54624
牧 业	50305	45545	84516	55161	76163	160965	169092
渔 业	1113	1948	2530	1508	2369	3967	3961
农林牧渔服务业			6770	5692	5961	6939	7930

注：2008年、2009年重新调整了总产值、中间消耗、增加值。

8-4 主要年份农作物播种面积

单位：千公顷

年 份	总播种面 积	粮食作物	谷 物	油 料	棉 花	烟 叶	蔬 菜
1952	548.32	462.02	410.49	9.22	65.32	2.36	3.02
1957	565.19	451.83	406.00	7.92	88.28	1.95	5.63
1962	540.80	467.97	416.83	5.41	43.04	2.23	5.85
1965	536.84	441.59	396.98	5.53	66.47	1.91	3.93
1970	551.43	458.93	414.08	4.31	65.73	0.95	6.14
1975	541.25	450.04	423.13	4.85	64.67	1.33	5.90
1978	536.71	458.01	418.62	4.63	48.99	1.33	6.08
1980	515.01	422.35	392.12	9.57	56.63	0.50	5.91
1985	478.45	388.07	357.97	35.30	25.70	0.24	8.68
1990	490.31	426.28	375.70	19.41	25.09	1.57	9.80
1995	504.74	431.59	384.97	23.81	25.40	3.07	13.61
2000	512.99	440.46	374.12	30.56	3.66	3.37	22.07
2001	478.35	402.90	342.26	23.34	8.22	2.39	25.65
2002	487.08	401.57	337.18	27.43	5.92	1.72	26.34
2003	474.28	383.67	321.25	27.04	7.40	1.05	27.73
2004	499.87	416.83	365.53	24.76	9.00	0.83	22.77
2005	511.71	436.98	392.58	20.98	6.09	0.74	21.29
2006	524.00	454.46	410.37	19.16	7.36	0.84	21.16
2007	539.53	471.11	424.80	17.89	7.14	0.87	23.65
2008	550.68	486.33	445.84	17.07	6.27	0.82	21.95
2009	564.23	504.36	467.57	15.98	5.91	0.92	19.56

8-5 分品种农作物播种面积

单位：千公顷

指 标	1995	2000	2005	2006	2007	2008	2009
农作物总播种面积	**504.74**	**512.99**	**511.71**	**524.00**	**539.53**	**550.68**	**564.23**
一、粮 食	431.59	440.46	436.98	454.46	471.11	486.33	504.36
谷 物	384.97	374.12	392.58	410.37	424.80	445.84	467.57
#稻 谷	0.53	0.42	0.06	0.07	0.06	0.06	0.03
小 麦	246.46	246.16	231.30	237.87	242.09	245.65	247.88
玉 米	98.59	88.08	137.46	145.48	155.74	176.00	194.65
谷 子	20.26	21.02	16.83	19.05	18.88	16.20	16.86
高 粱	5.73	4.07	1.19	1.40	1.37	1.11	1.22
莜 麦	0.79	0.81	0.38	0.38	0.33	0.32	0.33
豆 类	25.92	41.62	26.94	28.37	30.71	27.77	24.84
#大 豆	15.35	24.99	15.38	15.06	14.92	13.68	12.15
薯 类	20.70	24.72	17.46	15.72	15.60	12.72	11.95
#马铃薯	6.93	10.54	9.26	9.23	9.06	7.07	6.45
二、油 料	23.81	30.56	20.98	19.16	17.89	17.07	15.98
花 生	4.32	3.42	2.13	1.99	2.00	1.96	1.49
油菜籽	1.05	0.39	0.59	0.32	0.40	0.36	0.66
芝 麻	1.75	1.97	0.76	0.89	0.73	0.68	0.78
胡 麻	1.83	1.43	0.85	0.82	0.82	0.82	0.81
向日葵	8.64	18.36	11.90	11.51	10.78	10.25	9.64
三、棉 花	25.40	3.66	6.09	7.36	7.14	6.27	5.91
四、麻 类	0.05	0.03	0.01	0.01			0.01
五、甜 菜							
六、烟 叶	3.07	3.37	0.74	0.84	0.87	0.82	0.92
七、药 材	0.86	5.77	9.73	6.80	6.14	5.78	5.26
八、蔬菜、瓜类	16.75	26.23	24.77	24.89	26.77	24.92	22.90
#蔬 菜	13.61	22.07	21.29	21.16	23.65	21.95	19.56
九、其他作物	3.21	2.91	12.41	10.48	9.61	9.49	8.89
#青饲料	3.04	2.76	12.35	10.41	9.48	9.43	8.83

8-6 主要年份主要农作物产量

单位：吨

年份	粮食	谷物	稻谷	小麦	玉米	谷子	高粱
1952	400555	362996		164195	112355	48515	15255
1957	410795	374414		193015	105535	38465	14300
1962	513090	455694		198495	154000	46290	14305
1965	655120	606976		328325	207730	37115	16710
1970	501095	454831		177405	188400	46065	16915
1975	874965	822687		400940	299405	56265	32915
1978	861260	779796		244560	389000	68560	39655
1980	839600	789700	3670	273725	418920	52055	16590
1985	1316487	1231281	2779	768746	363780	52420	25744
1990	1502065	1390535	2847	862708	429790	52953	28665
1995	1524000	1389297	3204	733502	537425	65479	25576
2000	1208506	1040231	2794	511027	422417	61197	15323
2001	1216150	1078935	1997	656739	360925	38189	11428
2002	1373435	1220174	1063	755124	388133	49242	11455
2003	1501890	1331778	999	811859	439668	52662	11017
2004	1725164	1592607	374	875524	658326	40398	6405
2005	1356452	1256020	459	585301	616609	41105	4390
2006	1667271	1563730	509	793936	699567	54272	5287
2007	1720396	1606869	487	705117	829384	55576	5335
2008	1706979	1638974	476	945496	648716	32518	3116
2009	1667399	1596665	213	810394	732801	39224	3756

8-6 续表

单位：吨

年份	豆类	薯类	油料	棉花	麻类	烟叶	蔬菜
1952	28769	8790	4714	21980	141	2918	46575
1957	25871	10510	2429	29400	195	1633	77762
1962	23401	33995	1338	10520	173	1187	90148
1965	26134	22010	2686	25605	130	559	74538
1970	23979	22285	1710	20475	106	531	101435
1975	20998	31280	2387	16495	108	488	139830
1978	26704	54760	1627	14368	89	568	188259
1980	17755	32145	9380	18125	67	295	172445
1985	24841	60365	41881	16746	145	548	331097
1990	56054	55476	28396	21128	33	2635	384086
1995	46696	88007	36747	16279	34	4745	565233
2000	73324	94951	47693	2557	30	6226	847640
2001	47029	90186	30215	6932	20	4281	877458
2002	55774	97487	38151	5151	21	2824	920591
2003	63079	107033	44635	7316	14	2106	989920
2004	49933	82624	44352	9263	14	1866	860065
2005	39387	61045	33413	5990	5	1688	824812
2006	47948	55593	30557	7514	6	2199	827206
2007	54290	59237	30870	7855		2189	927869
2008	33473	34532	23937	6563		1693	784370
2009	34022	36712	22625	6435	8	2157	796934

8-7 主要年份主要农作物单位面积产量

单位：千克/公顷

年份	粮食						
		谷物					
			稻谷	小麦	玉米	谷子	高粱
1952	870	884		630	1590	1106	1123
1957	915	922		750	1665	985	1199
1962	1095	1093		825	1980	1176	1421
1965	1485	1529		1380	2175	1110	1850
1970	1095	1098		765	1965	1225	1585
1975	1950	1944		1695	2820	1570	2469
1978	1875	1863		1080	3555	1832	2506
1980	1995	2014	4493	1245	3705	1776	2020
1985	3390	3440	5955	3180	4650	2661	3481
1990	3525	3701	5550	3428	4965	2643	4266
1995	3531	3609	6045	2976	5451	3232	4464
2000	2744	2780	6652	2076	4796	2911	3765
2001	3018	3152	7988	2842	4432	2136	3401
2002	3420	3619	6644	3411	4631	2493	3648
2003	3915	4146	7685	3866	5308	2944	4304
2004	4139	4357	6233	4025	5234	2923	3905
2005	3104	3199	7650	2530	4486	2442	3689
2006	3669	3811	7271	3338	4809	2849	3776
2007	3652	3783	8117	2913	5325	2944	3894
2008	3510	3676	7933	3849	3686	2007	2807
2009	3306	3415	6656	3269	3765	2327	3069

8-7 续表

单位：千克/公顷

年份			油料	棉花	麻类	烟叶
	豆类	薯类				
1952	644	1277	510	330	291	1237
1957	661	1572	300	330	317	838
1962	655	2203	240	240	294	533
1965	777	2004	480	390	354	293
1970	718	1945	390	315	426	560
1975	1212	3262	495	255	456	368
1978	1250	3038	345	300	430	426
1980	980	2654	975	315	459	593
1985	1833	3651	1185	645	889	2243
1990	1630	3424	1470	840	450	1675
1995	1802	4252	1543	641	680	1546
2000	1762	3841	1561	699	1000	1847
2001	1428	3255	1295	843	1000	1791
2002	1508	3558	1391	870	1050	1642
2003	1796	3922	1651	989	1400	2006
2004	1643	3953	1791	1029	1400	2248
2005	1462	3496	1593	984	500	2281
2006	1690	3536	1595	1021	600	2618
2007	1768	3797	1726	1100		2516
2008	1205	2715	1402	1047		2065
2009	1370	3072	1416	1089	1333	2334

8-8 畜牧业生产情况

指　　标	单 位	1995	2000	2005	2006	2007	2008	2009
一、大牲畜年末存栏	头	593569	528048	507662	168278	156827	164074	168124
#从事农事劳役	头	409677	334348	323101	124117	113530	121957	101917
牛	头	444302	425388	437650	130273	122318	131143	139605
马	匹	19792	8468	5916	3299	2910	2788	2549
驴	头	63352	42100	29566	15782	14654	13855	11671
骡	头	66123	52091	34530	18924	16946	16288	14299
二、猪年末存栏	头	790769	704392	1049647	519373	581157	835326	978873
#能繁殖的母猪	头	68710	58691	82285	45271	55009	103845	138208
三、羊年末存栏	只	1425817	1360402	1488794	623118	633692	772399	775182
山　羊	只	1159491	1078661	888663	416315	439515	485593	448941
绵　羊	只	266326	281741	600131	206803	194178	286806	326241
四、家禽年末存栏	只	9475033	9070750	12794553	7581752	9087270	11393151	11899950
五、养蜂年末箱数	箱	16985	16206	15938	15638	15928	16764	
六、养兔年末存栏	只	596061	572543	1107294	1035746	1068361	1182267	1062560
七、猪、牛、羊出栏								
猪全年出栏	头	700960	735793	1092552	773559	828532	917536	1038836
牛全年出栏	头	91482	83173	95644	33846	34737	38384	36398
羊全年出栏	只	510561	617291	667614	361417	375175	407057	446285
八、当年肉类总产量	吨	74960	77363	109924	73684	77090	86345	98111
猪肉产量	吨	50207	52421	79086	57571	61658	68194	76116
牛肉产量	吨	11220	10138	11841	4291	4454	4918	4676
羊肉产量	吨	6655	7943	8925	4671	4848	5459	6291
禽肉产量	吨	4381	4489	6998	3689	3347	4828	7432
兔肉产量	吨	1576	1600	2175	2417	2240	2300	2767
九、畜禽产品产量								
奶　类	吨	19768	27626	35997	34344	40159	36738	36760
#牛　奶	吨	4938	9418	18636	20087	23776	26498	27550
绵羊毛产量	吨	261	248	555	309	300	349	406
山羊毛产量	吨	311	265	238	164	179	173	145
羊绒产量	吨	117	99	81	59	70	62	46
禽蛋产量	吨	42404	39354	62486	54721	60054	72264	75268
蜂蜜产量	吨	356	349	360	359	366	385	395
蚕茧产量	吨	182	52	33	23	24	23	1

注：2009年取消了养蜂箱数的统计。

8-9 造林和果桑园面积

单位：千公顷

指　　标	1995	2000	2005	2006	2007	2008	2009
一、当年造林面积	56.35	74.75	13.57	46.85	42.32	51.18	61.6
用材林	10.95	3.93	0.27	9.25	0.27	4.67	
经济林	30.20	23.41	1.19	10.25	5.31	5.75	6.82
防护林	15.19	46.91	11.70	27.35	36.74	40.76	47.70
二、育苗面积	3.56	4.58	3.59	3.74	3.73	3.36	3.58
#本年新育	1.71	2.17	1.85	1.91	1.99	1.73	1.49
三、年末果园面积	24.27	31.55	36.83	35.89	36.60	36.47	35.91
苹果园	18.96	24.74	23.25	22.79	23.74	24.06	24.53
梨　园	2.28	3.22	3.38	3.35	3.27	3.33	3.29
葡萄园	0.25	0.57	2.26	1.91	1.89	1.87	1.86
四、年末桑园面积	0.96	0.26	0.09	0.09	0.11	0.09	

8-10 主要林产品产量

单位：吨

指　　标	1995	2000	2005	2006	2007	2008	2009
一、主要林产品产量							
核　桃	8801	9487	13467	4014	6480	11778	13903
花　椒	757	456	785	769	944	724	496
二、水果产量	**136973**	**196479**	**220896**	**225946**	**244361**	**259606**	**294222**
苹　果	103436	156552	154304	160343	178528	190199	211610
梨	7454	10632	8204	9337	12562	11310	13332
葡　萄	2691	3635	22198	17675	17790	18937	19654
红枣(鲜)	6261	8478	15492	18594	14470	19615	30018
柿子(鲜)	8002	6524	6657	6254	6455	6908	5893
沙　果	517	460	215	199	218	218	130
桃	4486	6188	11326	11406	12046	9966	11310
杏	1437	1500	1086	795	888	884	971

8-11 农业机械拥有量

指　　标	单　位	1995	2000	2005	2006	2007	2008	2009
农业机械总动力	万千瓦特	184.48	226.66	318.41	337.80	357.73	366.10	385.60
大中型农用拖拉机	台	2836	3056	5641	7324	6403	7297	8766
	万千瓦特	9.42	10.27	19.76	23.32	24.06	26.56	34.07
小型农用拖拉机	台	34852	33484	25374	25125	25845	28351	31697
	万千瓦特	33	32	24	24	25	25	30
大中型拖拉机配套机具	部	3561	4630	10025	11148	13001	15757	19509
小型拖拉机配套机具	部	33804	30160	31196	32171	31266	36029	38259
农用排灌动力机械	台	15438	12795	13143	14106	14423	14836	17596
	万千瓦特	17.45	16.41	16.71	16.43	16.61	16.18	18.92
农用水泵	套	15686	14317	13569	13692	14080	14503	15414
联合收割机	台	509	1119	2190	2315	2449	2629	3024
机动晒割机	台	5676	3564	2234	2197	2008	1603	1682
机动脱粒机	台	12714	12762	9973	9535	9355	7611	8214
机动喷粉(雾)器	部	1135	1383	960	1005	1084	5913	1332

8-12 化肥施用量和农村用电量

指　　标	单　位	1995	2000	2005	2006	2007	2008	2009
农村电气化情况								
农村用电量	万千瓦时	37417	40031	51181	53254	54900	58096	58772
农用化肥施用量								
按实物量计算	吨	445205	496933	528458	534147	546327	551556	551656
氮　肥	吨	239737	254939	259898	259596	266212	266919	262171
磷　肥	吨	154968	186457	191966	194938	195388	193648	189561
钾　肥	吨	7534	11234	15456	15579	15497	15278	15306
复合肥	吨	42966	44303	61138	64034	69230	75711	84619
按折纯法计算	吨	118104	131969	141881	143343	147824	151269	154126
氮　肥	吨	64136	70197	70290	69661	71268	71572	70302
磷　肥	吨	25113	30246	30585	31023	31077	30778	29999
钾　肥	吨	3769	5621	7524	7583	7528	7417	7434
复合肥	吨	25086	25905	33482	35076	37951	41502	46392
农用塑料薄膜使用量	吨	2540	3608	4835	4901	5353	5409	5220
#地膜使用量	吨	1793	2506	3199	3259	3347	3435	3218
地膜覆盖面积	公顷	30132	40259	48162	48532	50102	50173	44720
农业用柴油	吨	33631	43931	53402	55093	57292	59749	60894
农药使用量	吨	2039	2921	3727	3894	4070	4355	4448

8-13 主要年份乡镇企业基本情况

年 份	乡镇企业单位数(个)	乡镇企业总产值(万元)	乡镇企业增加值(万元)	乡镇企业从业人员(万人)	乡镇企业上缴税金(万元)
1952					
1957					
1962					
1965					
1970					
1975					
1978	8184	17509		11.0	380
1980	9681	23925		13.1	313
1985	43168	63898		24.1	2340
1990	58882	176437		31.5	6968
1995	134254	1993355	373587	73.7	18164
2000	83505	2380006	650222	48.8	40750
2001	84979	3100230	859913	47.7	48160
2002	90185	4085230	1133910	53.1	68566
2003	92304	5709381	1608571	61.6	112853
2004	99182	7904033	2226881	63.7	192668
2005	102603	10553346	3007047	67.3	268073
2006	107216	13296328	3769063	70.2	337937
2007	10567	9983910	3021399	42.5	442895
2008	7008	11012943	3261403	34.8	510400
2009	6961	8099465	2301309	25.9	386269

注：从2007年起，乡镇企业统计口径调整，数据不可比。

主要统计指标解释

农林牧渔业总产值 指以货币表现的农林牧渔业的全部产品总量和对农林牧渔业生产活动进行的各种支持性服务活动的价值。它反映一定时期内农林牧渔业生产总规模和总成果。

农业产值 指以货币表现的农业产品总量，它反映了一定时期内农业生产活动的规模和成果。包括谷物和其他作物产值；蔬菜、园艺作物产值；水果、坚果、饮料和香料产值；中药材产值。

林业产值 包括林木的培育和种植（不包括茶园、桑园、果园的栽培、管理和收获等活动的产值）；木材、竹材的采运产值；林产品产值。

牧业产值 包括牲畜饲养的产值；猪的饲养产值；家禽饲养产值；狩猎和捕捉动物产值；其他畜牧业产值。

渔业产值 包括海水产品和淡水产品两类产值。

农林牧渔服务业产值 包括对农业、林业、牧业、渔业生产活动进行的各种支持性服务活动的产值。

农林牧渔业增加值 指农林牧渔业生产及农林牧渔服务业提供服务活动所增加的价值，为农林牧渔业总产值扣除农林牧渔业现价中间投入后的余额，是农林牧渔及其服务业各单位生产经营对社会所做的贡献。

农林牧渔业中间消耗 指农林牧渔业生产过程中所消耗的物质产品和劳务价值的总和。计算中间消耗有两个原则：一是计算口径范围要与总产值保持一致，即与总产值相对应的生产过程所消耗的物质产品和劳务支出相一致。二是本期消耗的不属于固定资产的低值易耗品，应计入中间消耗；固定资产的消耗，则不应计入中间消耗，而以折旧形式直接计入增加值。

乡村人口 指乡村户数中的常住人口，即经常在家或在家居住 6 个月以上，而且经济和生活与本户连成一体的人口。外出从业人员在外居住时间虽然在 6 个月以上，但收入主要带回家中，经济与本户连成一体，仍视为家庭常住人口；在家居住，生活和本户连成一体的国家职工、退休人员也为家庭常住人口。但是现役军人、中专及以上（走读生除外）的在校学生、以及常年在外（不包括探亲、看病等）且已有稳定的职业与居住场所的外出从业人员，不应当作家庭常住人口。

乡村实有劳动力 指乡村人口中16周岁以上实际参加各种行业劳动，并取得实物或货币收入的劳动力人数。既包括劳动年龄内实际参加劳动的人员，也包括超过劳动年龄但经常参加劳动的人员。但不包括户口在家的在外学生、现役军人和丧失劳动能力的人，也不包括待业人员和家务劳动者。

耕地面积 指可以用来种植农作物，经常进行耕锄的田地。包括熟地、当年新开荒地、连续撂荒未满三年的耕地和当年休闲地（轮歇地），以种植农作物为主附带种植桑树、果树和其他林木的土地，以及沿湖地区已围垦利用的“滩涂”“湖田”也应包括在内。

农作物总产量 指本年度内生产的各种农作物总产量，包括粮食、棉花、油料、麻类、甜菜、烟叶、药材、蔬菜、瓜果类、其他农作物。

乡镇企业 指以农村集体经济组织或者农民投资为主，在乡镇（包括所辖村）举办的承担支援农业义务的各类企业。根据《国民经济行业分类和代码》的规定，乡镇企业划分为七大类即农业企业、工业企业、建筑企业、交通运输企业、批发零售贸易企业，餐饮旅游服务业和其他企业。凡列入乡镇企业统计范围的，必须同时具备以下四个条件：

（1）有固定的经营组织、场所、设备和生产经营人员；（2）常年从事生产经营活动或从事季节性生产经营活动，但全年开工时间三个月以上；（3）具有独立核算条件，能够独立计算收入、支出、盈亏情况；（4）除农业企业外，应持有工商行政管理部门颁发的《企业法人营业执照》或《企业营业执照》。

09

工业

资料整理人员

张增福　申淑霞　张　栋

工　业

工业单位数（全部）	9669	个
工业总产值（规模以上）	993.3	亿元
原煤产量	2634.7	万吨
洗精煤	2771.9	万吨
焦炭	1707.2	万吨
发电量	64.06	亿千瓦时
生铁产量	917.3	万吨
钢产量	605.8	万吨
水泥产量	273.5	万吨

工业总产值构成(%)

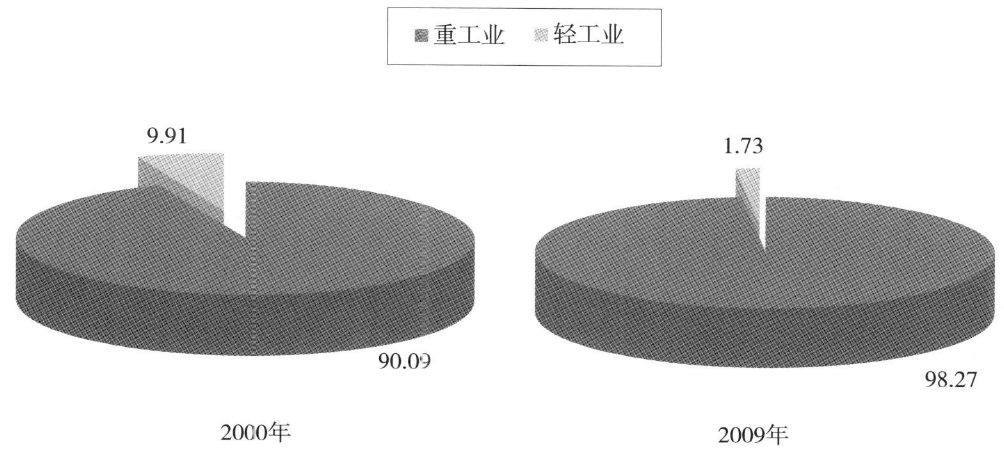

工业增加值(亿元)

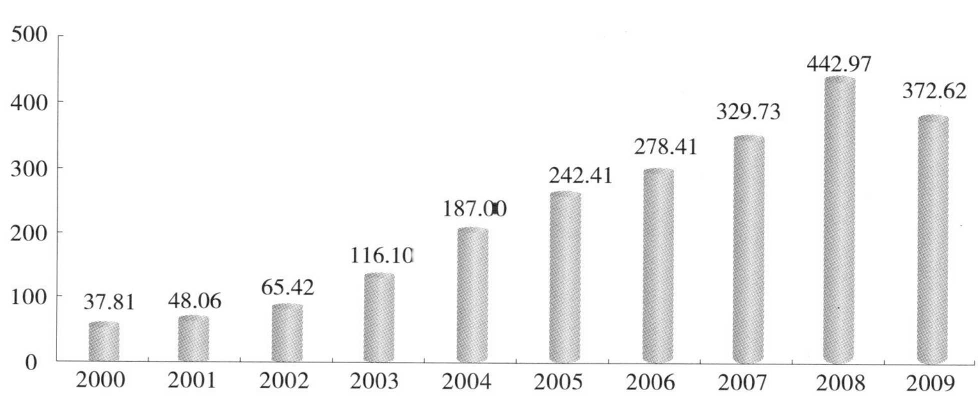

9-1 规模以上工业

指　　标	企业单位数(个)	#亏损企业	工业总产值(当年价格)	工业销售产值(当年价格)	#出口交货值	资产总计
总　计	**455**	**179**	**9932999**	**9979404**	**42267**	**12307145**
一、按隶属关系分组						
中央企业	9	3	370339	369865	10377	515760
省属企业	30	10	3026881	3064598	6531	4720956
市属企业	7	6	33925	34891	5619	53845
县(市区)属企业	67	23	1163007	1209318		1531905
乡属企业	26	11	164484	166974		299029
村办企业	11	5	144542	145454		103969
其　他	305	121	5029821	4988304	19740	5081681
二、按登记注册类型分组						
内资企业	434	169	9442504	9488803	32867	11052633
国有企业	18	4	302381	303563		576042
中央企业	3		76567	77077		85349
地方企业	15	4	225814	226486		490693
集体企业	19	7	206047	207702		141433
股份合作企业						
联营企业	1		27215	30715		17218
国有联营企业						
集体联营企业						
国有与集体联营企业						
其他联营企业	1		27215	30715		17218
有限责任公司	174	88	6340720	6403876	18864	7238835
国有独资公司	7	4	1054348	1097976	10377	2310425
其他有限责任公司	167	84	5286371	5305901	8487	4928410
股份有限公司	9	4	432412	413999	5102	938442
私营企业	212	65	2133731	2128947	8900	2136577
私营独资企业	65	14	712336	723620		266285
私营合作企业	7		7961	6611		14570
私营有限责任公司	138	50	1401730	1387249	8900	1830673
私营股份有限公司	2	1	11704	11467		25049
其他企业	1	1				4087
港、澳、台商投资企业	12	8	441140	437892	2488	1150918
合资经营企业	9	6	417253	411416	2488	1015602
合作经营企业	3	2	23886	26476		135316
独资经营企业						
股份有限公司						
外商投资企业	9	2	49355	52709	6912	103594
中外合资经营企业	8	2	45289	46746	6912	96594
中外合作经营企业						
外资企业						
外商投资股份有限公司	1		4066	5963		7000
三、按经济组织类型分组						
独资企业	102	25	1220764	1234886		983760
国有企业	18	4	302381	303563		576042
集体企业	19	7	206047	207702		141433
私营独资企业	65	14	712336	723620		266285
港澳台商独资经营企业						
外资企业						
合作、合伙企业	12	3	59061	63802		171191
股份合作企业						
国有联营企业						
集体联营企业						
国有与集体联营企业						
其他联营企业	1		27215	30715		17218

主要经济指标(2009年)

单位：万元

流动资产合　计	固定资产合　计	固定资产原　价	累计折旧	固定资产净　值	流动负债合　计	长期负债合　计	负债合计
5317041	**5600512**	**6683656**	**1904843**	**4778813**	**6885855**	**1357306**	**8362778**
309615	187584	229756	85614	144143	317190	64321	382059
1579232	2446158	3230691	1068111	2162581	2042340	817834	2915428
31389	20045	37208	19622	17586	29988	4134	35142
754597	619856	695834	169884	525950	728761	81615	827047
	111654	134334	29830	104504	167498	23038	200270
36466	51811	36996	4235	32760	52262	25268	77531
2449734	2163405	2318838	527548	1791290	3547817	341095	3925302
4991036	4725580	5678442	1743884	3934558	6217049	998074	7334740
332522	186354	191469	75118	116350	125140	24353	151262
35522	49722	55967	24685	31282	31558	8427	40534
297000	136631	135502	50434	85068	93582	15926	110728
66929	56606	46811	7013	39798	80079	30652	110731
14789	2430	2821	785	2036	1396	622	2018
14789	2430	2821	785	2036	1396	622	2018
3107068	3221898	3958233	1256103	2702130	4390501	688484	5156110
968543	884312	1211206	509380	701827	1104583	416170	1520753
2138525	2337586	2747027	746724	2000303	3285918	272314	3635357
359932	527136	639160	220892	418268	333665	86055	419720
1108480	728388	836903	183698	653205	1284952	167908	1493582
153374	103317	132477	35593	96884	141814	8590	161390
8968	3789	4991	1217	3774	5508		7043
930065	612776	690320	145438	544883	1115751	159205	1303158
16074	8505	9116	1451	7665	21879	112	21991
1317	2770	3045	275	2770	1317		1317
280746	823981	946199	151110	795089	616201	357577	973778
237458	744748	839052	121290	717762	519516	346952	866468
43288	79234	107147	29820	77327	96685	10625	107310
45259	50950	59016	9849	49167	52605	1655	54260
43342	46681	53936	9039	44897	49796	1655	51451
1917	4269	5080	811	4269	2809		2809
552825	346277	370756	117724	253032	347032	63595	423383
332522	186354	191469	75118	116350	125140	24353	151262
66929	56606	46811	7013	39798	80079	30652	110731
153374	103317	132477	35593	96884	141814	8590	161390
68361	88222	118004	32097	85907	104907	11247	117688
14789	2430	2821	785	2036	1396	622	2018

9-1 续

指　　标	所有者权益合计	#实收资本	主营业务收入	主营业务成本	主营业务税金及附加	营业费用	管理费用
总　计	**3944367**	**2182353**	**9924182**	**8766132**	**95378**	**217440**	**487363**
一、按隶属关系分组							
中央企业	133701	110003	389523	326239	1314	8262	24702
省属企业	1805528	894910	3118489	2786634	23177	70903	218113
市属企业	18703	12726	32464	27513	303	2670	3688
县(市区)属企业	704859	201627	1071760	766506	15962	25439	87683
乡属企业	98759	50958	172147	147039	2302	6547	14811
村办企业	26439	11106	146568	129962	3667	4544	3297
其　他	1156379	901023	4993229	4582240	48654	99076	135070
二、按登记注册类型分组							
内资企业	3717893	1885247	9447060	8317706	89905	204249	465993
国有企业	424780	36189	301418	119461	5795	9310	44459
中央企业	44815	15776	75405	47150	651	1566	3392
地方企业	379966	20413	226013	72312	5144	7745	41068
集体企业	30701	14679	222955	200074	4005	5639	5974
股份合作企业							
联营企业	15200	3128	18833	10370	1219	996	623
国有联营企业							
集体联营企业							
国有与集体联营企业							
其他联营企业	15200	3128	18833	10370	1219	996	623
有限责任公司	2082725	1308478	6356327	5763722	38544	109512	319729
国有独资公司	789671	385262	1117036	973596	10304	15876	134984
其他有限责任公司	1293053	923216	5239291	4790126	28240	93637	184745
股份有限公司	518722	113123	428664	335428	5007	36133	37878
私营企业	642995	409450	2118364	1888338	35335	42658	57004
私营独资企业	104896	68384	727000	633449	12068	17689	10954
私营合作企业	7527	7527	6973	5114	423	263	854
私营有限责任公司	527515	331435	1372924	1238209	22803	24678	44907
私营股份有限公司	3058	2104	11467	11566	42	29	288
其他企业	2770	200	500	313			326
港、澳、台商投资企业	177141	257698	425105	403413	5441	11529	17580
合资经营企业	149134	208764	396457	377193	4825	10313	10592
合作经营企业	28006	48934	28648	26220	616	1216	6988
独资经营企业							
股份有限公司							
外商投资企业	49334	39409	52017	45013	32	1662	3789
中外合资经营企业	45143	36997	46054	40823	32	1656	2986
中外合作经营企业							
外资企业							
外商投资股份有限公司	4191	2412	5963	4190		6	804
三、按经济组织类型分组							
独资企业	560377	119253	1251372	952984	21868	32638	61387
国有企业	424780	36189	301418	119461	5795	9310	44459
集体企业	30701	14679	222955	200074	4005	5639	5974
私营独资企业	104896	68384	727000	633449	12068	17689	10954
港澳台商独资经营企业							
外资企业							
合作、合伙企业	53503	59788	54955	42016	2257	2475	8792
股份合作企业							
国有联营企业							
集体联营企业							
国有与集体联营企业							
其他联营企业	15200	3128	18833	10370	1219	996	623

表1

单位：万元、人

财务费用	利息支出	营业利润	利润总额	亏损企业亏损总额	利税总额	本年应付工资总额	本年应付福利费总额	本年应交增值税	全部从业人员年平均人数
190989	**192628**	**328980**	**107411**	**315718**	**725569**	**597034**	**20761**	**522780**	**168791**
10339	10592	12198	2320	9601	16192	33472	839	12557	9210
63264	74906	15960	–27959	118993	145589	222631	8539	150372	60869
1577	1478	–439	–256	262	2311	2861	118	2264	2196
17412	11874	168366	135260	36202	230320	83602	3389	79098	21793
4358	4251	127	422	11742	19039	10119	277	16316	4631
262	199	1754	2153	1103	15542	1817	109	9723	990
93777	89328	131014	–4529	137815	296576	242533	7491	252451	69102
161201	163612	346614	142826	272604	736474	579407	20252	503744	161894
738	1439	103985	98688	583	143533	33583	2738	39050	9746
477	644	3755	3149		9599	14831	422	5799	3241
261	794	100231	95540	583	133935	18751	2317	33250	6505
357	270	3656	2541	1647	18300	6312	385	11753	2602
30		5615	5540		8579	3356		1820	423
30		5615	5540		8579	3356		1820	423
111998	116396	116997	–33435	214396	310010	406964	12384	304902	108404
34691	46595	–10916	–20422	67555	58039	148529	3487	68156	36876
77307	69800	127913	–13014	146841	251972	258435	8897	236746	71528
13600	13417	18443	14551	7954	46273	28064	927	26715	10734
34478	32091	98056	55078	47886	209918	101064	3817	119505	29860
4520	4145	48314	25048	13850	78146	10646	578	41031	3932
0	0	320	320		799	241	21	57	275
29787	27795	50057	30347	33399	131209	87403	3213	78059	25137
171	151	–635	–637	637	–237	2774	6	359	516
		–138	–138	138	–138	65			125
28926	28114	–21115	–38122	42594	–15801	14428	329	16881	4520
24482	23769	–13189	–31467	35939	–10923	13528	289	15719	3940
4444	4345	–7927	–6655	6655	–4877	899	40	1162	580
862	902	3482	2708	520	4895	3200	180	2155	2377
865	902	2502	1718	520	3406	2747	121	1656	1877
–3		980	990		1489	453	58	500	500
5614	5853	155956	126278	16080	239979	50540	3701	91833	16280
738	1439	103985	98688	583	143533	33583	2738	39050	9746
357	270	3656	2541	1647	18300	6312	385	11753	2602
4520	4145	48314	25048	13850	78146	10646	578	41031	3932
4473	4345	–2130	–933	6793	4363	4561	61	3038	1403
30		5615	5540		8579	3356		1820	423

9-1 续

指　　标	企　业 单位数 (个)	#亏损企业	工　业 总产值 (当年价格)	工业销售 产　　值 (当年价格)	#出　口 交货值	资产总计
私营合伙企业	7		7961	6611		14570
合作经营企业(港或澳、台资)	3	2	23886	26476		135316
中外合作经营企业						
其他企业(内资)	1	1				4087
股份有限公司	12	5	448182	431430	5102	970491
股份有限公司(内资)	9	4	432412	413999	5102	938442
私营股份有限公司	2	1	11704	11467		25049
港澳台商投资股份有限公司						
外商投资股份有限公司	1		4066	5963		7000
有限责任公司	329	146	8204992	8249287	37165	10181704
国有独资公司	7	4	1054348	1097976	10377	2310425
私营有限责任公司	138	50	1401730	1387249	8900	1830673
合资经营企业(港或澳、台资)	9	6	417253	411416	2488	1015602
中外合资经营企业	8	2	45289	46746	6912	96594
其他有限责任公司	167	84	5286371	5305901	8487	4928410
四、在总计中:亏损企业	179	179	3984487	3989512	26991	5540805
在总计中:国有控股企业	57	19	3713740	3743739	22527	5979666
在总计中:农村工业	26	12	303854	306389		352818
在总计中:轻工业	58	28	171445	168552	12454	360742
重工业	397	151	9761554	9810852	29813	11946404
在总计中:大型企业	10	3	3179501	3196678	5102	4248374
中型企业	109	53	4768835	4791687	20551	5814291
小型企业	336	123	1984664	1991039	16614	2244481
五、按工业行业大类分组						
采矿业	199	42	2837646	2911615		3804102
煤炭开采和洗选业	179	41	2647573	2723120		3740608
黑色金属矿采选业	18		183253	181829		49237
非金属矿采选业	2	1	6820	6666		14258
制造业	245	129	6961235	6934621	42267	7442197
农副食品加工业	11	2	25430	25039	25	37086
食品制造业	3	2	4627	8310	1429	39354
饮料制造业	5	2	6683	6171		29195
纺织业	9	7	13443	13951		11166
纺织服装、鞋、帽制造业	2		2408	2377		3416
家具制造业	1		520	485		156
造纸及纸制品业	1		4382	3934		5879
印刷业和记录媒介的复制	1	1	636	605		2079
文教体育用品制造业	2	1	6567	6464	4168	3637
石油加工、炼焦及核燃料加工业	48	34	2387770	2392761		2831573
化学原料及化学制品制造业	16	11	316693	318271	10721	673026
医药制造业	11	8	31331	30027		71902
橡胶制品业	2	1	12403	12299		8024
塑料制品业	3		11989	11448		11896
非金属矿物制品业	31	9	79152	76866		190198
黑色金属冶炼及压延加工业	43	26	3344101	3323861		2549130
有色金属冶炼及压延加工业	6	4	283930	284237		257557
金属制品业	2		2867	2861		9806
通用设备制造业	24	11	103987	97449	12127	141154
专用设备制造业	6	2	231433	231777	10377	371933
交通运输设备制造业	8	5	35098	35485	2207	56014
电气机械及器材制造业	8	2	45389	39764	1214	54308
工艺品及其他制造业	2	1	10396	10181		83710
电力、燃气及水的生产和供应业	11	8	134118	133169		1060846
电力、热力的生产和供应业	9	6	127104	127084		1043190
水的生产和供应业	2	2	7014	6085		17657

表2

单位：万元

流动资产合　计	固定资产合　计	固定资产原　价	累计折旧	固定资产净　值	流动负债合　计	长期负债合　计	负债合计
8968	3789	4991	1217	3774	5508		7043
43288	79234	107147	29820	77327	96685	10625	107310
1317	2770	3045	275	2770	1317		1317
377923	539910	653356	223154	430202	358352	86167	444520
359932	527136	639160	220892	418268	333665	86055	419720
16074	8505	9116	1451	7665	21879	112	21991
1917	4269	5080	811	4269	2809		2809
4317933	4626103	5541540	1531869	4009671	6075564	1196296	7377187
968543	884312	1211206	509380	701827	1104583	416170	1520753
930065	612776	690320	145438	544883	1115751	159205	1303158
237458	744748	839052	121290	717762	519516	346952	866468
43342	46681	53936	9039	44897	49796	1655	51451
2138525	2337586	2747027	746724	2000303	3285918	272314	3635357
2103922	3001591	3314910	795593	2519317	3807736	803972	4623988
2306552	2892213	3766818	1255237	2511582	2678956	932275	3668254
183132	140848	147576	29271	118306	204338	42048	248066
140931	171044	218145	66802	151343	185242	21927	211319
5176110	5429468	6465511	1838042	4627470	6700614	1335379	8151459
1740026	1874394	2488333	1001420	1486913	2309157	515276	2824433
2630227	2793463	3160427	693760	2466667	3362690	597563	4030495
946788	932656	1034897	209664	825233	1214008	244467	1507850
1856858	1205782	1704516	613073	1091444	1481054	283320	1861731
1818814	1180720	1664034	595806	1068228	1447484	283299	1826353
26914	21949	38409	16535	21875	23091	21	24899
11130	3114	2073	732	1342	10479		10479
3332206	3653282	4127046	1172796	2954251	4933997	654609	5607567
17191	18414	16962	2520	14443	17631	1807	19889
8461	29755	39499	10276	29223	35513	714	36226
12008	16263	16536	4214	12322	14586	1638	17474
5677	5387	6772	1522	5250	11544	390	11945
3271	145	247	101	145	2168	14	2181
138	18	40	22	18	14		14
1337	4542	5144	918	4226	2655	1470	4125
1114	623	1163	572	591	1571	290	1861
3328	211	1334	1124	211	3109		3109
1234908	1462875	1477999	355826	1122174	1962485	276798	2250424
180055	472398	553041	188150	364891	332074	71928	404003
36413	31006	33240	9760	23480	44197	10119	55736
6144	1780	2496	761	1735	6761	360	7122
8226	3398	5818	2420	3398	5759		5759
62645	115412	115956	19177	96779	106051	44738	152835
1235227	1116890	1363675	429199	934476	1837444	137161	1976239
104208	125231	156749	42020	114729	122483	25891	148382
5687	4119	4346	1286	3060	4122	2096	6218
79520	54439	75776	24729	51047	83323	24681	109004
259845	107380	133950	43672	90278	268076	30568	298644
26720	23556	30662	7267	23396	28760	5593	34354
22139	28940	45599	17698	27901	31926	16902	48830
17942	30502	40042	9562	30480	11744	1453	13197
127978	741448	852094	118975	733119	470804	419377	893480
121963	729893	832631	109443	723189	466032	417396	885705
6015	11556	19462	9532	9930	4772	1982	7774

9-1 续

指标	所有者权益合计	#实收资本	主营业务收入	主营业务成本	主营业务税金及附加	营业费用	管理费用
私营合伙企业	7527	7527	6973	5114	423	263	854
合作经营企业(港或澳、台资)	28006	48934	28649	26220	616	1216	6988
中外合作经营企业							
其他企业(内资)	2770	200	500	313			326
股份有限公司	525971	117639	446094	351184	5048	36168	38970
股份有限公司(内资)	518722	113123	428664	335428	5007	36133	37878
私营股份有限公司	3058	2104	11467	11566	42	29	288
港澳台商投资股份有限公司							
外商投资股份有限公司	4191	2412	5963	4190		6	804
有限责任公司	2804516	1885674	8171761	7419947	66204	146159	378214
国有独资公司	789671	385262	1117036	973596	10304	15876	134984
私营有限责任公司	527515	331435	1372924	1238209	22803	24678	44907
合资经营企业(港或澳、台资)	149134	208764	396457	377193	4825	10313	10592
中外合资经营企业	45143	36997	46054	40823	32	1656	2986
其他有限责任公司	1293053	923216	5239291	4790126	28240	93637	184745
四、在总计中:亏损企业	916817	1030096	3994575	3871484	18763	79001	145932
在总计中:国有控股企业	2311412	1048360	3841358	3301675	30179	93061	286458
在总计中:农村工业	104752	54378	311621	271964	5901	10981	17415
在总计中:轻工业	149423	104993	165347	144037	3107	6893	17868
重工业	3794945	2077360	9758834	8622095	92271	210548	469495
在总计中:大型企业	1423941	558706	3237442	2946672	22217	66734	212629
中型企业	1783795	1088622	4709819	4096254	42904	101391	205502
小型企业	736631	535026	1976921	1723205	30258	49316	69232
五、按工业行业大类分组							
采矿业	1942371	635403	2820795	2036311	56198	85352	239279
煤炭开采和洗选业	1914254	613831	2620618	1902068	55268	84519	237437
黑色金属矿采选业	24338	19772	193852	129967	923	706	1715
非金属矿采选业	3779	1800	6324	4277	8	128	128
制造业	1834630	1343064	6966872	6583749	38546	131340	241628
农副食品加工业	17198	6930	26287	24537	23	569	798
食品制造业	3128	19359	8252	7748	39	709	5242
饮料制造业	11721	9425	4894	3126	250	481	626
纺织业	-780	3900	13823	14376	25	64	187
纺织服装、鞋、帽制造业	1234	648	2464	2126	14	49	183
家具制造业	142	20	538	326	15	28	20
造纸及纸制品业	1755	811	3934	3722	17	21	120
印刷业和记录媒介的复制	218	277	605	435	18		241
文教体育用品制造业	528	1819	6646	5600	2	181	159
石油加工、炼焦及核燃料加工业	581149	414290	2372050	2253384	10216	75382	84542
化学原料及化学制品制造业	269023	105673	319897	290817	1941	11461	23143
医药制造业	16166	20190	29384	24694	610	1449	2044
橡胶制品业	903	879	12513	10938	119	580	822
塑料制品业	6137	5580	11298	9746	26	290	405
非金属矿物制品业	37364	28887	81981	72439	375	1498	3175
黑色金属冶炼及压延加工业	572891	443853	3330887	3206118	19369	23302	73963
有色金属冶炼及压延加工业	109175	130308	292386	260147	503	1634	13849
金属制品业	3589	3538	2698	1953	3	48	371
通用设备制造业	32150	26528	98151	84830	2040	4799	6715
专用设备制造业	73289	47610	262149	233349	980	5649	16055
交通运输设备制造业	21660	17897	34694	29948	77	1608	2304
电气机械及器材制造业	5477	25849	41616	34816	1876	1499	2686
工艺品及其他制造业	70513	28794	9724	8577	9	39	3979
电力、燃气及水的生产和供应业	167367	203886	136515	146072	634	749	6456
电力、热力的生产和供应业	157484	194943	130415	141925	592	205	4786
水的生产和供应业	9883	8944	6100	4147	42	544	1670

表3

单位：万元、人

财务费用	利息支出	营业利润	利润总额	亏损企业亏损总额	利税总额	本年应付工资总额	本年应付福利费总额	本年应交增值税	全部从业人员年平均人数
		320	320		799	241	21	57	275
4444	4345	−7927	−6655	6655	−4877	899	40	1162	580
		−138	−138	138	−138	65			125
13768	13569	18788	14904	8591	47526	31291	991	27574	11750
13600	13417	18443	14551	7954	46273	28064	927	26715	10734
171	151	−635	−637	637	−237	2774	6	359	516
−3		980	990		1489	453	58	500	500
167132	168861	156367	−32837	284254	433702	510642	16008	400335	139358
34691	46595	−10916	−20422	57555	58039	148529	3487	68156	36876
29787	27795	50057	30347	33399	131209	87403	3213	78059	25137
24482	23769	−13189	−31467	35939	−10923	13528	289	15719	3940
865	902	2502	1718	520	3406	2747	121	1656	1877
77307	69800	127913	−13014	146841	251972	258435	8897	236746	71528
117031	120218	−158398	−315718	315718	−151640	189093	6432	145315	69348
78613	90420	108317	55027	142124	289356	277057	11297	204150	79513
4588	4441	2388	3431	11988	34958	11310	357	25626	4989
4932	4709	−4394	−5164	12312	3400	15091	1121	5457	10372
186057	187919	333374	112575	303406	722169	581944	19639	517323	158419
63856	75525	−8787	−30668	105895	156192	243263	7409	164643	64654
96503	88821	263018	101006	150123	378935	289004	8667	235025	70653
30629	28282	74750	37073	59700	190441	64768	4685	123111	33484
36546	35222	396935	352444	8290	675187	244272	9809	266545	56743
35445	34123	334950	318770	8189	634621	240769	9562	260583	55594
407	407	61000	33765		40461	3279	241	5773	1005
695	693	985	−91	101	105	224	6	188	144
133540	137161	−35463	−213411	275528	74246	347734	10713	249110	109132
676	672	−214	390	501	526	1688	93	113	998
474	361	−4319	−4371	5361	−3702	1393	123	631	1184
146	145	298	108	358	615	1007	121	257	619
209	173	−945	−1024	1029	−659	1036	20	340	1018
25	25	67	67		202	272	27	121	144
33		69	69		95	22	2	10	23
13	10	40	40		121	612	13	65	609
1	1	−5	−5	5	44	93	11	31	110
63	8	641	−234	236	−200	122	24	32	160
52934	57848	−65584	−128508	146929	−14866	113598	2208	103426	33284
12060	11809	−11336	−10724	11510	4043	16058	735	12826	7323
1503	1484	−367	−454	1227	1090	1966	168	934	1522
9	9	−48	64	8	682	1462	55	499	356
184	185	722	718		976	482	11	232	455
4310	4307	1302	427	2096	4337	5203	372	3535	3656
41655	40823	21518	−64828	82352	62320	160838	4613	107779	39748
6206	6175	12212	−4134	5985	1689	4970	391	5320	2351
344	344	306	306		495	472	5	186	221
1927	1801	−110	−29	3311	4879	10133	391	2869	4429
7079	7176	8643	1477	5346	9789	17238	569	7332	5859
2052	2005	1395	1183	373	2801	3161	236	1542	2383
1766	1758	2943	−958	4700	1852	3474	177	934	1264
−130	44	−2692	−2990	3202	−2882	2435	349	99	1416
20903	20245	−32492	−31622	31900	−23864	5028	239	7124	2916
20496	19838	−31893	−31338	31615	−24004	3803	216	6742	2116
407	407	−598	−285	285	140	1226	23	382	800

9-2 规模以上国有控股

指　　标	企业单位数(个)	#亏损企业	工业总产值(当年价格)	工业销售产值(当年价格)
总　　计	**57**	**19**	**3713740**	**3743739**
在总计中				
亏损企业	19	19	1223081	1213494
按隶属关系分组				
中央企业	9	3	370339	369865
地方企业	48	16	3343401	3373874
省属企业	26	7	2912777	2950448
市属企业	4	3	30632	32185
县(区市)属企业	14	4	218859	220682
乡(街道镇)属企业				
村办企业				
其他	4	2	181133	170559
按轻重工业分组				
轻工业	8	5	42208	45318
重工业	49	14	3671533	3698421
按企业规模分组				
大型企业	8	2	2672091	2708404
中型企业	21	10	1004615	996245
小型企业	28	7	37035	39089
按工业行业大类分组				
采矿业	26	1	937925	985538
煤炭开采和洗选业	24	1	923223	970836
黑色金属矿采选业	2		14702	14702
制造业	25	13	2661578	2644893
农副食品加工业	1		702	688
食品制造业	1	1		1786
石油加工、炼焦及核燃料加工业	3	2	480973	451546
化学原料及化学制品制造业	3	2	258630	261286
医药制造业	1		1347	1843
非金属矿物制品业	2	1	21025	22022
黑色金属冶炼及压延加工业	3	1	1389338	1398270
有色金属冶炼及压延加工业	3	2	281923	282005
通用设备制造业	2		24499	23588
专用设备制造业	2	1	183060	182519
交通运输设备制造业	1	1	714	714
电气机械及器材制造业	1	1	8971	8444
工艺品及其他制造业	2	1	10396	10181
电力、燃气及水的生产和供应业	6	5	114237	113308
电力、热力的生产和供应业	4	3	107223	107223
水的生产和供应业	2	2	7014	6085

工业主要经济指标(2009年)

单位：万元

出口交货值	资产总计	流动资产合计	固定资产合计	固定资产原价	累计折旧
22527	**5979666**	**2306552**	**2892213**	**3766818**	**1255237**
17425	2174383	504042	1504386	1717154	400625
10377	515760	309615	187584	229756	85614
12150	5463906	1996937	2704629	3537062	1169623
6531	4667434	1556203	2416970	3191902	1058222
5619	44326	24344	18155	34792	18830
	558532	312143	181257	180205	49547
	193614	104246	88248	130164	43023
7048	161163	47733	75954	110917	37678
15479	5818503	2258819	2816259	3655901	1217559
5102	3635607	1504586	1595746	2274084	963002
15996	2071966	718234	1157193	1333902	271034
1429	271093	83731	139273	158833	21201
	2398095	1106252	706185	1140650	502795
	2392248	1104540	702049	1135015	501250
	5847	1712	4136	5635	1545
22527	2813653	1107810	1530495	1877745	652031
	698	205	401	411	10
1429	30901	5868	24709	33286	9109
	807767	276340	501536	462030	117517
10721	516452	121285	387749	434702	147434
	1609	1312	297	894	598
	45133	7478	37655	43180	7698
	802696	357106	361830	618173	275742
	142093	67035	61317	74770	21604
	28915	18397	10405	20842	10436
10377	331522	224902	101912	126616	41652
	2057	1151	871	1450	630
	20101	8790	11311	21349	10038
	83710	17942	30502	40042	9562
	767918	92490	655533	748423	100411
	750261	86475	643977	728961	90879
	17657	6015	11556	19462	9532

9-2 续

指　　标	固定资产净值	流动负债合计	长期负债合计	负债合计
总　　计	**2511582**	**2678956**	**932275**	**3668254**
在总计中				
亏损企业	1316529	1138476	577854	1717551
按隶属关系分组				
中央企业	144143	317190	64321	382059
地方企业	2367439	2361766	867954	3286195
省属企业	2133680	1993229	817834	2866317
市属企业	15961	23936	2644	27600
县(区市)属企业	130658	156190	23107	179498
乡(街道镇)属企业				
村办企业				
其他	87140	188412	24369	212781
按轻重工业分组				
轻工业	73239	67480	5641	74141
重工业	2438342	2611476	926634	3594113
按企业规模分组				
大型企业	1311082	1689535	477093	2166628
中型企业	1062868	827789	443565	1328176
小型企业	137632	161632	11617	173450
按工业行业大类分组				
采矿业	637856	870829	185477	1112109
煤炭开采和洗选业	633766	866845	185456	1108104
黑色金属矿采选业	4090	3984	21	4005
制造业	1225714	1488226	411465	1899691
农副食品加工业	401	665		665
食品制造业	24177	31339	714	32053
石油加工、炼焦及核燃料加工业	344513	486651	196671	683322
化学原料及化学制品制造业	287268	214846	63575	278421
医药制造业	297	209		209
非金属矿物制品业	35481	5591	37000	42591
黑色金属冶炼及压延加工业	342431	435384	48971	484355
有色金属冶炼及压延加工业	53166	36601	9636	46237
通用设备制造业	10405	13879	6974	20853
专用设备制造业	84964	236445	29602	266046
交通运输设备制造业	820	1167	169	1337
电气机械及器材制造业	11311	13706	16701	30407
工艺品及其他制造业	30480	11744	1453	13197
电力、燃气及水的生产和供应业	648012	319901	335333	656454
电力、热力的生产和供应业	638082	315128	333351	648680
水的生产和供应业	9930	4773	1982	7774

表1

单位：万元

所有者权益合　　计	#实收资本	主营业务收入	#主营业务成本	#主营业务税金及附加	营业费用
2311412	**1048360**	**3841358**	**3301675**	**30179**	**93061**
456832	405104	1262627	1247797	6858	26447
133701	110003	389523	326239	1314	8262
2177711	938358	3451834	2975436	28865	84800
1801118	876510	3015929	2696086	23160	69228
16726	10349	29759	25417	276	2610
379035	26952	222901	80338	5225	3595
-19167	24546	183246	173595	204	9367
87022	57069	42315	38293	299	3191
2224390	991291	3799043	3263383	29880	89870
1469979	546706	2758902	2483443	21958	66334
743790	412415	1043983	787337	7865	25165
97643	89239	38473	30895	356	1562
1285986	418087	988299	601041	18368	37680
1284144	416488	973596	590800	18321	37632
1842	1599	14703	10241	47	48
913962	461893	2739242	2580939	11670	54635
33	4	677	655	1	12
-1152	16263	1786	3078	39	494
124445	35815	468065	466513	1171	15940
238031	62016	266432	232109	1879	10645
1401	1410	1195	772	1	167
2542	4083	24219	21410	97	397
318341	147009	1441043	1382552	7344	19440
95856	95005	290196	257652	496	1528
8062	9249	24011	19532	53	892
65475	41040	200531	177229	519	4469
721	305	714	547	34	
-10306	20901	10652	10314	30	611
70513	28794	9724	8577	9	39
111464	168380	113817	119695	141	746
101581	159437	107716	115548	99	202
9883	8944	6100	4147	42	544

9-2 续

指　　标	管理费用	财务费用	利息支出	营业利润
总　　计	**286458**	**78613**	**90420**	**108317**
在总计中				
亏损企业	58149	40966	48389	-102042
按隶属关系分组				
中央企业	24702	10339	10592	12198
地方企业	261756	68274	79828	96118
省属企业	215565	61531	73157	4908
市属企业	3218	1327	1229	-327
县(区市)属企业	38763	949	1386	95205
乡(街道镇)属企业				
村办企业				
其他	4210	4467	4056	-3667
按轻重工业分组				
轻工业	11753	1675	1664	-8628
重工业	274705	76938	88756	116945
按企业规模分组				
大型企业	202344	43367	55053	-3500
中型企业	73987	33483	33695	116955
小型企业	10128	1763	1672	-5139
按工业行业大类分组				
采矿业	163804	16970	21417	183649
煤炭开采和洗选业	163591	16970	21417	179253
黑色金属矿采选业	213			4396
制造业	119047	42984	50336	-49740
农副食品加工业	8			1
食品制造业	4404	447	361	-5294
石油加工、炼焦及核燃料加工业	19114	14186	21743	-47673
化学原料及化学制品制造业	18703	10787	10474	-4989
医药制造业	264	-17		8
非金属矿物制品业	793	2129	2128	-531
黑色金属冶炼及压延加工业	46947	5302	5226	-17214
有色金属冶炼及压延加工业	7762	1571	1569	21139
通用设备制造业	2598	427	419	417
专用设备制造业	12706	7071	7158	8033
交通运输设备制造业	178	-2		-43
电气机械及器材制造业	1592	1214	1215	-900
工艺品及其他制造业	3979	-130	44	-2692
电力、燃气及水的生产和供应业	3607	18659	18667	-25593
电力、热力的生产和供应业	1937	18252	18260	-24995
水的生产和供应业	1670	407	407	-598

表2

单位：万元、人

利润总额	亏损企业亏损总额	利税总额	本年应付工资总额	本年应付福利费总额	本年应交增值税	全部从业人员年平均人数
55027	**142124**	**289356**	**277057**	**11297**	**204150**	**79513**
-142124	142124	-108698	50093	2552	26568	25633
2320	9601	16192	33472	839	12557	9210
52707	132523	273165	243586	10458	191593	70303
-24161	115174	147251	221195	8457	148252	60250
-144	151	2294	2609	98	2163	1904
90355	2443	126297	16158	1792	30717	6327
-13343	14755	-2677	3623	111	10462	1822
-8718	8937	-5952	6155	495	2467	3972
63745	133187	295308	270902	10802	201683	75541
-11994	87198	140656	212674	6938	130692	57768
73101	44475	152884	58311	3802	71918	18082
-6080	10451	-4184	6072	557	1540	3663
174292	1322	311393	168674	6238	118733	37670
170965	1322	307538	167128	6141	118252	37433
3327		3855	1546	97	481	237
-94558	116076	-2572	104333	4911	80315	39987
1		7	11		6	10
-5356	5356	-5191	807	51	127	550
-67404	68816	-53132	15480	272	13102	9937
-426	689	13331	12287	525	11878	4332
6		97	90	10	90	110
-168	289	1545	1255	36	1615	418
-17562	28054	31783	49202	2850	42002	14978
2774	28	8586	4436	379	5316	2126
428		1291	2633	26	811	1195
862	4920	6406	13838	316	5025	4187
-43	43	-8	187	19	1	177
-4680	4680	-4405	1673	79	245	551
-2990	3202	-2382	2435	349	99	1416
-24707	24725	-19464	4050	148	5102	1856
-24423	24441	-19604	2825	125	4720	1056
-285	285	140	1225	23	382	800

9-3 规模以上外商投资及港澳台

指　　标	企业单位数(个)	#亏损企业	工业总产值(当年价格)	工业销售产值(当年价格)	#出口交货值	资产总计
总　　计	**21**	**10**	**490495**	**490601**	**9400**	**1254512**
港、澳、台商投资企业	12	8	441140	437892	2488	1150918
合资经营企业	9	6	417253	411416	2488	1015602
合作经营企业	3	2	23886	26476		135316
独资经营企业						
股份有限公司						
外商投资企业	9	2	49356	52709	6912	103594
中外合资经营企业	8	2	45289	46746	6912	96594
中外合作经营企业						
外资企业						
外商投资股份有限公司	1		4066	5963		7000
在总计中:亏损企业	10	10	334103	338001	4332	1095469
在总计中:国有控股企业	2	2	118559	120508		744248
按轻重工业分组						
轻工业	5		38844	35654	3231	32034
重工业	16	10	451652	454948	6170	1222478
按企业规模分组						
大型企业						
中型企业	11	6	415497	411771	3051	1104023
小型企业	10	4	74999	78831	6349	150489
按工业行业大类分组						
采矿业	1		5511.4	5481.4		4871.6
煤炭开采和洗选业	1		5511	5481		4872
制造业	19	9	384799.3	384935.5	9400.3	533813.3
农副食品加工业	1		4870	4880		810
食品制造业	1		4066	5963		7000
文教体育用品制造业	1		4343	4285	2017	1173
石油加工、炼焦及核燃料加工业	5	4	257271	261679		237972
化学原料及化学制品制造业	2	1	28408	30934		75327
有色金属冶炼及压延加工业	2	2	1465	1772		113410
金属制品业	1		818	1073		3137
通用设备制造业	2	1	39885	35187	5607	38127
专用设备制造业	1	1	1450	1586		4868
交通运输设备制造业	1		16659	17051	563	28938
电气机械及器材制造业	2		25565	20526	1214	23051
电力、燃气及水的生产和供应业	1	1	100184.4	100184.4		715827.4
电力、热力的生产和供应业	1	1	100184	100184		715827

投资工业主要经济指标(2009年)

单位：万元

流动资产合计	固定资产合计	固定资产原价	累计折旧	固定资产净值	流动负债合计	长期负债合计	负债合计
326005	**874932**	**1005215**	**160959**	**844256**	**668806**	**359232**	**1028038**
280746	823981	946199	151110	795089	616201	357577	973778
237458	744748	839052	121290	717762	519516	346952	866468
43288	79234	107147	29820	77327	96685	10625	107310
45259	50950	59016	9849	49167	52605	1655	54260
43342	46681	53936	9039	44897	49796	1655	51451
1917	4269	5080	811	4269	2809		2809
249690	802268	914355	140194	774161	586359	349403	935762
93948	630568	703864	79803	624061	279200	327815	607015
11799	16291	24600	8630	15969	18006		18006
314206	858640	980615	152329	828286	650800	359232	1010032
269127	796061	903773	135227	768546	568684	342272	910956
56878	78871	101442	25732	75710	100122	16960	117082
1508.8	3362.8	3408.2	45.4	3362.8		624.3	624.3
1509	3363	3408	45	3363		624	624
241618.2	258351.1	324437.7	90908.3	233529.4	403788.2	30957.7	434746.1
659	111	477	366	111	335		335
1917	4269	5080	811	4269	2809		2809
1095	78	617	539	78	922		922
120162	108730	131929	42620	89309	221720	5252	226972
27324	46741	58644	13356	44788	43982	165	44147
36501	62618	80547	20279	60267	85684	15836	101520
1767	1370	1465	102	1363	611		611
26223	11494	13165	2285	10881	20766	8050	28816
2895	1972	2090	272	1818	1804	500	2304
14945	9134	11998	2864	9134	11216	1155	12371
8128	11833	18425	6914	11511	13941		13941
82878	613217.6	677368.9	70005.6	607363.3	265017.7	327650	592667.7
82878	613218	677369	70006	607363	265018	327650	592668

9-3 续

指　　标	所有者权益合计	#实收资本	主营业务收入	主营业务成本	主营业务税金及附加	营业费用	管理费用
总　　计	**226474**	**297106**	**477122**	**448426**	**5473**	**13191**	**21370**
港、澳、台商投资企业	177141	257698	425105	403413	5441	11529	17580
合资经营企业	149134	208764	396457	377193	4825	10313	10592
合作经营企业	28006	48934	28649	26220	616	1216	6988
独资经营企业							
股份有限公司							
外商投资企业	49334	39409	52017	45013	32	1662	3789
中外合资经营企业	45143	36997	46054	40823	32	1656	2986
中外合作经营企业							
外资企业							
外商投资股份有限公司	4191	2412	5963	4190		6	804
在总计中:亏损企业	159707	251978	330228	320899	1740	6717	15777
在总计中:国有控股企业	137233	164435	123494	123637	638	1131	2545
按轻重工业分组							
轻工业	14028	3933	35216	28123	1808	706	1594
重工业	212446	293173	441906	420303	3665	12485	19776
按企业规模分组							
大型企业							
中型企业	193067	243511	403781	379976	5419	10358	13724
小型企业	33407	53596	73341	68450	54	2833	7646
按工业行业大类分组							
采矿业	4247	3995	5481	5021	47	76	338
煤炭开采和洗选业	4247	3995	5481	5021	47	76	338
制造业	99067	142111	370748	340412	5358	13115	19411
农副食品加工业	475	300	4628	4156		169	130
食品制造业	4191	2412	5963	4190		6	804
文教体育用品制造业	251	319	4276	3301	2	34	45
石油加工、炼焦及核燃料加工业	10999	52784	246079	234110	1103	7111	6794
化学原料及化学制品制造业	31181	31435	33300	30775	589	1157	1640
有色金属冶炼及压延加工业	11890	34804	1667	2236		90	6068
金属制品业	2526	2000	917	485		1	124
通用设备制造业	9311	4000	35459	28440	1854	3027	1762
专用设备制造业	2564	2956	1355	1633		32	128
交通运输设备制造业	16568	10200	16755	14611	5	991	1301
电气机械及器材制造业	9111	903	20349	16476	1806	497	615
电力、燃气及水的生产和供应业	123160	151000	100892	102994	68		1621
电力、热力的生产和供应业	123160	151000	100892	102994	68		1621

表

单位：万元、人

财务费用	利息支出	营业利润	利润总额	亏损企业亏损总额	利税总额	本年应付工资总额	本年应付福利费总额	本年应交增值税	全部从业人员年平均人数
29788	**29016**	**–17634**	**–35415**	**43114**	**–10906**	**17627**	**509**	**19036**	**6897**
28926	28114	–21115	–38122	42594	–15801	14428	329	16881	4520
24482	23769	–13189	–31467	35939	–10923	13528	289	15719	3940
4444	4345	–7927	–6655	6655	–4877	899	40	1162	580
862	902	3482	2708	520	4895	3200	180	2155	2377
865	902	2502	1718	520	3406	2747	121	1656	1877
–3		980	990		1489	453	58	500	500
28281	27469	–26086	–43114	43114	–29622	10432	211	11751	3590
17891	17837	–19685	–19697	19697	–13888	2236	82	5171	950
450	447	4327	3391		6023	1717	117	824	1026
29338	28569	–21960	–38806	43114	–16929	15910	392	18212	5871
25118	24405	–9731	–28587	35637	–7835	15088	467	15333	5835
4670	4611	–7902	–6827	7477	–3070	2539	42	3703	1062
					599	97	14	553	60
					599	97	14	553	60
12414	11618	1442	–16312	24011	2967	15897	433	13921	6337
1		175	175		176	72	17	0	63
–3		980	990		1489	453	58	500	500
8	8	885	2		36	40	3	32	80
5816	5115	3239	–15797	15940	–5159	8298	123	9535	2378
393	393	–223	–138	594	1389	1247	46	937	822
4584	4556	–8977	–6957	6957	–6957	499	6		210
1		306	306		407	116	1	101	41
229	175	2012	2033	94	5279	2636	67	1392	815
0		–427	–426	426	–426	109			62
941	932	1184	1275		2411	1275	73	1132	983
443	439	2286	2225		4323	1152	39	292	383
17374	17398	–19075	–19102	19102	–14472	1633	62	4562	500
17374	17398	–19075	–19102	19102	–14472	1633	62	4562	500

9-4 大中型工业主

指　　标	企业单位数(个)	#亏损企业	工业总产值(当年价格)	工业销售产值(当年价格)	#出口交货值	资产总计
总　计	**119**	**56**	**7948336**	**7988365**	**25653**	**10062665**
一、按隶属关系分组						
中央企业	7	2	368487	368050	10377	509809
省属企业	14	6	3011599	3048224	5102	4533508
市属企业	2	2	28571	29629	5619	40659
县(市区)属企业	22	5	932409	970646		1219157
乡属企业	4	2	122450	124493		143959
村办企业	1	1	10423	9380		19659
其　他	69	38	3474396	3437944	4555	3595912
二、按登记注册类型分组						
内资企业	108	50	7532839	7576595	22602	8958641
国有企业	8	1	278449	279239		555800
中央企业	3		76567	77077		85349
地方企业	5	1	201882	202161		470451
集体企业	4		58011	58760		42074
股份合作企业						
联营企业	1		27215	30715		17218
国有联营企业						
集体联营企业						
国有与集体联营企业						
其他联营企业	1		27215	30715		17218
有限责任公司	63	34	5829250	5887641	15996	6406219
国有独资公司	6	3	1053285	1096913	10377	2247080
其他有限责任公司	57	31	4775965	4790728	5619	4159138
股份有限公司	5	1	419164	400919	5102	903474
私营企业	27	14	920751	919321	1504	1033857
私营独资企业	1		38150	40190		17432
私营合作企业						
私营有限责任公司	25	13	871447	868214	1504	998326
私营股份有限公司	1	1	11154	10917		18099
其他企业						
港、澳、台商投资企业	8	6	384739	378146	2488	1021178
合资经营企业(港或澳、台资)	7	5	366364	357822	2488	992758

要经济指标(2009年)

单位：万元

流动资产合计	固定资产合计	固定资产原价	累计折旧	固定资产净值	流动负债合计	长期负债合计	负债合计
4370254	**4667856**	**5648760**	**1695179**	**3953580**	**5671847**	**1112839**	**6854928**
307700	186832	229028	85272	143756	312304	64230	377084
1519456	2354386	3125296	1053671	2071625	1943849	817121	2816223
21882	16987	32447	17603	14844	22560	2475	26055
634638	469147	518312	137095	381217	532675	53297	585972
93923	43953	59927	18003	41925	109441	1618	111058
9801	9858	6127	202	5925	17901		17901
1782854	1586693	1677623	383334	1294288	2733117	174098	2920636
4101127	3871795	4744987	1559952	3185034	5103163	770567	5943972
324978	173904	174659	70343	104317	114065	23139	138772
35522	49722	55967	24685	31282	31558	8427	40534
289456	124182	118692	45658	73034	82507	14711	98238
37204	4771	7045	2274	4771	35598	826	36425
14789	2430	2821	785	2036	1396	622	2018
14789	2430	2821	785	2036	1396	622	2018
2750347	2832833	3544299	1181464	2362835	3926787	620705	4607917
958780	865995	1188720	505138	683532	1096542	416170	1512712
1791567	1966838	2355579	676276	1679303	2830245	204535	3095205
351311	507544	613926	213705	400221	311853	85509	397361
622499	350314	402236	91382	310855	713464	39766	761479
6677	9714	14538	5321	9216	5830		5830
602481	335843	382937	85215	297721	689773	39766	737788
13341	4758	4762	845	3917	17861		17861
236010	753267	854546	127494	727053	524860	341117	865977
224940	735917	828051	117696	710355	510677	340952	851629

9–4 续

指　　标	企　业单位数(个)	#亏损企业	工　业总产值(当年价格)	工业销售产　　值(当年价格)	#出　口交货值	资产总计
合作经营企业(港或澳、台资)	1	1	18375	20324		28420
港澳台商独资经营企业						
港澳台商投资股份有限公司						
外商投资企业	3		30758	33625	563	82845
中外合资经营企业	2		26692	27662	563	75845
中外合作经营企业						
外资企业						
外商投资股份有限公司	1		4066	5963		7000
三、按经济组织类型分组						
独资企业	13	1	374610	378189		615306
国有企业	8	1	278449	279239		555800
集体企业	4		58011	58760		42074
私营独资企业	1		38150	40190		17432
港澳台商独资经营企业						
外资企业						
合作、合伙企业	2	1	45589	51038		45639
股份合作企业						
国有联营企业						
集体联营企业						
国有与集体联营企业						
其他联营企业	1		27215	30715		17218
私营合伙企业						
合作经营企业(港或澳、台资)	1	1	18375	20324		28420
中外合作经营企业						
其他企业(内资)						
股份有限公司	7	2	434384	417799	5102	928573
股份有限公司(内资)	5	1	419164	400919	5102	903474
私营股份有限公司	1	1	11154	10917		18099
港澳台商投资股份有限公司						
外商投资股份有限公司	1		4066	5963		7000
有限责任公司	97	52	7093752	7141339	20551	8473147
国有独资公司	6	3	1053285	1096913	10377	2247080

表1

单位：万元

流动资产合　　计	固定资产合　　计	固定资产原　　价	累计折旧	固定资产净　　值	流动负债合　　计	长期负债合　　计	负债合计
11070	17350	26495	9797	16698	14182	165	14347
33117	42794	49227	7734	41493	43824	1155	44979
31200	38525	44147	6923	37224	41015	1155	42170
1917	4269	5080	811	4269	2809		2809
368859	188388	196242	77938	118303	155493	23965	181026
324978	173904	174659	70343	104317	114065	23139	138772
37204	4771	7045	2274	4771	35598	826	36425
6677	9714	14538	5321	9216	5830		5830
25859	19780	29316	10582	18734	15579	787	16366
14789	2430	2821	785	2036	1396	622	2018
11070	17350	26495	9797	16698	14182	165	14347
366569	516571	623768	215361	408407	332523	85509	418032
351311	507544	613926	213705	400221	311853	85509	397361
13341	4758	4762	845	3917	17861		17861
1917	4269	5080	811	4269	2809		2809
3608967	3943117	4799433	1391298	3408135	5168252	1002578	6239504
958780	865995	1188720	505188	683532	1096542	416170	1512712

9-4 续

指　标	企业单位数(个)	亏损企业	工业总产值(当年价格)	工业销售产值(当年价格)	出口交货值	资产总计
私营有限责任公司	25	13	871447	868214	1504	998326
合资经营企业(港或澳、台资)	7	5	366364	357822	2488	992758
中外合资经营企业	2		26692	27662	563	75845
其他有限责任公司	57	31	4775965	4790728	5619	4159138
四、在总计中:亏损企业	56	56	3542280	3544143	17500	4554693
在总计中:国有控股企业	29	12	3676705	3704649	21098	5708573
在总计中:农村工业	5	3	132873	133873		163618
在总计中:轻工业	7	3	81360	82106	6833	96837
重工业	112	53	7866976	7906259	18821	9965827
在总计中:大型企业	10	3	3179501	3196678	5102	4248374
中型企业	109	53	4768835	4791687	20551	5814291
五、按工业行业大类分组						
采矿业	27		1348098	1412176		2782667
煤炭开采和洗选业	27		1348098	1412176		2782667
制造业	88	52	6486681	6463562	25653	6478597
食品制造业	1		4066	5963		7000
造纸及纸制品业	1		4382	3934		5879
石油加工、炼焦及核燃料加工业	34	25	2239231	2236117		2659966
化学原料及化学制品制造业	5	3	289194	291219	10721	627304
医药制造业	1	1	11778	15249		4213
橡胶制品业	1		11088	11088		6531
塑料制品业	1		9381	9088		9555
非金属矿物制品业	2	1	22971	22501		49075
黑色金属冶炼及压延加工业	27	18	3256935	3241825		2439302
有色金属冶炼及压延加工业	2	1	281369	281490		137402
通用设备制造业	2		58303	52526	1275	59351
专用设备制造业	5	1	229984	230192	10377	367065
交通运输设备制造业	3	1	26464	26594	2067	46767
电气机械及器材制造业	2	1	32201	26657	1214	38822
工艺品及其他制造业	1		9333	9118		20366
电力、燃气及水的生产和供应业	4	4	113557	112627		801401
电力、热力的生产和供应业	3	3	107734	107734		787330
水的生产和供应业	1	1	5823	4893		14071

表2

单位：万元

流动资产合计	固定资产合计	固定资产原价	累计折旧	固定资产净值	流动负债合计	长期负债合计	负债合计
602481	335843	382937	85215	297721	689773	39766	737788
224940	735917	828051	117696	710355	510677	340952	851629
31200	38525	44147	6923	37224	41015	1155	42170
1791567	1966838	2355579	676276	1679303	2830245	204535	3095205
1731089	2508384	2769432	673947	2095485	3179755	690782	3876950
2222821	2752940	3607986	1234036	2373950	2517324	920658	3494804
103724	53811	66054	18205	47849	127342	1618	128959
40787	49983	79503	31979	47524	47493	5798	54310
4329467	4617874	5569257	1663200	3906057	5624354	1107041	6800618
1740026	1874394	2488333	1001420	1486913	2309157	515276	2824433
2630227	2793463	3160427	693760	2466667	3362690	597563	4030495
1342258	804675	1260992	540912	720080	996520	202314	1261231
1342258	804675	1260992	540912	720080	996520	202314	1261231
2934085	3175505	3605324	1052036	2553287	4340677	576216	4923718
1917	4269	5080	811	4269	2809		2809
1337	4542	5144	918	4226	2655	1470	4125
1168534	1363234	1387245	333955	1053290	1855097	258973	2119463
157070	451831	528642	180278	348363	301858	69229	371087
2160	1679	2367	688	1679	3327	400	3727
5156	1275	1801	526	1275	5771	360	6131
6430	2854	4889	2035	2854	4345		4345
11656	37418	44793	9286	35507	6329	37000	43329
1171724	1070639	1309465	419989	889476	1779007	130644	1911083
66067	60870	74688	21604	53084	32001	9545	41546
40763	18483	29737	11868	17870	30751	15024	45775
256949	105408	131860	43400	88460	266272	30068	296340
22039	19186	23799	4631	19118	20608	5348	25956
14101	21631	38257	16626	21631	26145	16701	42846
8180	12186	17556	5371	12186	3703	1453	5156
93911	687676	782444	102231	680213	334651	334309	669979
88420	679177	766819	93495	673323	330842	333327	664168
5491	8499	15625	8736	6890	3809	982	5811

9-4 续

指　　标	所有者权益合计	#实收资本	主营业务收入	主营业务成本	主营业务税金及附加	营业费用	管理费用
总　计	**3207737**	**1647328**	**7947261**	**7042927**	**65120**	**168125**	**418131**
一、按隶属关系分组							
中央企业	132726	105924	387709	324764	1302	8171	24586
省属企业	1717285	816894	3102018	2772826	23105	69839	209695
市属企业	14605	8634	27850	24099	242	2442	2776
县(市区)属企业	633185	142419	837753	558808	12726	19046	77116
乡属企业	32901	20501	125839	111857	1315	3475	10533
村办企业	1758	2252	9380	10063	12		92
其　他	675277	550704	3456713	3240511	26420	65152	93334
二、按登记注册类型分组							
内资企业	3014669	1403817	7543480	6662951	59702	157767	404407
国有企业	417027	29163	277690	100740	5631	8729	43069
中央企业	44815	15776	75405	47150	651	1566	3392
地方企业	372213	13387	202285	53590	4980	7163	39678
集体企业	5650	3993	71357	64322	576	1514	3940
股份合作企业							
联营企业	15200	3128	18833	10370	1219	996	623
国有联营企业							
集体联营企业							
国有与集体联营企业							
其他联营企业	15200	3128	18833	10370	1219	996	623
有限责任公司	1798302	1088933	5848242	5322067	30926	94417	290812
国有独资公司	734368	360391	1115973	972810	10301	15876	131737
其他有限责任公司	1063934	728543	4732270	4349257	20625	78541	159075
股份有限公司	506112	109026	413733	321656	5006	35870	37246
私营企业	272378	169574	913626	843797	16345	16241	28716
私营独资企业	11602	10632	40587	36601	261	621	2359
私营合作企业							
私营有限责任公司	260538	156942	862122	796102	16059	15598	26101
私营股份有限公司	238	2000	10917	11095	25	21	257
其他企业							
港、澳、台商投资企业	155201	212899	370364	351044	5395	9335	10904
合资经营企业(港或澳、台资)	141128	199464	347763	330400	4825	8203	9980

表3

单位：万元、人

财务费用	利息支出	营业利润	利润总额	亏损企业亏损总额	利税总额	本年应付工资总额	本年应付福利费总额	本年应交增值税	全部从业人员年平均人数
160359	**164346**	**254231**	**70339**	**256018**	**535127**	**532267**	**16075**	**399669**	**135307**
10332	10585	12028	2133	9600	15868	33212	816	12433	8962
62127	73889	23938	−19652	110101	153022	220017	8220	149569	59074
1345	1229	−292	−108	108	2205	2332	69	2071	1617
13084	8369	164994	132627	27199	213414	70827	2464	68061	15759
2377	2401	40	611	9774	12594	6336	24	10668	2337
3	3	−781	−494	494	−396	195	7	87	360
71091	67870	54304	−44779	98743	138420	199349	4476	156779	47198
135241	139941	263962	98926	220381	542963	517179	15609	384336	129472
710	1408	100446	95782	13	139645	30769	2562	38233	8694
477	644	3755	3149		9599	14831	422	5799	3241
233	764	96691	92633	13	130047	15938	2140	32434	5453
9	19	996	1113		4395	4589	285	2706	1911
30		5615	5540		8579	3356		1820	423
30		5615	5540		8579	3356		1820	423
101508	106663	112189	−34262	192647	268446	380256	10321	271782	93355
34646	46551	−7959	−17220	64353	61189	147405	3268	68109	36334
66862	60112	120148	−17041	128293	207257	232851	7053	203674	57021
13082	12899	18550	14277	7792	45994	26918	905	26711	10262
19903	18952	26167	16475	19930	75903	71291	1536	43083	14827
116	116	630	630		3635	3988	35	2745	508
19635	18685	26172	16483	19292	72614	64548	1499	40073	13819
151	151	−635	−637	637	−347	2755	3	265	500
24303	23519	−12282	−31308	35637	−12541	12716	309	13373	3980
23786	23080	−11672	−30714	35043	−13125	12113	289	12764	3530

9-4 续

指　　标	所有者权益合计	#实收资本	主营业务收入	主营业务成本	主营业务税金及附加	营业费用	管理费用
合作经营企业(港或澳、台资)	14073	13435	22602	20643	569	1131	924
港澳台商独资经营企业							
港澳台商投资股份有限公司							
外商投资企业	37866	30612	33417	28932	24	1023	2820
中外合资经营企业	33675	28200	27454	24743	24	1017	2016
中外合作经营企业							
外资企业							
外商投资股份有限公司	4191	2412	5963	4190		6	804
三、按经济组织类型分组							
独资企业	434280	43788	389634	201663	6467	10864	49368
国有企业	417027	29163	277690	100740	5631	8729	43069
集体企业	5650	3993	71357	64322	576	1514	3940
私营独资企业	11602	10632	40587	36601	261	621	2359
港澳台商独资经营企业							
外资企业							
合作、合伙企业	29273	16563	41434	31013	1788	2128	1547
股份合作企业							
国有联营企业							
集体联营企业							
国有与集体联营企业							
其他联营企业	15200	3128	18833	10370	1219	996	623
私营合伙企业							
合作经营企业(港或澳、台资)	14073	13435	22602	20643	569	1131	924
中外合作经营企业							
其他企业(内资)							
股份有限公司	510541	113438	430613	336940	5031	35898	38307
股份有限公司(内资)	506112	109026	413733	321656	5006	35870	37246
私营股份有限公司	238	2000	10917	11095	25	21	257
港澳台商投资股份有限公司							
外商投资股份有限公司	4191	2412	5963	4190		6	804
有限责任公司	2233643	1473539	7085580	6473311	51834	119235	328909
国有独资公司	734368	360391	1115973	972810	10301	15876	131737

表4

单位：万元、人

财务费用	利息支出	营业利润	利润总额	亏损企业亏损总额	利税总额	本年应付工资总额	本年应付福利费总额	本年应交增值税	全部从业人员年平均人数
517	439	−609	−594	594	584	603	20	609	450
815	886	2550	2721		4705	2372	157	1960	1855
817	886	1570	1731		3216	1919	99	1460	1355
−3		980	990		1489	453	58	500	500
835	1543	102071	97525	13	147675	39346	2881	43684	11113
710	1408	100446	95782	13	139645	30769	2562	38233	8694
9	19	996	1113		4395	4589	285	2706	1911
116	116	630	630		3635	3988	35	2745	508
547	439	5005	4946	594	9163	3959	20	2429	873
30		5615	5540		8579	3356		1820	423
517	439	−609	−594	594	584	603	20	609	450
13230	13050	18895	14629	8429	47137	30126	966	27477	11262
13082	12899	18550	14277	7792	45994	26918	905	26711	10262
151	151	−635	−637	637	−347	2755	3	265	500
−3		980	990		1489	453	58	500	500
145747	149314	128259	−46761	246981	331152	458837	12208	326079	112059
34646	46551	−7959	−17220	64353	61189	147405	3268	68109	36334

9-4 续

指标	所有者权益合计	#实收资本	主营业务收入	主营业务成本	主营业务税金及附加	营业费用	管理费用
私营有限责任公司	260538	156942	862122	796102	16059	15598	26101
合资经营企业(港或澳、台资)	141128	199464	347763	330400	4825	8203	9980
中外合资经营企业	33675	28200	27454	24743	24	1017	2016
其他有限责任公司	1063934	728543	4732270	4349257	20625	78541	159075
四、在总计中:亏损企业	677743	760775	3543259	3433376	14006	65583	111221
在总计中:国有控股企业	2213770	959121	3802885	3270780	29822	91499	276330
在总计中:农村工业	34659	22753	135218	121919	1327	3475	10624
在总计中:轻工业	42527	16960	79098	67447	2591	3862	5296
重工业	3165210	1630368	7868162	6975480	62529	164263	412835
在总计中:大型企业	1423941	558706	3237442	2946672	22217	66734	212629
中型企业	1783795	1088622	4709819	4096254	42904	101391	205502
五、按工业行业大类分组							
采矿业	1521437	434446	1332372	774645	28945	49708	205392
煤炭开采和洗选业	1521437	434446	1332372	774645	28945	49708	205392
制造业	1554879	1043707	6500063	6143571	35661	117909	209175
食品制造业	4191	2412	5963	4190		6	804
造纸及纸制品业	1755	811	3934	3722	17	21	120
石油加工、炼焦及核燃料加工业	540502	350005	2215089	2099258	8765	68743	79912
化学原料及化学制品制造业	256217	88324	293402	265279	1898	10873	21992
医药制造业	485	500	14541	13277	528	879	279
橡胶制品业	400	379	11094	9835	114	365	720
塑料制品业	5210	4180	9134	7803	24	288	325
非金属矿物制品业	5746	3986	25268	22207	115	375	1002
黑色金属冶炼及压延加工业	528219	407166	3254490	3131849	18969	23155	71841
有色金属冶炼及压延加工业	95856	91321	289681	257148	494	1526	7755
通用设备制造业	13576	9854	52945	42603	1896	3450	3740
专用设备制造业	70725	44655	260794	231716	980	5618	15927
交通运输设备制造业	20811	14610	26268	22212	25	1486	1850
电气机械及器材制造业	-4025	21581	28802	24682	1830	1085	2177
工艺品及其他制造业	15210	3923	8660	7791	5	39	732
电力、燃气及水的生产和供应业	131421	169176	114826	124711	514	508	3564
电力、热力的生产和供应业	123161	162196	109809	121676	481		2216
水的生产和供应业	8260	6980	5017	3035	33	508	1348

表5

单位：万元、人

财务费用	利息支出	营业利润	利润总额	亏损企业亏损总额	利税总额	本年应付工资总额	本年应付福利费总额	本年应交增值税	全部从业人员年平均人数
19635	18685	26172	16483	19292	72614	64548	1499	40073	13819
23786	23080	-11672	-30714	35043	-13125	12113	289	12764	3530
817	886	1570	1731		3216	1919	99	1460	1355
66862	60112	120148	-17041	128293	207257	232851	7053	203674	57021
96297	101228	-103925	-256018	256018	-121712	163747	4546	120300	53101
76850	88748	113456	61107	131673	293540	270985	10740	202611	75850
2380	2405	-741	117	10267	12198	6531	31	10754	2697
1691	1745	3198	3276	166	9048	6511	371	3181	4342
158669	162601	251033	67062	255852	526079	525756	15705	396488	130965
63856	75525	-8787	-30668	105895	156192	243263	7409	164643	64654
96503	88821	263018	101006	150123	378935	289004	8667	235025	70653
27451	26886	285355	273179		467406	211161	7481	165281	44097
27451	26886	285355	273179		467406	211161	7481	165281	44097
114230	118759	-3471	-175636	228813	89087	317603	8470	229061	89358
-3		980	990		1489	453	58	500	500
13	10	40	40		121	612	13	65	609
47466	52763	-54234	-110809	129050	-11062	108119	1897	90982	30752
11295	11060	-9779	-9226	9946	4878	14742	570	12206	5813
76	75	3	-59	59	733	737	63	264	375
0	0	-41	72		586	1297	32	399	301
165	164	605	601		837	359		212	365
2179	2178	-257	-246	289	1592	1616	16	1724	754
40542	39803	23467	-63066	79803	62002	156900	4423	106099	36819
1570	1568	21140	2775	27	8554	4336	379	5286	1926
621	588	2352	2366		6373	4704	71	2110	1702
7079	7176	9070	1903	4920	10215	17130	569	7332	5797
1754	1726	1616	1291	39	2674	2549	133	1358	1853
1648	1646	1301	-2479	4680	-174	2739	116	475	918
-175		266	212		268	1311	131	51	874
18678	18701	-27653	-27205	27205	-21365	3503	124	5326	1852
18301	18324	-27413	-27192	27192	-21693	2758	117	5019	1321
377	377	-240	-13	13	327	745	7	307	531

9-5 规模以上工业主要经济效益指标(2009年)

指　　标	总资产贡献率(%)	资产负债率(%)	流动资产周转率(次/年)	成本费用利润率(%)	产品销售率(%)
总　　计	**7.46**	**67.95**	**1.87**	**1.11**	**100.47**
一、按隶属关系分组					
中央企业	5.19	74.08	1.26	0.63	99.87
省属企业	4.67	61.76	1.97	-0.89	101.25
市属企业	7.04	65.26	1.03	-0.72	102.85
县(市区)属企业	15.81	53.99	1.42	15.08	103.98
乡属企业	7.79	66.97	1.10	0.24	101.51
村办企业	15.14	74.57	4.02	1.56	100.63
其　他	7.59	77.24	2.04	-0.09	99.17
二、按登记注册类型分组					
内资企业	8.14	66.36	1.89	1.56	100.49
国有企业	25.17	26.26	0.91	56.73	100.39
中央企业	12.00	47.49	2.12	5.99	100.67
地方企业	27.46	22.57	0.76	78.71	100.30
集体企业	13.13	78.29	3.33	1.20	100.80
股份合作企业					
联营企业	49.83	11.72	1.27	46.10	112.86
国有联营企业					
集体联营企业					
国有与集体联营企业					
其他联营企业	49.83	11.72	1.27	46.10	112.86
有限责任公司	5.89	71.23	2.05	-0.53	101.00
国有独资公司	4.53	65.82	1.15	-1.76	104.14
其他有限责任公司	6.53	73.76	2.45	-0.25	100.37
股份有限公司	6.36	44.73	1.19	3.44	95.74
私营企业	11.33	69.91	1.91	2.72	99.78
私营独资企业	30.90	60.61	4.74	3.76	101.58
私营合作企业	5.49	48.34	0.78	5.14	83.05
私营有限责任公司	8.69	71.18	1.48	2.27	98.97
私营股份有限公司	-0.34	87.79	0.71	-5.29	97.98
其他企业	-3.39	32.22	0.38	-21.68	
港、澳、台商投资企业	1.07	84.61	1.51	-8.26	99.26
合资经营企业(港或澳、台资)	1.26	85.32	1.67	-7.45	98.60
合作经营企业(港或澳、台资)	-0.39	79.30	0.66	-17.12	110.84
港澳台商独资经营企业					
港澳台商投资股份有限公司					

9-5 续表1

指　　标	总资产贡献率(%)	资产负债率(%)	流动资产周转率(次/年)	成本费用利润率(%)	产品销售率(%)
外商投资企业	5.60	52.38	1.15	5.28	106.79
中外合资经营企业	4.46	53.27	1.06	3.71	103.22
中外合作经营企业					
外资企业					
外商投资股份有限公司	21.28	40.13	3.11	19.80	146.66
三、按经济组织类型分组					
独资企业	24.99	43.04	2.26	12.00	101.16
国有企业	25.17	26.26	0.91	56.73	100.39
集体企业	13.13	78.29	3.33	1.20	100.80
私营独资企业	30.90	60.61	4.74	3.76	101.58
港澳台商独资经营企业					
外资企业					
合作、合伙企业	5.09	68.75	0.80	-1.62	108.03
股份合作企业					
国有联营企业					
集体联营企业					
国有与集体联营企业					
其他联营企业	49.83	11.72	1.27	46.10	112.86
私营合伙企业	5.49	48.34	0.78	5.14	83.05
合作经营企业(港或澳、台资)	-0.39	79.30	0.66	-17.12	110.84
中外合作经营企业					
其他企业(内资)	-3.39	32.22	0.38	-21.68	
股份有限公司	6.30	45.80	1.18	3.39	96.26
股份有限公司(内资)	6.36	44.73	1.19	3.44	95.74
私营股份有限公司	-0.34	87.79	0.71	-5.29	97.98
港澳台商投资股份有限公司					
外商投资股份有限公司	21.28	40.13	3.11	19.80	146.66
有限责任公司	5.92	72.46	1.89	-0.40	100.54
国有独资公司	4.53	65.82	1.15	-1.76	104.14
私营有限责任公司	8.69	71.18	1.48	2.27	98.97
合资经营企业(港或澳、台资)	1.26	85.32	1.67	-7.45	98.60
中外合资经营企业	4.46	53.27	1.06	3.71	103.22
其他有限责任公司	6.53	73.76	2.45	-0.25	100.37
四、在总计中:亏损企业	-0.57	83.45	1.90	-7.49	100.13
在总计中:国有控股企业	6.35	61.35	1.67	1.46	100.81
在总计中:农村工业	11.17	70.31	1.70	1.13	100.83

9-5 续表2

指　　标	总资产贡献率(%)	资产负债率(%)	流动资产周转率(次/年)	成本费用利润率(%)	产品销售率(%)
在总计中：轻工业	2.25	58.58	1.17	-2.97	98.31
重工业	7.62	68.23	1.89	1.19	100.51
在总计中：大型企业	5.45	66.48	1.86	-0.93	100.54
中型企业	8.04	69.32	1.79	2.24	100.48
小型企业	9.74	67.18	2.09	1.98	100.32
五、按工业行业大类分组					
采矿业	18.67	48.94	1.52	14.70	102.61
煤炭开采和洗选业	17.88	48.83	1.44	14.11	102.85
黑色金属矿采选业	83.00	50.57	7.20	25.43	99.22
非金属矿采选业	5.59	73.50	0.57	-1.75	97.74
制造业	2.84	75.35	2.09	-3.01	99.62
农副食品加工业	3.23	53.63	1.53	1.47	98.46
食品制造业	-8.49	92.05	0.98	-30.84	179.60
饮料制造业	2.61	59.85	0.41	2.46	92.34
纺织业	-4.36	106.98	2.43	-6.90	103.77
纺织服装、鞋、帽制造业	6.65	63.86	0.75	2.81	98.72
家具制造业	60.54	8.84	3.90	17.04	93.17
造纸及纸制品业	2.23	70.16	2.94	1.03	89.77
印刷业和记录媒介的复制	2.17	89.51	0.54	-0.77	95.13
文教体育用品制造业	-5.29	85.49	2.00	-3.90	98.43
石油加工、炼焦及核燃料加工业	1.52	79.48	1.92	-5.21	100.21
化学原料及化学制品制造业	2.36	60.03	1.78	-3.18	100.50
医药制造业	3.58	77.52	0.81	-1.53	95.84
橡胶制品业	8.61	88.75	2.04	0.52	99.16
塑料制品业	9.76	48.41	1.37	6.75	95.49
非金属矿物制品业	4.54	80.36	1.31	0.52	97.11
黑色金属冶炼及压延加工业	4.05	77.53	2.70	-1.94	99.39
有色金属冶炼及压延加工业	3.05	57.61	2.81	-1.47	100.11
金属制品业	8.55	63.40	0.47	11.28	99.79
通用设备制造业	4.73	77.22	1.23	-0.03	93.71
专用设备制造业	4.56	80.30	1.01	0.56	100.15
交通运输设备制造业	8.58	61.33	1.30	3.29	101.10
电气机械及器材制造业	6.65	89.91	1.88	-2.35	87.61
工艺品及其他制造业	-3.39	15.76	0.54	-23.98	97.94
电力、燃气及水的生产和供应业	-0.34	84.22	1.07	-18.15	99.29
电力、热力的生产和供应业	-0.40	84.90	1.07	-18.72	99.98
水的生产和供应业	3.10	44.03	1.01	-4.20	86.75

9-6 规模以上国有控股工业主要经济效益指标(2009年)

指 标	总资产贡献率(%)	资产负债率(%)	流动资产周转率(次/年)	成本费用利润率(%)	产品销售率(%)
总 计	**6.35**	**61.35**	**1.67**	**1.46**	**100.81**
在总计中					
亏损企业	-2.77	78.99	2.51	-10.35	99.22
按隶属关系分组					
中央企业	5.19	74.08	1.26	0.63	99.87
地方企业	6.46	60.14	1.73	1.55	100.91
省属企业	4.72	61.41	1.94	-0.79	101.29
市属企业	7.95	62.27	1.22	-0.44	105.07
县(区市)属企业	22.86	32.14	0.71	73.08	100.83
乡(街道镇)属企业					
村办企业					
其他	0.71	109.90	1.76	-6.96	94.16
按轻重工业分组					
轻工业	-2.66	46.00	0.89	-15.88	107.37
重工业	6.60	61.77	1.68	1.72	100.73
按企业规模分组					
大型企业	5.38	59.58	1.83	-0.43	101.36
中型企业	9.00	64.10	1.45	7.95	99.17
小型企业	-0.93	63.98	0.46	-13.71	105.55
按工业行业大类分组					
采矿业	13.88	46.37	0.89	21.27	105.08
煤炭开采和洗选业	13.75	46.32	0.88	21.13	105.16
黑色金属矿采选业	65.92	68.50	8.59	31.68	100.00
制造业	1.70	67.52	2.47	-3.38	99.37
农副食品加工业	0.99	95.27	3.31	0.12	98.01
食品制造业	-15.63	103.73	0.30	-63.59	
石油加工、炼焦及核燃料加工业	-3.89	84.59	1.69	-13.07	93.88
化学原料及化学制品制造业	4.61	53.91	2.20	-0.16	101.03
医药制造业	6.03	12.96	0.91	0.51	136.79
非金属矿物制品业	8.14	94.37	3.24	-0.68	104.74
黑色金属冶炼及压延加工业	4.61	60.34	4.04	-1.21	100.64
有色金属冶炼及压延加工业	7.15	32.54	4.33	1.03	100.03
通用设备制造业	5.91	72.12	1.31	1.82	96.28
专用设备制造业	4.09	80.25	0.89	0.43	99.70
交通运输设备制造业	-0.38	64.96	0.62	-5.95	100.00
电气机械及器材制造业	-15.87	151.27	1.21	-34.08	94.12
工艺品及其他制造业	-3.39	15.76	0.54	-23.98	97.94
电力、燃气及水的生产和供应业	-0.10	85.49	1.23	-17.31	99.19
电力、热力的生产和供应业	-0.18	86.46	1.25	-17.97	100.00
水的生产和供应业	3.10	44.03	1.01	-4.20	86.75

9-7 规模以上外商投资及港澳台投资工业主要经济效益指标(2009年)

指　　标	总资产贡献率(%)	资产负债率(%)	流动资产周转率(次/年)	成本费用利润率(%)	产品销售率(%)
总　　计	**1.44**	**81.95**	**1.46**	**−6.91**	**100.02**
港、澳、台商投资企业	1.07	84.61	1.51	−8.26	99.26
合资经营企业(港或澳、台资)	1.26	85.32	1.67	−7.45	98.60
合作经营企业(港或澳、台资)	−0.39	79.30	0.66	−17.12	110.84
港澳台商独资经营企业					
港澳台商投资股份有限公司					
外商投资企业	5.60	52.38	1.15	5.28	106.79
中外合资经营企业	4.46	53.27	1.06	3.71	103.22
中外合作经营企业					
外资企业					
外商投资股份有限公司	21.28	40.13	3.11	19.80	146.66
在总计中:亏损企业	−0.20	85.42	1.32	−11.60	101.17
在总计中:国有控股企业	0.53	81.56	1.31	−13.56	101.64
按轻重工业分组					
轻工业	20.20	56.21	2.98	10.99	91.79
重工业	0.95	82.62	1.41	−8.05	100.73
按企业规模分组					
大型企业					
中型企业	1.50	82.51	1.50	−6.66	99.10
小型企业	1.02	77.80	1.29	−8.17	105.11
按工业行业大类分组					
采矿业	12.30	12.82	3.63		99.46
煤炭开采和洗选业	12.30	12.82	3.63		99.46
制造业	2.73	81.44	1.53	−4.23	100.04
农副食品加工业	21.66	41.32	7.02	3.94	100.21
食品制造业	21.28	40.13	3.11	19.80	146.66
文教体育用品制造业	3.69	78.59	3.91	0.04	98.66
石油加工、炼焦及核燃料加工业	−0.02	95.38	2.05	−6.22	101.71
化学原料及化学制品制造业	2.37	58.61	1.22	−0.40	108.89
有色金属冶炼及压延加工业	−2.12	89.52	0.05	−53.60	120.95
金属制品业	12.97	19.48	0.52	50.11	131.18
通用设备制造业	14.31	75.58	1.35	6.08	88.22
专用设备制造业	−8.75	47.32	0.47	−23.76	109.38
交通运输设备制造业	11.55	42.75	1.12	7.14	102.35
电气机械及器材制造业	20.66	60.48	2.50	12.34	80.29
电力、燃气及水的生产和供应业	0.41	82.79	1.22	−15.66	100.00
电力、热力的生产和供应业	0.41	82.79	1.22	−15.66	100.00

9-8 大中型工业主要经济效益指标(2009年)

指标	总资产贡献率(%)	资产负债率(%)	流动资产周转率(次/年)	成本费用利润率(%)	产品销售率(%)
总计	**6.95**	**68.12**	**1.82**	**0.90**	**100.50**
一、按隶属关系分组					
中央企业	5.19	73.97	1.26	0.58	99.88
省属企业	5.01	62.12	2.04	−0.63	101.22
市属企业	8.45	64.08	1.27	−0.35	103.70
县(市区)属企业	18.19	48.06	1.32	19.85	104.10
乡属企业	10.42	77.15	1.34	0.48	101.67
村办企业	−2.00	91.06	0.96	−4.86	89.99
其他	5.74	81.22	1.94	−1.29	98.95
二、按登记注册类型分组					
内资企业	7.62	66.35	1.84	1.34	100.58
国有企业	25.38	24.97	0.85	62.50	100.28
中央企业	12.00	47.49	2.12	5.99	100.67
地方企业	27.81	20.88	0.70	92.02	100.14
集体企业	10.49	86.57	1.92	1.60	101.29
股份合作企业					
联营企业	49.83	11.72	1.27	46.10	112.86
国有联营企业					
集体联营企业					
国有与集体联营企业					
其他联营企业	49.83	11.72	1.27	46.10	112.86
有限责任公司	5.86	71.93	2.13	−0.59	101.00
国有独资公司	4.79	67.32	1.16	−1.49	104.14
其他有限责任公司	6.43	74.42	2.64	−0.37	100.31
股份有限公司	6.52	43.98	1.18	3.50	95.65
私营企业	9.17	73.65	1.47	1.81	99.84
私营独资企业	21.52	33.44	6.08	1.59	105.35
私营合作企业					
私营有限责任公司	9.15	73.90	1.43	1.92	99.63
私营股份有限公司	−1.08	98.69	0.82	−5.53	97.88
其他企业					
港、澳、台商投资企业	1.08	84.80	1.57	−7.91	98.29
合资经营企业(港或澳、台资)	1.00	85.78	1.55	−8.25	97.67

9-8　续表1

指　　标	总资产贡献率(%)	资产负债率(%)	流动资产周转率(次/年)	成本费用利润率(%)	产品销售率(%)
合作经营企业(港或澳、台资)	3.60	50.48	2.04	-2.56	110.60
港澳台商独资经营企业					
港澳台商投资股份有限公司					
外商投资企业	6.75	54.29	1.01	8.10	109.32
中外合资经营企业	5.41	55.60	0.88	6.06	103.63
中外合作经营企业					
外资企业					
外商投资股份有限公司	21.28	40.13	3.11	19.80	146.66
三、按经济组织类型分组					
独资企业	24.25	29.42	1.06	37.12	100.96
国有企业	25.38	24.97	0.85	62.50	100.28
集体企业	10.49	86.57	1.92	1.60	101.29
私营独资企业	21.52	33.44	6.08	1.59	105.35
港澳台商独资经营企业					
外资企业					
合作、合伙企业	21.04	35.86	1.60	14.04	111.95
股份合作企业					
国有联营企业					
集体联营企业					
国有与集体联营企业					
其他联营企业	49.83	11.72	1.27	46.10	112.86
私营合伙企业					
合作经营企业(港或澳、台资)	3.60	50.48	2.04	-2.56	110.60
中外合作经营企业					
其他企业(内资)					
股份有限公司	6.48	45.02	1.17	3.45	96.18
股份有限公司(内资)	6.52	43.98	1.18	3.50	95.65
私营股份有限公司	-1.08	98.69	0.82	-5.53	97.88
港澳台商投资股份有限公司					
外商投资股份有限公司	21.28	40.13	3.11	19.80	146.66
有限责任公司	5.67	73.64	1.96	-0.66	100.67
国有独资公司	4.79	67.32	1.16	-1.49	104.14

9-8 续表2

指 标	总资产贡献率(%)	资产负债率(%)	流动资产周转率(次/年)	成本费用利润率(%)	产品销售率(%)
私营有限责任公司	9.15	73.90	1.43	1.92	99.63
合资经营企业(港或澳、台资)	1.00	85.78	1.55	-8.25	97.67
中外合资经营企业	5.41	55.60	0.88	6.06	103.63
其他有限责任公司	6.43	74.42	2.64	-0.37	100.31
四、在总计中:亏损企业	-0.45	85.12	2.05	-6.91	100.05
在总计中:国有控股企业	6.70	61.22	1.71	1.64	100.76
在总计中:农村工业	8.92	78.82	1.30	0.08	100.75
在总计中:轻工业	11.15	56.08	1.94	4.18	100.92
重工业	6.91	68.24	1.82	0.87	100.50
在总计中:大型企业	5.45	66.48	1.86	-0.93	100.54
中型企业	8.04	69.32	1.79	2.24	100.48
五、按工业行业大类分组					
采矿业	17.76	45.32	0.99	25.84	104.75
煤炭开采和洗选业	17.76	45.32	0.99	25.84	104.75
制造业	3.21	76.00	2.22	-2.67	99.64
食品制造业	21.28	40.13	3.11	19.80	146.66
造纸及纸制品业	2.23	70.16	2.94	1.03	89.77
石油加工、炼焦及核燃料加工业	1.57	79.68	1.90	-4.83	99.86
化学原料及化学制品制造业	2.54	59.16	1.87	-2.98	100.70
医药制造业	19.20	88.48	6.73	-0.41	129.46
橡胶制品业	8.97	93.87	2.15	0.66	100.00
塑料制品业	10.48	45.48	1.42	7.00	96.88
非金属矿物制品业	7.68	88.29	2.17	-0.95	97.96
黑色金属冶炼及压延加工业	4.17	78.35	2.78	-1.93	99.54
有色金属冶炼及压延加工业	7.37	30.24	4.38	1.04	100.04
通用设备制造业	11.73	77.13	1.30	4.69	90.09
专用设备制造业	4.74	80.73	1.01	0.73	100.09
交通运输设备制造业	9.41	55.50	1.19	4.73	100.49
电气机械及器材制造业	3.79	110.37	2.04	-8.38	82.78
工艺品及其他制造业	1.32	25.32	1.06	2.53	97.70
电力、燃气及水的生产和供应业	-0.33	83.60	1.22	-18.45	99.18
电力、热力的生产和供应业	-0.43	84.36	1.24	-19.12	100.00
水的生产和供应业	5.00	41.30	0.91	-0.25	84.03

9-9 主要年份工业企业单位数

单位：个

年份	全部工业企业单位数	规模以上企业单位数	按隶属关系分		按经济类型分			按轻重工业分		按企业规模分		
			中央企业	地方企业	国有及控股企业	集体企业	其他企业	轻工业	重工业	大型	中型	小型
1952		2246		2246	44	32	2170	2020	226			
1957		552		552	81	309	162	435	117			
1962		597	1	596	156	419	22	450	147			
1965		445	1	444	151	294		315	130			
1970		553	2	551	194	359		350	203			
1975		908	9	899	316	592		504	404			
1978	4437	1164	9	1155	364	800		603	561			
1980	5582	1147	8	1139	366	781		591	556	3	8	1136
1985	14938	1112	10	1102	330	781	1	498	614	8	9	1095
1990	19995	1264	19	1245	377	886	1	493	771	8	13	1243
1995	24916	1315	20	1295	416	850	49	410	905	11	22	1282
2000	20292	416	11	405	154	106	156	74	342	13	25	378
2001	22123	428	11	417	140	93	195	65	363	13	25	390
2002	21559	436	10	426	131	77	228	65	371	12	23	401
2003	22115	445	10	435	115	82	248	57	388	8	63	374
2004	16567	591	11	580	98	112	381	60	531	7	103	481
2005	18410	603	10	593	96	126	381	61	542	8	114	481
2006	18110	572	10	562	92	83	397	60	512	9	126	437
2007	17550	540	9	531	63	31	446	49	491	10	116	414
2008	11639	507	8	499	55	25	427	52	455	9	118	380
2009	9669	455	9	446	57	19	379	58	397	10	109	336

注：规模以上工业单位数1998年以前为乡及乡以上统计口径，以后为全部国有及年主营业务收入500万元以上(含500万元)非国有工业企业(即规模以上)口径。国有及国有控股1998年以前为国有企业口径。大中型企业划分2003年起执行新标准。

9-10 主要年份主要工业产品产量

年 份	原煤(万吨)	洗精煤(万吨)	焦炭(万吨)	发电量(万千瓦时)	铁矿石原矿(万吨)	生铁(万吨)	钢(万吨)
1952	30.0		1.6	72	0.1		
1957	84.7		6.8	269	0.3		
1962	161.6	8.4	4.4	3293	0.8	0.4	
1965	246.4	6.4	4.5	6124			
1970	334.5	8.5	10.8	31100	10.2	5.1	
1975	391.0	28.6	45.0	161913	35.3	10.9	0.3
1978	553.0	27.8	67.0	227165	57.4	16.5	0.5
1980	695.1	26.5	83.8	284927	33.8	18.2	0.2
1985	1328.0	70.6	119.2	358714	72.3	25.5	0.2
1990	1699.0	394.9	348.7	368800	103.2	80.6	10.6
1995	3278.8	1187.7	1674.2	358007	433.7	363.0	33.0
2000	2539.7	1381.2	1406.2	364037	*161.2	576.7	74.1
2001	2623.0	1530.9	1477.2	394372	*182.9	748.9	103.9
2002	3394.0	1663.4	1464.0	430764	*226.9	896.6	124.0
2003	3727.4	1750.9	1705.3	506024	896.5	923.7	247.9
2004	3884.2	2092.4	1909.3	570326	932.3	829.6	357.9
2005	5244.7	2431.9	2173.5	723200	*231.6	1127.3	436.9
2006	5592.9	2883.7	2431.5	1043700	*304.5	1326.0	488.2
2007	4766.4	3038.7	2312.2	1061700	*271.9	1173.4	526.2
2008	4116.7	2796.0	1865.4	685425	*151.6	766.5	457.2
2009	2634.7	2771.9	1707.2	640646	*76.5	917.3	605.8

注:带“*”为规模以上口径。

9-10 续

年 份	钢材(吨)	纱(吨)	布(万米)	饮料酒(吨)	机制纸及纸板(吨)	塑料制品(吨)	水泥(万吨)
1952			34				
1957			59				
1962			58		553		
1965	15		148		556		0.1
1970	6001	2448	1470		2734		0.4
1975	19953	11635	4576		9282		6.4
1978	52360	14661	7056		17650		10.9
1980	31915	16747	8332		21287	881	11.3
1985	74902	14261	7586	7443	30395	2869	20.8
1990	62077	12271	6646	13438	78788	3614	35.7
1995	15485	11245	6962	11613	93176	7988	106.5
2000	137900	14200	7413	21300	72600	*7411	146.9
2001	199255	14810	7159	41546	78300	*8952	138.3
2002	410684	16661	7180	70927	89300	*15663	188.5
2003	884742	10600	5788	70432	76800	*12336	215.0
2004	1683144	10800	5464	81645	122500	*7564	205.5
2005	2053429	14000	5303	105025	105972	*10150	215.1
2006	3184600	15000	4735	85470	87964	*8933	250.7
2007	3758900	11000	1843	39628	57079	*6262	243.8
2008	3677600	6936	334	27048	31820	*7135	214.5
2009	4463194	7628	332	16421	*9305	*9121	273.5

表

锌(吨)	铜(吨)	化肥(吨)	染料(吨)	硫酸(吨)	纯苯(吨)	光缆(芯千米)
		2012				
		10484				
		20001				
		18054				
		28734	3551			
		69531	3152			
		73245	4113			
5123	6888	146083	20933	61533	*4187	
13535	20432	139847	24404	100908	*6894	
20535	22540	187984	29966	116099	*7278	
25362	33018	175908	32234	156891	*10424	209290
17660	18448	168600	27943	124908	*20696	285887
37057	48118	169900	31149	223720	*14841	197514
20629	37145	181200	28765	192200	*24783	519559
14334	55065	176300	28592	180900	*27760	399413
17833	48021	142379	23240	186400	*12156	237540
	48530	109116	28450	143500	*9678	414859

9-11 规模以上工业增加值(2009年)

单位：万元

指　　标	2009
总　计	**3726171**
按轻重工业分组	
轻工业	51487
重工业	3674684
按企业规模分组	
大中型企业	2558564
小型企业	1167607
按工业行业大类分组	
采矿业	1671141
煤炭开采和洗选业	1580203
黑色金属矿采选业	87893
非金属矿采选业	3046
制造业	1977015
农副食品加工业	4392
饮料制造业	2473
纺织业	1705
纺织服装、鞋、帽制造业	628
造纸及纸制品业	1393
印刷业和记录媒介的复制	198
文教体育用品制造业	2709
石油加工、炼焦及核燃料加工业	754633
化学原料及化学制品制造业	91791
医药制造业	14568
橡胶制品业	4615
塑料制品业	2513
非金属矿物制品业	28444
黑色金属冶炼及压延加工业	892390
炼　铁	317676
炼　钢	165238
钢压延加工	400247
铁合金冶炼	9229
有色金属冶炼及压延加工业	46543
金属制品业	689
通用设备制造业	31120
专用设备制造业	60235
交通运输设备制造业	12005
电气机械及器材制造业	13788
通信设备、计算机及其他电子设备制造业	1161
工艺品及其他制造业	9021
电力、燃气及水的生产和供应业	78014
电力、热力的生产和供应业	70372
电力生产	57976
电力供应	11054
热力生产和供应	1342
燃气生产和供应业	3236
水的生产和供应业	4406

注：本表数据均为生产月报口径。

主要统计指标解释

工业 指从事自然资源的开采，对采掘品和农产品进行加工和再加工的物质生产部门。具体包括：(1)对自然资源的开采，如采矿、晒盐、森林采伐等(但不包括禽兽捕猎和水产捕捞)；(2)对农副产品的加工、再加工，如粮油加工、食品加工、轧花、缫丝、纺织、制革等；(3)对采掘品的加工、再加工，如炼铁、炼钢、化工生产、石油加工、机器制造、木材加工等，以及电力、自来水、煤气的生产和供应等；(4)对工业品的修理、翻新，如机器设备的修理、交通运输工具(包括小轿车)的修理等。

1984 年以前农村的村及村以下办工业归属农业，1984 年以后划归工业。

工业统计调查单位 工业统计调查单位分为两类：独立核算法人工业企业和工业活动单位。

(1)独立核算法人工业企业指从事工业生产经营活动的单位。独立核算法人工业企业应同时具备以下条件：①依法成立，有自己的名称、组织机构和场所，能够承担民事责任；②独立拥有和使用资产，承担负债，有权与其他单位签订合同；③独立核算盈亏，并能够编制资产负债表。

(2)工业活动单位指在一个场所从事一种或主要从事一种工业生产活动的经济单位。它包括独立核算工业企业按主营业务活动(即工业生产活动)划分的主营业务活动单位和非工业企业所属的工业生产活动单位(即原非独立核算工业生产单位)。工业活动单位，一般应同时具备以下三个条件：①具有一个场所，从事一种或主要从事一种工业活动；②单独组织工业生产、经营或业务活动；③单独核算收入和支出。

本资料中涉及的企业登记注册类型：

(1)国有及国有控股企业 指国有企业和国有控股企业。国有企业（即过去的全民所有制工业或国营工业）是指企业全部资产归国家所有，并按《中华人民共和国企业法人登记管理条例》规定登记注册的非公司制的经济组织。包括国有企业、国有独资公司和国有联营企业；国有控股企业是对混合所有制经济的企业进行的“国有控股”分类，它是指这些企业的全部资产中国有资产（股份）相对其他所有者中的任何一个所有者占资（股）最多的企业。

(2)集体企业 指企业资产归集体所有，并按《中华人民共和国企业法人登记管理条例》规定登记注册的经济组织，是社会主义公有制经济的组成部分。包括城乡所有使用集体投资举办的企业，以及部分个人通过集资自愿放弃所有权并依法经工商行政管理机关认定为集体所有制的企业。

(3)股份有限公司 指根据《中华人民共和国企业法人登记管理条例》规定登记注册，其全部注册资本由等额股份构成并通过发行股票筹集资本，股东以其认购的股份对公司承担有限责任，公司以其全部资产对其债务承担责任的经济组织。

(4)港、澳、台商投资企业 指企业注册登记类型中的港、澳、台资合资、合作、独资经营企业和股份有限公司之和。

(5)外商投资企业 指企业注册登记类型中的中外合资、合作经营企业、外资企业和外商投资股份有限公司之和。

(6)其他企业 指除国有企业、集体企业、个体经营以外的其他类型工业企业。包括联营企业、私营企业、股份有限公司，有限责任公司；外商投资企业(中外合资经营、中外合作经营、外资企业)；港、澳、台投资企业(与大陆合资经营、与大陆合作经营、港、澳、台独资企业)及其他企业。

轻工业 指主要提供生活消费品和制作手工工具的工业。按其所使用的原料不同，可分为两大类：(1)以农产品为原料的轻工业，是指直接或间接以农产品为基本原料的轻工业。主要包括食品制造、饮料制造、烟草加工、纺织、缝纫、皮革和毛皮制作、造纸以及印刷等工业；(2)以非农产品为原料的轻工业，是指以工业品为原料的轻工业。主要包括文教体育用品、化学药品制造、合成纤维制造、日用化学制品、日用玻璃制品、日用金属制品、手工工具制造、医疗器械制造、文化和办公用机械制造等工业。

重工业 指为国民经济各部门提供物质技术基础的主要生产资料的工业。按其生产性质和产品用途，可以分为下列三类：(1)采掘工业，是指对自然资源的开采，包括石油开采、煤炭开采、金属矿开采、非金属矿开采和木材采伐等工业；(2)原材料工业，指向国民经济各部门提供基本材料、动力和燃料的工业。包括金属冶炼及加工、炼焦、化学、化工原料、水泥、人造板以及电力、石油和煤炭加工等工业；(3)加工工业，是指对工业原材料进行再加工制造的工业。包括装备国民经济各部门的机械设备制造工业、金属结构、水泥制品等工业，以及为农业提供的生产资料如化肥、农药等工业。

根据上述划分原则，修理业中以重工业产品为修理作业对象的划为重工业，反之划为轻工业。

从2003年起轻、重工业内部不再细划分。

工业总产值 指以货币表现的工业企业在一定时期内生产的已出售或可供出售工业产品总量，它反映一定时间内工业生产的总规模和总水平。它包括：在本企业内不再进行加工，经检验、包装入库规定不需包装的产品除外的成品价值，对外加工费收入，自制半成品、在产品期末初差额价值。工业总产值采用“工厂法”计算，即以工业企业作为一个整体，按企业工业生产活动的最终成果来计算，企业内部不允许重复计算，不能把企业内部各个车间(分厂)生产的成果相加。但在企业之间、行业之间、地区之间存在着重复计算。

轻重工业总产值的划分也是按“工厂法”计算的，即一个工业企业在正常情况下生产的主要产品的性质属于轻工业，则该企业的全部工业总产值作为轻工业总产值，生产的主要产品的性质属于重工业，则该企业的全部总产值作为重工业总产值。

工业增加值 指工业企业在报告期内以货币表现的工业生产活动的最终成果。

实收资本 指企业实际收到的投资人投入的资本（或股本），包括货币、实物、无形资产等各种形式的投入。按投资主体可分为国家资本、集体资本、法人资本、个人资本、港澳台资本和外商资本等。

资产合计 指企业拥有或控制的能以货币计量的经济资源。包括各种财产、债权和其他权利。资产按其流动性划分为流动资产、长期投资、固定资产、无形及递延资产和其他资产。

(1)流动资产 指企业可以在一年内或者超过一年的一个生产周期内变现或耗用的资产合计。包括现金及各种存款、短期投资、应收及预付款项、存货等。

(2)固定资产 指企业固定资产净值、固定资产清理、在建工程、待处理固定资产损失所占用的资金合计。

(3)无形资产 指企业长期使用而没有实物形态的资产。包括专利权、非专利技术、商标权、著作权、土地使用权、商誉等。

负债合计 指企业承担的能以货币计量，将以资产或劳务偿付的债务。负债一般按偿还期长短分为流动负债和长期负债、递延税项等。

(1)流动负债指企业在一年内或者超过一年的一个营业周期内需要偿还的债务合计，其中包括短期借款、应付及预收款项、应付工资、应交税金和应交利润等。

(2)长期负债指企业在一年以上或者超过一年的一个营业周期以上需要偿还的债务合计，其中包括长期借款、应付债务、长期应付款项等。

所有者权益 指企业投资人对企业净资产的所有权。企业净资产等于企业全部资产减去全部负债后的余额，其中包括投资者对企业的最初投入，以及资本公积金、盈余公积金和未分配利润，股份制企业即为股东权益。

固定资产原价 指企业在建造、购置、安装、改建、扩建、技术改造某项固定资产时所支出的全部货币总额。它一般包括买价、包装费、运杂费和安装费等。

固定资产净值 指固定资产原价减去历年已提折旧额后的净额。

流动资产 指可以在一年或者超过一年的一个营业周期内变现或者耗用的资产，包括现金及各种存款、短期投资、应收及预付货款、存货等。

主营业务收入 指企业销售产品和提供劳务等主要经营业务取得的业务总额。

主营业务成本 指企业销售产品和提供劳务等主要经营业务的实际成本。

主营业务税金及附加 指企业销售产品和提供工业性劳务等主要经营业务应负担的城市维护建设税、消费税、资源税和教育费附加。

利润总额 指企业在生产经营过程中各种收入扣除各种耗费后的盈余，反映企业在报告期内实现的亏盈总额，包括营业利润、补贴收入、投资净收益和营业外收支净额。

应交增值税 指企业按税法规定，从事货物销售或提供加工、修理修配劳务等增加货物价值的活动报告期应交纳的增值税额。计算公式：

应交增值税=销项税额-（进项税额-进项税额转出）-出口抵减内销产品应纳税额-减免税款+出口退税。

总资产贡献率 反映企业全部资产的获利能力，是企业经营业绩和管理水平的集中体现，是评价和考核企业盈利能力的核心指标。计算公式：

总资产贡献率(%)=（利润总额+税金总额+利息支出）/平均资产总额×100%

资产负债率 该指标既反映企业经营风险的大小，也反映企业利用债权人提供的资金从事经营活动的能力。计算公式:

资产负债率(%)=负债总额/资产总额×100%

工业成本费用利润率 指在一定时期内实现的利润与成本费用之比，是反映工业生产成本及费用投入的经济效益指标，同时也是反映降低成本的经济效益的指标。计算公式：

工业成本费用利润率(%)=利润总额/成本费用总额×100%

工业增加值率 指在一定时期内工业增加值占同期工业总产值的比重，反映降低中间消耗的经济效益。计算公式：

工业增加值率(%)=工业增加值(现价)/工业总产值(现价)×100%

流动资产周转次数 指在一定时期内流动资产完成的周转次数，反映流动资产的周转速度。计算公式为：

流动资金周转次数=主营业务收入/全部流动资产平均余额

产品销售率 指报告期工业销售产值与同期工业总产值之比，是反映工业产品已实现销售的程度，分析工业产销衔接情况，研究工业产品满足社会需求程度的指标。计算公式：

产品销售率(%)=工业销售产值/工业总产值×100%

全员劳动生产率 指根据产品的价值量指标计算的平均每一个从业人员在单位时间内的产品生产量。是考核企业经济活动的重要指标，是企业生产技术水平、经营管理水平、职工技术熟练程度和劳动积极性的综合表现。目前我国的全员劳动生产率是将工业企业的工业增加值除以同一时期全部从业人员的平均人数来计算的。计算公式：

全员劳动生产率=工业增加值/全部从业人员平均人数

10

建筑业

资料整理人员

樊晋阳　李晓华

建筑业

建筑业企业单位数	124	个
建筑业企业竣工产值	95.21	亿元
建筑业企业总产值	139.11	亿元
建筑业企业房屋建筑竣工面积	1603293	平方米

建筑业企业总产值构成(%)

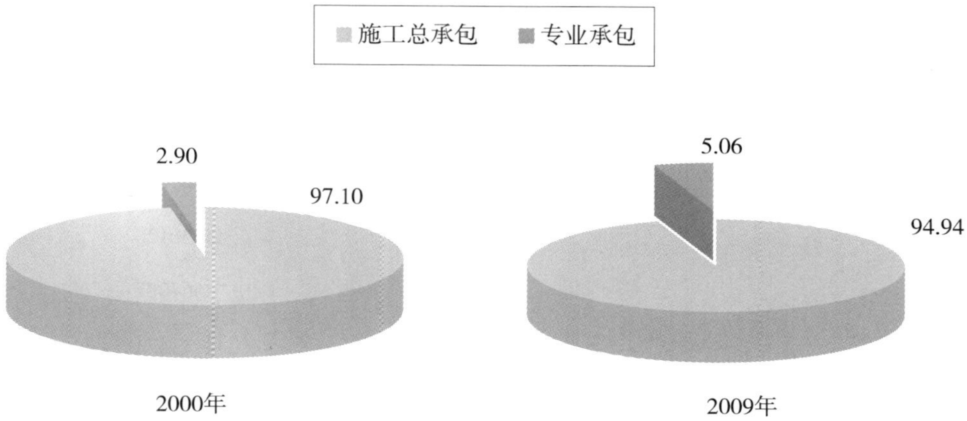

建筑业企业总产值(亿元)

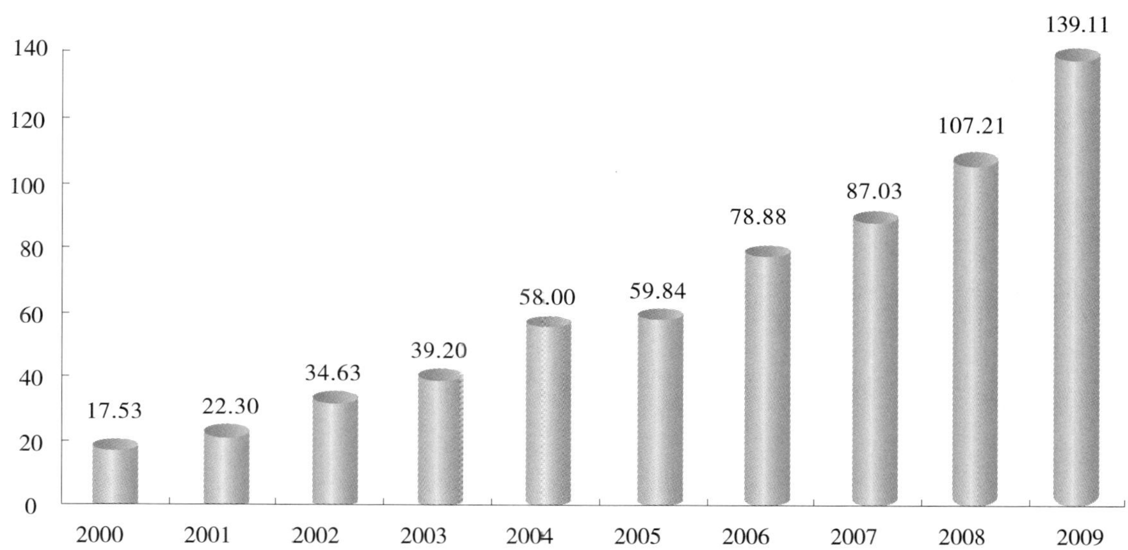

10-1 建筑施工企业主要经济指标

指　　标	2007	2008	2009
施工企业个数(个)	107	116	124
计算劳动生产率平均人数(人)	49507	57521	59919
期末从业人数(人)	39514	52051	57198
固定资产原价(千元)	1638377	1888929	2299704
固定资产合计(千元)	1149376	1264264	1604366
自有机械设备总台数(台)	20287	17203	16668
自有机械设备净值(千元)	632557	759243	779091
自有机械设备总功率(千元)	352554	347672	334595
建筑业总产值(千元)	8702618	10721428	13911386
竣工产值(千元)	4071565	4520120	9521320
固定资产折旧 (千元)	641358	664087	881888
施工面积 (平方米)	4484219	4111471	3960201
竣工面积 (平方米)	1558471	1366898	1603293
营业利润(千元)	120884	163181	203329
管理费用(千元)	262402	468233	539299
利润总额(千元)	122148	162803	193864
上缴税金(千元)	282590	385663	465052
按总产值计算的全员劳动生产率 (元/人)	175786	186392	232912
实收资本金(千元)	944766	1289338	1511013
资产总计(千元)	6224852	7251160	9858862
负债合计(千元)	5102280	5779954	8101108
所有者权益合计(千元)	1122572	1471206	1749776
竣工率(按产值计算) (%)	46.8	42.0	68.0
技术装备率(元/人)	16	15	14
动力装备率(千瓦/人)	8.9	6.8	5.9
资产负债率(%)	82.0	79.7	82.2
产值利润率(%)	1.4	1.5	1.4

10-2 建筑业企业总产值和竣工价值(2009年)

单位：千元

指标	建筑业总产值	建筑工程	安装工程	其他	竣工产值
总计	**13911386**	**13143213**	**610488**	**157685**	**9521320**
其中：国有及国有控股企业	11961483	11610203	291224	60056	8173192
按登记注册类型分组					
内资企业	13911386	13143213	610488	157685	9521320
国有企业	2847171	2684172	162999		1352871
集体企业	336412	285018	51394		246113
联营企业					
有限责任公司	9924979	9631526	211056	82397	7236633
国有独资公司					
其他有限责任公司	9924979	9631526	211056	82397	7236633
股份有限公司	12247	12247			7630
私营企业	790577	530250	185039	75288	678073
私营独资企业					
私营有限责任公司	785577	527250	183039	75288	673073
按国民经济行业分组					
房屋和土木工程建筑业	13548264	13020361	443881	84022	9260076
房屋工程建筑	2424825	2209198	180630	34997	1787929
土木工程建筑	11123439	10811163	263251	49025	7472147
建筑安装业	199927	34108	165819		165213
建筑装饰业	53252	52464	788		49951
其他建筑业	109943	36280		73663	46080
按隶属关系分组					
中央	7970285	7968640	1645		6378022
省	2335512	2301040	21816	12656	953398
市	974439	813588	160851		365005
县	633960	533504	97631	2825	466515
按企业资质等级分组					
施工总承包	13205891	12793041	330453	82397	8941979
专业承包	703404	348081	280035	75288	579341

10-3 按主要用途分房屋

指　　标	总　计	厂房、仓库	住　宅	办公用房	批发和零售用　　房
总　计	**1603293**	**127227**	**836854**	**157298**	**269775**
其中：国有及国有控股企业	1043743	79777	514189	109914	248662
按登记注册类型分组					
内资企业	1603293	127227	836854	157298	269775
国有企业	922401	61238	506989	18260	248662
集体企业	179631	13800	96719	19034	
联营企业					
有限责任公司	434214	37133	189473	118777	21113
国有独资公司					
其他有限责任公司	434214	37133	189473	118777	21113
股份有限公司	7600		7600		
私营企业	59447	15056	36073	1227	
私营独资企业					
私营有限责任公司	59447	15056	36073	1227	
按国民经济行业分组					
房屋和土木工程建筑业	1599198	123132	836854	157298	269775
房屋工程建筑	1543279	104593	829654	131385	269775
土木工程建筑	55919	18539	7200	25913	
建筑安装业	4095	4095			
建筑装饰业					
其他建筑业					
按隶属关系分组					
中　央					
省	799942	61238	431256	4260	248662
市	92135		68762		
县	357564	8650	196978	98530	9427
其　他	327591	57339	128281	50649	11686
按企业资质等级分组					
施工总承包	1598880	123132	836854	157298	269775
专业承包	4413	4095			

建筑竣工面积(2009年)

单位：平方米

住宿和餐饮用房	居民服务业用房	教育用房	文化、体育和娱乐用房	卫生医疗用房	科研用房	其他用房
22449	**25819**	**90928**	**11428**	**37574**		**23941**
18479	15590	33642		19300		4190
22449	25819	90928	11428	37574		23941
14530	15590	33642		19300		4190
	7500	18831	7500	9947		6300
7359	2729	38132	3928	8154		7416
7359	2729	38132	3928	8154		7416
560		323		173		6035
560		323		173		6035
22449	25819	90928	11428	37574		23941
18500	25819	90928	11428	37574		23623
3949						318
14530	2482	33642				3872
	13108			9947		318
		24679		19300		
7919	9164	23845	11428	7684		19596
22449	25819	90928	11428	37574		23623
						318

10-4 按主要用途分房屋

指　　标	总　计	厂房、仓库	住　宅	办公用房	批发和零售用房
总　计	1695372	177795	776625	208413	222543
其中：国有及国有控股企业	1178458	138536	480222	163273	203608
按登记注册类型分组					
内资企业	1695372	177795	776625	208413	222543
国有企业	970408	93566	470372	19173	203608
集体企业	178878	16560	88505	20508	
联营企业					
有限责任公司	491076	60609	173807	168045	18935
国有独资公司					
其他有限责任公司	491076	60609	173807	168045	18935
股份有限公司	7630		7630		
私营企业	47380	7060	36311	687	
私营独资企业					
私营有限责任公司	47380	7060	36311	687	
按国民经济行业分组					
房屋和土木工程建筑业	1694389	176812	776625	208413	222543
房屋工程建筑	1564690	131842	766775	143203	222543
土木工程建筑	129699	44970	9850	65210	
建筑安装业	983	983			
建筑装饰业					
其他建筑业					
按隶属关系分组					
中　央					
省	836366	93566	387082	3773	203608
市	105538		83423		
县	342661	8350	170358	111909	7542
其　他	383559	75879	127061	87403	11393
按企业资质等级分组					
施工总承包	1693850	176812	776625	208413	222543
专业承包	1522	983			

建筑竣工价值(2009年)

单位：千元

住宿和餐饮用房	居民服务业用房	教育用房	文化、体育和娱乐用房	卫生医疗用房	科研用房	其他用房
22899	25843	113224	11587	39348		97095
20193	14698	58076		22873		76979
22899	25843	113224	11587	39348		97095
11063	14698	58076		22873		76979
	9000	18249	9000	9636		7420
11484	2145	36731	2587	6682		10051
11484	2145	36731	2587	6682		10051
352		168		157		2645
352		168		157		2645
22899	25843	113224	11587	39348		97095
13769	25843	113224	11587	39348		96556
9130						539
11063	2758	58076				76440
	11940			9636		539
		21629		22873		
11836	10125	26029	11587	6304		15942
22899	25843	113224	11587	39348		96556
						539

10-5 建筑业企业房屋建筑面积(2009年)

单位：平方米

指　　标	房屋建筑施工面积	#本年新开工面积	#投标承包的面积
总　计	**3960201**	**1650835**	**3598768**
其中：国有及国有控股企业	2668382	914670	2456594
一、按登记注册类型分组			
内资企业	3960201	1650835	3598768
国有企业	2449582	785497	2314852
集体企业	372773	136463	333299
联营企业			
有限责任公司	998688	600716	865876
国有独资公司			
其他有限责任公司	998688	600716	865876
股份有限公司	50274	42624	48271
私营企业	88884	85535	36470
私营独资企业			
私营有限责任公司	78884	75535	36470
二、按国民经济行业分组			
房屋和土木工程建筑业	3956106	1646740	3598768
房屋工程建筑	3786277	1599909	3539113
土木工程建筑	169829	46831	59655
建筑安装业	4095	4095	
建筑装饰业			
其他建筑业			
三、按隶属关系分组			
中　央			
省	2124825	596723	2037915
市	360512	103445	360512
县	769436	473225	650868
其　他	640541	412555	500354
四、按企业资质等级分组			
施工总承包	3944580	1635786	3597242
专业承包	15621	15049	1526

10-6 建筑业企业机械设备情况(2009年)

指 标	年末自有机械设备总台数(台)	年末自有机械设备总功率(千瓦)	自有机械设备净值(千元)
总 计	**16668**	**334595**	**779091**
其中：国有及国有控股企业	6026	173913	433547
按登记注册类型分组			
内资企业	16668	334595	779091
国有企业	4105	52542	86792
集体企业	2200	21836	47207
联营企业			
有限责任公司	6743	181065	483178
国有独资公司			
其他有限责任公司	6743	181065	483178
股份有限公司	152	3780	3152
私营企业	3468	75372	158762
私营独资企业			
私营有限责任公司	3446	75124	154262
按国民经济行业分组			
房屋和土木工程建筑业	15449	311045	733937
房屋工程建筑	11215	110502	187794
土木工程建筑	4234	200543	546143
建筑安装业	617	6311	8005
建筑装饰业	292	2645	5284
其他建筑业	310	14594	31865
按隶属关系分组			
中 央	1282	87218	242376
省	1024	26543	35930
市	2496	41781	126610
县	4438	55437	84945
其 他	7146	122528	286974
按企业资质等级分组			
施工总承包	14854	287273	658466
专业承包	1814	47322	120625

10-7 建筑业总、专包企业劳动生产率(2009年)

指　　标	企业个数(个)	计算劳动生产率的平均人数(人)	按总产值计算的劳动生产率(元/人)	人均竣工产　　值(元/人)
总　计	**122**	**59919**	**232169**	**159435**
其中：国有及国有控股企业	19	43009	278116	190034
按登记注册类型分组				
内资企业	122	59919	232169	159435
国有企业	13	13850	205572	97680
集体企业	12	2752	122243	89431
联营企业				
有限责任公司	32	37665	263506	193157
国有独资公司				
其他有限责任公司	32	37665	263506	193157
股份有限公司	3	250	40624	30520
私营企业	62	5402	146349	125523
私营独资企业				
私营有限责任公司	61	5344	147002	125949
按国民经济行业分组				
房屋和土木工程建筑业	79	57817	234278	160718
房屋工程建筑	44	18958	127906	95316
土木工程建筑	35	38859	286251	192289
建筑安装业	17	1040	192238	158859
建筑装饰业	18	489	108900	102149
其他建筑业	8	573	191873	80419
按隶属关系分组				
中　央	2	24607	323903	259195
省	5	7563	308808	126061
市	11	6329	153964	57672
县	21	7702	82311	60571
其　他	81	13038	149586	102078
按企业资质等级分组				
施工总承包	67	55238	239073	161881
专业承包	55	4481	156975	129288

10-8 建筑业企业资本金及资产(2009年)

单位：千元

指标	实收资本	资产总计	#流动资产合计	#固定资产合计	固定资产原价合计	#生产经营用	固定资产折旧	#本年折旧	无形及递延资产合计
总计	**1511013**	**9858862**	**8063132**	**1604366**	**2299704**	**2034766**	**881888**	**262952**	**82479**
其中：国有及国有控股企业	587291	7992670	6915932	983688	1507463	1388565	654414	219936	44684
按登记注册类型分组									
内资企业	1511013	9858862	8063132	1604366	2299704	2034766	881888	262952	82479
国有企业	306977	2200850	1907343	258586	326171	243343	134107	13051	507
集体企业	81944	224159	147474	76685	104246	95167	28949	4803	
有限责任公司	536066	6459356	5402477	959870	1475948	1379522	605116	223349	61742
国有独资公司									
其他有限责任公司	536066	6459356	5402477	959870	1475948	1379522	605116	223349	61742
股份有限公司	16074	58566	46918	5881	7619	3270	2040	386	367
私营企业	570252	915931	558920	303344	385720	313464	111676	21363	19863
私营独资企业									
私营有限责任公司	566752	904442	557314	293461	379114	312634	110953	21349	19863
按国民经济行业分组									
房屋和土木工程建筑业	1311922	9463378	7806865	1492314	2158890	1941533	842599	255013	62682
房屋工程建筑	467244	2000853	1553162	401350	447835	353994	118215	17388	16058
土木工程建筑	844678	7462525	6253703	1090964	1711055	1587539	724384	237625	46624
建筑安装业	85835	184097	129181	34998	36476	19729	11032	3266	19658
建筑装饰业	43744	75581	51652	21494	26088	16886	5451	936	135
其他建筑业	69512	135806	75434	55560	78250	56618	22806	3737	4
按隶属关系分组									
中央	112861	5306020	4778303	491772	876971	856763	385199	188691	35940
省	161590	1700701	1563699	117381	146124	128077	68383	9855	559
市	229189	715088	475976	220721	344151	301226	153140	14821	1659
县	159797	279454	135814	139049	176702	125953	46171	6350	4070
其他	837620	1832243	1094127	625295	736454	603445	219841	43131	40251
按企业资质等级分组									
施工总承包	1130125	9147324	7630978	1371488	2019098	1818369	791499	248124	62575
专业承包	372968	703560	432154	232878	280426	216397	90389	14828	19904

10-9 建筑业企业负债及所有者权益(2009年)

单位：千元

指　　标	负债合计	流动负债	长期负债	所有者权益合计
总　计	**8101108**	**7849061**	**252047**	**1749776**
其中：国有及国有控股企业	7270549	7082649	187900	722121
按登记注册类型分组				
内资企业	8101108	7849061	252047	1749776
国有企业	2011979	1996496	15483	188871
集体企业	137164	132828	4336	86995
有限责任公司	5539602	5324441	215161	912124
国有独资公司				
其他有限责任公司	5539602	5324441	215161	912124
股份有限公司	36391	36294	97	21827
私营企业	375972	359002	16970	539959
私营独资企业				
私营有限责任公司	371862	354892	16970	532580
按国民经济行业分组				
房屋和土木工程建筑业	7936338	7691848	244490	1519062
房屋工程建筑	1420267	1363335	56932	572608
土木工程建筑	6516071	6328513	187558	946454
建筑安装业	84360	84013	347	99737
建筑装饰业	24076	23044	1032	51505
其他建筑业	56334	50156	6178	79472
按隶属关系分组				
中　央	5159508	5012091	147417	146512
省	1546397	1546397		154304
市	385438	356110	29328	329650
县	76759	61129	15630	202695
其　他	917606	857934	59672	906659
按企业资质等级分组				
施工总承包	7829511	7594874	234637	1317813
专业承包	271597	254187	17410	431963

10–10 建筑业企业工程结算收入(2009年)

单位：千元

指　　标	工程结算收入	#工程结算成本	#工程结算税金及附加	#工程结算利润
总　计	**13988252**	**12756939**	**425329**	**766624**
其中：国有及国有控股企业	12092407	11140395	361370	580647
按登记注册类型分组				
内资企业	13988252	12756939	425329	766624
国有企业	2425041	2192386	76950	151565
集体企业	312270	262986	10435	35998
有限责任公司	10462482	9630449	311559	498708
国有独资公司				
其他有限责任公司	10462482	9630449	311559	498708
股份有限公司	14928	12754	572	969
私营企业	773531	658364	25813	79384
私营独资企业				
私营有限责任公司	768952	654804	25639	78545
按国民经济行业分组				
房屋和土木工程建筑业	13613215	12444902	414129	719071
房屋工程建筑	2109138	1831028	68661	187589
土木工程建筑	11504077	10613874	344170	531482
建筑安装业	212858	175086	6852	29687
建筑装饰业	48640	41375	1691	5065
其他建筑业	113539	95576	3955	12801
按隶属关系分组				
中　央	8466059	7845506	244034	371150
省	1917837	1753262	59524	104272
市	936015	842449	30985	61391
县	594343	506752	20152	57895
其　他	2044879	1787540	70959	165903
按企业资质等级分组				
施工总承包	13299039	12175919	402286	691188
专业承包	687122	579605	22926	75436

10-11 建筑业企业费用情况(2009年)

单位：千元

指　　标	经营费用	管理费用	#差旅费	#工会经费	财务费用
总　计	**38801**	**539299**	**19036**	**5549**	**67125**
其中：国有及国有控股企业	9995	434871	12405	3307	56650
按登记注册类型分组					
内资企业	38801	539299	19036	5549	67125
国有企业	4140	151351	8012	974	5440
集体企业	2851	23766	2047	1475	1664
有限责任公司	21766	315113	6755	2693	57830
国有独资公司					
其他有限责任公司	21766	315113	6755	2693	57830
股份有限公司	74	811	100	1	19
私营企业	9970	48258	2122	406	2172
私营独资企业					
私营有限责任公司	9964	47455	2046	406	2159
按国民经济行业分组					
房屋和土木工程建筑业	35852	506620	17691	5176	65276
房屋工程建筑	21301	141039	9031	2433	9840
土木工程建筑	14551	365581	8660	2743	55436
建筑安装业	1233	21251	681	45	-141
建筑装饰业	509	3616	267	29	218
其他建筑业	1207	7812	397	299	1772
按隶属关系分组					
中　央	5369	241033	3032	2050	48708
省	779	106563	5786	524	498
市	1190	56377	2846	649	6121
县	9544	25977	3259	1510	3537
其　他	21216	104421	4101	816	8216
按企业资质等级分组					
施工总承包	29646	489614	16514	5038	64690
专业承包	9155	49685	2522	511	2435

10-12 建筑业企业工资和福利费情况(2009年)

单位：千元

指　　标	本年应付工资总额	#主营业务应付工资	本年应付福利费总额	#主营业务应付福利费
总　计	**1017785**	**974746**	**95958**	**92545**
其中：国有及国有控股企业	736539	716800	70374	67698
按登记注册类型分组				
内资企业	1017785	974746	95958	92545
国有企业	170749	160602	21762	19885
集体企业	57312	50598	6091	5887
有限责任公司	690008	678784	60456	59453
国有独资公司				
其他有限责任公司	690008	678784	60456	59453
股份有限公司	2596	2596	181	181
私营企业	97120	82166	7468	7139
私营独资企业				
私营有限责任公司	96520	81566	7420	7091
按国民经济行业分组				
房屋和土木工程建筑业	976279	940460	92957	89698
房屋工程建筑	258335	249974	28344	28075
土木工程建筑	717944	690486	64613	61623
建筑安装业	21938	16250	1873	1800
建筑装饰业	9387	8847	412	380
其他建筑业	10181	9189	716	667
按隶属关系分组				
中　央	478545	472651	39455	38835
省	103288	94357	14348	13111
市	77989	69761	8024	7180
县	110981	109968	11447	11403
其　他	236886	218153	21305	20637
按企业资质等级分组				
施工总承包	946098	910987	90907	87648
专业承包	71687	63759	5051	4897

10-13 建筑业企业利润及税金情况(2009年)

单位：千元

指标	利润总额	税金总额	工程结算税金及附加	管理费用中的税金	营业利润	其他业务利润	其他业务收入	劳动、失业保险费	住房公积金及住房补贴
总计	**193864**	**594390**	**425329**	**14370**	**203329**	**43119**	**169061**	**58128**	**20933**
其中：国有及国有控股企业	119398	496698	361370	10469	121941	32815	135328	50615	19057
按登记注册类型分组									
内资企业	193864	594390	428329	14370	203329	43119	169061	58128	20933
国有企业	4837	102216	76950	5994	6921	12147	25266	648	2213
集体企业	10467	10435	10435	1385	10568			392	47
有限责任公司	151898	428961	311559	5834	153773	28008	117402	55893	18564
国有独资公司									
其他有限责任公司	151898	428961	311559	5834	153773	28008	117402	55893	18564
股份有限公司	156	572	572	27	149				
私营企业	26506	52206	25813	1130	31918	2964	26393	1195	109
私营独资企业									
私营有限责任公司	26485	52032	25639	1128	31895	2964	26393	1195	109
按国民经济行业分组									
房屋和土木工程建筑业	179646	564865	414129	13547	18815	40970	150736	57035	20793
房屋工程建筑	41581	79851	68661	8456	42105	5385	11190	6946	1346
土木工程建筑	138065	483716	344170	5091	146050	35585	139546	50089	19447
建筑安装业	9945	24877	6852	214	10480	1903	18025	1056	65
建筑装饰业	1412	1991	1691	264	1477	246	300	37	
其他建筑业	2861	3955	3955	345	3217				75
按隶属关系分组									
中　央	103195	283370	244034	1863	102042	20633	39336	39308	13477
省	918	82150	59524	1146	6760	9549	22626	1653	2869
市	4433	34240	30985	3051	2008	3115	3255	326	116
县	28760	20152	20152	4072	28381			5484	47
其　他	55663	174803	70959	3897	63098	9822	103844	11357	4424
按企业资质等级分组									
施工总承包	172445	552809	402286	13264	177645	40761	150523	56892	20662
专业承包	21409	41464	22926	1106	25674	2358	18538	1236	271

主要统计指标解释

建筑业统计单位 指从事房屋、构筑物建造和设备安装活动的法人企业。建筑业法人企业应同时具备的条件是：①依法成立，有自己的名称、组织机构和场所，能够承担民事责任；②独立拥有和使用资产，承担负债，有权与其他单位签订合同；③独立核算盈亏，能够编制资产负债表。

建筑业总产值 以货币表现的建筑安装企业在一定时期内生产的建筑业产品和服务的总和。建筑业总产值包括：

(1)建筑工程产值：指列入建筑工程预算内的各种工程价值。

(2)设备安装工程产值：指设备安装工程价值，不包括被安装设备本身价值。

(3)其他产值：指建筑业总产值中除建筑工程、安装工程以外的产值。包括房屋构筑物修理产值、非标准设备制造产值、总包企业向分包企业收取的管理费以及不能明确划分的施工活动所完成的产值。

装修装饰产值 包括装修、装饰两部分产值。装修装饰指对新旧房屋及建筑物进行的内外装修装饰；对新建房屋及建筑物经过施工后，尚未完全达到使用标准，而进行的二次装修装饰；以及对原有房屋经使用若干年后进行的二次内外装饰。包括抹灰、门窗、玻璃、吊顶、隔断、饰面板(砖)、涂料、裱糊、刷浆、花饰等。

在外省完成的产值 指建筑业企业在其他省份施工所完成的建筑业产值。

竣工产值 一般是以单位工程为对象，当该工程按照设计所规定的工程内容全部完成，达到了设计规定的交工条件，经有关部门检查验收鉴定合格的单位工程价值，即为竣工产值。竣工产值包括范围应是报告期内竣工单位工程从开工到竣工的全部自行完成的价值，如果一个单位工程跨两个年度施工，其竣工价值应当包括上年度完成的价值。有些大型单位工程，如大型厂房、高级宾馆、各种管道、公路、铁路等，能够分跨、分层、分段施工并按合同规定，能够分开交付使用的，可以分开计算竣工产值。竣工产值不包括附属辅助企业或内部核算的其他单位为外单位生产和服务的价值。

房屋建筑施工面积 指在报告期内施工的全部房屋建筑面积，包括本期新开工的房屋面积、上期施工跨入本期继续施工的房屋面积、上期停缓建在本期恢复施工的房屋面积、本期竣工的房屋面积及本期施工后又停缓建的房屋面积。

本年新开工面积 指在报告期内新开工的各个房屋单位工程的建筑面积之和。它不包括在上期开工跨入报告期继续施工的房屋建筑面积和上期停缓建而在本期复工的建筑面积。新开工面积用于反映报告期内投入施工的房屋建筑规模，为科学组织施工提供依据。

年末自有施工机械设备净值 本企业(或单位)自有机械设备经过使用、磨损后实际存在的价值，即原值减去折旧后的净额。

年末自有机械设备总台数 年末本企业(或单位)自有的直接用于工程施工的各种机械设备的台数。但不包括附属辅助生产机械设备、运输机械设备、生产试验机械设备的台数。

年末自有施工机械设备总功率 年末本企业(或单位)自有的直接用于工程施工的各种机械设备年末总功率，按设定能力或查定能力计算。包括机械本身的动力和为该机械服务的单独动力设备，如电动机等。计量单位用千瓦，动力换算可按 1 马力 = 0.735 千瓦折合成千瓦数。电焊机、变压器、锅炉不计算动力。

计算建筑业劳动生产率的平均人数 建筑业企业(或单位)报告期实际拥有的、与建筑施工活动有关的人员的平均人数，包括参加本企业(或单位)建筑施工活动的非本企业(或单位)人员，但不包括企业内部社会服务性机构的人员以及由本企业支付工资但所从事的工作与本企业生产基本无关的人员。

房屋建筑竣工面积 指在报告期内房屋建筑按照设计要求全部完工，达到了住人和使用条件，经检查验收签定合格的房屋建筑面积。

资产总计 指企业拥有或控制的能以货币计量的经济资源，包括各种财产、债权和其他权利。建筑业企业的资产其按流动性分为：流动资产、长期投资、固定资产、无形资产、递延资产和其他资产根据会计“资产负债表”中“资产总计”项的年末数填列。

固定资产 企业使用期限超过一年的房屋、建筑物、机器、机械、运输工具以及其他与生产、经营有关的设备、器具、工具等。不属于生产经营主要设备的物品，单位价值在2000元以上，并且使用年限超过2年的，也应当作为固定资产。

负债合计 企业所承担的能以货币计量、将以资产或劳务偿付的债务。

所有者权益合计 企业投资人对企业净资产的所有权，企业净资产等于企业全部资产减去全部负债后的余额。其中包括实收资本、资本公积、盈余公积和未分配利润四部分。

实收资本 企业实际收到的投资投入的资本。按照投资主体划分为国家资本、集体资本、法人资本、个人资本、港澳台资本和外商资本六种。

工程结算收入 本企业承包工程实现的工程价款结算收入以及向发包单位收取的除工程价款以外按规定列作营业收入的各种款项，如临时设施费、劳动保险费、施工机械调迁费等以及向发包单位收取的各种索赔款。

工程结算成本 在报告期内与发包单位办理工程价款结算的已完工程实际成本。

工程结算税金附加 因从事建筑业生产活动，取得工程价款结算收入而按规定应该缴纳的营业税、城市维护建设税等以及随同营业税金一并计算缴的教育费附加等。

营业利润 企业生产经营活动所实现的利润，分为主营业务利润和其他利润。

利润总额 指企业在工程施工生产过程中，取得工程价款收入、机械作业收入等，扣除投入的成本及其他一系列费用，再加减非经营性质的收支及投资收益，即为施工企业全年实现的利润总额（或亏损总额）。

本年应付工资总额 指报告期内企业应付给与工程施工直接有关的职工的工资。

应收工程款 指建筑业企业在报告期末应向发包单位收取而未收取的工程款。

11

交通运输、邮电通讯业

资料整理人员

张增福

交通运输、邮电通讯业

公路通车里程	16596	公里
公路客运量	4118	万人
公路客运周转量	233734	万人公里
公路货运量	8418	万吨
公路货物周转量	1295284	万吨公里
固定电话年末数	80.84	万部
移动电话数量	212.99	万部

民用汽车拥有量（万辆）

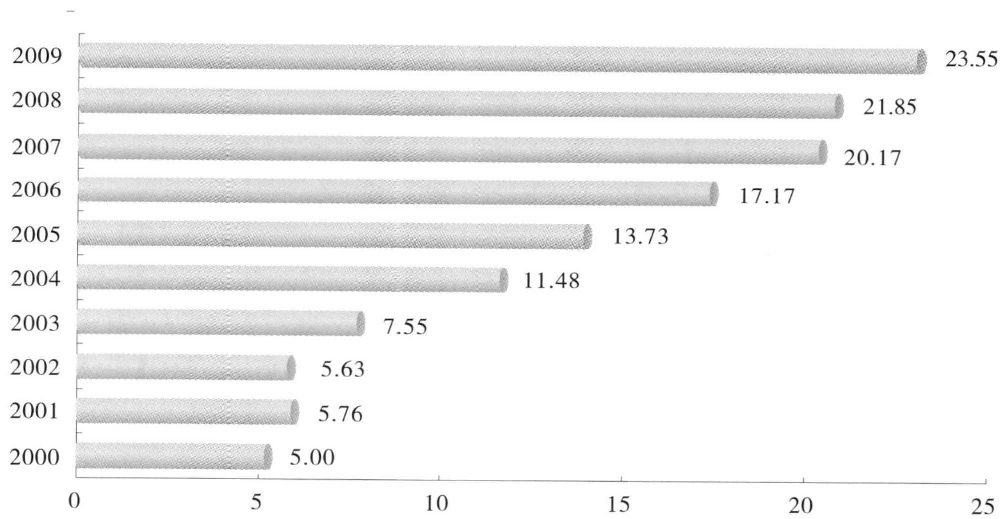

邮电业务总量（万元）

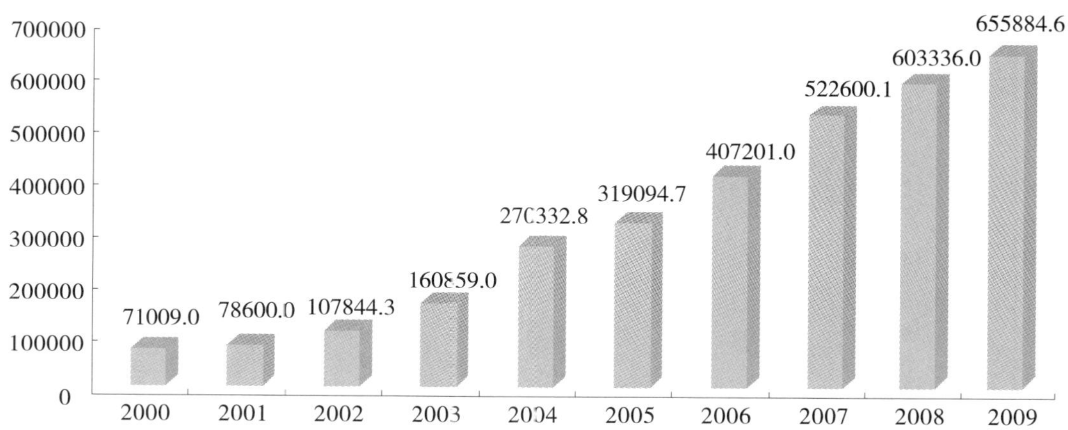

11-1 主要年份公路通车里程

单位：公里

年　份	公路通车里程	等级公路						等外公路
		合计	高速公路	一级公路	二级公路	三级公路	四级公路	
1952	418							
1957	825							
1962	1911							
1965	2918							
1970	3524							
1975	3671							
1978	3840	1902				335	1567	1938
1980	3281	1902				335	1567	1379
1985	3345	2037			34	449	1554	1308
1990	3620	2636			166	843	1627	984
1995	3921	3146			503	1118	1525	775
2000	8714	8430		141	1222	3186	3881	284
2001	8761	8477		148	1242	3195	3892	284
2002	8872	8589		148	1304	3191	3946	283
2003	8975	8692		148	1389	3182	3973	283
2004	9013	8749		156	1548	3127	3918	264
2005	9556	9329	148	155	1698	3129	4199	227
2006	12884	10243	148	160	1498	2565	5872	2641
2007	14379	12332	198	203	1625	2663	7643	2047
2008	16082	14304	208	220	1748	2725	9403	1779
2009	16596	15634	208	221	1832	2710	10661	962

11-2 主要年份公路客运量及客运周转量

年份	公路客运量(万人)			公路客运周转量(万人公里)		
	合计	#侯马汽车运输公司	#临汾汽车运输公司	合计	#侯马汽车运输公司	#临汾汽车运输公司
1952	11	11		491	491	
1957	34	31	3	1792	1595	197
1962	95	69	21	4616	2786	1800
1965	117	73	34	6085	3555	2247
1970	180	85	37	7864	4144	2805
1975	263	147	46	11621	6347	3561
1978	343	145	79	16957	8694	5664
1980	436	156	130	21742	10757	7403
1985	1010	433	230	44443	19064	16267
1990	1607	575	238	68629	27725	16108
1995	2337	917	270	115687	40204	26106
2000	4171	1156	455	175303	47581	41021
2001	4683	1169	481	200195	49287	47564
2002	5715	1082	550	231646	47159	59901
2003	5679	927	553	219397	46360	43000
2004	5355	823	320	236474	49058	46537
2005	5257	1164	401	255277	54124	45011
2006	5467	936	410	227807	57636	44090
2007	5545	980	505	233402	60418	60130
2008	4099	984	474	218929	60644	58574
2009	4118	942	364	233734	58053	50111

注：2008年后运管部门改变了运输量的调查方法，故口径与往年不一致。

11-3 主要年份公路货运量及货物周转量

年份	公路货运量(万吨)			公路货物周转量(万吨公里)		
	合计	#侯马汽车运输公司	#临汾汽车运输公司	合计	#侯马汽车运输公司	#临汾汽车运输公司
1952	2	2		103	103	
1957	8	6	2	462	277	185
1960	308	37	27	4777	2071	1312
1962	37	9	8	1593	827	524
1965	168	21	13	3105	1260	996
1970	137	25	13	3606	1668	1098
1975	279	33	12	6228	3029	1273
1978	965	37	18	11249	4085	2137
1980	1141	39	20	25621	4312	1864
1985	1855	41	17	60273	7541	2405
1990	3275	44	15	125139	10127	2958
1995	3111	41	13	127585	10426	2262
2000	5773	154	49	231581	30784	8412
2001	6475	237	86	299960	49474	34437
2002	6904	354	129	356123	77457	43646
2003	7768	336	98	382320	81004	39378
2004	7978	283	153	427010	82669	67431
2005	7968	304	150	420697	88866	55022
2006	8100	339	124	430488	103416	52183
2007	8310	356	138	438045	108616	54170
2008	9651	369	125	1266316	109090	49176
2009	8418	355	127	1295284	102837	58667

注：2008年后运管部门改变了运输量的调查方法，故口径与往年不一致。

11-4 主要年份民用汽车拥有量

单位：辆

年 份	民用汽车	载重汽车	#大型汽车	载客汽车	#大型汽车	其他机动车
1952						
1957						
1960						
1962						
1965						
1970						
1975	2660	2033	1995	460	151	209
1978	3949	3069	3041	651	212	406
1980	5562	4405	4371	828	251	609
1985	12179	9717	8993	1808	506	4073
1990	21535	16702	13683	4450	673	8807
1995	27777	17003	12198	9812	703	38463
2000	50003	26241	16436	22680	956	116095
2001	57588	30045	19111	26151	1035	186336
2002	56255	34588	18165	20875	1273	314142
2003	75526	40838	20289	33557	1504	317441
2004	114762	45745	22177	57653	1832	304147
2005	137345	49509	22665	76384	2064	266336
2006	171731	44925	17088	91581	1919	333442
2007	201696	47001	17022	114282	2015	339196
2008	218482	43328	13256	135656	2027	334505
2009	235504	46630	15662	152855	2035	329614

11-5 民用车辆拥有量(2009年)

单位：辆

指　　标	合　计	营　运	非营运	个　人
一、汽车	**235504**	**59737**	**175767**	**185786**
载客汽车	152855	11524	141331	122960
其中：大型	2035	1581	454	83
中型	3251	2338	913	653
小型	121199	7183	114016	97831
微型	26370	422	25948	24393
其中：轿车	108975	6369	102606	97784
载货汽车	46630	29261	17369	29569
其中：重型	15662	15352	310	8059
中型	7790	7147	643	4691
轻型	22216	6594	15622	16039
微型	962	168	794	780
其中：普通载货	20860	6086	14774	15138
其它汽车	36019	18952	17067	33257
二、摩托车	**115460**	**1857**	**113603**	**100706**
普通	113952	1856	112096	99367
轻便	1508	1	1507	1339
三、拖拉机	**40463**	**3235**	**37228**	**39745**
大中型	8766	699	8067	8553
小型方向盘式	31697	2536	29161	31192
四、载货挂车	**5531**	**5468**	**63**	**2869**

11-6 主要年份邮政主要指标

单位：个

年 份	邮电局所	自办局所	代办所	#农村所	信箱、信筒
1952	135	22	113	2	60
1957	132	92	40	73	285
1962	118	86	32	115	245
1965	141	107	34	124	293
1970	254	225	29	216	455
1975	188	175	13	152	437
1978	210	187	23	181	425
1980	209	186	23	181	532
1985	278	180	98	147	572
1990	241	172	69	139	570
1995	254	178	76	203	480
2000	236	179	57	182	464
2001	216	184	32	153	468
2002	216	185	31	151	468
2003	218	187	31	152	441
2004	215	185	30	144	350
2005	213	181	32	143	374
2006	217	182	35	142	371
2007	218	185	33	140	364
2008	198	167	31	136	296
2009	145	116	29	82	139

11-6 续表1

年 份	邮路总长度(公里)	农村投递路线(公里)	汽车邮路(公里)	订销报纸期发数(万份)	订销杂志期发数(万份)	机要文件(件)
1952	8422	8422		3.9	3.7	
1957	9158	9158		6.3	4.7	37136
1962	4675	3754	904	5.0	4.6	71595
1965	14496	13391	1082	7.5	5.0	159000
1970	14278	13426	1139	7.9	1.6	69400
1975	17312	17028	626	12.9	12.5	35900
1978	17319	16229	1632	17.0	17.6	38400
1980	16300	15791	999	21.3	24.6	37200
1985	16813	4664	567	45.2	36.8	30942
1990	16036	5563	1729	22.8	17.0	35259
1995	6375	10672	2574	26.0	16.0	36049
2000	4698	12249	2045	37.1	17.0	42055
2001	4649	12184	2014	28.3	15.7	39649
2002	4886	11653	2547	28.5	16.5	38116
2003	4871	11653	2547	37.0	17.0	44826
2004	4787	11802	2651	23.9	17.5	49937
2005	4514	11731	2547	17.2	7.3	46291
2006	5197	11491	2846	22.5	8.8	46932
2007	5479	11821	3088	22.0	9.5	42658
2008	5284	11744	2830	24.7	12.1	41460
2009	5574	12802	3088	23.9	11.5	26630

11-6 续表2

年 份	函件 (万件)	包件 (万件)	汇票 (万张)	特快专递 (件)	邮政储蓄 (万元)
1952	96.6	1.6	6.9		
1957	313.5	5.7	10.6		
1962	497.7	14.5	16.6		
1965	501.1	8.4	25.1		
1970	695.9	15.0	34.3		
1975	847.4	14.5	31.4		
1978	968.6	14.6	31.9		
1980	935.8	13.7	37.3		
1985	1300.4	12.3	41.3		
1990	1143.6	9.1	39.7	613	8516
1995	2219.0	14.0	47.0	137346	53784
2000	1741.1	30.3	46.5	118351	202277
2001	1104.9	23.8	46.8	141006	247396
2002	2389.2	23.9	45.7	167732	377045
2003	1288.2	26.9	44.9	196696	473583
2004	1413.0	21.9	39.5	224296	604087
2005	1487.2	18.8	53.5	265384	797796
2006	1442.5	15.6	48.6	295255	895885
2007	1324.2	13.9	49.4	351682	1049871
2008	1036.0	11.0	58.4	469475	1092594
2009	764.2	10.4	50.0	493674	1239215

11-7 主要年份邮电业务量及电话数量

年　份	邮电业务总量(万元)	固定电话(部)	固定电话普及率(部/百人)	移动电话(部)	移动电话普及率(部/百人)
1952	22.5	205	0.01		
1957	93.8	1400	0.09		
1962	266.9	7797	0.40		
1965	281.3	9695	0.46		
1970	230.4	7239	0.30		
1975	298.7	12241	0.44		
1978	363.5	14494	0.49		
1980	561.0	14180	0.49		
1985	728.9	16213	0.51		
1990	2166.9	22394	0.65		
1995	12239.0	63965	1.74	3678	0.10
2000	71009.0	297958	7.70	160100	4.05
2001	78600.0	414936	10.37	350200	8.75
2002	107844.3	500226	12.40	481048	11.90
2003	160859.0	681143	16.77	722023	17.80
2004	270332.8	824696	20.15	883139	21.60
2005	319094.7	915215	22.21	1099684	26.70
2006	407201.0	917263	22.12	1200535	28.95
2007	522600.1	882230	21.15	1593748	38.20
2008	603336.0	855499	20.38	1844110	43.93
2009	655884.6	808436	19.15	2129897	50.45

主要统计指标解释

交通运输业 指国民经济中从事运送货物和旅客的社会生产部门。运输活动按其企业核算方式分为营业性运输和非营业性运输。

营运汽车 指领有公安交通监理部门核发的车辆牌照，并经当地工商行政管理机关核准，领取营业执照，参加营业性运输的载客和载货汽车，包括使用权属于公路运输企业的租入、借入、代管的营运汽车。

民用汽车 指由公安交通监理部门所掌管的领有本地区车辆牌照的机动车辆的一部分。不包括拖拉机、摩托车、其他机动车等。民用汽车包括普通载货汽车、专用载货汽车、载客汽车、其他专用汽车、特种汽车等。

载客汽车 指有专门的客运设备，用于旅客运输的汽车，对于临时作为“代客车”使用的载货汽车，不能作为载客汽车统计。

普通载货汽车 指只有一般构造的栏板式、平板式货运汽车，包括自卸车、半挂车等。

大型载货（客）汽车 凡符合下列情况之一的即为大型汽车：

（1）总质量（即车辆自重和载重量之和）为4.5吨以上的；

（2）总座位数（驾驶员座位除外）在20座以上的；

（3）车长在6米和6米以上的。

专用载货汽车 指具有特殊构造和专门用途的货运汽车如冷藏车、罐车、活畜运输车、散装水泥车等。

其他专用汽车 指特种汽车和专用载货汽车以外的有专门设备和单一用途的汽车，如起重车、卫生车等。

特种汽车 指警车、消防车、工程抢险车、救护车等担负特种任务的汽车。

轮胎式拖拉机 指主要用于从事公路运输活动的并领取机动车牌照的轮式拖拉机。

摩托车 指二轮、三轮摩托车及轻便型摩托车（发动机气缸容积不超过50毫升，最大设计时速不超过50公里，只供单人乘骑用)。

其他机动车 指除民用汽车、轮胎式拖拉机及摩托车以外的其它民用机动车辆，如简易机动车、电车等。

载货挂车 指挂车本身没有动力，需要依靠货车或牵引车拖带，进行运输货物的车辆与它组成一个整体，共同构成汽车的运输能力。

公路里程 也称“公路通车里程”，是指实际达到交通部制定的公路工程技术标准规定的等级公路长度。它包括大中城市的郊区以及通过小城镇街道的公路里程，也包括桥梁、渡口的长度，但不包括城市街道以及厂矿、林区和农村生产用道的里程，两条或多条公路共同经由同一路段，只计算一次，不得重复计算里程长度。公路里程是反映公路建设发展规模的重要指标，也是计算运输网密度等指标的资料。

国道 指具有全国性政治、经济意义的主要干线公路，包括重要的国际公路、国防公路、连接首都与各省、自治区首府和直辖市、各大军区的公路、连接各大经济中心、港站枢纽、商品生产基地和战略要地的公路。

省道 指具有全省（自治区、直辖市）政治、经济意义，连接省内中心城市和主要经济区的公路，以及不属于国道的省际间的重要公路。

县道 指具有全县政治、经济意义，连接县城和县内主要乡（镇）、主要商品生产和集散地的公路以及不属于国道、省道的县际间的公路。

乡道 指主要为乡（镇）村经济、文化、行政服务的公路，以及不属于县道以上公路的乡与乡之间及乡与外部联络的公路。

有路面公路 指铺有各种路面的公路。包括高级路面、次高级路面、中高级路面、中级路面和低级路面。

货（客）运量 指运输业实际运送的货物（旅客）数量。货物不论运输距离长短，货物类别，均按实际重量统计；旅客不论行程远近或票价多少，均按一人一次作为客运量统计。半价票、小孩票也按一人统计。货（客）运量反映运输业为国民经济和人民生活服务的数量指标，也是制定和检查运输生产计划，研究运输发展规模和速度的重要指标。

货物（旅客）周转量 指运输业运送的货物（旅客）数量与其相应运输距离的乘积之总和，通常以吨公里和人公里为计算单位。计算货物周转量通常按发出站与到达站之间最短距离，也就是计费距离计算。它是反映运输业生产总成果的重要指标，也是编制和检查运输生产计划、计算运输效率、劳动生产率以及核算运输单位成本的主要基础资料。

邮电业务量 指以实物单位表示的邮电通信为社会提供的各种类型的服务数量。

12

批发和零售业

资料整理人员

樊晋阳　靳丽丽　翟晓鹏　李　娟

批发和零售业

社会消费品零售总额	272.55	亿元
市的零售额	116.18	亿元
县的零售额	77.57	亿元
县以下的零售额	78.80	亿元

社会消费品零售总额构成（%）

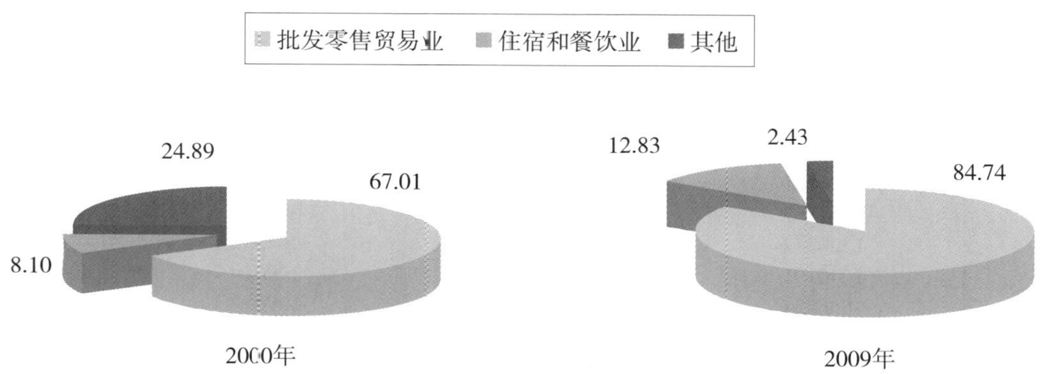

社会消费品零售总额（亿元）

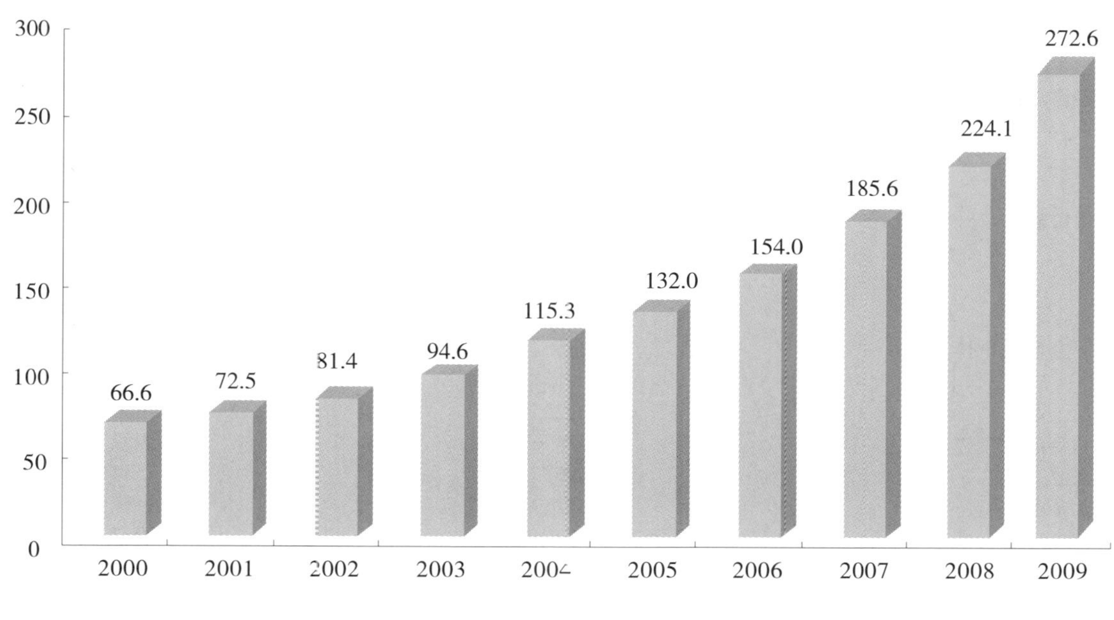

12-1 主要年份社会消费品零售总额

单位：万元

年　份	社会消费品零售总额	市	县	县以下
1952	5359	2148	1308	1903
1957	9369	3331	2486	3552
1962	13119	5521	3733	3865
1965	13950	5758	4286	3906
1970	19143	7661	5944	5538
1975	27532	10973	10505	6054
1978	33151	10874	12011	10266
1980	44334	14796	14011	15527
1985	79585	30141	27000	22444
1990	134538	66156	32071	36311
1995	356084	164110	95709	96265
2000	666388	292363	175704	198321
2001	725267	319802	190287	215178
2002	814082	352047	218772	243263
2003	945521	410135	254869	280517
2004	1153257	508568	309156	335533
2005	1320377	585518	346408	388451
2006	1540191	685973	419904	434314
2007	1856354	794448	519761	542145
2008	2240580	965045	631683	643852
2009	2725510	1161829	775658	788023

12-2 社会消费品零售总额

单位：万元

指　　标	2009	2008
社会消费品零售总额	**2725510**	**2240580**
按销售地区分		
市	1161829	965045
县	775658	631683
县以下的零售额	788023	643852
按行业分		
批发业	513402	497962
限额以上企业	74850	135730
限额以下企业及个体户	438552	362232
零售业	1796151	1393907
限额以上企业	322255	149950
限额以下企业及个体户	1473896	1243957
住宿和餐饮业	349635	293534
限额以上企业	31259	23457
限额以下企业和个体户	318376	270077
其他行业	66322	55176

12-3 限额以上批发和零售贸易业基本情况(2009年)

指　　标	法人企业数(个)	年末从业人员数(个)
总　计	**99**	**17611**
一、批发业	**37**	**7539**
按登记注册类型分组		
内资企业	37	7539
国有企业	13	4133
集体企业	3	683
有限责任公司	12	2347
国有独资公司	1	817
其他有限责任公司	11	1530
私营企业	9	376
私营有限责任公司	9	376
按批发行业小类分组		
食品、饮料及烟草制品批发	3	993
盐及调味品批发	1	45
饮料及茶叶批发	1	108
烟草制品批发	1	840
纺织、服装及日用品批发	1	13
服装批发	1	13
医药及医疗器材批发	2	248
西药批发	1	59
中药材及中成药批发	1	189
医疗用品及器材批发		
矿产品、建材及化工产品批发	25	5869
煤炭及制品批发	20	5676
金属及金属矿批发	2	31
建材批发	1	28
其他化工产品批发	2	134
机械设备、五金交电及电子产品批发	6	416
农业机械批发	1	139
汽车、摩托车及零配件批发	4	227
其他机械设备及电子产品批发	1	50

12-3 续表

指　　标	法人企业 (个)	年末从业人员 (人)
二、零售业	**62**	**10072**
按登记注册类型分组		
内资企业	62	10072
国有企业	10	793
集体企业	1	108
有限责任公司	11	581
其他有限责任公司	11	581
股份有限公司	6	1946
私营企业	34	6644
私营独资企业	4	415
私营有限责任公司	28	6123
私营股份有限公司	2	106
其他企业		
按零售行业小类分组		
综合零售	9	4423
百货零售	3	524
超级市场零售	6	3899
食品、饮料及烟草制品专门零售	1	30
纺织、服装及日用品专门零售	3	966
服装零售	3	966
文化、体育用品及器材专门零售	9	373
图书零售	9	373
医药及医疗器材专门零售	13	883
药品零售	12	862
医疗用品及器材零售	1	21
汽车、摩托车、燃料及零配件专门零售	22	3110
汽车零售	19	1189
机动车燃料零售	3	1921
家用电器及电子产品专门零售	3	91
家用电器零售	3	91
五金、家具及室内装修材料专门零售	1	146
五金零售	1	146
无店铺及其他零售	1	50
生活用燃料零售	1	50

12-4 限额以上连锁零售业经营情况(2009年)

指　　标	单位	合　计	直营店	加盟店
一、门店总数	个	33	33	
二、年末营业面积	平方米	56025	56025	
三、年末从业人员	人	3028	3028	
四、商品购进总额	千元	194753	194753	
统一配送商品购进额	千元	179609	179609	
自有配送中心配送	千元	128412	128412	
非自有配送中心配送	千元	16052	16052	
五、商品销售额	千元	383710	383710	
#零售额	千元	383710	383710	

12-5 限额以上批发和零售业法人企业商品购进、销售、库存表(2009年)

单位:千元

指标	商品购进总额	商品销售总额	批发额	零售额	年末商品库存总额
总计	**14307419**	**19910982**	**14227051**	**5683931**	**836288**
一、批发业	**7701055**	**12761269**	**12751831**	**9438**	**324986**
按登记注册类型分组					
内资企业	7701055	12761269	12751831	9438	324986
国有企业	4920254	7105662	7105662		208501
集体企业	184850	207630	207630		8889
有限责任公司	1715942	4525977	4516539	9438	50528
国有独资公司	90148	1287740	1287740		10
其他有限责任公司	1625794	3238237	3228799	9438	50518
股份有限公司					
私营企业	880009	922000	922000		57068
私营独资企业	67734	73153	73153		1
私营有限责任公司	812275	848847	848847		57067
按批发行业小类分组					
食品、饮料及烟草制品批发	1998885	2621251	2621251		197313
盐及调味品批发	12977	32297	32297		4889
饮料及茶叶批发	56447	61283	61283		3225
烟草制品批发	1929461	2527671	2527671		189199
纺织、服装及日用品批发	26509	34272	34272		21104
服装批发	26509	34272	34272		21104
医药及医疗器材批发	255932	282783	273345	9438	11296
西药批发	20032	24713	24713		4161
中药材及中成药批发	235900	258070	248632	9438	7135
矿产品、建材及化工产品批发	4852817	9191041	9191041		35981
煤炭及制品批发	4253780	8547886	8547886		27570
金属及金属矿批发	534078	557430	557430		4605
建材批发	16349	17148	17148		2335
其他化工产品批发	48610	68577	68577		1471
机械设备、五金交电及电子产品批发	566912	631922	631922		59292
农业机械批发	174280	190797	190797		8850
汽车、摩托车及零配件批发	352286	395095	395095		50441
其他机械设备及电子产品批发	40346	46030	46030		1

12-5 续表

单位:千元

指　　标	商品购进总　额	商品销售总　额	批发额	零售额	年末商品库存总额
二、零售业	**6606364**	**7149713**	**1475220**	**5674493**	**511302**
按登记注册类型分组					
内资企业	6606364	7149713	1475220	5674493	511302
国有企业	1194862	1183579	432585	750994	37501
集体企业	125755	129687		129687	17629
有限责任公司	160917	178091	2055	176036	28717
其他有限责任公司	160917	178091	2055	176036	28717
股份有限公司	3142135	3183254	998056	2185198	78258
私营企业	1982695	2475102	42524	2432578	349197
私营独资企业	142426	155493	7781	147712	7440
私营有限责任公司	1826175	2305883	34743	2271140	339784
私营股份有限公司	14094	13726		13726	1973
按零售行业小类分组					
综合零售	291057	494932		494932	124866
百货零售	71594	81422		81422	3595
超级市场零售	219463	413510		413510	121271
食品、饮料及烟草制品专门零售	9376	17868	10720	7148	1069
粮油零售	9376	17868	10720	7148	1069
纺织、服装及日用品专门零售	254845	331122		331122	46483
服装零售	254845	331122		331122	46483
文化、体育用品及器材专门零售	161962	147656	5406	142250	31619
图书零售	161962	147656	5406	142250	31619
医药及医疗器材专门零售	145463	200011	29105	170906	34864
药品零售	141838	195044	29105	165939	27927
医疗用品及器材零售	3625	4967		4967	6937
汽车、摩托车、燃料及零配件专门零售	5635315	5843290	1426979	4416311	256876
汽车零售	1461027	1674692	7781	1666911	182815
机动车燃料零售	4174288	4168598	1419198	2749400	74061
家用电器及电子产品专门零售	45764	50776	3010	47766	5695
家用电器零售	45764	50776	3010	47766	5695
五金、家具及室内装修材料专门零售	16015	16181		16181	9820
五金零售	16015	16181		16181	9820
无店铺及其他零售	46567	47877		47877	10
生活用燃料零售	46567	47877		47877	10

12-6 限额以上批发和零售

指标	年末资					
	流动资产合计	#存货	固定资产原价	累计折旧	#本年折旧	资产总计
总计	**4555746**	**1192954**	**2002437**	**483821**	**85320**	**6954422**
一、批发业	**3004624**	**473962**	**929684**	**242571**	**48185**	**4355721**
#国有及国有控股	2152400	351218	788372	207203	40072	3350327
按登记注册类型分组						
内资企业	3004624	473962	929684	242571	48185	4355721
国有企业	1140387	242159	654401	151317	34008	2002472
集体企业	177862	21197	44144	16517	2625	206642
有限责任公司	1253439	143179	150386	63301	9393	1623631
国有独资公司	167263	26075	19131	12542	2423	190264
其他有限责任公司	1086176	117104	131255	50759	6970	1433367
私营企业	432936	67427	80753	11436	2159	522976
私营独资企业	233821	27143	41140	508	508	275469
私营有限责任公司	199115	40284	39613	10928	1651	247507
按国民经济行业分组						
食品、饮料及烟草制品批发	461925	169896	259054	74459	27118	803429
盐及调味品批发	5517	4821	5356	3534	253	7492
饮料及茶叶批发	40976	3225	5689	2571	1011	52393
烟草制品批发	415432	161850	248009	68354	25854	743544
纺织、服装及日用品批发	23293	848	290	61		23522
服装批发	23293	848	290	61		23522
医药及医疗器材批发	86649	11521	60838	12896	1572	134591
西药批发	9959	4161	9708	3736	262	15931
中药材及中成药批发	76690	7360	51130	9160	1310	118660
矿产品、建材及化工产品批发	2130173	228885	552330	139723	15007	3025295
煤炭及制品批发	2076059	220522	529978	134731	14372	2952550
金属及金属矿批发	42824	4557	519	80	68	43263
建材批发	2997	2335	10808	1279	204	13796
其他化工产品批发	8293	1471	11025	3633	363	15686
机械设备、五金交电及电子产品批发	302584	62812	57172	15432	4488	368884
农业机械批发	21328	8850	31145	6063	945	46410
汽车、摩托车及零配件批发	263212	53962	25431	9202	3428	304001
其他机械设备及电子产品批发	18044		596	167	115	18473

业法人单位主要财务状况(2009年)

单位：千元

产负债							损益及分配		
负债合计	所有者权益合计	#实收资本	国家资本	集体资本	法人资本	个人资本	主营业务收入	主营业务成本	主营业务税金及附加
5240739	**1713683**	**753212**	**271088**	**39249**	**52435**	**390440**	**18680122**	**17313739**	**103527**
3133762	**1221959**	**324518**	**172054**	**23597**	**26885**	**101982**	**12078952**	**11190941**	**93621**
2250049	1100278	182659	171804		1435	9420	10537330	9726612	91703
3133762	1221959	324518	172054	23597	26885	101982	12078952	11190941	93621
1131596	870876	74659	74024		635		6769211	6030545	88616
168979	37663	23847	250	23597			186699	146041	507
1336847	286784	151162	97780		800	52582	4298677	4207133	3923
128132	62132	5000	5000				1287740	1265128	1979
1208715	224652	146162	92780		800	52582	3010937	2942005	1944
496340	26636	74850			25450	49400	824365	807222	575
258027	17442	30000			20000	10000	73153	67734	258
238313	9194	44850			5450	39400	751212	739488	317
176086	627343	37724	16110	1614		20000	2305534	1744373	79698
2318	5174	1864	250	1614			28403	21088	107
27458	24935	20000				20000	61283	54097	117
146310	597234	15860	15860				2215848	1669188	79474
24245	-723	500			450	50	29292	26798	
24245	-723	500			450	50	29292	26798	
130687	3904	10350	2680		800	6870	241827	227612	62
19337	-3406	2350				2350	21247	19192	22
111350	7310	8000	2680		800	4520	220580	208420	40
2464826	560469	229465	142685	21983	25635	39162	8927005	8636631	13349
2415150	537400	207733	140953	21983	20635	24162	8369758	8095066	12793
34236	9027	10000			5000	5000	476800	472017	58
3355	10441	10000				10000	21100	20301	163
12085	3601	1732	1732				59347	49247	335
337918	30966	46479	10579			35900	575294	555527	512
31756	14654	4479	4479				179494	169057	33
290513	13488	41000	5100			35900	356458	351986	389
15649	2824	1000	1000				39342	34484	90

12-6 续

指　　标	年末资					
	流动资产合　　计	#存　货	固定资产原　　价	累计折旧	#本年折旧	资产总计
二、零售业	**1551122**	**718992**	**1072753**	**241250**	**37135**	**2598701**
#国有及国有控股	205865	166683	508813	104414	5260	674259
按登记注册类型分组						
内资企业	1551122	718992	1072753	241250	37135	2598701
国有企业	53283	20094	33657	18890	1552	100458
集体企业	21300	17629	11987	9374	1374	27116
有限责任公司	91486	31909	36370	10955	2247	124993
其他有限责任公司	91486	31909	36370	10955	2247	124993
股份有限公司	176685	154533	486654	90023	4710	614008
私营企业	1208368	494827	504085	112008	27252	1732126
私营独资企业	45408	10740	11902	9034	1371	65887
私营有限责任公司	1153014	478339	489013	102150	25360	1653044
私营股份有限公司	9946	5748	3170	824	521	13195
按国民经济行业分组						
综合零售	412123	184634	206303	42843	10643	597118
百货零售	47140	12604	11201	9454	1524	59503
超级市场零售	364983	172030	195102	33389	9119	537615
食品、饮料及烟草制品专门零售	4728	1068	267	47	16	4948
粮油零售	4728	1068	267	47	16	4948
纺织、服装及日用品专门零售	91372	31425	131102	29887	9593	222863
服装零售	91372	31425	131102	29887	9593	222863
文化、体育用品及器材专门零售	51383	19556	27593	11027	1611	95418
图书零售	51383	19556	27593	11027	1611	95418
医药及医疗器材专门零售	85608	34160	40708	15597	2265	131786
药品零售	67792	27223	32279	13130	1932	108008
医疗用品及器材零售	17816	6937	8429	2467	333	23778
汽车、摩托车、燃料及零配件专门零售	814100	410018	627410	138844	11446	1411666
汽车零售	619961	220292	121875	41439	7967	775078
机动车燃料零售	194139	189726	505535	97405	3479	636588
家用电器及电子产品专门零售	57660	29591	27172	168	75	84978
家用电器零售	57660	29591	27172	168	75	84978
五金、家具及室内装修材料专门零售	9914	2821	6736	1933	582	21132
五金零售	9914	2821	6736	1933	582	21132
无店铺及其他零售	24234	5719	5462	904	904	28792
生活用燃料零售	24234	5719	5462	904	904	28792

表1

单位：千元

产负债							损益及分配		
负债合计	所有者权益合计	#实收资本	国家资本	集体资本	法人资本	个人资本	主营业务收入	主营业务成本	主营业务税金及附加
2106977	**491724**	**428694**	**99034**	**15652**	**25550**	**288458**	**6601170**	**6122798**	**9906**
490287	183972	99334	99004			330	4018858	3779183	3399
2106977	491724	428694	99034	15652	25550	288458	6601170	6122798	9906
78389	22069	5377	5377				1171288	1133356	886
20451	6665	5000		5000			112057	104053	86
95883	29110	30219	3657	8132	900	17530	164062	144221	487
95883	29110	30219	3657	8132	900	17530	164062	144221	487
435815	178193	105977	90000		5750	10227	2918780	2703253	3105
1476439	255687	282121		2520	18900	260701	2234983	2037915	5342
36838	29049	12618			4000	8618	155493	145092	985
1428635	224409	267263		2520	14900	249843	2065756	1881311	4332
10966	2229	2240				2240	13734	11512	25
558505	38613	55993			8050	47943	433822	356187	1276
33224	26279	5500			5300	200	80395	69708	727
525281	12334	50493			2750	47743	353427	286479	549
1550	3398	3500			2000	1500	17868	16920	33
1550	3398	3500			2000	1500	17868	16920	33
216761	6102	33800				33800	320437	274154	2102
216761	6102	33800				33800	320437	274154	2102
70625	24793	5658	5328			330	134324	105398	283
70625	24793	5658	5328			330	134324	105398	283
111203	20583	29078	2406	10652	600	15420	185440	156651	433
86754	21254	27078	2406	10652	600	13420	180439	152735	425
24449	-671	2000				2000	5001	3916	8
1038026	373640	275865	91300	5000	14900	164665	5400301	5114713	5217
613278	161800	136865	300	5000	14900	116665	1500019	1431266	2092
424748	211840	139000	91000			48000	3900282	3683447	3125
79320	5658	6500				6500	44920	40163	72
79320	5658	6500				6500	44920	40163	72
11630	9502	8300				8300	16181	12045	313
11630	9502	8300				8300	16181	12045	313
19357	9435	10000				10000	47877	46567	177
19357	9435	10000				10000	47877	46567	177

12-6 续

指标	损益						
	主营业务利润	营业费用	管理费用	#税金	财务费用	#利息支出	营业利润
总计	**1228178**	**390284**	**479026**	**17249**	**58382**	**18706**	**450953**
一、批发业	**766542**	**114249**	**340415**	**12241**	**22278**	**7829**	**389888**
#国有及国有控股	691167	86248	296367	10475	15178	4560	384140
按登记注册类型分组							
内资企业	766542	114249	340415	12241	22278	7829	389888
国有企业	629202	72536	219959	10091	7160	1062	376616
集体企业	40151	11737	24744	672	185	174	8146
有限责任公司	80621	19953	83834	571	12235	5040	9757
国有独资公司	20633		30571	116	−63	−63	625
其他有限责任公司	59988	19953	53263	455	12298	5103	9132
私营企业	16568	10023	11878	907	2698	1553	−4631
私营独资企业	5161	241	4015		766		139
私营有限责任公司	11407	9782	7863	907	1932	1553	−4770
按国民经济行业分组							
食品、饮料及烟草制品批发	481463	41852	138739	3686	328	274	302718
盐及调味品批发	7208	2714	4078	552	4	−2	831
饮料及茶叶批发	7069	1259	4230		1434	1434	146
烟草制品批发	467186	37879	130431	3134	−1110	−1158	301741
纺织、服装及日用品批发	2494	1292	1728	398	3		−513
服装批发	2494	1292	1728	398	3		−513
医药及医疗器材批发	14153	3869	10245	125	737	735	−698
西药批发	2033	479	1235	125	297	295	22
中药材及中成药批发	12120	3390	9010		440	440	−720
矿产品、建材及化工产品批发	249177	59420	176216	7748	18790	4489	88372
煤炭及制品批发	234051	49804	169716	7311	18657	4683	89495
金属及金属矿批发	4725	4465	1219	45	−66	−349	−893
建材批发	636	416	378	180	2		−160
其他化工产品批发	9765	4735	4903	212	197	155	−70
机械设备、五金交电及电子产品批发	19255	7816	13487	284	2420	2331	9
农业机械批发	10404	4489	6468		886	886	−346
汽车、摩托车及零配件批发	4083	2056	5516	256	1525	1436	−1630
其他机械设备及电子产品批发	4768	1271	1503	28	9	9	1985

表2

单位:千元

及 分 配					工资、福利、增值税			全部从业人员年平均人数(人)
利润总额	应交所得税	劳动、失业保险费	养老保险和医疗保险费	住房公积金和住房补贴	本年应付工资总额	本年应付福利费总额	本年应交增值税	
470174	**108088**	**6268**	**39991**	**7525**	**287062**	**24383**	**621805**	**17458**
441071	**105514**	**4369**	**29789**	**5995**	**164461**	**17104**	**393135**	**7517**
439075	104926	4088	26014	5736	142566	16592	373961	6225
441071	105514	4369	29789	5995	164461	17104	393135	7517
389059	103799	3553	20207	4361	121355	12146	116530	4104
6368	218	201	2830	166	14901	68	12055	683
50198	1371	583	6291	1468	25425	4721	262318	2352
180		171	1625	557	1666	710	8348	817
50018	1371	412	4666	911	23759	4011	253970	1535
-4554	126	32	461		2780	169	2232	378
139	34				200		10	150
-4693	92	32	461		2580	169	2222	228
308909	81187	1976	5900	2506	59943	6959	87396	993
828	218	16	338	166	913		807	45
	36				1200	26	1231	108
308081	80933	1960	5562	2340	57830	6933	85358	840
-516					254	4	34	13
-516					254	4	34	13
-903		101	750		4370	3500	1586	250
-3		21	350		370		226	61
-900		80	400		4000	3500	1360	189
135150	23813	2237	21451	3417	94599	6295	290791	5876
135905	23767	2182	20268	2749	89811	6185	287940	5681
-894	38				403	26	867	29
33	8				396		86	28
106		55	1183	668	3989	84	1898	138
-1569	514	55	1688	72	5295	346	13328	385
-310		55	1050		2159	72	288	106
-3244	18		638	72	2732	222	12141	229
1985	496				404	52	899	50

12-6 续

指　　标	损　益						
	主营业务利　润	营业费用	管理费用	#税　金	财务费用	#利息支出	营业利润
二、零售业	**461636**	**276035**	**138611**	**5008**	**36104**	**10877**	**61065**
#国有及国有控股	236276	166772	37246	2635	2407	274	61291
按登记注册类型分组							
内资企业	461636	276035	138611	5008	36104	10877	61065
国有企业	37046	55272	10203	2505	235	212	2034
集体企业	7918	3932	2741		65		1181
有限责任公司	18777	10500	7553	378	742	387	630
其他有限责任公司	18777	10500	7553	378	742	387	630
股份有限公司	205793	113788	35768	213	2489	286	59078
私营企业	192102	92543	82346	1912	32573	9992	−1858
私营独资企业	10390	3428	3331		18	18	2936
私营有限责任公司	179523	87773	78055	1761	32553	9974	−4802
私营股份有限公司	2189	1342	960	151	2		8
按国民经济行业分组							
综合零售	74593	40405	19468	570	9760	285	10985
百货零售	10434	4463	5212	105	303	285	171
超级市场零售	64159	35942	14256	465	9457		10814
食品、饮料及烟草制品专门零售	915	856	12				58
粮油零售	915	856	12				58
纺织、服装及日用品专门零售	44181	19095	28578	328	3554	3245	−794
服装零售	44181	19095	28578	328	3554	3245	−794
文化、体育用品及器材专门零售	28643	21478	6812	493	−17	−17	2749
图书零售	28643	21478	6812	493	−17	−17	2749
医药及医疗器材专门零售	22792	14385	12540	431	1113	675	−838
药品零售	22292	14231	12359	341	928	540	−859
医疗用品及器材零售	500	154	181	90	185	135	21
汽车、摩托车、燃料及零配件专门零售	280871	173941	64853	3110	21497	6584	51148
汽车零售	67161	29184	32092	1060	14821	6355	−7429
机动车燃料零售	213710	144757	32761	2050	6676	229	58577
家用电器及电子产品专门零售	4685	5875	1196	14	92		−2243
家用电器零售	4685	5875	1196	14	92		−2243
五金、家具及室内装修材料专门零售	3823		4258	62	1	1	
五金零售	3823		4258	62	1	1	
无店铺及其他零售	1133		894		104	104	
生活用燃料零售	1133		894		104	104	

表3

单位:千元

及 分 配					工资、福利、增值税			全部从业人员年平均人数(人)
利润总额	应交所得税	劳动、失业保险费	养老保险和医疗保险费	住房公积金和住房补贴	本年应付工资总额	本年应付福利费总额	本年应交增值税	
29103	**2574**	**1899**	**10202**	**1530**	**122601**	**7279**	**228670**	**9941**
32415	980	1110	6943	1128	27913	2570	35710	2314
29103	2574	1899	10202	1530	122601	7279	228670	9941
-27032	908	963	5214	1096	16558	1256	10099	791
1181	420	20	424	100	2873	82	19	108
-565	207	19	1880	288	6443	302	3927	524
-565	207	19	1880	288	6443	302	3927	524
59290	103	275	1882	14	14967	1540	26969	1946
-3771	936	622	802	32	81760	4099	187656	6572
3782		417			3654	212	172	390
-7533	933	205	706	5	77007	3641	187300	6076
-20	3		95	27	1099	246	184	106
2225	397	3	76		49879	2098	1389	4393
2006	48				4364	146	377	524
219	349	3	76		45515	1952	1012	3869
58	36	3			288		10	30
58	36	3			288		10	30
1427	49	184	52		12095	302	44954	969
1427	49	184	52		12095	302	44954	969
3226	959	839	1392	714	9469	1053	3218	372
3226	959	839	1392	714	9469	1053	3218	372
-444	98	561	2764	350	9267	776	3748	807
532	98	561	2670	350	9115	762	3649	791
-976			94		152	14	99	16
24602	743	283	5579	461	38400	2876	172803	3083
-4483	743	22	501	100	20070	1517	140135	1162
29085		261	5078	361	18330	1359	32668	1921
-2252	227	13	197	5	1226	118	757	91
-2252	227	13	197	5	1226	118	757	91
126	31	13	142		1580		102	146
126	31	13	142		1580		102	146
135	34				397	56	1689	50
135	34				397	56	1689	50

12-7 亿元交易市场经营情况(2009年)

市 场 名 称	摊位数(个)	成交额(万元)	营业面积(平方米)
临汾市尧都区百汇市场物业有限公司	1078	20810	22800
临汾市尧都区奶牛场尧丰农副产品批发市场	1030	195672	60000
临汾市尧都区普国装饰材料有限公司	285	13600	12000
洪洞县莲花城农副产品营销有限公司	950	55973	47040
侯马市新港服装城	1617	53387	70973
侯马市新田综合批发市场	500	14875	88041
侯马市亚欧桥汽车摩托车市场	13	20400	43000
侯马市路西副食批发市场	78	10472	3300
侯马市五交化家电家具市场	136	10200	15000
侯马北方轻工城	2072	16800	300000

主要统计指标解释

批发零售贸易业 指专门从事批发和零售贸易活动的经济部门。我国长期以来把专门从事商品流通的机构分为国内商业、对外贸易业和物资供销业。新的国家统计报表制度根据《国民经济行业分类与代码》(国际修订方案),将专门从事商品流通的行业统称为批发零售贸易业。

批发零售贸易业法人企业 指具备以下条件的批发零售贸易企业:(1)依法成立,有自己的名称、组织机构和场所,能够承担民事责任;(2)独立拥有和使用资产,承担负债,有权与其他单位签订合同;(3)独立核算盈亏,并能够编制包括资产负债表在内的全部会计帐户。

限额以上批发贸易企业 指年主营业务收入2000万元及以上批发企业。

限额以上零售贸易企业 指年主营业务收入500万元及以上零售企业。

限额以上住宿、餐饮企业 指年主营业务收入200万元及以上住宿、餐饮企业。

社会消费品零售总额 指各种经济类型的批发和零售贸易业、住宿和餐饮业及其他行业直接售给城乡居民和社会集团的消费品零售总额。

国有控股企业 指股份制企业中,国有资本(股份)相对其他所有者中的任何一个所有者占资(股)最多的企业。

市的零售额 指设立在中央直辖市,省、地辖市的市区和郊区以及县级市的市区的各行业消费品零售额,不包括市属县消费品零售额。

县的零售额 指设立在县城区的各行业消费品零售额。

县以下零售额 指设立在县城关区以及县级市的市区以外的集镇和农村的各行业的消费品零售额。但不包括分布在农村的独立工矿、林区的商品零售额,这部分零售额,凡属市直辖的列入“市的零售额”,凡属县直辖的列入“县的零售额”中。

批发零售贸易业零售额 指专门从事商品转卖活动的各种经济类型的独立核算的批发零售贸易法人企业、产业活动单位和个体户售给居民和社会集团的消费品零售额。

其他行业零售额 指批发零售贸易业、餐饮业、工业制造业以外的其他行业的直接零售额。包括交通运输业、邮电业、公用事业、出版社、建筑业、居民服务业等行业的零售额。

独立商店 指独立经营,未与其他商业单位建立连锁关系的商店。

连锁商店 指在核心企业或总店的领导下,由分散的、经营同类商品或服务的企业或活动单位,通过规范化经营,实现规模效益的经济联合组织形式。一般连锁商品应由若干分店组成。其经营特征:①经营同类商品;②使用统一商号;③统一采购配送,采购与销售相分离。

连锁店总店(总部) 指连锁商店的核心企业或管理中心。

连锁商店分店(加盟店) 指连锁商店所属各分散的企业,也可称分店或成员店。

百货商店 指在一个建筑物内,集中了若干专业的商品部并向顾客提供多种类、多品种商品及服务的综合性零售业态。其基本特征为:①选址在城市繁华区或交通要道;②商品结构以经营服装、服饰、衣料、家庭用品为主,种类齐全、少批量、高毛利;③注重商店环境的布置和设计;④以柜台销售为主,明码标价,可以退换货物。

超级市场 指采取自选销售方式,以销售大众生活用品为主,包括食品、副食品、日用生活品、服装衣料、文具、家用电器和室内装饰用品等,满足顾客日常生活需求的零售业态,包括各种类型的超级市场和仓储式商场。其基本特征为:①选址在居民区、商业区或交通要道；②目标顾客兼顾居民、中小零售商、餐饮店和集团消费者；③营业面积相对较大；④采取自选销售方式，出入口分设，结算由设在出口处的收银机统一进行；⑤营业时间每天不低于 11 小时。

专业（专卖店） 指专门经营某类商品或某一类商品中的某种商品，或某种品牌的系列商品，满足消费者对某类（种）商品和某种品牌商品多样性选择需求的零售业态。其基本特征：①选址多样化，营业面积根据主营商品特点而定；②商品结构体现专业性较强，选择余地大，主营商品占经营商品的 90%以上；③采取定价销售和开架面售方式；④从业人员具有丰富的专业知识。

其他业态 指上述未包括的其他业态形式（如便利店、折扣商店、杂货店、邮购商店以及自动售货机等）。

零售业企业营业面积 指零售企业或活动单位对外营业的门店建筑面积，不包括其办公用房面积和仓库面积。

13

住宿、餐饮业和旅游

资料整理人员

翟晓鹏　武俊峰

住宿、餐饮业和旅游

住宿、餐饮业主营业务收入	53093	万元
国内旅游人数	988.5	万人次
国际旅游人数	83155	人次
旅游总收入	79.57	亿元
旅游外汇收入	1703	万美元

旅游总收入（亿元）

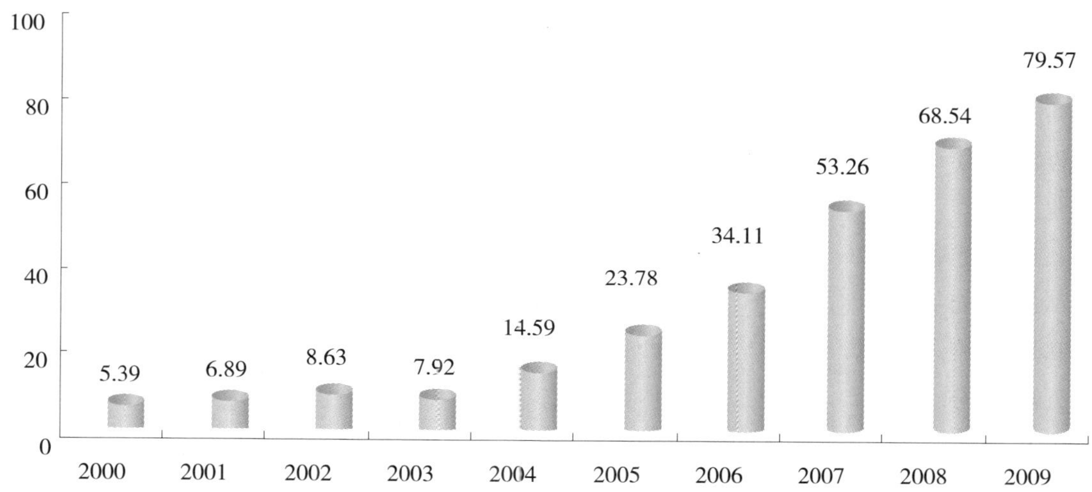

国际旅游人数（人次）

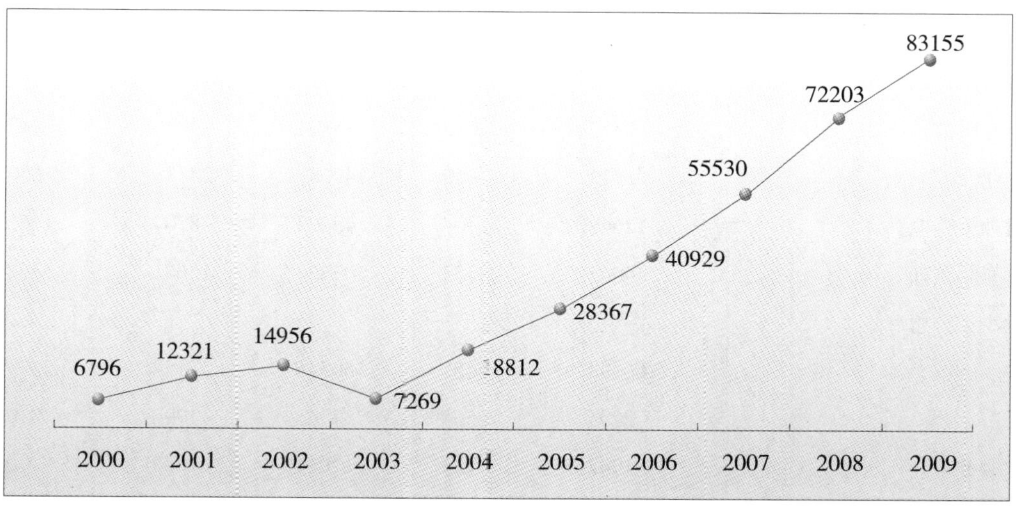

13-1 限额以上住宿和餐

指　　标	年末资					
	流动资产合计	#存货	固定资产原价	累计折旧	#本年折旧	资产总计
总　计	**524058**	**38876**	**870027**	**184947**	**49362**	**1762013**
一、住宿业	**453623**	**31677**	**689644**	**155338**	**40903**	**1522375**
按登记注册类型分组						
内资企业	453623	31677	689644	155338	40903	1522375
国有企业	30672	4496	71499	12237	2761	96900
集体企业	3624	64	6110	2435	340	11140
股份合作企业	1519	161	1326	159	126	27494
有限责任公司	17805	1219	13838	1248	66	30395
其他有限责任公司	17805	1219	13838	1248	66	30395
股份有限公司	778	56	4120	1120	37	3778
私营企业	399225	25681	592751	138139	37573	1352668
私营独资企业	9458	831	17941	6625	1729	20845
私营合伙企业	1628	274	14			1659
私营有限责任公司	388139	24576	574796	131514	35844	1330164
按住宿行业小类分组						
旅游饭店	274300	27872	618192	141460	35539	1246312
一般旅馆	179323	3805	71452	13878	5364	276063
二、餐饮业	**70435**	**7199**	**180383**	**29609**	**8459**	**239638**
按登记注册类型分组						
内资企业	70435	7199	180383	29609	8459	239638
国有企业	3623	439	3930	24	24	8826
有限责任公司	3542	1477	13272	1131	388	15683
其他有限责任公司	3542	1477	13272	1131	388	15683
股份有限公司	6555	623	15894	4066	417	23408
私营企业	56715	4660	147287	24388	7630	191721
私营独资企业	12648	1907	43893	8707	1762	53608
私营有限责任公司	44067	2753	103394	15681	5868	138113
按餐饮行业小类分组						
正餐服务	66198	6451	160536	27158	7579	216682
快餐服务	2295	563	7763	1796	810	8519
其他餐饮服务	1942	185	12084	655	70	14437

饮业企业财务状况(2009年)

单位:千元

产 负 债							损 益 及 分 配		
负债合计	所有者权益合计	#实收资本	国家资本	集体资本	法人资本	个人资本	主营业务收入	主营业务成本	主营业务税金及附加
1436402	**325611**	**366226**	**15566**	**12568**	**72584**	**265508**	**530934**	**275407**	**25179**
1239021	**283354**	**306090**	**15566**	**11979**	**68634**	**209911**	**389920**	**197072**	**18796**
1239021	283354	306090	15566	11979	68634	209911	389920	197072	18796
72902	23998	15598	15566			32	41235	20733	1926
6990	4150	1666		526	100	1040	43034	30577	154
7556	19938	2000			600	1400	9099	5808	297
22884	7511	11197		11000		197	23816	13880	1899
22884	7511	11197		11000		197	23816	13880	1899
3225	553	453		453			3590	3110	152
1125464	227204	275176			67934	207242	269146	122964	14368
11859	8986	7734			4134	3600	23790	12668	1097
659	1000	1000				1000	5919	3385	321
1112946	217218	266442			63800	202642	239437	106911	12950
1047467	198845	219101	14866	11453	5400	187382	302868	157129	13996
191554	84509	86989	700	526	63234	22529	87052	39943	4800
197381	**42257**	**60136**		**589**	**3950**	**55597**	**141014**	**78335**	**6383**
197381	42257	60136		589	3950	55597	141014	78335	6383
8782	44	8119		589		7530	6158	4053	286
122	15561	16800				16800	4250	1772	233
122	15561	16800				16800	4250	1772	233
11736	11672	11800			1750	10050	14584	10148	842
176741	14980	23417			2200	21217	116022	62362	5022
37025	16583	11017				11017	59664	33348	1658
139716	-1603	12400			2200	10200	56358	29014	3364
176323	40359	57366		589	3450	53327	126834	73681	5544
7568	951	1300				1300	8143	2809	490
13490	947	1470			500	970	6037	1845	349

13-1 续

指　　标	损　益							
	主营业务利　　润	其他业务利　　润	营业费用	管理费用	#税　金	财务费用	利息支出	营业利润
总　计	**224643**	**260**	**121844**	**118798**	**3383**	**49807**	**23627**	**-58558**
一、住宿业	**168727**	**260**	**88134**	**100823**	**2955**	**48513**	**22965**	**-65216**
按登记注册类型分组								
内资企业	168727	260	88134	100823	2955	48513	22965	-65216
国有企业	18576	177	6945	13285	299	136	129	-1613
集体企业	12303		3115	3622	505	65	33	5501
股份合作企业	2125		441	2131	381	121	35	579
有限责任公司	8037		3827	5476	13	8	-1	-1274
其他有限责任公司	8037		3827	5476	13	8	-1	-1274
股份有限公司	1095		626	250		219		
私营企业	126591	83	73180	76059	1757	47964	22769	-68409
私营独资企业	5027	83	5114	2737	198	204	37	1243
私营合伙企业	1988			1977	336			
私营有限责任公司	119576		68066	71345	1223	47760	22732	-69652
按住宿行业小类分组								
旅游饭店	126643	177	65762	78023	1733	43607	18424	-56561
一般旅馆	42084	83	22372	22800	1222	4906	4541	-8655
二、餐饮业	**55916**		**33710**	**17975**	**428**	**1294**	**662**	**6658**
按登记注册类型分组								
内资企业	55916		33710	17975	428	1294	662	6658
国有企业	1819		1062	1008	15			253
有限责任公司	2245		1924	325		2		-6
其他有限责任公司	2245		1924	325		2		-6
股份有限公司	3594		2400	1304				-103
私营企业	48258		28324	15338	413	1292	662	6514
私营独资企业	24658		13538	3101	403	161	51	7858
私营有限责任公司	23600		14786	12237	10	1131	611	-1344
按餐饮行业小类分组								
正餐服务	46892		29895	14218	396	947	662	3060
快餐服务	4844		2884	1925		327		-292
其他餐饮服务	4180		931	1832	32	20		3890

表

单位:千元

及 分 配						本年应付工资总额	本年应付福利费总额	全部从业人员年平均人数(人)
补贴收入	营业外收入	利润总额	应交所得税	养老保险和医疗保险费	住房公积金和住房补贴			
633	**2483**	**−70026**	**1360**	**2463**	**117**	**91842**	**3404**	**7794**
633	**2385**	**−70371**	**1154**	**2463**	**117**	**72125**	**2562**	**6214**
633	2385	−70371	1154	2463	117	72125	2562	6214
553	109	−3781	97	1384		7648	412	746
	1	1043	245	229	102	2019	180	127
	1027	250	50			713	22	94
		−1287				7827	112	494
		−1287				7827	112	494
		419	105			162	23	42
80	1248	−67015	657	850	15	53756	1813	4711
	1110	996	22			3457	116	334
	6	17				720		60
80	132	−68028	635	850	15	49579	1697	4317
633	1244	−61428	1087	1980	15	56848	1652	4779
	1141	−8943	67	483	102	15277	910	1435
	98	**345**	**206**			**19717**	**842**	**1580**
	98	345	206			19717	842	1580
	77	943				1557	30	159
		−6				482		50
		−6				482		50
		−103	4			1413	125	118
	21	−489	202			16265	687	1253
		2377	192			5458	472	443
	21	−2866	10			10807	215	810
	98	33	206			16942	842	1338
		−328				1317		130
		640				1458		112

13-2 限额以上住宿和餐饮业经营情况(2009年)

单位：千元

指　　标	单位数(个)	年末从业人员(人)	营业额				
				客房收入	餐费收入	商品销售收入	其他收入
总　计	**63**	**7969**	**532043**	**172943**	**283436**	**48549**	**27115**
一、住宿业	**42**	**6362**	**391986**	**137976**	**190675**	**37441**	**25894**
按登记注册类型分组							
内资企业	42	6362	391986	137976	190675	37441	25894
国有企业	7	746	43491	19562	19469	4454	6
集体企业	3	127	43034	14084	28661	151	138
股份合作企业	2	101	9099	5546	2199	92	1262
有限责任公司	3	479	23816	12460	5772	4084	1500
其他有限责任公司	3	479	23816	12460	5772	4084	1500
股份有限公司	1	42	3590	1170	2420		
私营企业	26	4867	268956	85154	132154	28660	22988
私营独资企业	4	335	23873	7287	12294	1987	2305
私营合伙企业	1	60	5919	683	4294	942	
私营有限责任公司	21	4472	239164	77184	115566	25731	20683
按住宿行业小类分组							
旅游饭店	31	4934	304851	106900	155632	27994	14325
一般旅馆	11	1428	87135	31076	35043	9447	11569
按星级分组							
五星	1	528	10677	2667	7005	640	365
四星	7	1177	91011	35411	47798	6197	1605
三星	15	2354	151092	54841	65862	18877	11512
二星	11	1124	70370	20082	43286	6159	843
一星	2	116	7030	3259	2049	460	1262
其他	6	1063	61806	21716	24675	5108	10307
二、餐饮业	**21**	**1607**	**140057**	**34967**	**92761**	**11108**	**1221**
按登记注册类型分组							
内资企业	21	1607	140057	34967	92761	11108	1221
国有企业	2	159	6158	2058	4100		
有限责任公司	1	50	4250	1825	2009	416	
其他有限责任公司	1	50	4250	1825	2009	416	
股份有限公司	2	118	14584	5459	7784	1267	74
私营企业	16	1280	115065	25625	78868	9425	1147
私营独资企业	7	473	59409	17216	42059	134	
私营有限责任公司	9	807	55656	8409	36809	9291	1147
按餐饮行业小类分组							
正餐服务	18	1365	126579	33877	81166	10995	541
快餐服务	1	130	8143		8080	63	
其他餐饮服务	2	112	5335	1090	3515	50	680

13-3 主要年份旅游接待人数

年 份	国内旅游接待人次(万人次)	海外旅游者(人次)	外国人及华侨	港 澳台同胞	#台湾同胞
1985	49.6				
1986	60.0				
1987	94.1				
1988	100.1				
1989	73.8				
1990	73.6	245	186	59	
1995	98.4	2062	1027	1035	586
1996	108.0	2924	2023	901	485
1997	74.0	5396	2139	3257	1372
1998	128.3	5119	2263	2856	1600
1999	141.8	8212	4371	3841	2000
2000	160.2	6796	4604	2192	2182
2001	233.8	12321	5378	6943	3157
2002	286.0	14956	6275	8681	3969
2003	279.0	7269	2749	4520	2036
2004	508.5	18812	7007	11805	4701
2005	616.3	28367	11044	17323	7998
2006	757.0	40929	15587	25342	12750
2007	836.4	55530	22177	33353	21931
2008	921.3	72203	29014	43189	
2009	988.5	83155	30198	46867	

13-4 主要年份旅游收入

年　份	旅游总收入(亿元)	国内旅游接待收入(亿元)	旅游外汇收　入(万美元)	国内旅游人均花费(元/人次)
1985		0.35		71
1986		0.49		82
1987		0.85		90
1988		1.00		100
1989		0.74		100
1990	0.06	0.96		130
1995	0.06	0.03	42	3
1996	0.33	0.28	65	26
1997	1.73	1.62	135	219
1998	2.69	2.58	128	201
1999	3.54	3.44	119	243
2000	5.39	5.25	171	328
2001	6.89	6.70	235	287
2002	8.63	8.39	289	293
2003	7.92	7.81	138	280
2004	14.59	14.28	378	281
2005	23.78	23.45	605	380
2006	34.11	33.40	859	441
2007	53.26	52.28	1210	625
2008	68.54	67.49	1535	733
2009	79.57	78.41	1703	793

主要统计指标解释

餐饮业零售额 指专门从事食品烹饪、调制并直接零售给居民饮食的各种饭馆、酒馆、茶馆等餐饮业的商品零售额。包括：各种企业单位附设对外营业的饭馆、火车餐厅、轮船餐厅、车站食堂、机场餐厅的零售额。不包括机关、团体、学校、企事业单位不对外营业的职工食堂所出售的餐费收入。

住宿业零售额 指住宿业单位为顾客提供就餐服务取得的收入及商品销售收入。

国际旅游（外汇）收入 指海外旅游者在我市境内旅行、游览过程中用于交通、参观游览、住宿餐饮、购物、娱乐等全部花费。

海外旅游者 指来华入境的海外游客中，在我市旅游住宿设施内至少停留一夜的外国人、港澳台同胞。海外旅游者不包括下列人员：（1）应邀来华访问的政府部长以上官员及其随行人员；（2）外国驻华使馆官员，外交人员以及随行的家庭服务人员和赡养者；（3）常驻我市一年以上的外国专家、留学生、记者、商务机构人员等；（4）乘座国际航班过境不需要通过护照检查进入我市口岸的中转旅客；（5）边境地区往来的居民；（6）回大陆定居的港澳台同胞；（7）正在我市定居的外国人和原已出境要返回在我市定居的外国侨民；（8）归国的我市出国人员。

国内旅游者人数 指我国大陆居民和在我国常驻一年以上的外国人、华侨、港澳台同胞离开常驻地在我市区域内的旅游设施内至少停留一夜，最长不超过6个月的人数。

14

财政、金融和保险

资料整理人员

武俊峰　游　琴

财政、金融和保险

财政总收入	137.7	亿元
财政一般预算收入	62.9	亿元
财政一般预算支出	132.0	亿元
城乡居民储蓄存款余额	748.8	亿元
保费收入	26.5	亿元

城乡居民储蓄存款余额（亿元）

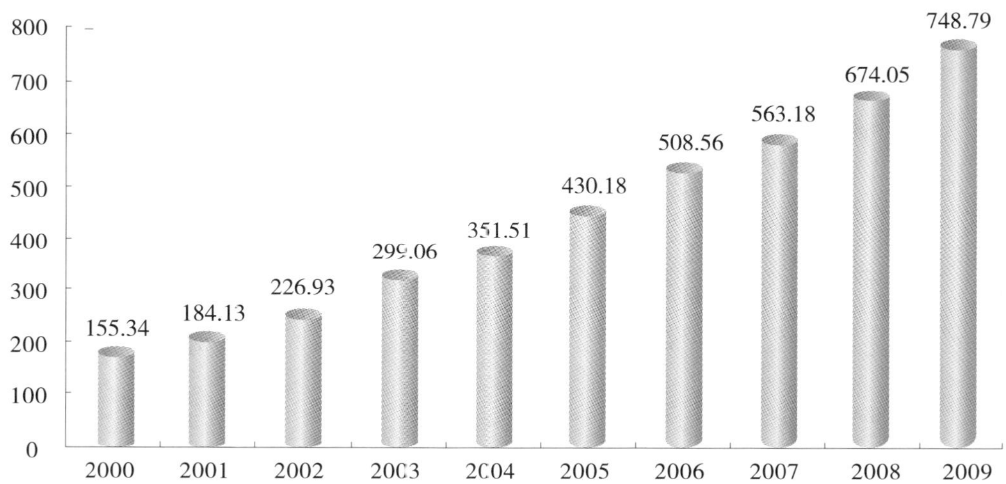

财政一般预算收入(亿元)

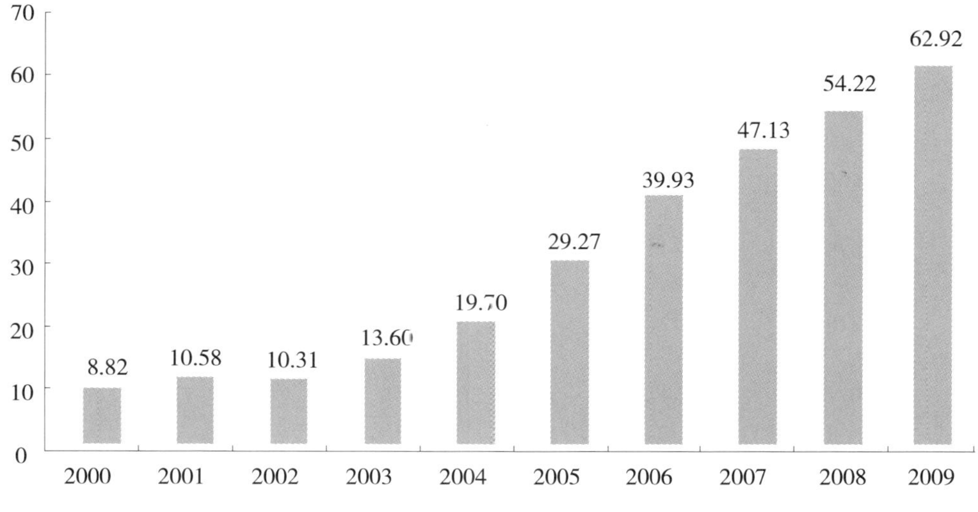

14-1 主要年份地方财政收支总额

单位：万元、%

年　份	财政总收入	一般预算收入	一般预算支出	发展指数(以上年为100)	
				财政总收入	一般预算收入
1952	1679	1679	499		
1957	2488	2488	1673	97.6	
1962	3084	3084	2758	101.2	
1965	4660	4660	3205	132.2	
1970	4172	4172	6827	122.9	
1975	7048	7048	9237	123.6	
1978	9411	9411	14188	114.8	
1980	9251	9251	12823	108.5	
1985	14943	14943	23048	100.6	
1990	30860	30860	43197	108.7	108.7
1995	80578	44224	91729	134.3	136.2
2000	149265	88205	171626	111.4	108.7
2001	187777	105802	227036	125.8	120.0
2002	260168	103145	269096	138.6	97.5
2003	372191	135985	319894	143.1	131.8
2004	588628	197009	439168	158.2	144.9
2005	830466	292650	574467	141.1	148.5
2006	1021975	399313	739646	123.1	136.4
2007	1234815	471259	904763	120.8	118.0
2008	1409072	542211	1094878	114.1	115.1
2009	1376666	629205	1320408	97.7	116.04

14-2　预算外财政专户资金收支额(2009年)

单位：万元

指　标	金　额
收入合计	**84265**
一、行政事业性收费	69955
二、政府性基金(资金、附加)收入	153302
三、主管部门集中收入	24
四、乡镇自筹、统筹	3094
五、其他收入	7664
支出合计	**103456**
一、一般公共服务	5958
二、公共安全	537
三、教育	56244
四、其他支出	288

14-3　主要年份地方财政收支分项目数

单位：万元

年　份	各项税收	#企业所得税	#工商税	基本建设支出	支援农业生产及农业事业费支出	文教科卫支出
1952	1602			16		243
1957	2191			261		770
1962	2683			780		1069
1965	3084			765		1156
1970	3090			3798		1224
1975	6275			3653		2058
1978	8223	1278		3899	3059	2804
1980	8164	1050		372	3054	3928
1985	15213	-527		998	2771	7178
1990	29751	-3225		155	4816	13887
1995	35753	-3715		486	7536	31130
2000	68977	4141	57386	856	6577	49695
2001	68370	8121	71763	688	23884	68184
2002	79071	5953	64968	932	29810	76241
2003	96741	6423	83834	1855	28581	93944
2004	137744	13459	137744	2547	51084	113625
2005	198885	22202	194977	31735	59690	138052
2006	230052	24793	230052	35304	56219	166945
2007	308274	40988	308274	43185	85689	289192
2008	378027	47565	367653	64640	105461	312062
2009	359803	51394	348847		120066	374096

注：基本建设支出2009年决算表无此分类。

14-4 财政一般预算收入(2009年)

单位：万元

指　　标	金　　额
收入总计	**629205**
一、增值税	113079
#国有企业增值税	12194
集体企业增值税	2129
股份制企业增值税	78169
联营企业增值税	5
港澳台外商投资企业增值税	3335
私营企业增值税	9223
二、营业税	71997
#金融保险业营业税(地方)	6196
一般营业税	65719
三、企业所得税	51394
四、个人所得税	13676
五、资源税	15522
六、固定资产投资方向调节税	
七、城市维护建设税	34014
八、房产税	9900
九、印花税	8002
十、城镇土地使用税	25293
十一、土地增值税	3008
十二、车船使用和牌照税	2961
十三、耕地占用税	3034
十四、契　税	7470
十五、烟叶税	411
十六、国有资产经营收益	9363
十七、行政性收费收入	52332
十八、罚款收入	45857
十九、专项收入	157510
二十、其他收入	4340

14-5 财政一般预算支出(2009年)

单位：万元

指　　标	金　　额
支出总计	**1320408**
一、一般公共服务	276920
二、公共安全	86176
三、农业支出	60898
行政运行	3836
自然灾害救助	578
农业生产资料补贴	6742
其他农业支出	4609
四、林业支出	14165
行政运行	1321
森林培育	5782
林业技术推广	96
森林生态效益补偿	1118
森林防火	418
林业工程与项目管理	10
其它林业支出	1585
五、水利气象支出	21818
水利行业管理	1393
水文水质水土水资源管理	1681
水利建设	2834
气象支出	757
六、流通部门的事业费	6052
七、文化体育与传媒	16130
#文化事业费	6762
出版事业费	38
文物事业费	2378
体育事业费	1119
广播电影电视事业费	5086
八、教育支出	249877
九、科学支出	7976
十、医疗卫生支出	100113
十一、抚恤和社会福利救济费	11034
十二、行政事业单位离退休支出	102041
十三、社会保障和就业支出	232164
十四、环境保护支出	67070
#污染防治	29595
十五、武装警察部队支出	2101
十六、公检法司支出	84014
十七、政策性补贴支出	
最低收购价政策支出	205
粮食风险基金	2547
国家储备粮油利息费用补贴	225
粮食财务挂账利息补贴	
十八、交通运输支出	26562
十九、城乡社区事务支出	71623
二十、其他支出	25252

14-6 金融机构人民币信贷收支(2009年)

单位：万元

指　　标	金　　额
资金来源总计	**11302457**
一、各项存款	10970652
企业存款	1586053
活期存款	1279974
定期存款	306078
财政存款	55788
机关团体存款	831819
储蓄存款	7487928
活期储蓄	2717305
定期储蓄	4770623
农业存款	778338
委托存款	23782
其他存款	286515
二、金融债券	
三、应付及暂收款	203978
四、同业往来	146401
五、各项准备	272768
六、所有者权益	316679
#实收资本	161868
七、其　他	-1294700
资金运用总计	**11302457**
一、各项贷款	4306471
短期贷款	2934338
工业贷款	415722
商业贷款	295853
建筑业贷款	3655
农业贷款	1796889
乡镇企业贷款	288841
三资企业贷款	
私营企业及个体贷款	18078
其他短期贷款	115300
中长期贷款	1217230
基本建设贷款	207572
技术改造贷款	56158
其他中长期贷款	953500
票据融资	154070
各项垫付款	834
二、有价证券及投资	283321
三、应收及预付款	105707
四、存放中央准备金存款	760987
五、同业往来	268074
六、行内资金往来	4472901
七、库存现金	97610

14-7 主要年份国家银行信用社人民币各项存款余额

单位：万元

年　份	存款余额	企业存款	财政存款	居民储蓄存款	机关团体存款
1952	813	327	302	64	
1957	3667	570	515	441	
1962	7351	2193	1391	596	
1965	7523	2256	1358	1013	
1970	16906	5484	2963	1961	
1975	20394	7168	4105	3036	
1978	23295	7024	4466	4130	
1980	27190	8979	2716	7018	1960
1985	75826	24706	2127	49131	3494
1990	289425	48294	5263	210758	8290
1995	903538	162288	-23866	735671	15953
2000	1924815	264060	8481	1553445	41541
2001	2303733	302444	6948	1841259	55491
2002	2908553	361288	19002	2269342	89299
2003	4104298	510730	17757	2990564	156849
2004	5078031	667135	15102	3515099	298305
2005	6128903	670356	28510	4301802	376214
2006	7016926	770694	28155	5085619	439904
2007	7783140	941633	60107	5631833	483659
2008	9207998	1186823	133037	6740512	600778
2009	10970652	1586053	55788	7487928	831819

14-8 主要年份国家银行信用社人民币各项贷款余额

单位：万元

年　份	贷款余额	工业贷款	商业贷款	农业贷款
1952				
1957				
1962				
1965				
1970				
1975				
1978				
1980				
1985	129562	29655	69134	22014
1990	340485	79682	138028	61945
1995	907293	186645	239517	95866
2000	1411917	261641	324059	164669
2001	1611568	281779	316188	253757
2002	1995921	316731	335511	357775
2003	2690370	325131	315709	545895
2004	2870766	266279	283166	734663
2005	3010925	245369	290653	694145
2006	3374550	258109	315439	695891
2007	3610258	314173	327724	877061
2008	3633019	262675	278141	1521216
2009	4306471	415722	295853	1796889

14-9 主要年份金融机构人民币现金投放与回笼

单位：万元

年 份	现金收入	#商品销售收入	现金支出	#工资支出	净投放
1952					
1957					
1962					
1965					
1970					
1975	22929	15596	24281	8923	1352
1978					
1980					
1985	98550	54021	106378	39512	7828
1990	293477	87999	346400	346400	52923
1995	1406285	141385	1601356	227433	195071
2000	4885761	280779	5032810	420570	147068
2001	6685110	466059	6839435	540715	153425
2002	8554278	660343	8713374	634980	159096
2003	14951873	810193	15136788	797220	184915
2004	20832775	1026457	21125033	1119525	292258
2005	22908384	906668	23216033	1205641	307649
2006	22093241	1067865	22446439	1158046	353198
2007	24728124	1174448	25412336	1112612	461621
2008	23339776	1132367	23729791	1159192	390014
2009	20386212	912603	20677910	883419	291699

注：1998年现金收支口径发生变动。

14-10 金融机构人民币现金收支情况(2009年)

单位：万元

指　　标	金　　额
收入总计	**20386212**
商品销售收入	912603
服务业收入	508226
行政税费收入	150343
城乡个体经营收入	441020
储蓄收入	15949233
其他金融性公司收入	8120
居民归还贷款收入	547447
汇兑收入	97961
有价证券及其他投资性收入	14752
其他收入	1756506
#兑换外币收入	17755
支出总计	**20677910**
工资及对个人其他支出	883419
农副产品采购支出	103601
工矿及其他产品采购支出	75833
行政企事业管理费支出	266321
城乡个体经营支出	482366
储蓄存款支出	16848785
其他金融性公司支出	30336
居民提取贷款支出	350977
汇兑支出	58786
有价证券及其他投资性支出	7113
其他支出	1570373
#兑换外币支出	3362
投放(+)回笼(-)	**291699**

14-11　保险业务基本情况(2009年)

单位：万元

名　称	金　额
财产保险业务保费收入合计	**58473.40**
中国人民财产保险股份有限公司临汾市分公司	38017.65
中国太平洋财产保险有限公司临汾中心支公司	4070.18
永安财产保险股份有限公司临汾中心支公司	1929.81
中国平安财产保险股份有限公司临汾中心支公司	5168.30
天安保险股份有限公司临汾中心支公司	1073.43
太平财产保险有限公司临汾中心支公司	1911.48
中国大地财产保险股份有限公司临汾中心支公司	3323.16
永诚财产保险股份有限公司山西分公司临汾营销部	1508.90
安邦财产保险股份有限公司山西分公司临汾营销服务部	124.75
都邦财产保险股份有限公司临汾中心支公司	877.11
中国人寿财产保险股份有限公司临汾市中心支公司	468.63
人寿保险业务保费收入合计	**206044.64**
中国人寿保险股份有限公司临汾分公司	113763.93
中国太平洋人寿保险股份有限公司临汾中心支公司	30145.64
中国平安人寿保险股份有限公司临汾中心支公司	19225.27
新华人寿保险股份有限公司临汾中心支公司	12682.22
泰康人寿保险股份有限公司临汾中心支公司	7780.60
中国人民人寿保险股份有限公司临汾市中心支公司	16603.97
太平人寿保险有限公司临汾中心支公司	4508.77
嘉禾人寿保险股份有限公司临汾中心支公司	1184.33
合众人寿保险股份有限公司临汾中心支公司	149.91

主要统计指标解释

财政总收入 指一般预算收入与上划中央收入之和，反映本地区当年组织的财政收入总规模，是计算当年地方可用财力的主要依据。与国内生产总值比较，可反映财政的集中程度。

一般预算收入 指按照财政体制规定列入地方预算，直接缴入地方金库的经常性财政收入。1996年政府性基金纳入预算管理后，为区别于基金预算，将地方预算收入改称一般预算收入。具体包括增值税、企业所得税、个人所得税的地方分享部分，其他工商税收、农业四税、专项收入及行政性收费、罚没收入和其他收入。

上划中央收入 指实行分税制财政体制后，增值税的75%部分和消费税划为中央收入，以及从2002年起实行所得税分享改革后，所得税（包括企业所得税、个人所得税）由中央分享部分，这部分收入直接缴入中央金库。根据《预算法》和财政体制规定，上划中央收入属于列入中央预算范围的收入，地方总预算中不予包括。

一般预算支出 指列入地方预算的经常性财政支出，其项目包括经济建设支出、教科文卫等事业支出、国家管理费用支出、国防支出、各项补贴支出及其他支出等。其资金来源包括用地方可用财力安排的支出、上年结余、调入资金和中央专款补助形成的财政支出等。

基本建设支出 指按照国家有关规定，属于基本建设范围内的基本建设有偿使用、拨款、资本金支出以及经国家批准对专业和政策性基建投资贷款，在部门的基建投资额中统筹支付的贴息支出。

企业挖潜改造资金 指预算内拨给的用于企业挖潜、革新和改造方面的资金。包括各部门企业挖潜改造资金和企业挖潜改造贷款资金，为农业服务的县办“五小”企业技术改造补助，挖潜改造贷款贴息资金。

地质勘探费用 指预算用于地质勘探单位的勘探工作费用，包括地质勘探管理机构及其事业单位经费、地质勘探经费。

科技三项费用 指预算用于科技支出的费用，包括新产品试制费、中间试验费、重要科学研究补助费。

农业支出 指财政用于种植、畜牧、水产、农机、农垦、农场、农业产业化经营组织、乡镇企业等方面的支出。

林业支出 指包括森林救灾、天然林保护、退耕还林、森林生态效益、森工、造林、防沙治沙及林场、苗圃、工作站、推广与培训等行业管理方面的支出。

水利和气象支出 指包括防汛抗旱、水文水质水土水资源管理、水利建设、气象支出及水利行业管理等费用。

流通部门和事业费 指预算支付给流通部门用于事业发展的人员和公用经费支出。

文体广播事业费 指文化部门、出版事业系统、文物系统、体育系统、档案局直属档案馆等机构、地震事业费、海洋事业费、通讯事业费、广播电影电视事业费、计划生育事业费、党政群干部训练事业费和其他文体广播事业费。

抚恤和社会福利救济费 指反映按规定由民政部门管理开支的各项抚恤金、伤残补助费等。

行政事业单位离退休支出 指反映实行归口管理的行政事业单位离退休经费。行政事业单位未实行归口管理的离退休经费仍列入原有关科目。

当年可用财力 指按照现行财政体制规定，在预算年度内可统筹安排使用的预算内资金，其来源包括当年一般预算收入、税收返还收入、下级上解收入、转移支付补助，并从中扣减上解上级及补助下级的资金。当年可用财力不包括上年结余资金及中央专款补助。根据《预算法》的规定，当年支出预算应当小于或等于当年可用财力。

存款 指企业、机关、团体或居民根据可以收回的原则，把货币资金存入银行或其他信用机构保管并取得一定利息的一种信用活动形式。根据存款对象的不同可划分：企业存款、财政存款、机关团体存款、城镇居民储蓄存款、农村存款等项目。

贷款 指银行或其他信用机构根据必须归还的原则，按一定利率，为企业、个人等提供资金的一种信用活动形式。银行贷款，分流动资金贷款、农业贷款、固定资产贷款等科目。

城乡居民储蓄年末余额 指城镇居民储蓄和农民个人储蓄两部分的年末余额。不包括工矿企业、部队、机关团体等集体存款。

15

教育、科技

资料整理人员

师先明　郗跃华

教育、科技

高等学校数	4	所
高等学校在校学生数	36324	人
高等学校专任教师数	2606	人
中等专业学校数	6	所
中等专业学校在校学生数	14142	人
中等专业学校专任教师数	367	人
规模以上工业企业R&D人员	1532	人

各级各类学校数构成（%）

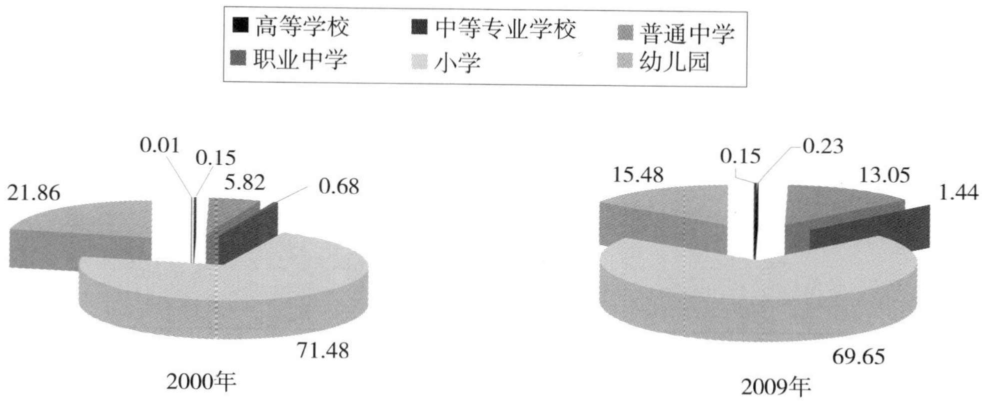

高等学校在校学生数（人）

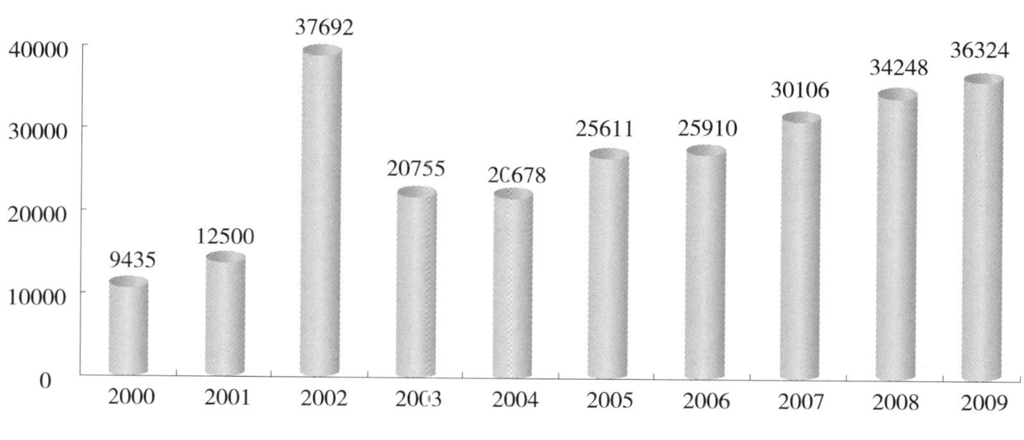

15-1 主要年份高等学校基本情况

单位：所、人

年 份	学校数	教职工数	#专任教师	在校学生	平均每一教师负担学生数	招生数	毕业生数
1962	1	77	38	247	7	123	205
1965	1	179	88	628	7	236	85
1975	1	504	214	1524	7	560	28
1978	2	756	359	2168	6	916	539
1980	3	1334	606	3029	5	814	508
1985	3	1395	583	4341	7	1269	709
1990	3	1707	700	5060	7	1630	1535
1995	2	1705	661	6188	9	1791	1968
2000	1	1483	788	9435	12	3218	1797
2001	1	2214	1124	12500	11	4400	1741
2002	2	3170	1686	37692	22	12975	4664
2003	2	3258	1736	20755	11	5325	3271
2004	3	3249	1843	20678	11	5435	3884
2005	3	3158	1741	25611	14	5468	3986
2006	3	3269	1851	25910	14	7532	4281
2007	4	3586	1882	30106	16	10370	4662
2008	4	3598	2505	34248	14	10670	4870
2009	4	4205	2606	36324	14	11900	5178

15-2 主要年份中等专业学校基本情况

单位：所、人

年 份	学校数	教职工数	#专任教师	在校学生	平均每一教师负担学生数	招生数	毕业生数
1952	2	183	110	1664	15	980	558
1957	3	168	101	865	9	492	335
1962	4	243	142	1609	11	404	721
1965	6	316	184	2504	14	940	397
1970	5	354	188	2361	13	1050	623
1975	6	381	199	1983	10	1144	717
1978	6	464	251	1849	7	1015	790
1980	6	577	290	3399	12	1035	827
1985	7	805	351	3053	9	1335	1190
1990	9	962	492	5665	12	1929	1765
1995	9	1093	601	6371	11	2115	1901
2000	10	1490	757	14690	19	5923	2189
2001	8	966	575	16355	28	4583	3069
2002	6	488	289	17441	60	4694	3645
2003	4	473	277	13906	50	2861	6404
2004	4	385	245	12436	50	3675	5147
2005	4	456	273	11857	43	4656	5297
2006	6	613	389	13509	35	4705	3458
2007	6	623	366	13688	37	4477	4991
2008	6	624	332	15118	46	6364	5065
2009	6	636	367	14142	39	4727	5426

15-3 主要年份普通中学基本情况

单位：所、人

年 份	学校数	教职工数	#专任教师	在校学生	平均每一教师负担学生数	招生数	毕业生数
1952	12	506	369	5883	16	3725	661
1957	35	1360	866	16289	18	6249	3378
1962	87	2230	1411	25427	18	7852	11055
1965	106	2341	1648	25973	16	10308	6953
1970	941	6931	5407	93109	17	42989	29706
1975	1503	11890	8947	160965	18	95602	60760
1978	1695	16093	12774	209749	16	102305	90734
1980	1003	15249	11704	210707	18	58875	25594
1985	542	13558	10363	169035	16	57034	39180
1990	414	15658	12245	161053	13	56977	49285
1995	386	16569	12735	193367	15	71287	52512
2000	393	18248	14955	266338	18	94578	76266
2001	410	19883	16126	286217	18	104294	80980
2002	411	20893	17254	304175	17	106299	86950
2003	420	21955	18411	332120	18	106163	90924
2004	406	23557	19578	333092	17	109751	102695
2005	403	24784	20630	336955	16	113405	104432
2006	404	25507	21445	342404	17	112625	106697
2007	396	25748	21644	331391	16	100334	108068
2008	383	25698	21548	310691	14	93760	111985
2009	345	26284	21692	299782	14	103853	109658

15-4 普通中学分班别、分城乡学生数(2009年)

单位：人

指 标	毕业生数	#高 中	招生数	#高 中	在校学生数	#高 中
合 计	**109658**	**29619**	**103853**	**32048**	**299782**	**90620**
教育部门和集体办	87437	22614	81576	24323	233663	68506
民 办	22078	7005	22121	7725	65787	22114
其他部门办	143		156		332	
城 市	27324	11597	28740	13102	80554	37373
县 镇	41771	14027	38840	15237	114877	41991
农 村	40563	3995	36273	3709	104351	11256

15-5 普通中学学校数、班数(2009年)

项目	学校数(所)	初级中学	高级中学	完全中学	九年制学校	班数(个)	初中	高中
总计	**345**	**241**	**25**	**50**	**29**	**5638**	**3965**	**1673**
教育部门和集体办	272	216	22	22	12	4395	3143	1252
民办	71	24	3	28	16	1234	813	421
其他部门办	2	1			1	9	9	
城市	61	21	5	28	7	1431	759	672
县镇	89	51	17	13	8	2068	1287	781
农村	195	169	3	9	14	2139	1919	220

15-6 普通中学分课程专任教师数(2009年)

单位: 人

学科分类	专任教师	初中	高中
总计	**21692**	**15285**	**6407**
政治	1588	1182	406
语文	3868	2857	1011
数学	3727	2754	973
外语	3295	2332	963
科学	33	33	
物理	1656	1126	530
信息技术	187		187
通用技术	68		68
化学	1183	668	515
生物	1022	641	381
历史与社会	94	94	
地理	981	639	342
历史	1266	914	352
体育与健康	938	634	304
艺术	38	19	19
音乐	493	370	123
美术	456	323	133
结合实践活动			
信息技术	349	349	
劳动与技术	134	134	
其他	165	112	53
当年不任课	125	78	47

15-7 主要年份职业中学基本情况

单位：所、人

年 份	学校数	教职工数	#专任教师	在校学生	平均每一教师负担学生数	招生数	毕业生数
1980	17	78	60	758	13	250	95
1985	61	598	382	7484	20	3482	1085
1990	33	661	429	5580	15	2518	2066
1995	41	1145	826	11054	13	4838	4756
2000	46	1311	1021	13211	13	4978	3633
2001	31	1238	944	11564	12	4020	4854
2002	34	1268	949	12259	13	5322	3669
2003	31	1222	907	11686	13	5654	2594
2004	29	1294	924	12987	14	5404	3316
2005	37	1806	1257	17864	14	7775	4409
2006	38	1689	1211	22112	18	9595	4936
2007	44	2295	1657	29389	18	14561	5934
2008	41	2193	1585	30396	19	13000	7283
2009	38	2135	1640	36152	22	16678	6984

15-8 主要年份小学基本情况

单位：所、人

年 份	学校数	教职工数	#专任教师	在校学生	平均每一教师负担学生数	招生数	毕业生数
1952	3402	5508	5252	181989	35	41247	19385
1957	3581	7819	7128	223730	31	45108	34228
1962	4477	11068	9921	297842	30	57459	41817
1965	5090	12463	11130	348687	31	68420	44002
1970	5066	14642	14045	407280	29	95425	62410
1975	5502	17633	16328	472020	27	105239	82569
1978	5481	18080	17733	459079	26	116565	72689
1980	6346	20607	19971	469625	24	82661	71386
1985	6640	22776	21153	427728	20	92638	71324
1990	6503	24036	22392	385630	17	71958	67704
1995	6130	24464	22287	408601	18	79108	70801
2000	4350	24761	22418	429797	19	80470	84202
2001	4350	24174	24174	423662	19	85227	87660
2002	4165	24446	22949	447089	19	114115	89995
2003	3903	24529	22994	463600	20	97346	82562
2004	3569	25213	23424	447621	19	74509	82571
2005	3225	25614	23775	429696	18	68677	79947
2006	2948	25585	23787	409053	17	66610	81571
2007	2603	25259	23454	405530	17	65348	70654
2008	2263	25203	23420	396877	17	58338	64744
2009	1843	25223	23426	372178	16	52349	71994

15-9 幼儿园基本情况(2009年)

单位：人

指 标	园 数(所)	班 数(个)	在园幼儿数	教职工数	#教 师	平均每一教师负担幼儿数
总 计	**410**	**1861**	**47694**	**3320**	**2226**	**21**
教育部门集体办	103	725	18588	1057	818	23
民 办	294	1025	25638	1858	1181	22
其他部门办	13	111	3468	405	227	15
城 市	77	458	12716	1382	871	15
县 镇	88	524	15973	1127	864	19
农 村	245	879	19005	811	491	39

15-10 获市级科技进步奖情况(2009年)

单位：项

	2009
总 计	**16**
一等奖	4
二等奖	6
三等奖	6

15-11 县级以上自然科学研究与技术开发机构人员数(2009年)

单位：人

	机构数(个)	职工人数	#从业科技活动人员	#科学家工程师	在职工总数中从事课题活动人员
总 计	7	356	247	175	141

15-12 规模以上工业企业R&D人员、机构及项目情况(2009年)

指　标	研究与试验发展（R&D）人员(人)	#参加项目人员	企业办科技机构(个)	科技项目数(项)
总　计	**1532**	**1158**	**16**	**100**
一、按登记注册类型分组				
内资企业	1403	1053	14	94
国有企业				
集体企业				
股份合作企业				
有限责任公司	1039	786	9	59
国有独资公司	706	512	5	36
其他有限责任公司	333	274	4	23
股份有限公司	250	177	1	12
私营企业	114	90	4	23
港、澳、台商投资企业	68	51	1	3
合资经营企业(港或澳、台资)	68	51	1	3
外商投资企业	61	54	1	3
中外合资经营企业	61	54	1	3
二、按工业行业大类分组				
采矿业	161	149		9
煤炭开采和洗选业	161	149		9
制造业	1371	1009	16	91
农副食品加工业				
食品制造业				
饮料制造业				
石油加工、炼焦及核燃料加工业	432	336	3	28
化学原料及化学制品制造业	321	234	2	15
医药制造业	32	22		1
黑色金属冶炼及压延加工业	117	96	1	9
有色金属冶炼及压延加工业	19	15	2	2
金属制品业	20	10	1	1
通用设备制造业	10	7		1
专用设备制造业	226	125	4	10
交通运输设备制造业	107	97	2	20
电气机械及器材制造业	87	67	1	4
三、按企业控股情况分组				
国有控股	1084	795	8	58
私人控股	207	166	5	27
其　他	241	197	3	15
四、按地区分组				
尧都区	321	263	6	24
曲沃县	36	23	1	3
洪洞县	574	418	2	30
侯马市	375	254	6	32
霍州市	226	200	1	11

15-13 规模以上工业企业技术开发经费情况(2009年)

单位：万元

指　　标	R&D经费内部支出	#经常性支　出	#资产性支　出	R&D经费外部支出	#对境内研究机构支出	#对境内高等学校支出	#对境外支　出
总　计	**32669.5**	**31105.0**	**1564.7**	**4061.8**	**2205.8**	**857.7**	**932.3**
一、按登记注册类型分组							
内资企业	31839.9	30275.3	1564.7	4021.1	2205.8	857.7	932.3
有限责任公司	20153.7	18700.2	1453.6	3344.9	2096.1	857.7	365.9
国有独资公司	16071.9	14843.8	1228.1	3049.6	2059.3	608.9	365.9
其他有限责任公司	4081.8	3856.4	225.5	295.4	36.8	248.8	566.4
股份有限公司	10566.8	10505.7	61.1	676.1	109.7		
私营企业	1119.4	1069.4	50.0				
港、澳、台商投资企业	350.6	350.6		40.7			
合资经营企业(港或澳、台资)	350.6	350.6		40.7			
外商投资企业	479.0	479.0					
中外合资经营企业	479.0	479.0					
二、按工业行业大类分组							
采矿业	401.8	401.8		15.5			
煤炭开采和洗选业	401.8	401.8		15.5			
制造业	32267.7	30703.2	1564.7	4046.3	2205.8	857.7	932.3
饮料制造业							
石油加工、炼焦及核燃料加工业	11526.7	10815.1	711.7	2075.0	951.6	747.7	365.9
化学原料及化学制品制造业	11082.7	10950.6	132.1	676.1	109.7		566.4
医药制造业	68.0	68.0				50.0	
黑色金属冶炼及压延加工业	915.5	852.5	63.0	50.0			
有色金属冶炼及压延加工业	92.0	77.0	15.0				
金属制品业	385.0	350.0	35.0				
通用设备制造业	99.5	99.5					
专用设备制造业	6862.7	6254.8	607.9	1204.5	1144.5	60.0	
交通运输设备制造业	740.0	740.0					
电气机械及器材制造业	495.6	495.6		40.7			
三、按企业控股情况分组							
国有控股	27561.2	26209.0	1352.2	3775.7	2169.0	658.9	932.3
私人控股	1666.4	1616.4	50.0				
其　他	3441.9	3279.5	162.4	286.1	36.8	198.8	
四、按地区分组							
尧都区	4136.4	3967.0	169.5	336.1	36.8	248.8	
曲沃县	549.6	514.4	35.0				
洪洞县	19453.2	18771.9	681.3	2505.7	1024.5	548.9	932.3
侯马市	7677.7	7069.8	607.9	1204.5	1144.5	60.0	
霍州市	852.8	781.8	71.0	15.5			

15-14 规模以上工业企业新产品开发及专利申请情况(2009年)

单位：万元

指　　标	新产品产值	专利申请数(件)	#发明专利	新产品销售收入	#出　口
总　计	**300485.2**	**90**	**35**	**244987.0**	**5125.3**
一、按登记注册类型分组					
内资企业	297693.3	56	32	242594.3	4768.7
有限责任公司	191185.1	32	15	105822.3	
国有独资公司	191185.1	26	11	104990.0	
其他有限责任公司		6	4	832.3	
股份有限公司	102860.5	3	2	133346.0	4768.7
私营企业	3647.7	21	15	3426.0	
港、澳、台商投资企业	1400.1	31	3	1203.1	
合资经营企业(港或澳、台资)	1400.1	31	3	1203.1	
外商投资企业	1391.8	3		1189.6	356.6
中外合资经营企业	1391.8	3		1189.6	356.6
二、按工业行业大类分组					
采矿业		1			
煤炭开采和洗选业		1			
制造业	300485.2	89	35	244987.0	5125.3
农副食品加工业	1700.0			1700.0	
石油加工、炼焦及核燃料加工业		10	6		
化学原料及化学制品制造业	103193.2	5	4	134506.5	4768.7
黑色金属冶炼及压延加工业		2			
有色金属冶炼及压延加工业	87238.0		0	8900.2	
专用设备制造业	104062.1	19	9	96187.6	
交通运输设备制造业	2891.8	20	11	2489.6	356.6
电气机械及器材制造业	1400.1	33	5	1203.1	
三、按企业控股情况分组					
国有控股	294045.6	31	13	239168.3	4768.7
私人控股	5039.5	24	15	4615.6	356.6
其　他	1400.1	35	7	1203.1	
四、按地区分组					
尧都区	1515.1	39	9	2133.2	
曲沃县	332.7	2	2	328.2	
翼城县	87123.0			8802.4	
洪洞县	102860.5	9	4	133346.0	4768.7
侯马市	106953.9	39	20	98677.2	356.6
霍州市	1700.0	1		1700.0	

主要统计指标解释

普通高等学校 指按照国家规定的审批程序批准举办，通过全国统一招生考试招收高级中等学校毕业生和具有同等学历者，实施高等教育，培养高等专门人才的学校。包括大学、专门学院、科学院和短期职业大学。

成人高等学校 指按照国家规定的审批程序批准举办，招收在职高中毕业或同等学历者，利用多种形式对成人实施高等教育，培训相当普通高等学校专科或本科毕业水平的专门人才的学校。包括广播电视大学、职工高等学校、农民高等学校、干部管理学院、教育学院、独立函授学院以及普通高等学校举办的函授、夜大学等。

小学适龄儿童入学率 指调查范围内已入小学学习的学龄儿童数占全部小学儿童总数（包括弱智儿童在内，但不包括盲聋哑儿童）的比重。计算公式：

小学学龄儿童入学率=已入学的小学学龄儿童数/校内外小学学龄儿童总数×100%

研究与实验发展（简称 R&D） 指为了增进知识以及利用这些知识去开创新的用途而进行的系统的创造性的工作。它具备四种基本因素：①创造性的因素；②新颖性或创新性的因素；③科学方法的运用；④新知识的产生。它包括三种类型：①基础研究；②应用研究；③实验发展。

基础研究 指不直接考虑用途，以提示客观事物的本质、运动规律，获得新发现、新学说为目的或对有的规律、发现学说作系统性的补充而进行的理论研究或实验。其成果以科学论文、科学著作为主要形式。

应用研究 指利用基础研究所发现的知识，确定特定的目标，为了明确基础研究成果的实用化的可能性，探索新方法（原理性）而进行的独创性研究及对已经实用化的技术探索新的应用方法（原理性）而进行的研究。应用研究实际上并不直接产生新的（或改进）产品或工艺，其成果以科学论文、科学著作、原理性模型和专利等为主要形式。

实验发展 指利用基础研究、应用研究及实际经验所获得的知识，为生产新的材料、产品和装置，建立新的工艺、系统和服务，对已生产和建立的上述各项进行实质性的改进而从事的系统性工作。其成果为一种具有新产品或新技术基本特点的原型、可达到设计定型的新产品或新工艺、实验报告等。

16

文化、体育、卫生
民政和环保

资料整理人员

师先明　郗跃华

文化、体育、卫生、民政和环保

文文化馆数	18	个
公共图书馆数	17	个
体育场	22	个
电视台数	17	个
医院数	166	个
废水排放总量	3815	万吨

卫生技术人员构成(%)

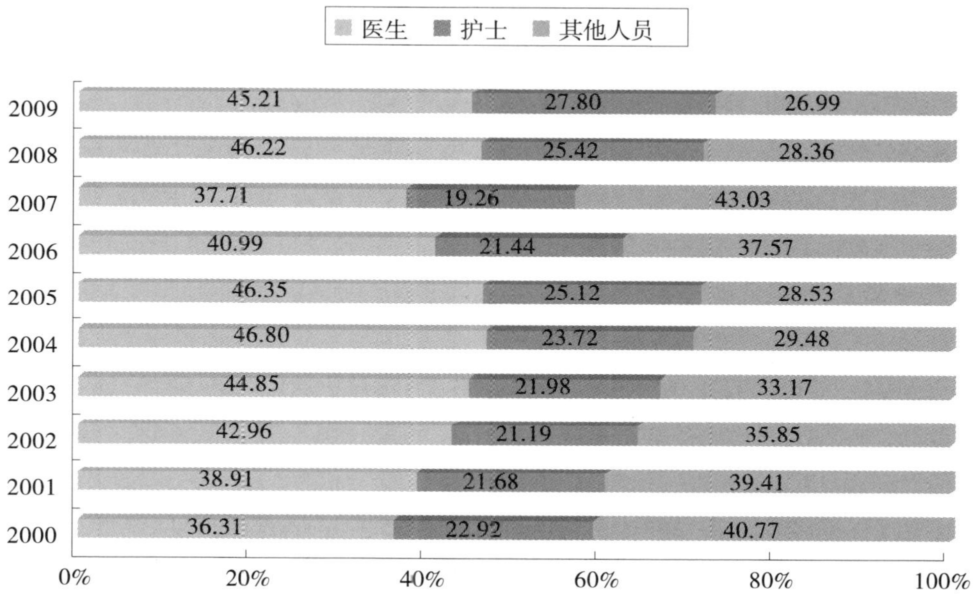

国家预算内抚恤支出(万元)

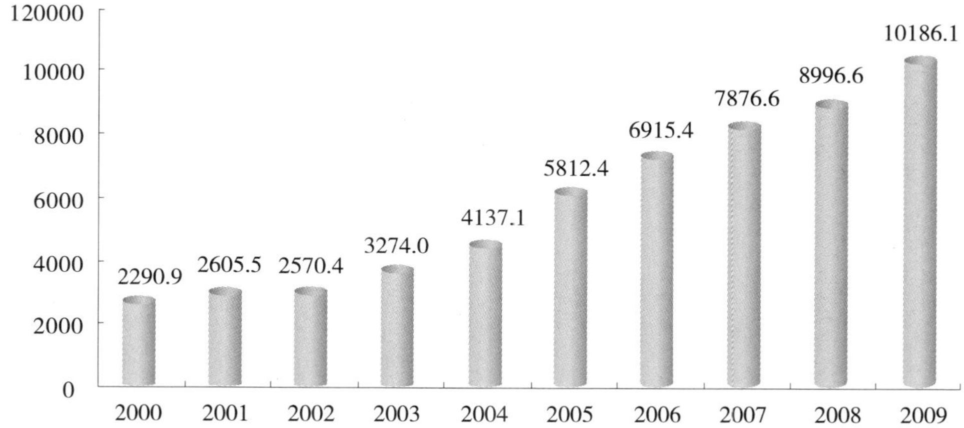

16-1 主要年份文化、广播事业发展情况

年 份	文化馆 (个)	公共图书馆 (个)	艺术表演团体 (个)	影剧院 (座)	广播站 (台)
1952	13	1	26	3	
1957	14	2	39	6	10
1962	15	4	24	11	16
1965	15	4	24	11	16
1970	16	4	21	11	16
1975	17	4	22	15	18
1978	17	12	25	17	18
1980	17	14	27	23	18
1985	17	17	26	26	17
1990	18	17	21	16	17
1995	18	17	21	19	17
2000	18	17	21	19	17
2001	18	17	18	7	17
2002	18	17	18	7	17
2003	18	17	18	7	17
2004	18	17	18	7	17
2005	18	17	18	7	17
2006	18	17	18	7	17
2007	18	17	18	7	17
2008	18	17	20	17	17
2009	18	17	20	17	17

16-2 主要年份电视台、差转台基本情况

年 份	主波转播台 (座)	无线电视台 (座)	电视人口覆盖率 (%)	收不到电视的人口 (万人)
1970	1			
1975	1			
1978	1			
1980	1		65	
1985	1	4	81	
1990	1	5	86	50
1995	1	6	86	15
2000	1	1	93	12
2001	1	1	97	11
2002	1	1	97	10
2003	1	1	97	11
2004	1	1	97	11
2005	1	1	98	10
2006	1	1	98	8
2007	1	1	98	8
2008	1	1	98	8
2009	1	1	98	8

16-3 文化艺术机构和人员数(2009年)

单位：个、人

指 标	总 计		文化部门			
			国有单位		集体单位	
	机构数	人 数	机构数	人 数	机构数	人 数
图书馆业	17	237	17	237		
艺术教育业	1	87	1	87		
文化市场	640	5682			640	5682
其 他	1	30	1	30		

16-4 群众艺术馆、文化馆业务活动及经费(2009年)

指 标	总 计	群众艺术馆	文化馆
单位数(个)	18	1	17
举办展览(个)	56		56
举办培训班(次)	106	2	104
组织文艺活动次数(次)	131	8	123
总支出(千元)	20956	2649	18307
#公用支出	4650	471	4179

16-5 公共图书馆业务活动及经费(2009年)

指　标	总　计	县级公共图书馆
总藏量(册，件)	1185734	1185734
书架单层长度(米)	4740	4740
发放借书证数(个)	20532	20532
图书流通人次(人次)	22900	22900
#书刊外借人次(人次)	127460	127460
为读者举办各种活动次数(次)	66	66
参加人数(人次)	20034	20034
电子阅览室终端数(个)	360	360
网站数(个)	3	3
总支出(千元)	9747	9747
#新增藏量购置费	409	409
图书购置费(千元)	477	477
本年新购图书(册)	31946	31946
公共房屋建筑面积(平方米)	28653	28653
#书　库	4747	4747
阅览室座席(千个)	1716	1716

16-6 出版发行、图书馆、群众文化事业机构和人员数(2009年)

指　标	机构数(个)	人　数(人)
出版发行事业	197	890
国有书店	20	150
图书馆事业	17	237
群众文化服务业	189	519
群众艺术馆	1	50
文化馆	17	268
文化站	171	201
#乡镇文化站	171	201

16–7 体育系统从业人员数(2009年)

单位：人

指　标	合　计	行政机关	业余体校
总　计	**285**	**134**	**151**
公务员	71	71	
教练员	52		52
文化教师	39	4	35
管理人员	87	43	44
其他人员	36	16	20

16–8 体育场地情况(2009年)

单位：个

指　标	总　计	体育系统	教育系统	高等院校	中专中技	中小学	其　他	其他系统
总　计	**1704**	**38**	**791**	**43**	**52**	**688**	**7**	**875**
体育场	4	3	1	1		1		
体育馆	3	2						1
游泳馆	1							1
室内游泳池	4	1						3
室外游泳池	17	2						15
有固定看台	27	11	2					14
综合房馆	5	1	2	1	1			2
篮球房馆	1		1	1				
羽毛球房馆	3							3
乒乓球房馆	12		4			4		8
武术房馆	4		3				3	1
摔跤柔道房馆	1		1	1				
健身房馆	21		5	3	1	1		16
棋牌房馆	32		2		1	1		30
其他训练房馆	2							2
田径场	25	2	22	2	1	19		1
小运动场	168	2	163	1	4	158		3
足球场	2							2
室内网球场馆	1	1						
室外网球场馆	6		2	2				4
室内射击场	1		1	1				
天然游泳场	1							1
室外轮滑场	3	1						2
地掷球场	1							1
篮球场	1274	1	549	22	43	481	3	724
排球场	24		21	2		19		3
门球场	61	11	12	6	1	4	1	38

16-9 主要年份体育场发展情况

单位：个

年 份	体育场	运动场	小运动场	游泳池	有看台的灯光球场	篮、排球场	各种训练房	足球场	轮滑场
1952									
1957	1	4	5		1			1	
1962	1							1	
1965	1	5	13		1			1	
1970	1	5	21	2	1		1	1	
1975	1	7	36	2	7		1	1	
1978	1	7	48	3	10		1	1	
1980	1	7	51	4	12		1	1	
1985	1	9	64	4	21	989	3	3	5
1990	1	12	168	8	27	1675	6	4	3
1995	1	12	168	10	27	1675	1	1	3
2000	1	12	168	10	19	1675	1	1	3
2001	7	90	167	21	26	1709	87	2	3
2002	7	90	167	21	26	1709	87	2	3
2003	7	90	167	21	26	1709	87	2	3
2004	7	90	167	21	26	1709	87	2	3
2005	8	90	167	21	26	1709	87	2	3
2006	20	112	175	21	26	1808	90	2	3
2007	21	121	179	23	26	2092	113	2	3
2008	22	121	179	23	27	2447	113	2	3
2009	22	121	180	23	27	2723	113	2	3

16-10 主要年份体育事业发展情况

单位：个、次、人

年 份	少体校		举办县以上运动会情况		国家体育锻炼达标人数	体育系统职工情况			体育事业费(万元)
	校数	在校学生数	次 数	参加人数		合计	专职教练	专职教师	
1952			2	2500					
1957			7	4100					
1962	9	960	45	31000		63	36		
1965	8	940	36	23000		74	39		
1970	13	1210	45	23000	9250	73	37		
1975	13	1313	110	31000	10889	127	54		30
1978	19	1410	99	32000	10022	139	62		35
1980	16	1059	84	21857	11858	138	60		39
1985	15	943	104	24105	120827	190	65	13	69
1990	20	1290	178	55900	221900	306	87	17	233
1995	17	1144	183	19154	352187	318	99	27	2207
2000	17	1823	145	35504	465639	535	91	25	220
2001	17	1813	310	45000	475639	427	91	26	345
2002	17	1065	236	216908	472536	389	90	67	507
2003	14	1149	229	114400	603906	714	86	78	671
2004	14	1210	342	1332525	332633	504	63	26	775
2005	15	1665	357	1083977	543444	608	70	54	1262
2006	12	1444	253	402100	556358	317	65	70	2211
2007	12	1511	276	45120	557960	281	74	15	1042
2008	12	665	207	90621	645000	40	36	4	1235
2009	8	922	271	924724	844000	91	52	39	1372

16-11　主要年份体育场地数

单位：个

年　份	体育场	体育馆	有看台的灯光球场	运动场	射击场	游泳池
1957	1		1	4		
1962	1					
1965	1		1	5		
1970	1		1	5		2
1975	1		7	7		2
1978	1		10	7		3
1980	1		12	7		4
1985	1		21	9		4
1990	1	1	27	12		8
1995	1	2	27	12		10
2000	1	3	19	12	1	10
2001	7	3	26	90	1	21
2002	7	4	26	90	1	21
2003	7	4	26	90	1	21
2004	7	4	26	90	1	21
2005	8	6	26	112	1	21
2006	20	8	26	112	1	21
2007	21	9	26	121	1	23
2008	22	9	27	121	1	23
2009	22	9	27	121	1	23

注：2004年数据为第五次全国体育场地普查数据,普查时点为2003年12月31日。

16-12　主要年份卫生机构数

单位：个

年　份	卫生机构数	医　院	门诊部、所	专科防治所、站	卫生防疫站	妇幼保健站、所	其他卫生事业机构
1952	126	27	63				36
1957	310	94	115		1	1	99
1962	479	176	161	2	2	2	136
1965	483	188	283	1	5	3	3
1970	344	234	99	1	4	3	3
1975	455	266	167	2	12	5	3
1978	591	282	233	3	20	20	33
1980	618	293	246	3	20	20	36
1985	699	312	302	4	18	19	44
1990	705	342	298	1	19	18	27
1995	666	327	295	1	19	18	6
2000	418	101	273	1	19	18	6
2001	403	99	260	1	19	18	6
2002	406	114	249	3	17	18	5
2003	404	114	245	3	18	18	6
2004	402	115	244	3	18	18	4
2005	389	108	240	2	18	18	3
2006	414	117	255	2	18	18	4
2007	445	125	274	2	18	18	8
2008	503	148	309	2	18	18	8
2009	545	166	597	3	18	18	8

注：1995年以后，“医院”中不包括“卫生院”。

16-13 主要年份卫生机构床位数

单位：张

年 份	卫生机构床位数			平均每千人拥有医院床位数
		医 院	其他卫生机构	
1952	167	162	5	0.11
1957	621	527	94	0.36
1962	1746	1364	382	0.88
1965	2553	2022	531	1.19
1970	3151	2774	377	1.28
1975	5588	5020	568	2.02
1978	6444	6010	434	2.23
1980	7593	7033	560	2.55
1985	9464	8872	592	3.01
1990	11097	10695	402	3.20
1995	11129	10767	362	2.98
2000	11622	7591	4031	2.91
2001	11358	7473	3885	2.51
2002	10675	7165	3510	2.65
2003	11641	7886	3755	2.87
2004	12168	8331	3837	2.97
2005	11301	7982	3319	2.74
2006	12502	8556	3946	3.01
2007	13704	9131	4573	3.28
2008	15263	10235	5028	3.65
2009	15954	10852	5102	3.78

16-14 卫生机构人员分类

单位：人

指 标	2005	2006	2007	2008	2009
一、各类人员总计	**16818**	**17620**	**19852**	**21319**	**22900**
卫生技术人员	14119	14639	16656	18066	19266
其他技术人员	957	868	1047	1114	1258
管理人员	670	848	800	843	889
工勤人员	1072	1265	1349	1296	1487
二、卫生技术人员	**14119**	**14639**	**16656**	**18066**	**19266**
执业医师	5053	5482	5974	6447	6850
执业助理医师	1491	1491	1787	1904	1861
注册护士	3546	3661	4291	4593	5356
药剂人员	1024	991	1013	1065	1080
检验人员	726	722	711	756	773
其 他	2279	2292	2656	3003	2971
三、平均每千人拥有					
卫生技术人员	**3.43**	**4.48**	**3.99**	**4.30**	**4.56**
#医生数	1.59	1.84	2.08	3.92	3.26

注：本表不包括诊所、卫生所、医务室、社区卫生服务站等人员。

16-15 主要年份卫生技术人员数

单位：人

年份	总计	医生	护士	其他	平均每千人拥有卫生技术人员数
1952	642	52	51	320	0.43
1957	1375	71	217	652	1.75
1962	2995	388	516	1157	1.51
1965	4109	694	518	1412	1.91
1970	5845	779	1039	2450	2.38
1975	7671	1123	1476	3065	2.77
1978	8384	1369	813	3728	2.90
1980	9785	1506	947	4376	3.29
1985	12248	2336	1158	5910	4.12
1990	14645	4437	2573	5415	4.22
1995	14915	5281	3250	4576	3.99
2000	15360	5577	3521	4489	3.83
2001	15444	6009	3349	4020	3.86
2002	14994	6441	3177	3551	3.72
2003	14809	6642	3255	3035	3.65
2004	14625	6845	3468	2520	3.57
2005	14119	6544	3546	2279	3.43
2006	14639	7610	3980	2404	4.48
2007	16656	8677	4431	2529	3.99
2008	18066	8351	4593	3003	4.30
2009	19266	8711	5356	2971	4.56

注:由于卫生部门报表的变动，2002年及以后年份医生数为执业医师和执业助理医师数之和；护士为注册护士。

16-16 卫生机构、床位、人员数(2009年)

类　　别	机构数(个)	床位数(张)	人员合计(人)	#卫生技术人员
总　计	**503**	**15954**	**22900**	**19266**
一、医院合计	166	10852	13211	11028
综合医院	80	7258	9240	7859
中医医院	20	1252	1590	1381
中西医结合医院	5	189	268	208
专科医院	61	2153	2113	1580
口腔医院	7	49	161	114
眼科医院	4	59	62	46
耳鼻喉科医院	1	50	50	42
肿瘤医院	3	149	133	99
心血管病医院	2	50	32	26
妇产(科)医院	6	243	380	296
精神病医院	4	320	188	139
传染病院	1	285	105	82
骨科医院	8	268	264	198
康复医院	2	85	43	35
其他专科医院	23	595	695	503
二、社区卫生服务中心	62	586	984	875
三、卫生院合计	229	4363	4304	3634
街道卫生院	78	1021	964	811
乡镇卫生院	151	3342	3340	2823
市				
县				
中心卫生院	56	1430	1449	1232
乡卫生院	95	1912	1891	1591
四、门诊部合计	17		196	178
五、采供血机构	4		142	90
六、妇幼保健院 (所、站)	18	371	869	724
省辖市(地区)属	1	80	201	166
地辖市属	1	10	58	50
县　属	11	213	425	350
其　他	5	68	185	158
妇幼保健院	3	113	275	231
妇幼保健站	15	258	594	493
七、专科疾病防治院 (所、站)	3	10	50	42
专科疾病防治院	2	10	43	35
八、疾病预防控制中心(防疫站)	18		857	636
九、卫生监督检验(监测、检	18		601	512
十、医学科学研究机构	1		70	49
十一、健康教育所 (站、中心)	1		14	4
十二、其他卫生机构	8		95	50

16-17 主要年份民政主要指标

指　　标	单位	1990	1995	2000	2005	2006	2007	2008	2009
国家预算内抚恤支出	万元	798.0	1175.6	2290.9	5812.4	6915.4	7876.6	8996.6	10186.1
优抚对象人数	人	135817	133790	139580	15858	16256	17518	18099	16876
农村低保户人数	人	208863	236796	266668	83613	63737	95358	115320	124573
城镇社会福利院	个	1	1	1	1	1	1	1	1
收养人数	人	53	50	30	110	106	106	120	120
结婚数	对	26912	19775	14965	42402	20627	26973	44260	44160
千人结婚率	‰	15.5	10.5	7.6	20.5	14.0	18.2	20.9	20.9
离婚数	对	798	748	995	1196	1782	1867	2249	2872
千人离婚率	‰	0.5	0.4	0.5	0.6	1.2	1.1	1.0	1.4

注：2002年及以后优抚对象不包括军属。

16-18 工业企业“三废”排放与治理情况

项　　目	2005	2006	2007	2008	2009
废　水					
废水排放总量(万吨)	5459	4877	3898	3793	3815
废水排放达标率(%)	99	96	99	96	98
废水处理排放达标量(万吨)	5392	4663	3859	3650	3738
废　气					
废气排放量(万标立方米)	11019716	12264788	13214804	13294252	13330462
二氧化硫排放量(万吨)	8	8	8	7	7
烟尘排放量(万吨)	14	14	11	7	6
粉尘排放量(万吨)	14	13	11	9	8
固体废物					
固体废物产生量(万吨)	1525	1402	1283	1737	1114
固体废物综合利用量(万吨)	1189	1035	1061	1532	1012
固体废物综合利用率(%)	78	74	83	87	89
固体废物处置量(万吨)	80	77	31	39	16
固体废物贮存量(万吨)	73	130	43	154	73
固体废物排放量(万吨)	183	158	149	73	44
污染治理					
当年污染治理施工项目总数(个)	82	38	118	97	62
污染治理项目本年完成投资额(万元)	32050	15309	46292	36561	21895
治理废水	4215	2885	16016	5117	4516
治理废气	22667	8941	23949	18670	12483
治理固体废物	957		366	1895	845
治理噪声	5	3	122	21	
治理其他	4206	3480	5839	10858	4051

16-19 主要年份“三废”治理情况

年　份	废水排放总量(万吨)	#工业废水	废气排放量(万标立方米)	#二氧化硫(万吨)	治理基金(万元)	治理效果		
						新增处理废水能力(万吨/日)	新增处理废气能力(万标M³/时)	新增处理废渣能力(万吨/年)
1980	1215	945		0.9	180	2.8	4.5	…
1985	8553	8060	2435518	4.2	494	0.1	3.8	2.0
1986	5042	4541	2828375	4.0	1354	0.5	9.2	4.5
1987	9019	8512	4291092	5.3	1972	2.1	17.3	1.0
1988	8291	7428	4198971	5.3	2377	1.6	28.8	27.7
1989	10372	7807	4242528	6.2	1484	1.4	32.4	26.2
1990	11187	8083	4939234	6.6	2330	1.4	9.2	45.1
1991	6804	6763	3753128	4.8	1328	1.4	65.2	11.3
1992	4077	3662	3737277	4.6	2389	0.6	83.4	0.7
1993	4053	3443	3497104	4.3	3258	0.2	96.8	1.4
1994	5003	4371	3711320	5.1	2056	0.8	69.0	21.3
1995	3892	3430	3945965	4.6	1814	2.2	57.0	8.4
1996	3770	3308	3404152	4.5	1684	3.0	71.1	0.5
1997	5657	3357	4516425	6.7	2622	3.2	8.1	
1998	5823	3423	4443718	8.4	2752	1.3	1.6	0.1
1999	3186	1911	3035308	7.5	3376	0.5	0.6	
2000	2689	1559	3549186	6.5	2520	0.5	130.2	
2001	3216	1929	5941885	7.2	5286	4.0	150.0	273.0
2002	4133	2892	9720532	6.7	3377	0.8	157.3	
2003	4402	2461	19070140	9.0	5212	11.5	166.3	2.6
2004	4354	3047	19074195	8.0	15577	5.6	151.4	1.0
2005	5459	3821	11019716	8.4	32050	114.7	282.2	…
2006	4877	3942	12264788	7.9	15309	56.0	154.0	1.1
2007	3898	2018	13214804	7.6	46292	1830.0	20.7	
2008	3752	3650	13294252	7.2	36561	2420.0	310.9	
2009	3815	3738	13330462	6.7	21895	1200.0	177.5	

主要统计指标解释

文化及相关产业 指为社会公众提供文化、娱乐产品和服务的活动，以及与这些活动有关联的活动的集合。文化及相关产业的活动主要包括：①文化产品制作和销售活动；②文化传播服务；③文化休闲娱乐服务；④文化用品生产和销售活动；⑤文化设备生产和销售活动；⑥相关文化产品制作和销售活动。

文化及相关产业行业构成 《文化及相关产业分类》将文化及相关产业划分为四层。

第一层分为文化服务和相关文化服务。

第二层分为 9 个大类：新闻服务、出版发行和版权服务、广播、电视、电影服务、文化艺术服务、网络文化服务、文化休闲娱乐服务、其他文化服务、文化用品、设备及相关文化产品的生产和文化用品、设备及相关文化产品的销售。

第三层分为 24 个中类。

第四层分为 80 个小类。

为反映党中央关于文化建设和文化体制改革的要求,《文化及相关产业分类》又组合出文化产业核心层、文化产业外围层和文化产业相关层。

文化产业核心层 新闻服务、出版发行和版权服务、广播、电视、电影服务和文化艺术服务。

文化产业外围层 网络文化服务、文化休闲娱乐服务和其他文化服务。

相关文化产业层 文化用品、设备及相关文化产品的生产和文化用品、设备及相关文化产品的销售。

文化事业机构 指从事专业文化工作和为专业文化工作服务的单独核算、独立建制的单位。不包括文化主管部门直属单位举办的其他行业和各部门的业余文化组织。

艺术表演团体 指从事戏曲、音乐、舞蹈、杂技等专业艺术表演，有独立帐户，实行单独核算的团体。不包括半工半艺、半农半艺的业余团体。

社会救济对象 指报告期末生活在当地规定的最低生活保障线以下的家庭人口数及国家规定由民政部门救济的特殊人员和60年代精简退职老职工救济人员等。是城镇户口的统计为城镇救济对象；是农村户口的统计为农村救济对象。

结婚率 指某地区报告期内，符合《婚姻法》要求，在民政部门登记结婚并领取《结婚证》的人数占该地区报告期内平均人口的比值。计算方法为：

结婚率=报告期内登记结婚人数/该地区报告期内平均人口×1000‰

离婚率 指某地区报告期内（通常为一年），男女双方经过法律手段解除婚姻关系的人数占该地区报告期内平均人口的比值。计算方法为：

离婚率=报告期内男女双方解除婚姻关系的人数/该地区报告期内平均人口×1000‰

等级运动员人数 指经考核正式批准授予等级运动员称号的人数。运动员等级分为国际级运动健将、运动健将、一级运动员、二级运动员、三级运动员、少年级运动员。

等级裁判员人数 指经考核正式批准授予等级裁判员称号的人数。裁判员等级分为国际裁判、国家级裁判、一级裁判、二级裁判、三级裁判。

体育场 指有 400 米跑道（中心含足球场），有固定道牙，路道 6 条以上，并有固定看台的田径场。以看台容纳观众人数分：甲级 25000 人以上，乙级 15000–25000 人，丙级 5000–15000 人，丁级 5000 人以下。

体育馆 指有固定看台可供篮球、排球、羽毛球、乒乓球、体操等项目训练比赛活动用的室内场地。以看台容纳观众人数分：甲级 6000 人以上，乙级 4000–6000 人， 丙级 2000–4000 人，丁级 2000 以下。

卫生技术人员 指在国民经济各行业从事卫生医务工作的自然科学技术的专业人员。包括正副主任医师、主治医师、医师、医（护）士和未评定职称的技术人员。2002 年以后因为口径改变，调整为执业医师、执业助理医师、注册护士、药剂人员、检验人员。

工业废水排放量 指经过企业厂区所有排放口排到企业外部的工业废水量。包括生产废水、外排的直接冷却水、超标排放的矿井地下水和与工业废水混排的厂区生活污水，不包括外排的间接冷却水(清污不分流的间接冷却水应计算在内)。

工业废水排放达标量 指各项指标都达到国家或地方排放标准的外排工业废水量，包括未经处理外排达标和经过处理后外排达标两部分(国家排放标准见 GB89 78–88)。

工业废水处理量 指报告期内各种水治理设施实际处理的工业废水量，包括处理后外排和处理后回用的工业废水量和虽经处理但未达到国家或地方排放标准的废水量。如车间和厂排放口均有治理设施，并对同一废水分级处理时，不应重复计算工业废水处理量。

工业废气排放量 指企业厂区内燃料燃烧和生产工艺过程中产生的各种排入空气的含有污染物的气体总量，按标准状态［273K，101325Pa］计算。

工业二氧化硫排放量 指企业在燃料燃烧和生产工艺过程中排入大气的二氧化硫数量。

工业粉尘排放量 指企业在生产工艺过程中排放的颗粒物重量， 如钢铁企业的耐火材料粉尘、焦化企业的筛焦系统粉尘、烧结机的粉尘、石灰窑的粉尘、建材企业的水泥粉尘等。不包括电厂排入大气的烟尘。

工业固体废物产生量 指企业在生产过程中产生的固体状、半固体状和高浓度液体状废弃物的总量、包括危险废物、冶炼废渣、粉煤灰、炉渣、煤矸石、尾矿、放射性废物和其他废物等；不包括矿山开采的剥离废石和掘进废石(煤矸石和呈酸性或碱性的废石除外)。酸性或碱性废石指采掘的废石其流经水、雨淋水的 PH 值小于 4 或 PH 值大于 10.5 者。

工业固体废物综合利用量 指通过回收、加工、循环、交换等方式，从固体废物中提取或者使其转化为可以利用的资源、能源和其他原材料的固体废物量(包括当年利用往年的工业固体废物累计贮存量)，如用作农业肥料、生产建筑材料、筑路等。综合利用量由原产生固体废物的单位统计。

工业固体废物贮存量 指以综合利用或处置为目的，将固体废物暂时贮存或堆存在专设的贮存设施或专设的集中堆存场所内的数量。专设的固体废物贮存场所或贮存设施必须有防扩散、防流失、防渗漏、防止污染大气、水体的措施。

工业固体废物处置量 指将固体废物焚烧或者最终置于符合环境保护规定要求的场所，并不再回取的工业固体废物量（包括当年处置往年的工业固体废物累计贮存量)。处置方法有填埋(其中危险废物应安全填埋)、焚烧、专业贮存场(库)封场处理、 深层灌注、回填矿井等。

工业固体废物排放量 指将所产生的固体废物排到固体废物污染防治设施、场所以外的数量、不包括矿山开采的剥离废石和掘进废石(煤矸石和呈酸性或碱性的废石除外)。

17

县市篇

资料整理人员

王华峰	王福勤	申淑霞	乔淑芳	刘　炜
刘　燕	刘浥蓉	吉海燕	师先明	何晓华
张　栋	张　睿	张增福	李俊平	李晓华
杨　莹	杨晓春	苏彩凤	武俊峰	郗跃华
柴华萍	尉文明	崔桂芳	程冬凤	靳丽丽
翟晓鹏	裴欣丽	樊晋阳		

17-1 国民经济核算主要指标(2009年)

单位：万元

	总产出	第一产业	第二产业	#工　业	第三产业	#交通运输仓储邮政业	#批发和零售业
全　市	**20245927**	**1021959**	**13736674**	**12330040**	**5487294**	**1197527**	**1639070**
尧都区	5982152	112037	3213480	2229231	2656635	243336	882101
曲沃县	1624604	127546	1180553	1093053	316505	120096	73098
翼城县	1624981	81803	1022102	984436	521076	198010	139868
襄汾县	4026344	125622	3187184	1742259	713538	330103	128036
洪洞县	3402024	136220	2708223	2539866	557581	251589	79903
古　县	758525	26501	624084	593082	107940	33072	25671
安泽县	760970	45549	617818	541753	97603	13769	27826
浮山县	440828	42812	279015	247410	119001	16171	20095
吉　县	246622	38517	125469	87349	82636	16544	16273
乡宁县	943610	34150	667493	626149	241967	17831	75854
大宁县	80491	14021	30073	27927	36397	2006	12175
隰　县	147592	29660	38612	10211	79320	18887	16804
永和县	70254	29305	8037	4403	32912	2137	9586
蒲　县	423358	20414	286199	195555	116745	23999	20319
汾西县	245026	26742	90627	64850	127657	36317	31220
侯马市	2227538	46158	1574412	1265473	606968	202334	134211
霍州市	1943675	39517	1628856	1207852	275302	109095	50570

	地区生产总　值	第一产业	第二产业	#工　业	第三产业	#交通运输仓储邮政业	#批发和零售业
全　市	**7668659**	**555442**	**4400173**	**4026171**	**2713044**	**662007**	**464018**
尧都区	1733438	58806	651491	526764	1023141	162451	173000
曲沃县	521590	74610	314606	291668	132374	53482	16906
翼城县	483612	42933	242102	229145	198577	80543	34046
襄汾县	840360	66120	555014	525971	219226	99018	32009
洪洞县	1137809	71626	815379	742373	250804	71047	51271
古　县	428040	14077	358771	351834	55192	15802	8168
安泽县	301394	25138	235147	223585	41109	5812	8158
浮山县	179248	22392	109385	101528	47471	5611	5624
吉　县	96146	20834	48267	40717	27045	2665	5246
乡宁县	400283	15856	286661	267461	97766	14270	14934
大宁县	38711	6917	16639	15089	15155	690	2153
隰　县	63726	14303	10619	4681	38804	8801	5695
永和县	36628	14691	2731	1622	19206	724	4731
蒲　县	156941	8660	94774	88694	53507	10962	5669
汾西县	100594	13650	29244	23135	57700	19036	8710
侯马市	595085	27575	269849	241768	297661	76739	69393
霍州市	564259	20865	414132	384242	129262	42970	24000

17-1 续表

单位：万元

	人均地区生产总值(元)	最终消费	资本形成总额	居民消费水平(元/人)	农村居民	城镇居民
全 市	**18215**	**3587524**	**4108961**	**5674**	**3418**	**9381**
尧都区	22591	771336	939232	7861	3840	10757
曲沃县	22290	164919	302225	5031	3163	9836
翼城县	15014	203165	281346	4650	2701	10195
襄汾县	16977	365402	474970	5361	3895	8831
洪洞县	15226	506232	544677	5940	4388	9224
古 县	47933	92635	319844	5509	3861	9381
安泽县	37301	67297	226472	6129	4178	10664
浮山县	13820	87457	91645	4672	2874	10228
吉 县	9105	58227	40015	3219	2294	6046
乡宁县	17328	148940	255075	5113	3334	10634
大宁县	6164	23691	16454	3279	1569	6806
隰 县	6205	53186	13665	3846	2530	7536
永和县	5632	21080	17078	2853	1352	6323
蒲 县	15149	59548	93476	4558	2421	8605
汾西县	7056	77890	55313	3930	1984	7743
侯马市	24884	230250	343190	6979	3419	9820
霍州市	19350	270169	292053	7076	3509	9954

17-2 国民经济核算主要指标发展速度(2009年)

上年＝100

单位：%

	总产出	第一产业	第二产业	#工 业	第三产业	#交通运输仓储邮政业	#批发和零售业
全 市	**104.5**	**104.7**	**103.0**	**100.7**	**108.4**	**104.9**	**108.5**
尧都区	101.7	105.2	92.5	77.9	113.5	108.1	115.6
曲沃县	109.4	118.2	108.1	105.8	113.0	108.2	119.2
翼城县	96.5	100.5	89.9	88.4	112.4	104.7	121.1
襄汾县	110.7	94.5	111.8	109.9	109.4	111.1	102.9
洪洞县	106.3	98.8	105.9	105.3	109.6	117.9	105.9
古 县	104.2	97.9	103.1	102.0	110.6	104.7	116.0
安泽县	126.7	113.7	131.2	128.8	114.7	114.1	118.3
浮山县	106.3	93.7	104.3	101.0	116.4	103.7	121.2
吉 县	115.9	131.7	113.1	107.3	114.9	112.7	121.3
乡宁县	87.9	106.2	81.5	79.3	113.2	100.9	117.0
大宁县	116.2	102.6	134.1	135.3	108.2	104.0	109.5
隰 县	103.9	117.2	78.2	28.7	118.1	111.1	120.6
永和县	115.9	127.0	118.6	103.8	110.2	106.2	118.1
蒲 县	72.6	104.2	63.9	50.9	112.3	102.6	118.6
汾西县	73.4	101.8	59.6	54.9	111.8	107.5	117.9
侯马市	117.2	94.0	119.7	120.9	111.0	110.0	112.6
霍州市	108.2	110.0	107.7	108.6	111.1	110.6	109.6

17-2 续表

上年＝100　　单位：%

	地区生产总值	第一产业	第二产业	#工　业	第三产业	#交通运输仓储邮政业	#批发和零售业
全　市	**104.2**	**104.5**	**102.1**	**100.3**	**108.2**	**104.8**	**108.1**
尧都区	101.8	105.2	90.2	86.0	110.8	103.2	108.0
曲沃县	108.8	119.4	107.0	105.5	112.0	108.1	119.3
翼城县	96.2	100.5	86.5	84.5	112.3	104.8	121.8
襄汾县	109.5	92.2	111.1	110.0	109.9	111.1	102.9
洪洞县	105.8	98.8	105.6	103.6	108.2	107.1	114.2
古　县	103.6	97.9	102.6	101.9	109.9	104.7	115.2
安泽县	123.2	111.3	128.3	127.5	112.9	110.6	117.2
浮山县	104.9	93.3	103.2	100.8	114.2	103.5	118.2
吉　县	112.0	131.7	106.7	103.8	111.3	111.0	113.6
乡宁县	87.6	106.0	81.3	79.0	111.5	102.4	114.3
大宁县	114.1	102.6	130.6	133.0	106.7	103.6	108.5
隰　县	103.8	117.2	78.1	44.2	108.8	102.5	115.2
永和县	113.8	124.7	114.4	103.5	109.2	105.9	117.9
蒲　县	72.0	103.1	60.8	58.5	111.9	101.9	117.8
汾西县	73.2	101.8	50.9	45.6	108.9	106.9	115.4
侯马市	114.1	93.7	119.6	120.2	109.7	108.1	111.8
霍州市	107.6	107.6	107.1	107.7	109.0	107.5	107.2

上年＝100　　单位：%

	人均地区生产总值	最终消费	资本形成总　额	居民消费水平	农村居民	城镇居民
全　市	**103.6**	**104.5**	**104.0**	**105.4**	**104.1**	**105.1**
尧都区	101.2	103.1	101.3	102.1	104.3	100.6
曲沃县	108.1	110.1	109.4	110.0	110.3	107.8
翼城县	95.7	106.5	91.3	105.7	103.5	104.0
襄汾县	108.9	105.1	112.1	107.9	109.7	103.9
洪洞县	105.2	104.6	124.1	105.1	103.5	104.7
古　县	103.0	107.9	102.2	110.0	108.7	108.8
安泽县	122.6	114.0	127.2	113.0	109.5	114.0
浮山县	104.3	104.5	105.7	110.8	104.0	114.2
吉　县	111.2	108.7	114.5	111.3	109.0	111.2
乡宁县	87.0	106.9	84.0	104.8	101.5	105.1
大宁县	113.4	115.3	110.2	113.2	117.3	108.4
隰　县	103.2	103.4	105.0	102.8	102.9	100.4
永和县	113.0	108.6	124.7	108.7	108.9	105.6
蒲　县	71.5	109.5	59.8	108.6	114.3	103.3
汾西县	72.7	102.8	71.5	102.9	101.5	102.1
侯马市	113.4	108.6	116.9	106.7	109.8	105.1
霍州市	106.8	106.2	108.5	107.7	109.0	106.6

17-3 主要年份地

按当年价格计算

年份	尧都区	曲沃县	翼城县	襄汾县	洪洞县	古县	安泽县	浮山县
1949	1677	722	590	1550	1239	302	226	414
1952	3328	1234	1024	2983	2213	564	397	808
1957	5484	2271	1290	4715	3658	537	501	983
1962	4330	1985	1626	2572	3213	593	603	1103
1965	6217	2821	1889	4973	5274	711	694	1209
1970	9027	2733	1472	5038	4002	667	826	1581
1975	17270	3737	3268	8452	8502	1223	1478	1555
1978	22904	4842	4454	10361	9080	1301	1693	1639
1980	24625	6098	5587	11073	10833	1372	2073	1761
1985	46516	8335	11692	20233	24712	3366	2870	4919
1990	98827	19212	32027	38183	54779	6166	6189	8284
1995	244664	63142	69868	101083	153545	23559	17887	22099
2000	516411	129085	130999	185729	258357	50470	31945	33997
2001	596129	144575	152368	223174	294514	60863	34798	43441
2002	671681	176382	193330	278990	347042	72388	41899	55305
2003	836222	229296	284155	379461	473364	131671	54287	71080
2004	1037571	292917	356898	519375	588743	192752	69231	114904
2005	1139576	333883	378204	629363	699354	226788	93639	139720
2006	1318471	374179	415895	750682	775858	262481	117406	178768
2007	1505816	463655	477364	861455	845184	346193	158955	214684
2008	1699166	514851	502525	838399	1016847	475717	256120	186070
2009	1733438	521590	483612	840360	1137809	428040	301394	179248

区生产总值

单位：万元

吉县	乡宁县	大宁县	隰县	永和县	蒲县	汾西县	侯马市	霍州市
265	615	159	179	208	224	299	446	334
398	952	305	192	105	253	379	1055	511
607	1044	407	320	146	315	441	1718	1227
719	967	383	379	192	333	485	1812	3495
665	1229	695	487	314	455	481	3336	4870
867	1659	748	793	386	600	808	6931	5532
1367	2026	995	1011	686	1187	1137	9592	12009
1800	3242	897	1757	818	1537	1369	10409	16329
1860	3773	1196	1766	992	1547	1739	13465	20675
3566	10405	2523	3017	1889	4209	4073	22085	30131
6154	16436	4737	7106	2806	8598	7266	32879	45212
14750	60422	10223	15478	7830	37561	24642	78151	81792
22259	96299	12498	26133	10556	73287	41004	149672	143890
24115	109949	13107	30720	10721	86417	46999	171332	159410
26748	128017	15544	35571	12963	108366	58621	197673	188346
30423	177984	16905	48738	13825	155061	75912	244966	219525
38118	254263	19261	46861	16794	225975	106507	314086	289509
53961	317494	20665	46472	19293	268970	125804	377019	370889
59385	358040	24084	50401	21396	300276	139764	434785	439837
73076	433822	27095	57205	24377	209340	149099	512374	475231
94852	535898	26117	57431	25648	253482	141613	547050	565195
96146	400283	38711	63726	36628	156941	100594	595085	564259

17-4 主要年份第一

按当年价格计算

年 份	尧都区	曲沃县	翼城县	襄汾县	洪洞县	古 县	安泽县	浮山县
1949	962	532	466	1518	956	286	210	343
1952	2212	905	818	2837	1321	534	370	665
1957	2144	1535	867	4145	2094	487	448	771
1962	1364	1370	1155	2054	1614	522	470	847
1965	1828	2129	1232	3917	3076	629	450	911
1970	2182	1858	881	4016	1987	513	444	1248
1975	4974	2425	2089	5150	4727	853	957	1072
1978	3839	2128	2234	5759	4501	733	973	1035
1980	4638	2345	2802	5333	4855	715	1268	1019
1985	8538	4090	5292	12715	11668	1752	1810	3234
1990	15251	8356	11897	18173	18683	2506	3838	5146
1995	31660	17919	25706	41731	46145	7528	10632	9539
2000	24592	21602	17031	27844	39576	6292	12383	9579
2001	28483	22751	13626	34721	41693	6575	12927	10492
2002	30462	25683	14334	37569	44552	7873	13755	10393
2003	35918	27814	16359	41352	47530	8990	14511	12983
2004	39069	35532	21119	50643	54747	10448	16171	17174
2005	34108	34618	19080	51943	45778	8612	15841	12917
2006	38153	37263	24338	55218	56517	7424	17134	15268
2007	41754	42834	33502	65449	62274	8832	18100	18309
2008	43701	46373	33134	55681	63625	10977	18849	20442
2009	58806	74610	42933	66120	71626	14077	25138	22392

产业增加值

单位：万元

吉　县	乡宁县	大宁县	隰　县	永和县	蒲　县	汾西县	侯马市	霍州市
239	497	144	160	179	200	234	234	264
359	788	281	151	60	217	279	704	335
533	666	335	240	88	217	295	1088	511
630	572	292	250	114	188	273	890	598
565	688	539	337	194	278	274	1588	987
739	644	569	499	232	302	432	1613	1067
954	1018	644	573	412	594	596	1727	1151
962	1243	414	786	507	753	542	1303	1285
947	1469	672	878	671	621	729	1825	1526
2204	2988	1507	1642	1438	1939	1951	3136	2622
3577	5533	2733	3830	1805	3082	2982	4994	5168
8653	15412	5724	8808	4785	8830	6430	10502	9931
6592	9341	3415	8522	3533	5146	2688	13826	12155
6678	9813	2542	8442	2847	4051	5526	16901	11234
8263	8478	4323	9881	4876	4790	5653	12344	11895
9316	8837	4485	10481	4456	5520	6783	12986	13139
11427	11530	4392	12792	6475	7341	7399	17799	15403
10850	7653	3300	11205	8163	5341	5196	16413	13616
11190	10887	3396	12261	8179	4080	6958	17735	13654
15099	11945	3961	12729	7108	5214	8322	19513	13926
11809	10324	3071	8524	5942	4941	10723	20991	17099
20834	15856	6917	14303	14691	8660	13650	27575	20865

17-5 主要年份第二

按当年价格计算

年份	尧都区	曲沃县	翼城县	襄汾县	洪洞县	古县	安泽县	浮山县
1949	64	76	18	6	41		2	21
1952	187	163	47	107	529	3	4	70
1957	1612	416	176	490	968	10	10	81
1962	943	290	189	428	974	27	21	111
1965	1757	354	260	869	1247	31	22	129
1970	4122	358	304	712	1108	84	44	149
1975	8874	616	591	2267	2330	142	129	260
1978	13093	1812	1151	3204	2784	310	236	289
1980	12448	2524	1556	3353	3805	277	289	336
1985	20436	2704	3594	4371	8949	805	386	771
1990	43803	5887	12550	11759	24653	2119	807	1602
1995	104213	32142	23483	38531	76872	10709	3655	6694
2000	253237	79535	63033	109694	142958	28932	10676	10801
2001	294619	89032	76837	133428	168401	36974	11917	16863
2002	312843	112831	108906	171390	208888	44533	16063	26750
2003	407750	156148	172914	248892	311634	98299	24242	37742
2004	508600	202635	220178	358673	392984	153949	34285	70826
2005	543812	239393	250114	444895	483065	186356	55482	95951
2006	623440	263012	249142	546793	519647	216683	74346	130111
2007	703257	316894	290296	624592	559439	291238	112161	158357
2008	724222	350950	292058	586561	704508	415870	203826	124674
2009	651491	314606	242102	555014	815379	358771	235147	109385

产业增加值

单位：万元

吉县	乡宁县	大宁县	隰县	永和县	蒲县	汾西县	侯马市	霍州市
17	85	1	5	5	16	16	7	31
24	111	1	20	8	23	25	32	126
35	290	11	39	14	59	31	99	518
39	243	21	58	16	75	38	221	1956
45	371	50	74	26	88	54	545	2945
83	780	52	167	33	183	145	4215	3192
260	698	163	200	55	384	262	5444	8916
415	1625	235	447	67	509	380	6168	12698
462	1812	228	479	88	628	484	7968	15819
418	5940	405	571	113	1602	805	11767	21961
1036	8627	983	1301	294	3704	2050	15219	31308
2280	31795	1671	2465	707	22880	10554	37297	44242
6072	61029	2766	5292	1631	53970	21048	71153	87001
6487	70166	3141	7174	1657	64054	22907	80666	98654
6610	85199	3537	8935	1413	82776	30292	97718	122020
8072	127685	3881	19157	1520	124348	43717	131980	144737
11828	190062	5616	12228	1605	187129	68811	177450	197059
26551	248671	7781	11261	1602	228170	82336	211441	270950
27275	278929	9177	10975	1958	255660	89953	240653	333722
36250	344958	10371	15369	2764	160979	93432	287908	363592
59575	438380	8898	14333	2266	200770	78236	269932	434725
48267	286661	16639	10619	2731	94774	29244	269849	414132

17-6 主要年份第三

按当年价格计算

年 份	尧都区	曲沃县	翼城县	襄汾县	洪洞县	古 县	安泽县	浮山县
1949	651	114	106	26	242	16	14	50
1952	929	166	159	39	363	27	23	73
1957	1728	320	247	80	596	40	43	131
1962	2023	325	282	90	625	44	112	145
1965	2632	338	397	187	951	51	222	169
1970	2723	517	287	310	907	70	338	184
1975	3422	696	588	1035	1445	228	392	223
1978	5972	902	1069	1398	1795	258	484	315
1980	7539	1229	1229	2387	2173	380	516	406
1985	17542	1541	2806	3147	4095	809	674	914
1990	39773	4969	7580	8251	11443	1541	1544	1536
1995	108791	13081	20679	20821	30528	5322	3600	5866
2000	238582	27948	50935	48191	75823	15246	8886	13617
2001	273027	32792	61905	55025	84420	17314	9954	16086
2002	328376	37868	70090	70031	93602	19982	12081	18162
2003	392554	45334	94882	89217	114200	24382	15534	20355
2004	489902	54750	115601	110059	141012	28355	18775	26904
2005	561656	59872	109010	132525	170511	31820	22316	30852
2006	656878	73904	142415	148671	199694	38374	25926	33389
2007	760805	103927	153566	171414	223471	46123	28694	38018
2008	931243	117528	177333	196157	248714	48870	33445	40954
2009	1023141	132374	198577	219226	250804	55192	41109	47471

产业增加值

单位：万元

吉县	乡宁县	大宁县	隰县	永和县	蒲县	汾西县	侯马市	霍州市
9	33	14	14	24	8	49	205	39
15	53	23	21	37	13	75	319	50
39	88	61	41	44	39	115	531	198
50	152	70	71	62	70	174	701	941
55	170	106	76	94	89	153	1203	938
45	235	127	127	121	115	231	1103	1273
153	310	188	238	219	209	279	2421	1942
423	374	248	524	244	275	447	2938	2346
451	492	296	409	233	298	526	3672	3330
944	1477	611	804	338	668	1317	7182	5548
1541	2276	1021	1975	707	1812	2234	12666	8736
3817	13215	2828	4205	2338	5851	7658	30352	27619
9595	25929	6317	12319	5392	14171	17268	64693	44734
10950	29970	7424	15104	6217	18312	18566	73765	49522
11875	34340	7684	16755	6674	20800	22676	87611	54431
13035	41462	8539	19100	7849	25193	25412	100000	61649
14863	52671	9253	21841	8714	31505	30297	118837	77047
16560	61170	9534	24006	9528	35459	38272	149165	86323
20920	68224	11511	27165	11259	40536	42853	176397	92461
21727	76919	12763	29107	14505	43147	47345	204953	97713
23468	87194	14148	34574	17440	47771	52654	256127	113371
27045	97766	15155	38804	19206	53507	57701	297661	129262

17-7 主要年份第一产业增加值

年　份	尧都区	曲沃县	翼城县	襄汾县	洪洞县	古　县	安泽县	浮山县
1949	57.4	73.7	79.0	97.9	77.2	94.7	92.9	82.8
1952	66.5	73.3	79.9	95.1	59.7	94.7	93.2	82.3
1957	39.1	67.6	67.2	87.9	57.2	90.7	89.4	78.4
1962	31.5	69.0	71.0	79.9	50.2	88.0	77.9	76.8
1965	29.4	75.5	65.2	78.8	58.3	88.5	64.8	75.3
1970	24.2	68.0	59.8	79.7	49.6	76.9	53.8	78.9
1975	28.8	64.9	63.9	60.9	55.6	69.8	64.8	68.9
1978	16.7	44.0	50.2	55.6	49.6	56.4	57.5	63.2
1980	18.8	38.5	50.2	48.2	44.8	52.1	61.2	57.9
1985	18.4	49.1	45.3	62.8	47.2	52.1	63.1	65.7
1990	15.4	43.5	37.1	47.6	34.1	40.6	62.0	62.1
1995	12.9	34.0	36.8	41.3	30.0	32.0	59.5	43.2
2000	4.8	16.7	13.0	15.0	15.3	12.5	38.8	28.2
2001	4.8	15.7	9.0	15.6	14.1	10.8	37.2	24.2
2002	4.5	14.6	7.4	13.5	12.8	10.9	32.8	18.8
2003	4.3	12.1	5.8	10.9	10.1	6.8	26.7	18.3
2004	3.8	12.1	5.9	9.7	9.3	5.4	23.4	15.0
2005	3.0	10.4	5.0	8.3	6.5	3.8	16.9	9.2
2006	2.9	10.0	5.9	7.4	7.3	2.8	14.6	8.5
2007	2.8	9.2	7.0	7.6	7.4	2.6	11.4	8.5
2008	2.6	9.0	6.6	6.6	6.3	2.3	7.4	11.0
2009	3.4	14.3	8.9	7.9	6.3	3.3	8.3	12.5

占地区生产总值比重

单位：%

吉　县	乡宁县	大宁县	隰　县	永和县	蒲　县	汾西县	侯马市	霍州市
90.2	80.8	90.6	89.4	86.1	89.3	78.3	52.5	79.0
90.2	82.8	92.1	78.7	57.2	85.8	73.6	66.7	65.6
87.8	63.8	82.3	75.0	60.3	68.9	66.9	63.3	41.7
87.6	59.2	76.2	66.0	59.4	56.5	56.3	49.1	17.1
84.9	56.0	77.6	69.2	61.8	61.1	57.0	47.6	20.3
85.2	38.8	76.1	62.9	60.1	50.3	53.5	23.3	19.3
69.8	50.2	64.7	56.7	60.1	50.0	52.4	18.0	9.6
53.4	38.4	46.2	44.7	62.0	49.0	39.6	12.5	7.9
50.9	38.9	56.2	49.7	67.6	40.1	41.9	13.5	7.4
61.8	28.7	59.7	54.4	76.1	46.1	47.9	14.2	8.7
58.1	33.7	57.7	53.9	64.3	35.8	41.0	15.2	11.4
58.7	25.5	56.0	56.9	61.1	23.5	26.1	13.4	12.1
29.6	9.7	27.3	32.6	33.5	7.0	6.6	9.2	8.4
27.7	8.9	19.4	27.5	26.5	4.7	11.8	9.9	7.0
30.9	6.6	27.8	27.8	37.6	4.4	9.6	6.3	6.3
30.6	5.0	26.5	21.5	32.2	3.6	8.9	5.3	6.0
30.0	4.5	22.8	27.3	38.5	3.3	6.9	5.7	5.3
20.1	2.4	16.0	24.1	42.3	2.0	4.1	4.4	3.7
18.8	3.0	14.1	24.3	38.2	1.4	5.0	4.1	3.1
20.7	2.8	14.6	22.3	29.2	2.5	5.6	3.8	2.9
12.4	1.9	11.8	14.8	23.2	1.9	7.6	3.8	3.0
21.7	4.0	17.9	22.4	40.1	5.5	13.6	4.6	3.7

17-8 主要年份第二产业增加值

年份	尧都区	曲沃县	翼城县	襄汾县	洪洞县	古县	安泽县	浮山县
1949	3.8	10.5	3.0	0.4	3.3		0.9	5.1
1952	5.6	13.2	4.6	3.6	23.9	0.5	1.0	8.7
1957	29.4	18.3	13.6	10.4	26.5	1.9	2.0	8.3
1962	21.8	14.6	11.6	16.6	30.3	4.6	3.5	10.1
1965	28.3	12.5	13.8	17.5	23.7	4.3	3.2	10.7
1970	45.6	13.1	20.7	14.1	27.7	12.6	5.3	9.4
1975	51.4	16.5	18.1	26.8	27.4	11.6	8.7	16.7
1978	57.2	37.4	25.8	30.9	30.6	23.8	13.9	17.6
1980	50.6	41.4	27.8	30.3	35.1	20.2	13.9	19.1
1985	43.9	32.4	30.7	21.6	36.2	23.9	13.4	15.7
1990	44.3	30.6	39.2	30.8	45.0	34.4	13.0	19.3
1995	42.6	50.9	33.6	38.1	50.1	45.4	20.4	30.3
2000	49.0	61.6	48.1	59.1	55.3	57.3	33.4	31.8
2001	49.4	61.6	50.4	59.8	57.2	60.8	34.2	38.8
2002	46.6	64.0	56.3	61.4	60.2	61.5	38.4	48.4
2003	48.8	68.1	60.8	65.6	65.8	74.7	44.7	53.1
2004	49.0	69.2	61.7	69.1	66.7	79.9	49.5	61.6
2005	47.7	71.7	66.1	70.7	69.1	82.2	59.3	68.7
2006	47.3	70.3	59.9	72.8	67.0	82.6	63.3	72.8
2007	46.7	68.3	60.8	72.5	66.2	84.1	70.6	73.8
2008	42.6	68.2	58.1	70.0	69.3	87.4	79.6	67.0
2009	37.6	60.3	50.1	66.0	71.7	83.8	78.0	61.0

占地区生产总值比重

单位：%

吉　县	乡宁县	大宁县	隰　县	永和县	蒲　县	汾西县	侯马市	霍州市
6.4	13.8	0.6	2.8	2.4	7.1	5.3	1.6	9.3
6.0	11.7	0.3	10.4	7.6	9.1	6.6	3.0	24.6
5.8	27.8	2.7	12.2	9.6	18.7	7.0	5.8	42.2
5.4	25.1	5.5	15.3	8.3	22.5	7.8	12.2	56.0
6.8	30.2	7.2	15.2	8.3	19.3	11.2	16.3	60.5
9.6	47.0	6.9	21.1	8.6	30.5	17.9	60.8	57.7
19.0	34.5	16.4	19.8	8.0	32.4	23.1	56.8	74.2
23.1	50.1	26.2	25.5	8.2	33.1	27.8	59.3	77.7
24.8	48.0	19.1	27.1	8.9	40.6	27.8	59.2	76.5
11.7	57.1	16.1	18.9	6.0	38.0	19.8	53.3	72.9
16.8	52.5	20.7	18.3	10.5	43.1	28.2	46.3	69.3
15.5	52.6	16.3	15.9	9.0	60.9	42.8	47.7	54.1
27.3	63.4	22.1	20.3	15.4	73.7	51.3	47.6	60.5
26.9	63.8	24.0	23.3	15.5	74.1	48.7	47.1	61.9
24.7	66.6	22.8	25.1	10.9	76.4	51.7	49.4	64.8
26.5	71.7	23.0	39.3	11.0	80.2	57.6	53.9	65.9
31.0	74.8	29.2	26.1	9.6	82.8	64.6	56.5	68.1
49.2	78.3	37.7	24.2	8.3	84.8	65.4	56.1	73.1
45.9	77.9	38.1	21.8	9.2	85.1	64.4	55.3	75.9
49.6	79.5	38.3	26.9	11.3	76.9	62.7	56.2	76.5
62.8	81.8	34.1	25.0	8.8	79.2	55.2	49.3	76.9
50.2	71.6	43.0	16.7	7.5	60.4	29.1	45.3	73.4

17-9 主要年份第三产业增加值

年 份	尧都区	曲沃县	翼城县	襄汾县	洪洞县	古 县	安泽县	浮山县
1949	38.8	15.8	18.0	1.7	19.5	5.3	6.2	12.1
1952	27.9	13.5	15.5	1.3	16.4	4.8	5.8	9.0
1957	31.5	14.1	19.2	1.7	16.3	7.4	8.6	13.3
1962	46.7	16.4	17.4	3.5	19.5	7.4	18.6	13.1
1965	42.3	12.0	21.0	3.7	18.0	7.2	32.0	14.0
1970	30.2	18.9	19.5	6.2	22.7	10.5	40.9	11.7
1975	19.8	18.6	18.0	12.3	17.0	18.6	26.5	14.4
1978	26.1	18.6	24.0	13.5	19.8	19.8	28.6	19.2
1980	30.6	20.1	22.0	21.5	20.1	27.7	24.9	23.1
1985	37.7	18.5	24.0	15.6	16.6	24.0	23.5	18.6
1990	40.3	25.9	23.7	21.6	20.9	25.0	25.0	18.5
1995	44.5	24.8	29.6	20.6	19.9	22.6	20.1	26.5
2000	46.2	21.7	38.9	25.9	29.4	30.2	27.8	40.0
2001	45.8	22.7	40.6	24.6	28.7	28.4	28.6	37.0
2002	48.9	21.5	36.3	25.1	27.0	27.6	28.8	32.8
2003	46.9	19.8	33.4	23.5	24.1	18.5	28.6	28.6
2004	47.2	18.7	32.4	21.2	24.0	14.7	27.1	23.4
2005	49.3	17.9	28.8	21.1	24.4	14.0	23.8	22.1
2006	49.8	19.8	34.2	19.8	25.7	14.6	22.1	18.7
2007	50.5	22.4	32.2	19.9	26.4	13.3	18.1	17.7
2008	54.8	22.8	35.3	23.4	24.5	10.3	13.1	22.0
2009	59.0	25.4	41.1	26.1	22.0	12.9	13.6	26.5

占地区生产总值比重

单位：%

吉县	乡宁县	大宁县	隰县	永和县	蒲县	汾西县	侯马市	霍州市
3.4	5.4	8.8	7.8	11.5	3.6	16.4	45.9	11.7
3.8	5.6	7.6	10.9	35.2	5.1	19.8	30.3	9.8
6.4	8.4	15.0	12.3	30.1	12.4	26.1	30.9	16.1
7.0	15.7	18.3	18.7	32.3	21.0	35.9	38.7	26.9
8.3	13.8	15.2	15.6	29.9	19.6	31.8	36.1	19.2
5.2	14.2	17.0	16.0	31.3	19.2	28.6	15.9	23.0
11.2	15.3	18.9	23.5	31.9	17.6	24.5	25.2	16.2
23.5	11.5	27.6	29.8	29.8	17.9	32.6	28.2	14.4
24.3	13.1	24.7	23.2	23.5	19.3	30.3	27.3	16.1
26.5	14.2	24.2	26.7	17.9	15.9	32.3	32.5	18.4
25.1	13.8	21.6	27.8	25.2	21.1	30.8	38.5	19.3
25.9	21.9	27.7	27.2	29.9	15.6	31.1	38.9	33.8
43.1	26.9	50.6	47.1	51.1	19.3	42.1	43.2	31.1
45.4	27.3	56.6	49.2	58.0	21.2	39.5	43.0	31.1
44.4	26.8	49.4	47.1	51.5	19.2	38.7	44.3	28.9
42.9	23.3	50.5	39.2	56.8	16.2	33.5	40.8	28.1
39.0	20.7	48.0	46.6	51.9	13.9	28.5	37.8	26.6
30.7	19.3	46.4	51.7	49.4	13.2	30.4	39.6	23.3
35.2	19.1	47.8	53.9	52.6	13.5	30.7	40.6	21.0
29.7	17.7	47.1	50.9	59.5	20.6	31.8	40.0	20.6
24.7	16.3	54.2	60.2	68.0	18.8	37.2	46.8	20.1
28.1	24.4	39.1	60.9	52.4	34.1	57.4	50.0	22.9

17-10 主要年份地区

上年=100

年 份	尧都区	曲沃县	翼城县	襄汾县	洪洞县	古 县	安泽县	浮山县
1952	153.1	114.8	115.0	152.5	121.1	166.3	134.3	162.0
1957	92.7	100.9	99.2	88.6	94.6	96.9	102.6	100.1
1962	75.6	97.6	120.1	111.5	97.8	108.6	103.9	105.4
1965	116.5	98.7	113.3	117.9	117.2	117.3	107.2	104.6
1970	124.2	101.7	74.5	78.2	92.7	99.7	101.7	112.1
1975	110.5	106.2	115.1	109.5	108.9	112.0	106.3	94.5
1978	112.9	105.4	108.9	95.6	104.5	104.5	107.3	89.2
1980	97.6	102.0	108.0	104.3	97.1	93.4	104.8	91.4
1985	107.9	89.3	101.6	103.0	115.6	105.8	88.9	103.6
1990	105.2	109.3	110.9	105.5	117.9	106.8	111.9	109.9
1995	104.3	122.0	116.0	112.3	107.2	127.1	120.9	109.5
2000	113.2	111.0	107.2	112.3	106.4	112.8	108.0	111.5
2001	114.0	111.1	114.4	116.7	113.2	120.5	108.4	126.8
2002	114.0	118.6	118.2	118.4	116.9	118.1	117.9	119.9
2003	110.8	122.1	119.5	116.9	119.2	123.2	111.5	115.2
2004	115.6	122.0	117.4	119.6	115.7	122.6	120.8	115.4
2005	110.5	114.7	109.4	121.1	109.4	121.0	115.4	113.8
2006	113.3	120.4	110.4	118.2	113.9	115.7	118.4	116.2
2007	111.5	119.9	110.6	116.8	106.8	116.1	125.9	118.2
2008	105.5	106.7	100.7	102.8	107.2	103.6	107.1	81.3
2009	101.8	108.8	96.2	109.5	105.8	103.6	123.2	104.9

生产总值指数

单位：%

吉　县	乡宁县	大宁县	隰　县	永和县	蒲　县	汾西县	侯马市	霍州市
101.6	112.0	150.7	95.5	29.5	94.1	100.1	160.7	136.5
108.8	79.8	105.3	104.2	75.1	100.3	90.9	98.1	107.2
108.3	98.5	90.9	97.6	103.3	91.7	82.3	86.5	93.4
100.9	114.5	121.2	117.5	100.7	111.5	106.8	104.0	104.2
99.7	92.6	110.0	141.1	82.0	110.3	110.3	147.5	107.9
117.4	104.1	114.9	121.6	117.3	104.5	103.6	102.8	109.9
125.5	110.1	90.7	142.8	100.3	107.6	109.2	102.0	123.8
84.4	88.3	105.4	131.5	112.0	103.7	93.1	102.6	104.9
97.8	98.5	125.1	84.8	103.4	109.4	109.2	101.0	101.3
114.3	113.3	146.6	105.6	124.3	125.5	104.0	103.8	107.4
104.3	131.6	101.0	103.9	123.7	122.1	111.6	111.4	115.1
112.2	110.0	106.1	111.3	122.5	111.4	107.0	110.7	103.1
111.0	114.6	112.8	115.5	102.5	114.6	118.6	113.5	110.1
114.1	115.8	113.9	116.9	117.4	118.1	116.6	115.7	114.9
109.9	100.2	109.0	120.0	106.9	120.7	119.5	119.7	115.9
115.3	114.3	108.3	95.1	115.4	121.2	121.3	121.2	118.9
129.6	117.0	108.6	97.4	111.1	116.9	116.0	120.9	118.3
114.3	118.2	118.1	110.4	106.8	117.4	114.1	114.4	116.9
116.7	117.8	107.0	110.6	110.6	63.0	111.0	116.0	113.3
105.4	100.7	98.5	98.4	104.9	116.8	102.0	104.9	111.7
112.0	87.6	114.1	103.8	113.8	72.0	73.2	114.1	107.6

17-11 主要年份第一

上年=100

年　份	尧都区	曲沃县	翼城县	襄汾县	洪洞县	古　县	安泽县	浮山县
1952	184.9	115.1	110.5	152.3	92.3	171.0	133.6	173.0
1957	81.1	101.7	102.4	84.6	84.4	96.3	101.6	100.4
1962	106.5	98.9	150.6	114.2	116.3	109.9	104.9	114.3
1965	162.2	95.6	110.1	106.4	128.8	119.0	103.7	108.9
1970	76.4	93.8	63.1	74.1	78.4	94.4	99.0	126.4
1975	117.5	112.2	123.6	113.4	110.8	115.8	101.9	93.5
1978	102.0	85.5	96.8	84.2	106.5	98.4	105.7	84.4
1980	99.4	98.5	102.0	87.1	94.6	79.4	105.0	83.6
1985	82.8	81.0	89.5	98.5	97.1	99.9	81.0	87.2
1990	109.2	108.4	104.1	103.9	119.5	116.7	118.7	118.5
1995	116.7	124.3	129.8	109.4	109.4	121.6	125.1	111.3
2000	83.5	91.4	91.9	90.6	89.5	99.4	101.7	95.0
2001	112.2	104.3	79.0	123.5	104.2	100.5	103.5	108.4
2002	109.3	113.4	104.4	108.4	111.7	121.9	106.1	101.1
2003	110.6	104.0	111.7	104.2	103.5	104.9	104.8	109.5
2004	95.7	116.1	105.3	103.4	107.8	105.5	108.2	120.3
2005	89.4	103.8	92.9	104.0	77.4	85.6	95.6	72.7
2006	109.9	104.0	123.2	102.5	117.0	85.0	102.4	116.6
2007	98.7	100.6	114.9	106.6	101.3	97.5	105.5	111.7
2008	102.6	107.1	102.1	91.2	104.9	107.3	93.8	101.1
2009	105.2	119.4	100.5	92.2	98.8	97.9	111.3	93.3

产业增加值指数

单位：%

吉　县	乡宁县	大宁县	隰　县	永和县	蒲　县	汾西县	侯马市	霍州市
96.6	110.3	155.1	84.8	18.9	90.8	93.2	192.9	116.9
107.1	67.6	103.1	104.5	65.4	93.5	87.2	95.4	111.9
108.9	101.2	88.7	103.2	102.6	100.4	95.1	89.1	90.7
99.9	114.8	117.6	119.8	100.4	114.6	107.3	103.2	115.2
127.3	82.3	102.1	138.1	79.5	96.5	101.0	88.7	93.0
113.2	100.5	124.4	118.1	117.3	104.9	103.2	109.8	110.3
125.6	101.0	74.8	114.7	100.6	117.7	107.3	82.5	119.4
76.7	89.3	105.1	115.4	115.8	98.5	84.1	102.9	99.8
96.1	86.3	121.5	69.1	103.3	96.8	102.9	85.7	84.4
139.7	113.2	186.2	131.6	143.4	130.2	115.5	101.1	132.2
107.3	123.7	97.5	95.1	109.2	113.8	106.9	106.7	108.6
98.8	89.9	113.1	110.6	107.7	118.4	52.8	105.1	105.1
100.9	109.8	83.7	95.2	80.2	76.1	191.2	86.2	91.5
105.2	91.8	149.4	117.4	139.4	120.7	104.4	104.5	105.9
111.8	104.1	108.5	107.9	89.3	105.1	115.6	103.5	107.7
112.2	102.2	97.3	97.9	125.2	112.1	110.4	105.9	107.3
124.1	75.9	75.5	86.4	118.1	70.1	72.3	94.5	87.5
109.8	138.0	102.5	108.0	98.4	73.8	111.0	106.2	100.6
111.1	96.7	106.3	102.2	87.8	112.7	103.9	105.7	103.2
96.8	93.7	82.8	82.5	91.7	86.3	116.5	104.9	105.5
131.7	106.0	102.6	117.2	124.7	103.1	101.8	93.7	107.6

17-12 主要年份第二

上年=100

年　份	尧都区	曲沃县	翼城县	襄汾县	洪洞县	古　县	安泽县	浮山县
1952	179.8	114.7	261.1	222.9	488.3		133.3	134.6
1957	106.8	108.2	96.9	110.2	103.7	108.7	141.6	95.5
1962	50.0	85.7	71.6	92.2	76.5	97.1	68.9	95.7
1965	133.4	131.2	121.2	175.4	114.5	108.2	83.3	103.6
1970	196.2	94.5	125.2	138.4	129.6	126.8	102.0	99.2
1975	114.4	104.5	111.8	119.4	110.3	96.3	115.7	100.6
1978	119.7	138.1	113.0	113.2	101.9	123.1	111.5	104.8
1980	93.0	104.5	130.8	106.6	107.4	111.8	103.2	101.7
1985	110.4	97.1	115.9	107.7	122.1	109.1	106.2	125.9
1990	102.9	106.2	127.4	103.7	115.5	99.4	109.7	97.6
1995	78.4	119.7	110.2	118.0	104.5	134.3	122.1	106.9
2000	125.2	118.4	111.8	117.5	108.7	115.7	110.2	124.5
2001	117.5	111.3	120.5	120.9	116.1	124.6	111.1	154.6
2002	106.2	121.6	126.0	120.6	121.1	119.5	125.2	135.7
2003	111.3	128.2	123.8	118.9	122.6	129.9	115.3	122.0
2004	124.9	130.6	121.7	122.5	116.9	125.8	129.2	111.8
2005	109.0	121.2	110.9	126.2	119.4	129.6	132.3	133.6
2006	117.4	125.5	106.7	122.4	110.3	117.7	125.0	119.4
2007	108.6	122.7	110.3	119.4	105.5	116.0	136.5	120.9
2008	94.8	105.1	93.9	101.6	106.3	102.8	107.1	72.0
2009	90.2	107.0	86.5	111.1	105.6	102.6	128.3	103.2

产业增加值指数

单位：%

吉　县	乡宁县	大宁县	隰　县	永和县	蒲　县	汾西县	侯马市	霍州市
126.3	113.3	100.0	250.0	114.3	115.0	119.0	320.0	300.0
137.5	146.8	153.3	91.5	88.3	125.9	83.3	89.1	91.5
84.7	95.0	71.3	78.0	99.0	76.6	92.4	95.3	96.8
119.1	120.7	120.6	121.7	107.9	107.6	120.1	105.1	105.2
128.3	105.2	168.3	193.2	130.0	129.1	197.1	206.8	110.5
128.9	110.8	117.8	102.9	103.2	101.2	107.1	100.1	111.3
126.7	120.6	105.5	118.1	81.5	92.4	102.3	101.0	129.4
86.7	84.3	94.7	175.8	110.8	114.3	100.9	102.0	105.1
89.9	106.3	149.8	119.3	103.6	118.7	96.0	103.8	103.7
99.1	115.7	132.6	76.2	117.9	126.9	91.4	108.1	106.2
103.2	139.0	102.8	108.6	116.8	127.1	117.6	113.7	124.8
115.0	112.4	98.7	112.5	103.0	110.6	114.2	109.6	101.2
105.7	114.2	111.9	130.2	93.3	116.1	106.6	118.3	112.1
110.2	118.9	106.3	118.2	87.4	118.9	122.9	113.8	117.9
113.4	93.0	105.0	145.7	107.0	122.6	122.6	129.8	119.7
135.4	113.6	112.0	63.9	105.4	123.8	126.8	129.0	116.3
184.1	123.1	138.9	89.8	107.4	120.3	122.7	125.0	124.2
122.6	119.7	114.6	101.8	114.0	119.4	112.1	112.8	120.2
121.3	119.7	109.9	129.7	127.7	55.8	110.8	117.6	114.3
104.8	98.6	86.4	79.7	81.6	119.6	97.1	94.3	111.5
106.7	81.3	130.6	78.1	114.4	60.8	50.9	119.6	107.1

17-13 主要年份第三

上年=100

年　份	尧都区	曲沃县	翼城县	襄汾县	洪洞县	古　县	安泽县	浮山县
1952	115.6	114.7	116.3	116.8	117.7	116.0	119.7	118.3
1957	101.3	99.7	98.6	114.2	92.6	104.2	112.8	103.3
1962	79.0	91.3	84.6	94.2	103.5	103.7	105.1	87.6
1965	112.1	100.5	121.4	108.3	116.2	102.2	119.0	100.2
1970	117.6	124.4	86.8	135.2	107.5	117.9	106.0	103.2
1975	99.3	106.1	111.8	93.9	101.8	110.4	104.9	104.8
1978	106.0	102.9	116.8	107.2	110.2	101.5	108.5	109.7
1980	106.1	105.2	101.9	101.7	112.6	121.0	102.3	105.5
1985	118.2	97.3	112.6	108.1	115.7	116.9	106.2	109.8
1990	106.2	115.2	106.7	110.9	121.6	106.3	98.7	102.5
1995	114.8	107.7	105.5	107.3	110.9	120.2	106.0	109.4
2000	114.6	109.9	106.5	112.9	111.0	112.9	114.2	113.7
2001	113.3	115.5	114.7	118.9	111.9	119.5	111.4	110.6
2002	121.5	115.2	108.9	122.3	109.9	113.5	121.7	108.7
2003	119.5	119.3	113.0	121.5	116.7	119.2	111.9	108.1
2004	115.3	115.8	111.5	120.4	115.4	118.4	116.8	121.9
2005	113.7	103.6	109.5	109.9	100.1	110.4	110.2	112.1
2006	109.7	109.5	116.6	110.0	116.8	111.9	113.1	106.1
2007	115.2	116.4	110.4	110.8	112.0	120.7	109.0	111.6
2008	116.1	114.2	114.6	112.0	109.9	107.6	116.1	107.7
2009	110.8	112.0	112.3	109.9	108.2	109.9	112.9	114.2

产业增加值指数

单位：%

吉　县	乡宁县	大宁县	隰　县	永和县	蒲　县	汾西县	侯马市	霍州市
123.6	121.9	119.7	138.9	118.0	126.9	115.8	120.8	102.8
109.3	98.6	111.4	109.3	108.0	111.9	112.2	105.6	117.2
116.7	90.7	112.2	93.1	105.7	89.9	66.4	85.1	90.5
100.0	102.5	113.2	105.4	99.4	107.2	102.1	103.1	95.7
81.3	104.4	110.6	111.8	78.1	120.7	125.5	116.2	110.6
128.7	106.3	113.4	161.6	123.1	108.5	102.8	104.3	109.5
130.0	105.2	116.7	191.2	100.1	115.7	118.5	115.8	102.2
104.4	103.8	110.4	131.9	92.7	95.3	97.1	102.1	107.2
107.3	108.0	111.1	120.7	103.3	125.2	126.5	104.6	101.2
82.1	103.1	106.7	95.1	93.5	113.9	100.2	99.3	101.2
104.2	122.9	114.6	106.8	172.5	114.8	107.4	113.7	115.2
124.3	111.6	103.4	111.3	138.2	113.1	106.7	107.3	106.7
125.3	117.1	114.8	115.9	113.8	123.4	111.7	114.0	111.6
122.4	114.2	103.1	111.5	107.8	114.5	111.3	118.8	111.0
108.8	117.4	111.2	113.5	116.0	115.7	115.3	114.1	109.5
107.3	119.6	109.3	114.7	109.8	113.5	111.5	118.8	119.5
109.2	117.5	105.7	107.4	106.3	109.0	112.1	118.6	110.4
108.7	109.2	125.2	115.6	112.8	111.7	119.1	117.6	108.8
111.7	112.3	105.0	106.4	124.7	105.9	112.5	114.7	111.4
111.8	112.2	112.5	114.5	124.7	110.1	110.1	119.8	113.0
111.3	111.5	106.7	108.8	109.2	111.9	108.9	109.7	109.0

17-14 主要年份人均地区

上年=100

年　份	尧都区	曲沃县	翼城县	襄汾县	洪洞县	古　县	安泽县	浮山县
1952	139.2	106.3	112.0	134.5	115.7	151.2	121.9	139.4
1957	89.9	97.3	97.4	84.1	94.0	97.5	104.3	99.7
1962	76.6	96.0	115.1	108.1	92.9	103.0	97.9	98.8
1965	113.5	96.4	110.5	114.2	114.4	116.4	106.2	103.6
1970	120.7	98.2	72.6	76.0	90.5	98.4	99.4	110.2
1975	108.1	104.2	113.2	107.5	106.7	110.4	105.6	93.9
1978	110.7	104.2	107.8	94.2	103.5	103.8	106.4	88.3
1980	95.1	101.1	107.1	102.6	96.2	93.0	104.0	90.0
1985	105.5	87.3	100.8	102.4	114.6	105.4	89.5	103.3
1990	103.0	108.4	109.2	104.7	117.8	104.6	110.3	107.7
1995	103.5	121.0	115.2	111.6	105.8	123.1	120.0	108.7
2000	112.7	104.9	106.2	111.9	104.5	109.2	107.8	111.2
2001	113.5	110.6	113.3	116.1	111.4	119.4	108.1	126.5
2002	113.2	118.6	117.6	117.5	115.8	117.4	117.8	119.8
2003	110.0	121.3	118.5	116.2	118.3	123.2	110.8	114.4
2004	114.8	121.2	116.6	119.1	114.8	121.4	120.0	114.5
2005	109.8	114.1	108.5	120.3	111.6	120.6	115.8	113.0
2006	112.6	119.7	109.7	117.4	109.3	115.0	117.5	115.4
2007	110.8	119.2	109.9	116.0	105.8	115.4	124.9	117.5
2008	104.9	106.1	100.1	102.2	105.8	103.0	106.6	80.9
2009	101.2	108.1	95.7	108.9	105.2	103.0	122.6	104.3

生产总值指数

单位：%

吉 县	乡宁县	大宁县	隰 县	永和县	蒲 县	汾西县	侯马市	霍州市
101.4	109.2	134.2	96.2	28.4	93.9	104.5	143.8	123.9
108.2	79.3	101.7	103.6	74.1	98.9	89.6	94.8	102.9
104.5	96.5	82.9	92.3	97.5	87.3	78.4	84.0	90.9
98.8	112.3	117.6	115.2	97.3	111.1	104.0	98.9	101.9
98.7	90.1	107.4	136.5	79.8	107.5	106.9	139.2	103.0
114.8	102.0	114.6	118.5	114.2	101.6	101.7	100.6	107.1
124.5	109.2	89.2	141.2	98.2	106.3	107.6	101.0	122.0
83.7	87.0	105.0	130.1	110.3	102.1	86.2	99.7	102.9
96.6	96.7	123.8	84.5	103.0	108.9	106.8	99.7	97.3
112.0	113.3	135.0	104.1	123.4	123.8	102.1	100.6	105.4
103.1	130.5	101.0	102.6	126.9	119.7	111.2	110.7	114.9
112.0	108.7	105.3	110.5	121.3	111.0	106.5	109.8	103.0
110.8	113.6	106.7	114.7	101.6	114.2	118.4	112.7	109.5
113.2	114.6	113.2	116.3	115.9	117.5	116.0	114.9	114.3
109.0	99.1	108.1	119.0	104.8	120.0	118.5	118.8	115.3
114.6	113.4	107.3	94.2	114.7	120.4	120.3	120.2	118.2
129.1	117.7	107.8	96.7	109.9	118.9	115.3	120.0	117.4
114.1	117.3	115.1	109.6	106.1	113.1	113.4	113.7	116.1
115.4	116.9	106.3	109.9	109.9	62.6	110.4	115.3	112.6
105.7	100.1	97.9	97.8	104.2	116.1	101.5	104.2	111.0
111.2	87.0	113.4	103.2	113.0	71.5	72.7	113.4	106.8

17-15 主要年份人均

年 份	尧都区	曲沃县	翼城县	襄汾县	洪洞县	古 县	安泽县	浮山县
1949	85	118	43	87	49	64	47	62
1952	156	155	72	153	83	113	80	110
1957	209	241	85	204	118	105	104	128
1962	149	166	89	103	91	105	114	122
1965	200	214	97	179	138	118	123	127
1970	250	182	69	160	92	103	136	153
1975	405	227	137	239	176	173	223	138
1978	505	288	181	280	180	180	248	142
1980	517	356	224	291	210	188	298	149
1985	885	459	455	513	451	455	408	397
1990	1704	969	1179	885	918	790	859	673
1995	3673	2490	2458	2173	2382	2847	2330	1843
2000	5918	4953	4334	3898	3720	5961	4190	2754
2001	8191	5461	5004	4714	4175	7154	4533	3511
2002	9163	6707	6289	5907	4874	8457	5407	4467
2003	11325	8818	9171	7975	6599	15288	6964	5698
2004	13953	12881	11430	10838	8145	22232	8824	9137
2005	15217	14596	12027	13040	9605	25987	11857	11024
2006	17488	16263	13140	15448	10582	29895	14770	14008
2007	19850	20041	14990	17611	11452	39200	19875	16727
2008	22267	22135	15689	17041	13691	53572	31856	14424
2009	22591	22290	15014	16977	15226	47933	37301	13820

地区生产总值

单位：元

吉　县	乡宁县	大宁县	隰　县	永和县	蒲　县	汾西县	侯马市	霍州市
68	84	71	49	90	55	58	110	61
95	122	128	51	42	62	70	213	83
127	118	162	77	57	75	78	293	144
136	100	111	76	64	62	76	253	300
116	118	185	89	93	80	69	365	387
132	140	178	126	101	96	100	604	375
186	150	216	138	156	167	124	722	701
236	231	186	229	176	208	141	747	902
240	260	247	225	209	202	172	936	1103
435	665	519	373	392	548	373	1393	1430
689	932	850	603	530	1052	603	1833	1916
1315	3083	1676	1663	1340	4055	1883	3951	3147
2243	4551	1986	2672	1719	7483	2982	6712	5261
2485	5055	2153	3153	1748	8792	3443	7568	5769
2813	5827	2598	3652	2096	10973	4309	8670	6767
3067	8035	2804	4959	2218	15612	5535	10665	7829
3515	11391	3171	4726	2672	22547	7704	13567	10246
5241	14116	3378	4649	3047	26615	9034	16169	13032
5731	15806	3910	5006	3358	29511	9974	18529	15352
7009	19027	4370	5645	3801	20448	10575	21710	16485
9042	23351	4185	5625	3971	24610	9994	23024	17115
9105	17328	6164	6205	5632	15149	7056	24884	19350

17-16 国民经济核算主要指标构成(2009年)

单位：%

	地区生产总值	第一产业	第二产业	#工业	第三产业	#交通运输仓储邮政业	#批发和零售业
全　市	**100.0**	**7.2**	**57.4**	**52.5**	**35.4**	**8.6**	**6.1**
尧都区	100.0	3.4	37.6	30.4	59.0	9.4	10.0
曲沃县	100.0	14.3	60.3	55.9	25.4	10.3	3.2
翼城县	100.0	8.9	50.0	47.4	41.1	16.7	7.0
襄汾县	100.0	7.9	66.0	62.6	26.1	11.8	3.8
洪洞县	100.0	6.3	71.7	65.2	22.0	6.2	4.5
古　县	100.0	3.3	83.8	82.2	12.9	3.7	1.9
安泽县	100.0	8.4	78.0	74.2	13.6	1.9	2.7
浮山县	100.0	12.5	61.0	56.6	26.5	3.1	3.1
吉　县	100.0	21.7	50.2	42.3	28.1	2.8	5.5
乡宁县	100.0	4.0	71.6	66.8	24.4	3.6	3.7
大宁县	100.0	17.9	43.0	39.0	39.1	1.8	5.6
隰　县	100.0	22.4	16.7	7.3	60.9	13.8	8.9
永和县	100.0	40.1	7.5	4.4	52.4	2.0	12.9
蒲　县	100.0	5.5	60.4	56.5	34.1	7.0	3.6
汾西县	100.0	13.6	29.1	23.0	57.3	18.9	8.7
侯马市	100.0	4.6	45.4	40.6	50.0	12.9	11.7
霍州市	100.0	3.7	73.4	68.1	22.9	7.6	4.3

	资本形成总额	最终消费	政府消费	居民消费	农村居民	城镇居民
全　市	**53.5**	**46.7**	**15.6**	**31.1**	**11.6**	**19.5**
尧都区	54.8	45.0	9.8	35.2	7.2	28.0
曲沃县	58.4	31.8	9.1	22.7	10.3	12.4
翼城县	58.4	42.2	11.1	31.1	13.4	17.7
襄汾县	56.5	43.5	11.9	31.6	16.1	15.5
洪洞县	47.8	44.4	5.4	39.0	19.6	19.4
古　县	75.3	21.8	10.2	11.6	5.7	5.9
安泽县	76.7	22.8	6.0	16.8	8.0	8.8
浮山县	51.1	48.7	14.9	33.8	15.7	18.1
吉　县	41.0	59.7	24.9	34.8	18.7	16.1
乡宁县	64.4	37.6	7.8	29.8	14.7	15.1
大宁县	41.1	59.2	7.8	51.4	16.6	34.8
隰　县	21.3	82.7	21.2	61.5	29.8	31.7
永和县	46.7	57.6	6.9	50.7	16.8	33.9
蒲　县	60.2	38.3	7.9	30.4	10.6	19.8
汾西县	48.2	67.9	19.0	48.9	16.3	32.6
侯马市	56.2	37.7	10.4	27.3	5.9	21.4
霍州市	51.8	47.9	11.3	36.6	8.1	28.5

17-17 按行业划分的法人单位及产业活动单位数(2009年)

单位：个

	法人单位				产业活动单位	
	单位数	单产业法人	多产业法人	规模、资质或限额以上单位	单位数	#多产业法人所属的产业活动单位
全　市	**23189**	**19598**	**3591**	**882**	**33859**	**14261**
尧都区	6607	6062	545	290	8085	2023
曲沃县	1245	1029	216	48	1970	941
翼城县	1538	1304	234	55	2373	1069
襄汾县	1433	1093	340	41	2437	1344
洪洞县	2579	2112	467	105	3641	1529
古　县	822	680	142	33	1229	549
安泽县	693	564	129	19	960	396
浮山县	947	714	233	25	1444	730
吉　县	416	313	103	5	808	495
乡宁县	1080	843	237	33	1664	821
大宁县	522	425	97	5	807	382
隰　县	604	499	105	7	1088	589
永和县	394	274	120	1	648	374
蒲　县	883	759	124	45	1323	564
汾西县	647	493	154	25	1088	595
侯马市	1633	1507	126	103	2397	890
霍州市	1146	927	219	42	1897	970

17-18 总人口、总户数(2009年)

单位：人

	总户数(户)	总人口	按性别分		按城镇乡村分	
			男性	女性	城镇人口	乡村人口
全　市	**1238806**	**4221719**	**2176574**	**2045145**	**1614812**	**2606907**
尧都区	233129	769327	397979	371348	449287	320040
曲沃县	67816	234642	119994	114648	65981	168661
翼城县	90256	323078	163536	159542	85680	237398
襄汾县	144511	496547	253244	243303	150553	345994
洪洞县	214770	749460	388119	361341	245672	503788
古　县	24879	89566	46291	43275	27076	62490
安泽县	24895	81089	42985	38104	24797	56292
浮山县	39648	130073	67495	62578	32622	97451
吉　县	32805	105895	57184	48711	26601	79294
乡宁县	63248	231653	119588	112065	57890	173763
大宁县	19502	62990	32658	30332	20837	42153
隰　县	31697	103014	52248	50766	27556	75458
永和县	20639	65219	34801	30418	20035	45184
蒲　县	30032	103914	53989	49925	36266	67648
汾西县	41326	142990	74314	68676	48545	94445
侯马市	73121	239781	123087	116694	133438	106343
霍州市	86532	292481	149062	143419	161976	130505

17-19 人口自然变动(2009年)

单位：人

	出生		死亡		自然增长	
	人数	出生率(‰)	人数	死亡率(‰)	人数	增长率(‰)
全市	**49003**	**11.64**	**25302**	**6.01**	**23701**	**5.63**
尧都区	8954	11.67	4868	6.34	4086	5.33
曲沃县	2508	10.72	1180	5.04	1328	5.68
翼城县	3855	11.97	1998	6.20	1857	5.77
襄汾县	5888	11.89	3174	6.41	2714	5.48
洪洞县	8286	11.09	3905	5.23	4381	5.86
古县	1127	12.62	614	6.88	513	5.74
安泽县	993	12.28	542	6.70	451	5.58
浮山县	1558	12.01	847	6.53	711	5.48
吉县	1265	11.98	636	6.02	629	5.96
乡宁县	2645	11.45	1312	5.68	1333	5.77
大宁县	771	12.27	396	6.31	375	5.96
隰县	1310	12.75	703	6.84	607	5.91
永和县	820	12.61	445	6.84	375	5.77
蒲县	1255	12.11	672	6.49	583	5.63
汾西县	1754	12.30	920	6.45	834	5.85
侯马市	2826	11.82	1570	6.56	1256	5.25
霍州市	3188	10.93	1520	5.21	1668	5.72

17-20 城镇单位从业人员(2009年)

单位：人

	总计	#女性	在岗职工	其他从业人员	离开本单位仍保留劳动关系的职工
全市	**336098**	**130396**	**328018**	**8080**	**24311**
尧都区	91690	38034	90250	1440	8502
曲沃县	10542	4432	10323	219	647
翼城县	16038	6804	15273	765	976
襄汾县	15983	6360	14950	1033	399
洪洞县	42748	17044	42291	457	3330
古县	7956	3194	7955	1	506
安泽县	7634	2894	7235	399	480
浮山县	7539	3181	7133	406	480
吉县	6509	2288	6494	15	337
乡宁县	18670	6218	18272	398	613
大宁县	6922	2584	6768	154	
隰县	7841	3419	7255	586	1063
永和县	3809	1627	3732	77	102
蒲县	11445	4092	11225	220	970
汾西县	7821	3106	7796	25	398
侯马市	31885	13183	30217	1668	4319
霍州市	41066	11936	40849	217	1189

17-21 城镇单位从业人员劳动报酬(2009年)

	从业人员平均人数(人)	在岗职工	其他从业人员	从业人员劳动报酬(千元)	在岗职工工资总额	其他从业人员劳动报酬	在岗职工平均工资(元)
全 市	**333919**	**325098**	**8821**	**7993691**	**7872879**	**120812**	**24217**
尧都区	91380	89998	1382	2454724	2435752	18972	27065
曲沃县	10530	10311	219	243466	237106	6360	22995
翼城县	16125	15427	698	326855	318888	7967	20671
襄汾县	15785	14755	1030	373243	358079	15164	24268
洪洞县	42102	41633	469	1053453	1046046	7407	25125
古 县	7879	7878	1	181347	181337	10	23018
安泽县	7448	7049	399	148060	144727	3333	20532
浮山县	7532	7126	406	166558	162535	4023	22809
吉 县	6474	6459	15	154431	154289	142	23887
乡宁县	17963	17484	479	440550	434031	6519	24824
大宁县	6922	6768	154	136564	134960	1604	19941
隰 县	7837	7326	511	144788	139164	5624	18996
永和县	3770	3693	77	83055	82458	597	22328
蒲 县	11374	11136	238	209577	205492	4085	18453
汾西县	7596	7571	25	150815	150248	567	19845
侯马市	32364	30050	2314	647735	615638	32097	20487
霍州市	40838	40434	404	1078470	1072129	6341	26516

17-22 国有单位从业人员(2009年)

单位：人

	总 计	#女 性	在岗职工	其他从业人员	离开本单位仍保留劳动关系的职工
全 市	**230164**	**97207**	**224773**	**5391**	**11059**
尧都区	64281	27565	63399	882	4982
曲沃县	8797	4011	8778	19	49
翼城县	12684	5596	12459	225	258
襄汾县	12782	5605	11828	954	232
洪洞县	28522	11532	28112	410	1125
古 县	5693	2633	5692	1	92
安泽县	6148	2427	5816	332	265
浮山县	6210	2717	5862	348	316
吉 县	4787	1960	4772	15	73
乡宁县	14322	4933	14008	314	184
大宁县	5863	2175	5738	125	
隰 县	7122	3112	6646	476	372
永和县	3425	1532	3382	43	50
蒲 县	10034	3576	9844	190	868
汾西县	6817	2823	6800	17	389
侯马市	19936	9357	19080	856	1644
霍州市	12741	5653	12557	184	160

17-23 国有单位从业人员劳动报酬(2009年)

	从业人员平均人数(人)	在岗职工	其他从业人员	从业人员劳动报酬(千元)	在岗职工工资总额	其他从业人员劳动报酬	在岗职工平均工资(元)
全　市	**228190**	**222855**	**5335**	**5509191**	**5447201**	**61990**	**24443**
尧都区	63754	62918	836	1832650	1825013	7637	29006
曲沃县	8785	8766	19	200862	198074	2788	22596
翼城县	12691	12439	252	251262	248855	2407	20006
襄汾县	12686	11735	951	311787	297475	14312	25349
洪洞县	27885	27468	417	725433	718527	6906	26159
古　县	5658	5657	1	139692	139682	10	24692
安泽县	6060	5728	332	122929	120560	2369	21047
浮山县	6210	5862	348	143769	140352	3417	23943
吉　县	4760	4745	15	98563	98421	142	20742
乡宁县	13794	13458	336	330235	328103	2132	24380
大宁县	5863	5738	125	128846	128122	724	22329
隰　县	7114	6716	398	135478	132370	3108	19710
永和县	3392	3349	43	78023	77728	295	23209
蒲　县	9961	9760	201	188646	185838	2808	19041
汾西县	6670	6653	17	136378	135835	543	20417
侯马市	19924	19064	860	383324	373845	9479	19610
霍州市	12983	12799	184	301314	298401	2913	23314

17-24 集体单位从业人员(2009年)

单位：人

	总　计	#女　性	在岗职工	其他从业人员	离开本单位仍保留劳动关系的职工
全　市	**16201**	**7020**	**15208**	**993**	**3568**
尧都区	4434	1800	4259	175	1340
曲沃县	793	265	598	195	593
翼城县	652	208	533	119	32
襄汾县	626	215	547	79	167
洪洞县	1896	724	1849	47	383
古　县	504	184	504		133
安泽县	232	99	165	67	138
浮山县	675	291	621	54	36
吉　县	446	101	446		80
乡宁县	782	391	736	46	162
大宁县	273	106	259	14	
隰　县	365	156	262	103	279
永和县	153	45	122	31	
蒲　县	559	321	529	30	41
汾西县	153	40	153		8
侯马市	193	86	193		28
霍州市	3465	1988	3432	33	148

17-25 集体单位从业人员劳动报酬(2009年)

	从业人员平均人数(人)	在岗职工	其他从业人员	从业人员劳动报酬(千元)	在岗职工工资总额	其他从业人员劳动报酬	在岗职工平均工资(元)
全　市	**16690**	**15436**	**1254**	**442589**	**421277**	**21312**	**27292**
尧都区	4711	4536	175	155589	153774	1815	33901
曲沃县	793	598	195	23474	20000	3474	33445
翼城县	1000	881	119	25500	23789	1711	27002
襄汾县	627	548	79	25125	24273	852	44294
洪洞县	1898	1846	52	48725	48224	501	26124
古　县	497	497		14530	14530		29235
安泽县	232	165	67	4823	3859	964	23388
浮山县	675	621	54	12067	11500	567	18519
吉　县	433	433		12535	12535		28949
乡宁县	787	682	105	21933	18794	3139	27557
大宁县	273	259	14	4706	3869	837	14938
隰　县	366	260	106	7375	4912	2463	18892
永和县	140	109	31	3078	2794	284	25633
蒲　县	558	521	37	10264	8987	1277	17250
汾西县	94	94		672	672		7149
侯马市	193	193		3389	3389		17560
霍州市	3413	3193	220	68804	65376	3428	20475

17-26 其他单位从业人员(2009年)

单位：人

	总　计	#女　性	在岗职工	其他从业人员	离开本单位仍保留劳动关系的职工
全　市	**89733**	**26169**	**88037**	**1696**	**9684**
尧都区	22975	8669	22592	383	2180
曲沃县	952	156	947	5	5
翼城县	2702	1000	2281	421	686
襄汾县	2575	540	2575		
洪洞县	12330	4788	12330		1822
古　县	1759	377	1759		281
安泽县	1254	368	1254		77
浮山县	654	173	650	4	128
吉　县	1276	227	1276		184
乡宁县	3566	394	3528	38	267
大宁县	786	303	771	15	
隰　县	354	151	347	7	412
永和县	231	50	228	3	52
蒲　县	852	195	852		61
汾西县	851	243	843	8	1
侯马市	11756	3740	10944	812	2647
霍州市	24860	4295	24860		881

17-27 其他单位从业人员劳动报酬(2009年)

	从业人员平均人数(人)	在岗职工	其他从业人员	从业人员劳动报酬(千元)	在岗职工工资总额	其他从业人员劳动报酬	在岗职工平均工资(元)
全　市	**89039**	**86807**	**2232**	**2041911**	**2004401**	**37510**	**23090**
尧都区	22915	22544	371	466485	456965	9520	20270
曲沃县	952	947	5	19130	19032	98	20097
翼城县	2434	2107	327	50093	46244	3849	21948
襄汾县	2472	2472		36331	36331		14697
洪洞县	12319	12319		279295	279295		22672
古　县	1724	1724		27125	27125		15734
安泽县	1156	1156		20308	20308		17567
浮山县	647	643	4	10722	10683	39	16614
吉　县	1281	1281		43333	43333		33827
乡宁县	3382	3344	38	88382	87134	1248	26057
大宁县	786	771	15	3012	2969	43	3851
隰　县	357	350	7	1935	1882	53	5377
永和县	238	235	3	1954	1936	18	8238
蒲　县	855	855		10667	10667		12476
汾西县	832	824	8	13765	13741	24	16676
侯马市	12247	10793	1454	261022	238404	22618	22089
霍州市	24442	24442		708352	708352		28981

17-28 城镇企业单位从业人员与劳动报酬 (2009年)

	从业人员(人)	在岗职工	其他从业人员	从业人员劳动报酬(千元)	在岗职工工资总额	其他从业人员劳动报酬	在岗职工平均工资(元)
全　市	**167487**	**162845**	**4642**	**4163918**	**4080179**	**83739**	**25376**
尧都区	51178	50433	745	1398016	1386219	11797	27405
曲沃县	2236	2053	183	52632	49387	3245	24044
翼城县	5362	4635	727	111020	103391	7629	21313
襄汾县	4557	4452	105	83962	82861	1101	19194
洪洞县	22403	21963	440	646509	639774	6735	29897
古　县	2819	2818	1	50025	50015	10	18082
安泽县	2781	2628	153	44365	42714	1651	17031
浮山县	1637	1503	134	31111	29786	1325	19910
吉　县	1902	1902		59832	59832		31590
乡宁县	9443	9358	85	244526	240165	4361	27949
大宁县	2822	2771	51	49474	48377	1097	17458
隰　县	1489	1196	293	19713	14881	4832	12001
永和县	618	576	42	8323	7986	337	14035
蒲　县	4275	4145	130	78109	74746	3363	18076
汾西县	1539	1514	25	21542	20975	567	14627
侯马市	19689	18372	1317	378754	349179	29575	19179
霍州市	32737	32526	211	886005	879891	6114	27520

17-29 城镇事业单位从业人员与劳动报酬(2009年)

	从业人员(人)	在岗职工	其他从业人员	从业人员劳动报酬(千元)	在岗职工工资总额	其他从业人员劳动报酬	在岗职工平均工资(元)
全　市	**108539**	**106007**	**2532**	**2407207**	**2378402**	**28805**	**22563**
尧都区	29812	29207	605	743565	737291	6274	25542
曲沃县	4643	4607	36	102710	99595	3115	21628
翼城县	7074	7059	15	139796	139630	166	19842
襄汾县	7708	7008	700	196399	185514	10885	26494
洪洞县	14564	14547	17	274461	273789	672	18890
古　县	3089	3089		74431	74431		24119
安泽县	2962	2751	211	61813	60405	1408	22151
浮山县	3331	3129	202	75988	74939	1049	23950
吉　县	3117	3103	14	61190	61058	132	19856
乡宁县	5903	5590	313	126083	123925	2158	22173
大宁县	2091	2012	79	40373	40100	273	19930
隰　县	3518	3452	66	70257	69768	489	20089
永和县	1732	1697	35	38756	38496	260	22738
蒲　县	3328	3238	90	56271	55549	722	17235
汾西县	3944	3944		84484	84484		22076
侯马市	6462	6313	149	142329	141127	1202	22344
霍州市	5261	5261		118301	118301		22495

17-30 城镇机关单位从业人员与劳动报酬(2009年)

	从业人员(人)	在岗职工	其他从业人员	从业人员劳动报酬(千元)	在岗职工工资总额	其他从业人员劳动报酬	在岗职工平均工资(元)
全　市	**59726**	**58833**	**893**	**1417215**	**1409166**	**8049**	**24059**
尧都区	10354	10277	77	307792	307110	682	30035
曲沃县	3663	3663		88124	88124		24130
翼城县	3602	3579	23	76039	75867	172	21437
襄汾县	3718	3490	228	92882	89704	3178	26107
洪洞县	5781	5781		132483	132483		23081
古　县	2048	2048		56891	56891		28080
安泽县	1891	1856	35	41882	41608	274	22937
浮山县	2571	2501	70	59459	57810	1649	23115
吉　县	1490	1489	1	33409	33399	10	22415
乡宁县	3324	3324		69941	69941		21181
大宁县	2009	1985	24	46717	46483	234	23417
隰　县	2834	2607	227	54818	54515	303	20863
永和县	1459	1459		35976	35976		25140
蒲　县	3842	3842		75197	75197		19904
汾西县	2338	2338		44789	44789		19389
侯马市	5734	5532	202	126652	125332	1320	22672
霍州市	3068	3062	6	74164	73937	227	23091

17-31 城镇农林牧渔业从业人员与劳动报酬(2009年)

	从业人员(人)	在岗职工	其他从业人员	从业人员劳动报酬(千元)	在岗职工工资总额	其他从业人员劳动报酬	在岗职工平均工资(元)
全　市	**4121**	**4078**	**43**	**63499**	**63215**	**284**	**15521**
尧都区	803	777	26	12860	12691	169	16375
曲沃县							
翼城县	119	119		1993	1993		16748
襄汾县	321	321		6476	6476		20112
洪洞县	139	139		1838	1838		13223
古　县	10	10		200	200		20000
安泽县	359	355	4	4564	4538	26	13230
浮山县	68	58	10	423	358	65	6172
吉　县	113	113		1926	1926		16748
乡宁县	205	205		2854	2854		13854
大宁县							
隰　县	746	743	3	7365	7341	24	9801
永和县	35	35		221	221		6314
蒲　县	201	201		2247	2247		11235
汾西县	41	41		663	663		16171
侯马市	961	961		19869	19869		20675
霍州市							

17-32 城镇采矿业从业人员与劳动报酬 (2009年)

	从业人员(人)	在岗职工	其他从业人员	从业人员劳动报酬(千元)	在岗职工工资总额	其他从业人员劳动报酬	在岗职工平均工资(元)
全　市	**39334**	**39317**	**17**	**1277510**	**1277406**	**104**	**33883**
尧都区	1090	1090		34319	34319		31485
曲沃县							
翼城县	737	737		14656	14656		19594
襄汾县							
洪洞县	6358	6358		281183	281183		48430
古　县	608	608		9956	9956		17436
安泽县							
浮山县	193	176	17	4661	4557	104	25892
吉　县	959	959		39792	39792		40854
乡宁县	5299	5299		163921	163921		35596
大宁县	450	450		17500	17500		38889
隰　县	325	325		3339	3339		9678
永和县							
蒲　县	1640	1640		36052	36052		21983
汾西县							
侯马市							
霍州市	21675	21675		672131	672131		31561

17-33 城镇制造业从业人员与劳动报酬(2009年)

	从业人员(人)	在岗职工	其他从业人员	从业人员劳动报酬(千元)	在岗职工工资总额	其他从业人员劳动报酬	在岗职工平均工资(元)
全　市	**58156**	**57388**	**768**	**1217942**	**1205453**	**12489**	**21246**
尧都区	18132	17929	203	465156	463381	1775	25656
曲沃县	220	220		4133	4133		18786
翼城县	2324	2316	8	46856	46527	329	21402
襄汾县	2556	2556		35990	35990		14666
洪洞县	12050	12050		275378	275378		22874
古　县	1162	1162		18566	18566		15978
安泽县	1746	1746		27245	27245		16532
浮山县	366	360	6	4854	4849	5	13469
吉　县	59	59		221	221		3746
乡宁县	902	898	4	11915	11819	96	13206
大宁县	783	768	15	3013	2970	43	3867
隰　县	298	291	7	1258	1205	53	4141
永和县	65	62	3	479	461	18	8088
蒲　县	150	150		1588	1588		10447
汾西县	752	752		12996	12996		17730
侯马市	11904	11397	507	228946	221943	7003	19728
霍州市	4687	4672	15	79348	76181	3167	17255

17-34 城镇电力、燃气及水的生产和供应业从业人员与劳动报酬 (2009年)

	从业人员(人)	在岗职工	其他从业人员	从业人员劳动报酬(千元)	在岗职工工资总额	其他从业人员劳动报酬	在岗职工平均工资(元)
全　市	**9931**	**9720**	**211**	**351263**	**348618**	**2645**	**35785**
尧都区	4561	4561		245506	245506		54715
曲沃县	94	94		1942	1942		20660
翼城县	51	51		764	764		15280
襄汾县	136	136		1548	1548		12484
洪洞县	320	320		10347	10347		32334
古　县	41	41		430	430		10488
安泽县	170	162	8	3426	3353	73	20956
浮山县	43	43		452	452		10512
吉　县	47	47		330	330		7021
乡宁县	606	604	2	8224	8201	23	14213
大宁县	104	104		709	709		6817
隰　县	38	38		453	453		10535
永和县	31	23	8	165	130	35	5652
蒲　县	731	731		10538	10538		14416
汾西县	117	117		664	664		5580
侯马市	730	537	193	15423	12909	2514	24039
霍州市	2111	2111		50342	50342		22454

17-35 城镇建筑业从业人员与劳动报酬(2009年)

	从业人员(人)	在岗职工	其他从业人员	从业人员劳动报酬(千元)	在岗职工工资总额	其他从业人员劳动报酬	在岗职工平均工资(元)
全　市	**15044**	**14844**	**200**	**331642**	**317688**	**13954**	**20447**
尧都区	6718	6574	144	155764	154573	1191	22244
曲沃县	670	670		14380	14380		21463
翼城县	126	90	36	9896	9032	864	19938
襄汾县							
洪洞县	782	782		11740	11740		15148
古　县	13	13		121	121		9308
安泽县							
浮山县	71	71		1404	1404		19775
吉　县	238	238		7093	7093		32241
乡宁县							
大宁县	900	900		18951	18951		21057
隰　县							
永和县	130	130		1080	1080		8000
蒲　县	77	77		413	413		5228
汾西县	1	1		18	18		18000
侯马市	2867	2847	20	57510	45611	11899	15915
霍州市	2451	2451		53272	53272		22151

17-36 城镇交通运输、仓储和邮政业从业人员与劳动报酬(2009年)

	从业人员(人)	在岗职工	其他从业人员	从业人员劳动报酬(千元)	在岗职工工资总额	其他从业人员劳动报酬	在岗职工平均工资(元)
全　市	**11595**	**11169**	**426**	**185580**	**181172**	**4408**	**16250**
尧都区	5933	5826	107	106113	104801	1312	18001
曲沃县	238	237	1	2770	2623	147	11021
翼城县	196	196		2602	2602		13276
襄汾县	403	403		5749	5749		14230
洪洞县	644	644		6611	6611		10266
古　县	106	106		1813	1813		17602
安泽县	217	210	7	3941	3906	35	18600
浮山县	279	198	81	4171	3487	684	17611
吉　县	166	166		2118	2118		13753
乡宁县	410	410		5953	5953		14627
大宁县	101	82	19	1096	889	207	10841
隰　县	219	170	49	2963	2552	411	14751
永和县	86	86		1558	1558		19000
蒲　县	126	126		1498	1498		10855
汾西县	163	163		2233	2233		13784
侯马市	2077	1915	162	32096	30484	1612	15994
霍州市	231	231		2295	2295		9978

17-37 城镇信息传输、计算机服务和软件业从业人员与劳动报酬(2009年)

	从业人员(人)	在岗职工	其他从业人员	从业人员劳动报酬(千元)	在岗职工工资总额	其他从业人员劳动报酬	在岗职工平均工资(元)
全　市	**2641**	**2531**	**110**	**64230**	**63163**	**1067**	**25085**
尧都区	2109	2109		55595	55595		26626
曲沃县							
翼城县	139	51	88	2117	1273	844	24961
襄汾县							
洪洞县							
古　县							
安泽县	80	80		1165	1165		14563
浮山县							
吉　县	61	61		1011	1011		16574
乡宁县							
大宁县							
隰　县	146	124	22	2526	2303	223	17447
永和县	47	47		863	863		18362
蒲　县							
汾西县							
侯马市							
霍州市	59	59		953	953		16153

17-38 城镇批发和零售贸易业从业人员与劳动报酬(2009年)

	从业人员(人)	在岗职工	其他从业人员	从业人员劳动报酬(千元)	在岗职工工资总额	其他从业人员劳动报酬	在岗职工平均工资(元)
全　市	**15015**	**14818**	**197**	**245432**	**243814**	**1618**	**16588**
尧都区	5972	5895	77	113697	113231	466	19254
曲沃县	253	248	5	4520	4422	98	17831
翼城县	539	489	50	6859	6371	488	13356
襄汾县	395	395		6053	6053		15521
洪洞县	1030	1025	5	14671	14610	61	14268
古　县	666	665	1	9494	9484	10	14326
安泽县	337	337		4589	4589		14164
浮山县	279	273	6	2101	2041	60	7476
吉　县	292	292		4099	4099		14535
乡宁县	1772	1768	4	36900	36880	20	20813
大宁县	210	207	3	2471	2461	10	11889
隰　县	210	165	45	2379	1999	380	11828
永和县	132	132		1349	1349		9705
蒲　县	1213	1213		15305	15305		12649
汾西县	444	444		4367	4367		11343
侯马市	376	375	1	7779	7754	25	21186
霍州市	895	895		8799	8799		9898

17-39 城镇住宿和餐饮业从业人员与劳动报酬(2009年)

	从业人员(人)	在岗职工	其他从业人员	从业人员劳动报酬(千元)	在岗职工工资总额	其他从业人员劳动报酬	在岗职工平均工资(元)
全　市	**2555**	**2510**	**45**	**30084**	**29527**	**557**	**11830**
尧都区	1365	1346	19	17523	17215	308	12818
曲沃县	180	180		1840	1840		10222
翼城县							
襄汾县	163	137	26	1993	1744	249	12730
洪洞县	61	61		478	478		7836
古　县	88	88		1057	1057		12735
安泽县	78	78		920	920		11795
浮山县	57	57		483	483		8474
吉　县	40	40		380	380		9500
乡宁县	173	173		2402	2402		13884
大宁县	97	97		825	825		8505
隰　县	61	61		511	511		8377
永和县	49	49		461	461		9604
蒲　县	70	70		601	601		10186
汾西县	31	31		220	220		7097
侯马市							
霍州市	42	42		390	390		8125

17-40 城镇金融业从业人员与劳动报酬(2009年)

	从业人员(人)	在岗职工	其他从业人员	从业人员劳动报酬(千元)	在岗职工工资总额	其他从业人员劳动报酬	在岗职工平均工资(元)
全　市	**13889**	**11205**	**2684**	**484462**	**437292**	**47170**	**40163**
尧都区	5263	5007	256	216513	209317	7196	43726
曲沃县	720	542	178	25117	21970	3147	40460
翼城县	1156	611	545	26635	21531	5104	35355
襄汾县	951	872	79	34126	33274	852	38917
洪洞县	1338	903	435	48387	41713	6674	45788
古　县	264	264		11599	11599		45132
安泽县	313	168	145	6481	4903	1578	29359
浮山县	305	266	39	13272	12694	578	47722
吉　县	176	176		6754	6754		37315
乡宁县	448	373	75	17902	13680	4222	41581
大宁县	174	160	14	5546	4709	837	29431
隰　县	348	178	170	9301	5536	3765	30927
永和县	173	142	31	4407	4123	284	31961
蒲　县	384	254	130	13566	10203	3363	40169
汾西县	88	63	25	2607	2040	567	32381
侯马市	1119	753	366	23921	17865	6056	24607
霍州市	669	473	196	18328	15381	2947	32587

17-41 城镇房地产业从业人员与劳动报酬(2009年)

	从业人员(人)	在岗职工	其他从业人员	从业人员劳动报酬(千元)	在岗职工工资总额	其他从业人员劳动报酬	在岗职工平均工资(元)
全　市	**963**	**956**	**7**	**14510**	**14431**	**79**	**15467**
尧都区	271	267	4	4994	4970	24	19264
曲沃县							
翼城县							
襄汾县	26	26		534	534		20538
洪洞县	11	11		78	78		7091
古　县	16	16		431	431		26938
安泽县	6	6		102	102		17000
浮山县	40	37	3	340	285	55	9500
吉　县	38	38		529	529		13921
乡宁县	86	86		856	856		10313
大宁县	80	80		554	554		6925
隰　县	34	34		96	96		2824
永和县	18	18		228	228		12667
蒲　县	41	41		359	359		9447
汾西县	15	15		147	147		13364
侯马市	214	214		3855	3855		17765
霍州市	67	67		1407	1407		21000

17-42 城镇租赁和商务服务业从业人员与劳动报酬(2009年)

	从业人员(人)	在岗职工	其他从业人员	从业人员劳动报酬(千元)	在岗职工工资总额	其他从业人员劳动报酬	在岗职工平均工资(元)
全　市	**2715**	**2667**	**48**	**44814**	**44550**	**264**	**16997**
尧都区	1161	1160	1	18804	18768	36	16278
曲沃县	19	19		342	342		18000
翼城县	76	76		918	918		12750
襄汾县	109	109		2111	2111		19546
洪洞县	95	95		1425	1425		14844
古　县	42	42		1029	1029		24500
安泽县	150	150		3154	3154		21311
浮山县	31	31		148	148		4774
吉　县	50	49	1	412	410	2	8039
乡宁县	105	105		2282	2282		21733
大宁县							
隰　县	212	166	46	2959	2733	226	16172
永和县	36	36		670	670		18108
蒲　县	102	102		1007	1007		9500
汾西县	285	285		2783	2783		11693
侯马市	223	223		6562	6562		28907
霍州市	19	19		208	208		10947

17-43 城镇科学研究、技术服务和地质勘探业从业人员与劳动报酬(2009年)

	从业人员(人)	在岗职工	其他从业人员	从业人员劳动报酬(千元)	在岗职工工资总额	其他从业人员劳动报酬	在岗职工平均工资(元)
全　市	**3187**	**3170**	**17**	**79608**	**79397**	**211**	**24882**
尧都区	1472	1462	10	37087	36966	121	25096
曲沃县	67	67		1759	1759		26254
翼城县	22	22		467	467		21227
襄汾县	23	23		597	597		25957
洪洞县	576	576		18719	18719		32442
古　县	6	6		141	141		23500
安泽县	114	113	1	2909	2882	27	25964
浮山县	70	70		1225	1225		17500
吉　县	13	13		235	235		18077
乡宁县	129	129		2520	2520		19843
大宁县	6	6		97	97		16167
隰　县	51	51		1175	1175		23039
永和县	6	6		105	105		17500
蒲　县	14	14		191	191		13643
汾西县	27	27		633	633		23444
侯马市	578	572	6	11538	11475	63	19615
霍州市	13	13		210	210		16154

17-44 城镇水利、环境和公共设施管理业从业人员与劳动报酬(2009年)

	从业人员(人)	在岗职工	其他从业人员	从业人员劳动报酬(千元)	在岗职工工资总额	其他从业人员劳动报酬	在岗职工平均工资(元)
全　市	**7591**	**7503**	**88**	**109472**	**108854**	**618**	**14786**
尧都区	2689	2674	15	46274	46094	180	18197
曲沃县	303	303		3789	3789		12505
翼城县	162	162		1271	1271		7846
襄汾县	294	292	2	4401	4386	15	15282
洪洞县	1312	1312		17415	17415		13253
古　县	144	144		1705	1705		11840
安泽县	16	16		283	283		17688
浮山县							
吉　县	277	277		2253	2253		8438
乡宁县	277	277		3504	3504		12650
大宁县	104	104		957	957		9202
隰　县	35	26	9	607	587	20	11510
永和县	8	8		116	116		14500
蒲　县	244	244		2732	2732		11576
汾西县	123	123		770	770		6260
侯马市	939	877	62	14022	13619	403	15547
霍州市	664	664		9373	9373		14180

17-45 城镇居民服务和其他服务业从业人员与劳动报酬(2009年)

	从业人员(人)	在岗职工	其他从业人员	从业人员劳动报酬(千元)	在岗职工工资总额	其他从业人员劳动报酬	在岗职工平均工资(元)
全市	**113**	**107**	**6**	**2209**	**2163**	**46**	**20215**
尧都区	91	87	4	1727	1703	24	19575
曲沃县							
翼城县							
襄汾县							
洪洞县	10	10		93	93		9300
古县							
安泽县							
浮山县							
吉县							
乡宁县							
大宁县							
隰县							
永和县							
蒲县							
汾西县							
侯马市	12	10	2	389	367	22	36700
霍州市							

17-46 城镇教育从业人员与劳动报酬(2009年)

	从业人员(人)	在岗职工	其他从业人员	从业人员劳动报酬(千元)	在岗职工工资总额	其他从业人员劳动报酬	在岗职工平均工资(元)
全市	**56302**	**54541**	**1761**	**1435565**	**1417434**	**18131**	**26033**
尧都区	13321	13048	273	395702	393325	2377	30326
曲沃县	2832	2832		66670	66670		23542
翼城县	3485	3485		82549	82549		23565
襄汾县	5318	4758	560	147466	137812	9654	28916
洪洞县	7843	7837	6	164350	164210	140	20996
古县	2045	2045		51070	51070		24973
安泽县	1486	1288	198	34150	32838	1312	25495
浮山县	1881	1767	114	48582	48040	542	27187
吉县	1679	1668	11	38592	38480	112	23307
乡宁县	2991	2687	304	77881	75863	2018	27738
大宁县	1108	1037	71	23177	22906	271	22089
隰县	1669	1669		42683	42683		25513
永和县	963	928	35	23070	22810	260	24686
蒲县	1604	1514	90	32434	31712	722	21127
汾西县	2288	2288		56615	56615		25230
侯马市	2793	2694	99	66712	65989	723	24495
霍州市	2996	2996		83862	83862		27991

17-47 城镇卫生、社会保障和社会福利业从业人员与劳动报酬(2009年)

	从业人员(人)	在岗职工	其他从业人员	从业人员劳动报酬(千元)	在岗职工工资总额	其他从业人员劳动报酬	在岗职工平均工资(元)
全　市	**17164**	**16718**	**446**	**351716**	**343669**	**8047**	**20911**
尧都区	5971	5780	191	137577	134808	2769	23906
曲沃县	682	647	35	14946	11978	2968	18513
翼城县	1300	1292	8	21159	21033	126	16548
襄汾县	910	772	138	20373	19157	1216	25009
洪洞县	1897	1888	9	33782	33281	501	18058
古　县	290	290		8233	8233		28390
安泽县	327	327		6610	6610		21118
浮山县	532	510	22	8365	8325	40	16324
吉　县	437	437		10255	10255		23045
乡宁县	1083	1074	9	17344	17204	140	16354
大宁县	341	333	8	5647	5645	2	16952
隰　县	556	530	26	10941	10656	285	20772
永和县	203	203		4552	4552		22314
蒲　县	424	424		6902	6902		16278
汾西县	538	538		11313	11313		21714
侯马市	1038	1038		25458	25458		24741
霍州市	635	635		8259	8259		13006

17-48 城镇文化、体育和娱乐业从业人员与劳动报酬(2009年)

	从业人员(人)	在岗职工	其他从业人员	从业人员劳动报酬(千元)	在岗职工工资总额	其他从业人员劳动报酬	在岗职工平均工资(元)
全　市	**3798**	**3722**	**76**	**62174**	**61518**	**656**	**16550**
尧都区	1100	1096	4	20155	20106	49	18328
曲沃县	85	85		1328	1328		15624
翼城县	224	217	7	2577	2537	40	11800
襄汾县	156	156		2522	2522		16592
洪洞县	789	789		10741	10741		13545
古　县	65	65		1345	1345		20692
安泽县	14	14		339	339		24214
浮山县	98	83	15	1109	1009	100	12157
吉　县	104	104		1773	1773		17382
乡宁县	181	181		3808	3808		20809
大宁县	61	61		618	618		10131
隰　县	68	66	2	1054	1044	10	15582
永和县	5	5		30	30		6000
蒲　县	262	262		4268	4268		16290
汾西县	116	116		2414	2414		21748
侯马市	368	320	48	6215	5758	457	17994
霍州市	102	102		1878	1878		18412

17-49 城镇公共管理和社会组织从业人员与劳动报酬(2009年)

	从业人员(人)	在岗职工	其他从业人员	从业人员劳动报酬(千元)	在岗职工工资总额	其他从业人员劳动报酬	在岗职工平均工资(元)
全　市	**71984**	**71054**	**930**	**1641979**	**1633515**	**8464**	**23090**
尧都区	13668	13562	106	369358	368383	975	27278
曲沃县	4179	4179		99930	99930		23993
翼城县	5382	5359	23	105536	105364	172	19861
襄汾县	4222	3994	228	103304	100126	3178	25406
洪洞县	7493	7491	2	156217	156186	31	20967
古　县	2390	2390		64157	64157		27093
安泽县	2221	2185	36	48182	47900	282	22352
浮山县	3226	3133	93	74968	73178	1790	23357
吉　县	1760	1757	3	36658	36630	28	20824
乡宁县	4003	4003		82284	82284		20789
大宁县	2403	2379	24	55403	55169	234	23190
隰　县	2825	2618	207	55178	54951	227	20926
永和县	1822	1822		43701	43701		24332
蒲　县	4162	4162		79876	79876		19520
汾西县	2792	2792		52372	52372		18968
侯马市	5686	5484	202	127440	126120	1320	23015
霍州市	3750	3744	6	87415	87188	227	22442

17-50 固定资产投资主要指标(2009年)

单位：万元、平方米

	本年完成投资	本年新增固定资产	本年施工房屋面积	本年竣工房屋面积	#住　宅	施工项目个数(个)	省外资金
全　市	**3800300**	**3371765**	**3023129**	**1491841**	**863755**	**1094**	**348681**
尧都区	686093	464956	521463	150926	52653	143	111564
曲沃县	239337	135541	156913	66550	45200	106	13788
翼城县	168330	195821	242816	183074	107630	68	8775
襄汾县	256364	194698	138365	42925	42000	44	4301
洪洞县	474106	590289	124366	60566		65	14543
古　县	143898	146094	120067	102900	51022	75	22694
安泽县	151866	155491	259090	88360	80410	97	831
浮山县	123397	91568	191864	91446	49216	141	21546
吉　县	78522	85042	187568	187568	119000	38	5461
乡宁县	176011	137878	159502	73748	6500	73	3662
大宁县	25794	11734	32940	6410	6410	20	3581
隰　县	50234	56634	54342	26842	16500	24	8233
永和县	18135	13812	11194	2894		32	1593
蒲　县	90644	42959	150304	78705	48240	31	1861
汾西县	80090	67633	13600	12600	5951	46	11244
侯马市	245943	120637	282949	282949	233023	39	2300
霍州市	412673	800780	362286	19878		46	98592

注：本表不含房地产开发投资。

17-51 城镇固定资产投资(2009年)

单位：万元、平方米

	本年完成投资	本年新增固定资产	本年施工房屋面积	本年竣工房屋面积	#住宅	施工项目个数（个）	省外资金
全市	**3654488**	**3223437**	**2895126**	**1428551**	**849015**	**963**	**340461**
尧都区	675324	450385	519463	149726	52653	135	111564
曲沃县	235546	132409	138360	61310	45200	95	13788
翼城县	164160	191651	242816	183074	107630	65	8775
襄汾县	246992	185326	137440	42000	42000	36	4301
洪洞县	470606	586789	124366	60566		64	14543
古县	120495	122691	120067	102900	51022	69	14694
安泽县	137213	140858	244610	73880	73480	83	831
浮山县	83930	54181	165319	78001	41406	86	21546
吉县	78298	84818	187568	187568	119000	36	5461
乡宁县	151654	109707	120902	52648	6500	64	3662
大宁县	25255	11734	32940	6410	6410	19	3581
隰县	50234	56634	54342	26842	16500	24	8233
永和县	18135	13812	11194	2894		32	1593
蒲县	90644	42959	150304	78705	48240	31	1861
汾西县	79450	66993	13600	12600	5951	45	11244
侯马市	240543	115237	282949	282949	233023	38	2300
霍州市	407146	797055	335386	12978		35	98372

注：本表不含房地产开发投资。

17-52 农村非农户固定资产投资(2009年)

单位：万元、平方米

	本年完成投资	本年新增固定资产	本年施工房屋面积	本年竣工房屋面积	#住宅	施工项目个数（个）	省外资金
全市	**145812**	**148328**	**128003**	**63290**	**14740**	**131**	**8220**
尧都区	10769	14571	2000	1200		8	
曲沃县	3791	3132	18553	5240		11	
翼城县	4170	4170				3	
襄汾县	9372	9372	925	925		8	
洪洞县	3500	3500				1	
古县	23403	23403				6	8000
安泽县	14653	14633	14480	14480	6930	14	
浮山县	39467	37387	26545	13445	7810	55	
吉县	224	224				2	
乡宁县	24357	28171	38600	21100		9	
大宁县	539					1	
隰县							
永和县							
蒲县							
汾西县	640	640				1	
侯马市	5400	5400				1	
霍州市	5527	3725	26900	6900		11	220

17-53 服务业固定资产投资(2009年)

单位：万元、平方米

	计划总投资	本年完成投资	本年新增固定资产	本年施工房屋面积	本年竣工房屋面积	#住宅	施工项目个数（个）
全　市	**4082226**	**1539837**	**1100246**	**2674611**	**1302675**	**854007**	**597**
尧都区	1025126	405366	325545	401131	101974	52653	95
曲沃县	58167	27513	17423	120840	55750	45200	46
翼城县	96743	60771	89116	198087	153074	107630	33
襄汾县	138818	97058	83468	131440	42000	42000	18
洪洞县	285239	126595	123361	124366	60566		25
古　县	46763	20351	22327	92437	75270	51022	36
安泽县	99269	60643	80900	245490	74760	74760	53
浮山县	68464	29157	33023	166381	78413	45118	66
吉　县	65778	59258	65778	187568	187568	119000	31
乡宁县	95723	64067	51490	113982	55448	6500	42
大宁县	20175	11293	9693	32940	6410	6410	13
隰　县	37177	27835	26835	54342	26842	16500	16
永和县	36561	14130	11873	8894	2894		20
蒲　县	55096	39425	23075	141904	70305	48240	18
汾西县	26007	26054	25711	13600	12600	5951	25
侯马市	393558	110955	85055	272423	272423	233023	30
霍州市	66961	31503	16375	355286	12878		25

注：本表不含房地产开发投资。

17-54 城镇服务业固定资产投资(2009年)

单位：万元、平方米

	计划总投资	本年完成投资	本年新增固定资产	本年施工房屋面积	本年竣工房屋面积	#住宅	施工项目个数（个）
全　市	**4048007**	**1519770**	**1078916**	**2611111**	**1279075**	**841927**	**423**
尧都区	1017086	401842	317521	399931	100774	52653	59
曲沃县	55855	25201	15111	115820	50730	45200	23
翼城县	95023	59051	87396	198087	153074	107630	26
襄汾县	138818	97058	83468	131440	42000	42000	14
洪洞县	285239	126595	123361	124366	60566		20
古　县	46763	20351	22327	92437	75270	51022	31
安泽县	96309	57683	77940	241010	70280	70280	42
浮山县	66444	27929	32175	152381	70813	37518	40
吉　县	65648	59128	65648	187568	187568	119000	30
乡宁县	83828	60116	48579	97682	52648	6500	28
大宁县	20175	11293	9693	32940	6410	6410	6
隰　县	37177	27835	26835	54342	26842	16500	14
永和县	36561	14130	11873	8894	2894		13
蒲　县	55096	39425	23075	141904	70305	48240	11
汾西县	26007	26054	25711	13600	12600	5951	25
侯马市	393558	110955	85055	272423	272423	233023	24
霍州市	61819	27261	13950	332786	10378		15

注：本表不含房地产开发投资。

17-55 农村非农户服务业固定资产投资(2009年)

单位：万元、平方米

	计划总投资	本年完成投资	本年新增固定资产	本年施工房屋面积	本年竣工房屋面积	#住宅	施工项目个数（个）
全　市	**34219**	**20067**	**21330**	**63500**	**23600**	**1366**	**35**
尧都区	8040	3524	8024	1200	1200		5
曲沃县	2312	2312	2312	5020	5020		6
翼城县	1720	1720	1720				2
襄汾县							
洪洞县							
古　县							
安泽县	2960	2960	2960	4480	4480	668	4
浮山县	2020	1228	848	14000	7600	698	5
吉　县	130	130	130				1
乡宁县	11895	3951	2911	16300	2800		6
大宁县							
隰　县							
永和县							
蒲　县							
汾西县							
侯马市							
霍州市	5142	4242	2425	22500	2500		6

17-56 工业固定资产投资(2009年)

单位：万元、平方米

	计划总投资	本年完成投资	本年新增固定资产	本年施工房屋面积	本年竣工房屋面积	#住宅	施工项目个数（个）
全　市	**5829010**	**2110722**	**2146893**	**252425**	**135416**	**4398**	**325**
尧都区	869057	260426	131856	99452	48452		34
曲沃县	242974	197356	107904	17960	6000		27
翼城县	145905	89167	88113	14729			27
襄汾县	359434	155787	107711	6925	925		18
洪洞县	795734	335046	454463				35
古　县	149324	118836	119056	27630	27630		34
安泽县	787463	70533	53921	8400	8400	450	19
浮山县	221235	82114	51038	18683	12583	3948	50
吉　县	16556	16556	16556				2
乡宁县	272225	107851	83825	45520	18300		25
大宁县	28559	11870	1500				3
隰　县	32000	18600	26000				4
永和县	2715	1785	690				4
蒲　县	72600	49190	17850				10
汾西县	74878	43067	32523				12
侯马市	391575	123588	24182	10526	10526		7
霍州市	1315776	377950	778705	2600	2600		13

17-57 城镇工业固定资产投资(2009年)

单位：万元、平方米

	计划总投资	本年完成投资	本年新增固定资产	本年施工房屋面积	本年竣工房屋面积	#住宅	施工项目个数（个）
全　市	**5660664**	**2009111**	**2040251**	**207105**	**100196**	**3888**	**182**
尧都区	854992	255681	127309	99452	48452		18
曲沃县	242514	196956	107904	17960	6000		14
翼城县	143455	86717	85663	14729			20
襄汾县	352506	148859	100783	6000			9
洪洞县	792734	331546	450963				30
古　县	125921	95433	95653	27630	27630		24
安泽县	779822	62892	46280	400	400		10
浮山县	184535	50376	18530	7188	7188	3888	6
吉　县	16556	16556	16556				2
乡宁县	198926	87445	58565	23220			14
大宁县	28559	11870	1500				1
隰　县	32000	18600	26000				3
永和县	2715	1785	690				3
蒲　县	72600	49190	17850				3
汾西县	74878	43067	32523				10
侯马市	391575	123588	24182	10526	10526		6
霍州市	1315376	377550	778300				8

17-58 农村非农户工业固定资产投资(2009年)

单位：万元、平方米

	计划总投资	本年完成投资	本年新增固定资产	本年施工房屋面积	本年竣工房屋面积	#住宅	施工项目个数（个）
全　市	**168346**	**101611**	**106642**	**45320**	**35220**	**26**	**60**
尧都区	14065	4745	4547				1
曲沃县	460	400					1
翼城县	2450	2450	2450				1
襄汾县	6928	6928	6928	925	925		3
洪洞县	3000	3500	3500				1
古　县	23403	23403	23403				6
安泽县	7641	7641	7641	8000	8000	20	4
浮山县	36700	31738	32508	11495	5395	6	38
吉　县							
乡宁县	73299	20406	25260	22300	18300		3
大宁县							
隰　县							
永和县							
蒲　县							
汾西县							
侯马市							
霍州市	400	400	405	2600	2600		2

17-59 房地产开发投资按构成分(2009年)

单位：万元

	本年完成投资	#住宅	建筑工程	安装工程	设备工器具购置	其他费用
全市	**389268**	**338718**	**280163**	**36851**	**1383**	**70871**
尧都区	261099	231172	172614	30839	83	57563
曲沃县	6095	6095	4347	1330	30	388
翼城县	10148	9990	7748			2400
襄汾县	14771	8900	10051	1530	1	3189
洪洞县	21567	17904	20051	724	119	673
古县	3630	3630	3534			96
安泽县						
浮山县	270	265	270			
吉县						
乡宁县						
大宁县						
隰县						
永和县						
蒲县						
汾西县						
侯马市	63357	53392	53906	2428	1150	5873
霍州市	8331	7370	7642			689

17-60 房地产开发施工、竣工面积及价值(2009年)

单位：平方米、万元

	本年施工房屋面积	#住宅	本年竣工房屋面积	#住宅	本年竣工房屋价值	#住宅
全市	**4161590**	**3542084**	**358378**	**322816**	**71016**	**62466**
尧都区	2405082	2135356	95162	81800	20520	17238
曲沃县	74685	74685	28472	28472	3450	3450
翼城县	110960	104070	21500	21500	3000	3000
襄汾县	235996	165457				
洪洞县	251368	202282	49644	43444	7796	6355
古县	36703	36703				
安泽县						
浮山县	8749	8349				
吉县						
乡宁县						
大宁县						
隰县						
永和县						
蒲县						
汾西县						
侯马市	924372	729206	125600	119600	27650	26823
霍州市	113675	85976	38000	28000	8600	5600

17-61 房地产开发房屋销售额(2009年)

单位：万元

	商品房销售额	住宅	#90平方米以下住房	#140平米以上住房	#经济适用房	#别墅、高档公寓	办公楼	商业营业用房	其他
全　市	**179566**	**162140**	**21071**	**56137**		**2237**		**17426**	
尧都区	122220	115099	13681	45072		2237		7121	
曲沃县	4609	4609	1055	72					
翼城县	1885	1885		953					
襄汾县	3940	1553						2387	
洪洞县	11885	11885		434					
古　县	3060	3060	942						
安泽县									
浮山县									
吉　县									
乡宁县									
大宁县									
隰　县									
永和县									
蒲　县									
汾西县									
侯马市	25637	17719	1569	9606				7918	
霍州市	6330	6330	3824						

17-62 房地产开发房屋销售面积(2009年)

单位：平方米

	商品房销售面积	住宅	#90平方米以下住房	#140平米以上住房	#经济适用房	#别墅、高档公寓	办公楼	商业营业用房	其他
全　市	**664415**	**630424**	**85095**	**191563**		**4280**		**33991**	
尧都区	372271	361984	49041	124349		4280		10287	
曲沃县	39343	39343	6070	377					
翼城县	11601	11601		4445					
襄汾县	11890	6338						5552	
洪洞县	66279	66279		1670					
古　县	14793	14793	4607						
安泽县									
浮山县									
吉　县									
乡宁县									
大宁县									
隰　县									
永和县									
蒲　县									
汾西县									
侯马市	119878	101726	7947	60722				18152	
霍州市	28360	28360	17430						

17-63 原煤产品产销存(2009年)

单位：万吨

	年初库存量	生产量	销售量			年末库存
			合计	省内地销	销售外省	
全　市	**154.70**	**2634.68**	**1700.65**	**1475.51**	**225.14**	**190.33**
尧都区	13.22	180.58	112.43	112.43		9.21
曲沃县						
翼城县	3.63	41.13	43.39	43.39		1.37
襄汾县						
洪洞县	21.10	382.43	43.68	37.24	6.44	87.16
古　县	6.48	199.83	199.83	199.83		6.48
安泽县	40.29	251.31	270.03	270.03		5.65
浮山县		10.92	10.92	10.92		
吉　县		106.92	106.62	106.62		0.30
乡宁县	2.52	454.02	452.27	452.27		1.39
大宁县	0.38	42.19	41.86	41.86		0.71
隰　县	0.45	11.19	11.52	11.52		0.12
永和县						
蒲　县	0.30	183.40	183.40	183.40		0.30
汾西县		3.37	3.37	3.37		
侯马市						
霍州市	66.33	767.39	221.33	2.63	218.70	77.64

17-64 焦炭产品产销存(2009年)

单位：万吨

	年初库存	生产量	销售量			年末库存
			合计	省内地销	销售外省	
全　市	**140.40**	**1707.24**	**1707.06**	**820.39**	**886.67**	**85.27**
尧都区	11.47	185.16	184.50	101.82	82.68	7.56
曲沃县	2.42	82.66	81.66	7.86	73.80	0.96
翼城县	3.48	68.03	26.48	26.48		1.50
襄汾县	8.24	408.47	405.75	405.75		10.96
洪洞县	60.42	298.58	315.84	48.12	267.72	39.73
古　县	9.19	306.93	303.96	26.07	277.89	12.16
安泽县	8.73	94.66	98.81	2.40	96.41	4.58
浮山县						
吉　县						
乡宁县	3.85	115.41	116.69	116.69		2.45
大宁县						
隰　县						
永和县						
蒲　县	0.20	11.39	11.39	11.39		0.20
汾西县		14.12	12.92	12.92		
侯马市	31.33	73.58	102.51	54.41	48.10	2.40
霍州市	1.07	48.25	46.55	6.48	40.07	2.77

17-65 城镇居民家庭生活基本情况(2009年)

	调查户数(户)	平均每户家庭人口(人)	平均每户就业人口数(人)	平均每一就业者负担人数(人)	平均每人可支配收入(元)	平均每人消费支出(元)
全　市	**790**	**3.29**	**1.71**	**1.92**	**12247**	**8436**
尧都区	100	2.95	1.43	2.06	14120	9688
曲沃县	40	3.38	1.79	1.89	13262	9686
翼城县	50	3.18	1.73	1.84	13186	9554
襄汾县	50	3.28	1.96	1.67	13360	8236
洪洞县	50	3.18	1.69	1.88	13297	8837
古　县	40	3.58	1.73	2.07	13802	9014
安泽县	40	3.40	1.65	2.06	12003	9646
浮山县	40	3.25	1.52	2.14	13166	9003
吉　县	40	3.35	1.80	1.86	8996	5897
乡宁县	40	3.53	1.58	2.23	12801	9669
大宁县	40	3.35	1.27	2.63	8917	6349
隰　县	40	3.15	1.63	1.93	10605	7349
永和县	40	3.23	1.80	1.79	9502	6280
蒲　县	40	3.45	1.88	1.84	12303	8166
汾西县	40	3.68	1.90	1.94	10911	7709
侯马市	50	3.04	1.91	1.59	13202	8755
霍州市	50	3.20	1.80	1.78	13550	9636

17-66 调查县市居民消费价格指数(2009年)

上年价格=100　　　　单位：%

	居民消费价格总指数	食品类	烟酒及用品类	衣着类	家庭设备及用品类	医　疗保健类	交通和通讯类	娱乐教育文 化 类	居住类
全　市	**100.7**	**101.8**	**100.2**	**101.4**	**99.8**	**100.0**	**99.1**	**100.1**	**100.3**
尧都区	100.2	102.1	99.7	102.4	98.4	99.6	98.5	99.9	98.8
曲沃县	101.2	105.4	102.3	99.6	99.6	98.4	94.3	100.8	99.4
翼城县	101.4	101.8	98.3	98.2	97.4	104.6	100.6	100.6	109.0
襄汾县	101.4	103.5	100.6	99.6	100.2	100.6	99.6	99.9	102.8
洪洞县	101.0	102.6	101.9	100.6	101.7	101.3	98.9	101.4	98.0
古　县	101.9	99.4	103.3	108.0	101.8	103.5	96.4	101.4	102.0
安泽县	102.5	102.0	106.5	103.3	103.6	102.6	99.5	99.8	106.4
浮山县	100.6	101.8	99.1	100.7	101.4	102.5	96.9	100.0	100.4
吉　县	101.7	103.8	101.5	100.1	101.7	100.2	100.0	100.7	101.6
乡宁县	101.3	98.7	98.7	97.2	112.2	100.5	99.6	107.8	101.8
大宁县	100.6	100.5	99.6	102.7	99.3	101.0	99.0	98.5	101.2
隰　县	102.2	102.0	103.4	104.1	103.3	101.8	97.8	99.9	105.0
永和县	102.1	101.6	101.0	98.0	96.9	104.1	104.5	100.6	118.4
蒲　县	102.5	102.8	103.9	100.9	101.5	105.8	101.0	100.9	102.1
汾西县	102.4	103.4	99.8	99.8	98.2	104.0	99.1	99.6	108.0
侯马市	100.9	101.5	99.8	100.3	99.5	100.0	100.0	103.6	99.0
霍州市	100.6	100.9	102.7	100.0	100.0	100.0	100.1	100.0	100.0

17-67 乡村基本情况(2009年)

单位：个、户、人

	乡	镇	村民委员会	社区居委会	乡村户数	乡村人口	乡村从业人员	#农林牧渔业
全　市	**76**	**75**	**2968**	**123**	**792217**	**3244567**	**1486996**	**861971**
尧都区	6	10	372	55	109283	449540	235013	114191
曲沃县	2	5	158		47283	196264	105113	65609
翼城县	4	6	212	3	67073	262135	108678	56403
襄汾县	6	7	348	6	107232	434848	220769	132758
洪洞县	7	9	463	2	156725	651444	311311	159295
古　县	3	4	111	4	17708	71579	23134	14943
安泽县	3	4	103	2	18210	65829	23476	16091
浮山县	7	2	185	2	27824	111416	39465	22978
吉　县	5	3	79		22715	92648	33019	23596
乡宁县	5	5	182	1	46768	204573	79940	58408
大宁县	4	2	84		12117	51603	21808	16127
隰　县	5	3	97	3	17958	80292	33117	25247
永和县	5	2	79	2	12656	53130	16093	12805
蒲　县	5	4	99	2	18921	80584	34901	20968
汾西县	3	5	120		30524	127782	56117	39580
侯马市	3		77	27	28827	111500	54171	29543
霍州市	3	4	199	14	50393	199400	90871	53429

17-68 农业机械拥有量(2009年)

	农业机械总动力（千瓦）	大中型农用拖拉机（台）	小型农用拖拉机（台）	农用排灌动力机械（台）	农用运输车（辆）
全　市	**3855638**	**8766**	**31697**	**17596**	**168160**
尧都区	571345	1165	4163	3523	20791
曲沃县	295776	998	853	1682	10755
翼城县	284943	765	3304	1119	10880
襄汾县	463859	1617	1543	3918	22901
洪洞县	968153	1207	7362	1860	48364
古　县	88363	311	1080	446	5063
安泽县	120149	115	1774	441	6379
浮山县	146133	273	1213	2297	7896
吉　县	62516	154	1829	30	2900
乡宁县	257798	425	1153	442	11170
大宁县	40532	63	600	194	1628
隰　县	80405	118	2176	294	3140
永和县	23099	42	170	33	923
蒲　县	36496	138	791	139	1606
汾西县	84841	394	747	111	2282
侯马市	155570	568	639	837	5121
霍州市	175660	413	2300	230	6361

17-69 农业现代化情况(2009年)

单位：万千瓦时、吨

	农村用电量	农用化肥施用量(实物量)	农用化肥施用量(折纯量)	农用塑料薄膜使用量	农用柴油使用量	农药使用量
全　市	**58772**	**551656**	**154126**	**5220**	**60894**	**4448**
尧都区	8479	66501	20114	708	12771	872
曲沃县	7661	37565	11736	1124	5962	468
翼城县	3625	42986	11649	320	3390	270
襄汾县	13724	83751	22582	547	9041	697
洪洞县	8895	106705	29943	498	11141	1147
古　县	798	18627	4621	66	996	47
安泽县	472	28956	6880	250	1260	42
浮山县	2975	22972	6449	138	2735	108
吉　县	325	17866	5627	288	880	209
乡宁县	2089	29345	7974	164	3537	82
大宁县	181	9104	2357	86	334	37
隰　县	659	20314	5102	335	1584	86
永和县	185	8207	2001	99	878	42
蒲　县	1918	12442	3032	215	1673	98
汾西县	719	4079	1176	32	322	15
侯马市	3722	24367	7766	258	3320	103
霍州市	2345	17869	5117	92	1070	125

17-70 农村居民人均纯收入

单位:元

	1985	1990	1995	2000	2004	2005	2006	2007	2008	2009
全　市	**335**	**501**	**1130**	**2195**	**2976**	**3326**	**3598**	**4065**	**4394**	**4749**
尧都区	348	497	1432	2664	3570	3950	4368	4913	5430	5915
曲沃县	344	525	1215	2638	3538	3933	4336	4890	5290	5840
翼城县	357	544	1204	2146	2883	3180	3558	4116	4463	4598
襄汾县	364	605	1072	2300	3516	4006	4381	5064	5296	5381
洪洞县	348	482	1290	2381	3239	3680	4031	4505	4953	5240
古　县	300	453	923	1861	2585	2926	3230	3663	4051	4380
安泽县	321	494	923	1869	2390	2730	2921	3290	3636	4018
浮山县	308	450	872	1760	2586	2959	3259	3696	4020	4102
吉　县	277	441	851	1109	1496	1546	1598	1689	1805	1913
乡宁县	313	474	1106	1898	2578	2916	3163	3563	3763	4125
大宁县	319	469	881	843	1126	1130	1154	1190	1189	1191
隰　县	250	502	832	1555	1882	1996	1916	2158	2288	2496
永和县	241	325	819	808	1196	1260	1308	1258	1350	1455
蒲　县	294	438	964	1875	2649	2804	2936	3188	3460	3740
汾西县	268	377	873	857	1250	1402	1503	1615	1668	1721
侯马市	392	583	1582	3113	4820	5330	5650	6136	6452	6821
霍州市	324	470	1352	2642	3553	3940	4316	4850	5345	5895

17-71 农林牧渔业总产值(2009年)

按当年价格计算　　单位：万元

	农林牧渔业总产值	农业产值	林业产值	牧业产值	渔业产值	农林牧渔服务业产值
全　市	**1021958**	**599350**	**110717**	**288921**	**7428**	**15542**
尧都区	112037	73675	6492	28747	2177	946
曲沃县	127546	84692	12730	27718	1446	960
翼城县	81804	47421	3891	28971	626	895
襄汾县	125623	92296	4181	24764	1462	2920
洪洞县	136220	78121	4879	51028	1012	1180
古　县	26501	12669	10238	3254	2	338
安泽县	45549	27982	4743	12066	8	750
浮山县	42812	25729	4244	12111	8	720
吉　县	38517	25334	7424	4069	10	1680
乡宁县	34150	15292	6379	11991	8	480
大宁县	14022	6421	5052	1969		580
隰　县	29660	13869	9318	5364	10	1099
永和县	29305	13472	8959	6332	2	540
蒲　县	20414	8882	6141	4612	8	771
汾西县	26742	12741	7660	5759		582
侯马市	46158	37024	2351	5321	591	871
霍州市	39517	23730	6035	9464	58	230

17-72 农林牧渔业中间消耗(2009年)

按当年价格计算　　单位：万元

	农林牧渔业中间消耗	农业消耗	林业消耗	牧业消耗	渔业消耗	农林牧渔服务业消耗
全　市	**466516**	**279515**	**56093**	**119829**	**3467**	**7612**
尧都区	53231	34357	3223	14145	1045	461
曲沃县	52936	31318	6718	13766	664	470
翼城县	38870	23250	2282	12569	333	436
襄汾县	59502	42875	2464	12080	647	1436
洪洞县	64594	40153	2404	21003	444	590
古　县	12424	6401	4311	1556		156
安泽县	20411	12393	2690	4932	5	391
浮山县	20420	12416	2010	5628	4	362
吉　县	17683	11037	3811	2030	5	800
乡宁县	18294	9584	3495	4988	4	223
大宁县	7104	3458	2435	925		286
隰　县	15357	7744	4773	2300	5	535
永和县	14614	7340	4305	2704	1	264
蒲　县	11754	5990	2974	2401	4	385
汾西县	13093	6699	3326	2767		301
侯马市	18582	13973	1327	2598	276	408
霍州市	18652	10560	3545	4409	30	108

17-73 牲畜存栏情况(2009年)

单位：头、只

	大牲畜	牛	猪	羊	家禽	养兔
全　市	**168124**	**139605**	**978873**	**775182**	**11899950**	**1062560**
尧都区	8720	7010	114478	57460	2025143	103251
曲沃县	5855	5408	89415	58804	2506900	272945
翼城县	11184	10269	112985	53470	761498	23102
襄汾县	6481	5874	155989	67542	1522170	411352
洪洞县	15905	13681	215386	103140	2275655	63588
古　县	7633	6134	5899	26921	191368	10931
安泽县	13002	12652	11177	40143	221045	3600
浮山县	11973	9950	29920	76296	386609	27851
吉　县	10704	8189	31758	5088	244793	200
乡宁县	35599	29301	59293	95342	465184	16741
大宁县	5094	2935	5711	45267	70952	
隰　县	3316	2305	13333	32971	127202	560
永和县	14007	8854	16674	47609	146174	13880
蒲　县	6816	6365	27078	2939	88878	3100
汾西县	5724	5639	17773	25216	196684	22861
侯马市	1760	1692	23901	10881	122880	73950
霍州市	4351	3347	48103	26093	546815	14648

17-74 畜禽产品产量(2009年)

单位：吨

	肉类	禽蛋	奶类	羊绒	蜂蜜
全　市	**98111**	**75268**	**36760**	**46**	**395**
尧都区	10710	11836	5593	4	37
曲沃县	10214	17828	4297	1	75
翼城县	12586	7231	3862	1	51
襄汾县	11455	7886	614	1	32
洪洞县	19480	14109	17580	1	44
古　县	1234	797	264	1	8
安泽县	4754	1168	399	5	42
浮山县	4695	2392	587	5	19
吉　县	1907	1143	89	1	3
乡宁县	5109	2425	590	11	11
大宁县	727	356	6		1
隰　县	1980	1242	343	4	3
永和县	2084	906	18	5	10
蒲　县	2475	353	46		2
汾西县	2280	1377	66	3	37
侯马市	2487	1326	1107		13
霍州市	3934	2893	1299	3	7

17-75 主要农作物播种面积(2009年)

单位：千公顷

	总播种面积	粮食作物	夏粮	秋粮	油料	棉花	蔬菜
全市	**564.23**	**504.36**	**247.88**	**256.48**	**15.98**	**5.91**	**19.56**
尧都区	59.31	56.05	33.54	22.51	0.45	0.05	2.21
曲沃县	40.17	30.89	16.76	14.13	1.65	2.13	5.02
翼城县	43.85	42.20	24.87	17.33	0.46	0.18	0.62
襄汾县	87.74	78.61	42.31	36.30	2.50	1.86	3.76
洪洞县	79.56	75.91	43.69	32.22	0.59	0.03	1.92
古县	16.19	14.52	6.78	7.74	0.51		0.16
安泽县	25.52	23.33	4.44	18.89	0.29		0.74
浮山县	27.17	24.92	15.31	9.61	0.36	0.03	0.73
吉县	18.63	16.47	7.36	9.11	1.40	0.01	0.28
乡宁县	30.79	28.80	15.48	13.32	1.17		0.45
大宁县	11.27	10.02	3.29	6.73	0.46	0.11	0.05
隰县	21.73	20.72	0.28	20.44	0.34		0.27
永和县	29.07	17.14	3.47	13.67	3.40	0.41	0.33
蒲县	11.41	10.07	0.20	9.87	0.79		0.27
汾西县	25.45	23.39	11.35	12.04	0.64	0.02	0.43
侯马市	16.84	12.95	6.26	6.69	0.77	1.04	1.48
霍州市	19.53	18.37	12.49	5.88	0.20	0.04	0.84

17-76 主要农作物产量(2009年)

单位：吨

	粮食作物	夏粮	秋粮	油料	棉花	蔬菜
全市	**1667399**	**810394**	**857005**	**22625**	**6435**	**796934**
尧都区	202595	114638	87957	708	35	115915
曲沃县	128832	67805	61027	3781	2680	257630
翼城县	148791	86772	62019	813	160	31027
襄汾县	289252	165038	124214	3407	2316	86399
洪洞县	299456	175643	123813	1144	28	63573
古县	40826	17174	23652	556		5391
安泽县	70320	9673	60647	634		26695
浮山县	79855	44796	35059	653	15	17154
吉县	35256	10265	24991	1798	4	3898
乡宁县	64759	32566	32193	2012		1885
大宁县	19004	3299	15705	889	64	601
隰县	47495	402	47093	400		3592
永和县	29440	1803	27637	3407	181	7734
蒲县	37912	291	37621	616		2490
汾西县	52794	16030	36764	268	9	7835
侯马市	53013	25665	27348	1293	920	105381
霍州市	67799	38534	29265	246	23	59734

17-77 主要农作物单位面积产量(2009年)

单位：千克/公顷

	粮食	夏粮	秋粮	油料	棉花	蔬菜
全　市	**3306**	**3269**	**3341**	**1416**	**1089**	**40745**
尧都区	3615	3418	3907	1556	660	52427
曲沃县	4170	4046	4318	2286	1258	51372
翼城县	3526	3489	3579	1779	870	49882
襄汾县	3679	3901	3422	1360	1245	23009
洪洞县	3945	4020	3843	1935	943	33128
古　县	2813	2534	3057	1092		33425
安泽县	3015	2179	3211	2201		35852
浮山县	3204	2926	3647	1794	577	23403
吉　县	2141	1395	2744	1287	800	13763
乡宁县	2249	2104	2417	1717		4161
大宁县	1897	1003	2335	1953	587	12076
隰　县	2292	1457	2303	1180		13453
永和县	1718	520	2022	1003	442	23156
蒲　县	3764	1455	3811	781		9396
汾西县	2257	1412	3054	419	474	18392
侯马市	4093	4095	4091	1690	880	71203
霍州市	3691	3085	4978	1230	622	71111

17-78 果园面积(2009年)

单位：公顷

	年末果园面积	苹果园	梨园	葡萄园	桃园	其他园
全　市	**35910**	**24532**	**3294**	**1857**	**1079**	**5148**
尧都区	2937	1429	38	678	242	550
曲沃县	2437	1392	22	887	41	95
翼城县	1547	1306	29	26	103	83
襄汾县	2646	1822	60	39	184	541
洪洞县	1765	603	32	22	100	1008
古　县	395	287	41	6	2	59
安泽县	209	69	23	8	7	102
浮山县	604	466	15	39	51	33
吉　县	8744	8556	40	16	44	88
乡宁县	901	758	64		9	70
大宁县	1210	799	66	10	208	127
隰　县	7316	3906	2571	30	29	780
永和县	2131	548	71	9		1503
蒲　县	842	635	133	8	3	63
汾西县	838	748	54			36
侯马市	494	361	6	73	48	6
霍州市	894	847	29	6	8	4

17-79 水果产量(2009年)

单位：吨

	水果产量	苹果	梨	葡萄	红枣	桃
全 市	**294222**	**211610**	**13332**	**19654**	**30018**	**11310**
尧都区	37505	25559	399	5035	1909	2869
曲沃县	34723	21254	451	11192	525	627
翼城县	40773	33046	521	900	2150	3079
襄汾县	47404	35521	803	407	7139	2263
洪洞县	8737	4990	350	224	2016	774
古 县	1284	700	109	17	206	108
安泽县	1725	831	406	68	39	75
浮山县	8718	6169	412	530	618	252
吉 县	51651	50945	111	32	179	259
乡宁县	3637	2408	135	8	68	65
大宁县	2098	1298	189	30	138	375
隰 县	21963	12815	8833	67	12	16
永和县	17222	1924	267	27	14934	35
蒲 县	1282	1022	154	5	19	7
汾西县	763	676	41		5	
侯马市	5239	3251	56	1100	16	404
霍州市	9498	9201	95	12	45	102

17-80 建筑业企业总产值和竣工产值(2009年)

单位：千元

	总产值	#建筑工程	#安装工程	竣工产值
全 市	**13911386**	**13143213**	**610488**	**9521320**
尧都区	10876411	10491508	311240	7285954
曲沃县	97502	14800	82702	73700
翼城县	79059	79059		62578
襄汾县	14310	14310		9140
洪洞县	151689	97520	24013	61942
古 县	95472	56319	39153	78890
安泽县	1235	1235		1604
浮山县	23600	16500	7100	20700
吉 县	69180	69180		69180
乡宁县	13144	13144		13144
大宁县	86143	54300	31843	84923
隰 县	159756	148523	7592	137697
永和县	3300	3300		2950
蒲 县	5280	5280		5280
汾西县	3600	3600		3600
侯马市	1523627	1525718		1104550
霍州市	708078	551008	106845	505488

17-81 建筑业企业房屋建筑面积(2009年)

单位：平方米

	房屋建筑施工面积	#本年新开工面积	#投标承包的面积
全　市	**3960201**	**1650835**	**3598768**
尧都区	379757	122118	379757
曲沃县	19600	19000	
翼城县	124075	100619	70148
襄汾县			
洪洞县	137080	61390	43887
古　县	98000	83296	83296
安泽县	1604		1604
浮山县	48361	29784	48361
吉　县	44481	43401	43401
乡宁县	4700	4700	4465
大宁县	49363	49363	49363
隰　县	142724	95420	142724
永和县	7650		5647
蒲　县	39000	39000	39000
汾西县	4900	4900	4900
侯马市	2616253	831087	2503328
霍州市	242653	166757	178887

17-82 按用途分房屋建筑竣工面积(2009年)

单位：平方米

	总　计	#厂　房	#住　宅	#办公用房	#批发和零售用房
全　市	**1391154**	**127227**	**836854**	**157298**	**269775**
尧都区	77762		77762		
曲沃县	9200		9200		
翼城县	45125		40032	5093	
襄汾县					
洪洞县	25388	10961	13200	1227	
古　县	65741			65741	
安泽县	1604		1604		
浮山县	23093		23093		
吉　县	35926		28759	7167	
乡宁县	4700		4700		
大宁县	30063		16063	14000	
隰　县	56666	9944	27041	12876	6805
永和县	3700		3700		
蒲　县	3900		3900		
汾西县					
侯马市	860079	65333	536943	4260	253543
霍州市	148207	40989	50857	46934	9427

17-83 按用途分房屋建筑竣工价值(2009年)

单位：千元

	总 计	#住 宅	#办公用房	#批发和零售用房	#其他用房
全 市	**1385376**	**177795**	**776625**	**208413**	**222543**
尧都区	93286		93286		
曲沃县	14800		14800		
翼城县	39523		32581	6942	
襄汾县					
洪洞县	22604	6077	15840	687	
古 县	78890			78890	
安泽县	1235		1235		
浮山县	17320		17320		
吉 县	30753		24618	6135	
乡宁县	3995		3995		
大宁县	31463		16063	15400	
隰 县	42916	7289	21607	8747	5273
永和县	2950		2950		
蒲 县	4680		4680		
汾西县					
侯马市	790214	94549	482164	3773	209728
霍州市	210747	69880	45486	87839	7542

17-84 建筑业企业机械设备情况(2009年)

	年末自有机械设备总台数(台)	年末自有机械设备总功率(千瓦)	年末自有机械设备净值(千元)
全 市	**779091**	**16668**	**334595**
尧都区	543446	6011	210527
曲沃县	13048	1182	7134
翼城县	6332	622	3488
襄汾县	16287	66	6523
洪洞县	32819	2040	14756
古 县	998	24	240
安泽县	2782	107	315
浮山县	10800	108	6480
吉 县	578	111	1276
乡宁县	7146	180	4250
大宁县	6527	28	280
隰 县	28030	1030	13615
永和县	2300	30	2500
蒲 县	900	60	450
汾西县	4120	408	4300
侯马市	58820	3593	40162
霍州市	44158	1068	18299

17-85 建筑业企业劳动生产率(2009年)

	企业个数(个)	计算劳动生产率的平均人数(人)	按总产值计算的劳动生产率(元/人)	人均竣工产值(元/人)
全　市	**124**	**59919**	**232170**	**158903**
尧都区	71	38525	282321	189123
曲沃县	2	556	175363	132554
翼城县	3	1040	76018	60171
襄汾县	1	286	50035	31958
洪洞县	8	2081	72892	29765
古　县	1	509	187568	154990
安泽县	1	100	12350	16040
浮山县	1	249	94779	83133
吉　县	2	348	198793	198793
乡宁县	2	95	138358	138358
大宁县	1	900	95714	94359
隰　县	4	2632	60698	52316
永和县	1	135	24444	21852
蒲　县	3	80	66000	66000
汾西县	1	65	55385	55385
侯马市	17	8207	185650	134586
霍州市	5	4111	172240	122960

17-86 建筑业企业资本金及资产(2009年)

单位：千元

	实收资本	资产总计	#流动资产合计	#固定资产合计	固定资产原价合计	#生产经营用	固定资产折旧	#本年折旧	无形及递延资产合计
全　市	**1511013**	**9858862**	**7849061**	**252047**	**2299704**	**2034766**	**881888**	**262952**	**82479**
尧都区	952048	7578312	6346978	183752	1725992	1603874	711084	234799	57585
曲沃县	13250	39141	15075		17453	11325	6400	1211	
翼城县	16379	33489	16053		26680	26680	11078	116	
襄汾县	15100	23413	5036		22531	22531	6244	861	
洪洞县	51558	124817	63924	1480	68631	47940	18303	3015	143
古　县	1978	6730	4752		1486	1415	532	118	
安泽县	4287	5643	1356		1235		150	80	
浮山县	6060	15370			12000	12000	1200	1200	1370
吉　县	12380	13792	1412		6960	5216	696	696	
乡宁县	12004	20826	8402		12358	12358	822	382	
大宁县	20000	31342	4098		22696	7000	7777	50	
隰　县	60420	133441	27562	13719	36980	26340	7530	2055	
永和县	6210	8480	2070		4300	2300	570	100	
蒲　县	12844	27980	7493	207	17080	7400	2990	362	
汾西县	4120	4120			4120	4120	427	25	
侯马市	218889	1392221	1070230	48633	159126	113926	46677	7005	14155
霍州市	103486	399745	274620	4256	160076	130341	59408	10877	9226

17-87 建筑业企业工程结算收入(2009年)

单位：千元

	工程结算收入	#工程结算成本	#工程结算税金及附加	#工程结算利润	其他业务收入
全　市	**13988252**	**12756939**	**425329**	**766624**	**169061**
尧都区	11101034	10245043	330008	515440	88958
曲沃县	97502	79516	3088	14845	
翼城县	63380	46098	2098	13399	
襄汾县	14310	11832	541	1006	
洪洞县	141411	118724	4281	13213	615
古　县	58237	46637	2037	9078	
安泽县	1235	1081	44	99	
浮山县	23600	17589	715	3496	
吉　县	69180	50695	2421	16046	
乡宁县	13144	11403	491	1136	
大宁县	86143	78528	2843	3049	
隰　县	138354	100163	4493	23688	
永和县	2920	2738	112	60	
蒲　县	5280	4931	188	102	
汾西县	3600	2880	144	382	
侯马市	1358504	1200644	43908	107526	9377
霍州市	810418	738437	27917	44059	70111

17-88 建筑业企业费用情况(2009年)

单位：千元

	经营费用	管理费用	#差旅费	#工会经费	财务费用	劳动、失业保险费	住房公积金及住房补贴
全　市	**38801**	**539299**	**19036**	**5549**	**67125**	**58128**	**20933**
尧都区	10543	370109	9550	3175	57606	41768	16870
曲沃县	53	8646	349	38	25		
翼城县	1785	11232	744	966	206	392	
襄汾县	931	398	344		397	113	
洪洞县	5193	11039	302	101	435	1088	707
古　县	485	1634	59		1103	27	
安泽县	11	41	1		8		
浮山县	1800	3466	400				
吉　县	18	60	32	8	6		
乡宁县	114	625	53		24		
大宁县	1723	1686	1241	217	36		
隰　县	10010	981	89		678		
永和县	10	22	7		8		
蒲　县	59	18	12	3	11		
汾西县	194	174	10		3		
侯马市	5867	92482	5252	551	6192	500	761
霍州市	5	36686	591	490	387	14240	2595

17-89 建筑业企业工资和福利费情况(2009年)

单位：千元

	本年应付工资总额	#主营业务应付工资	本年应付福利费总额	#主营业务应付福利费
全　市	**1017785**	**974746**	**95958**	**92545**
尧都区	705296	666782	61528	58359
曲沃县	7850	7850	1099	1099
翼城县	19761	19521	2732	2732
襄汾县	1743	1743	94	94
洪洞县	26074	25919	3485	3464
古　县	8051	7972	456	456
安泽县	855	855	43	43
浮山县	1818	1500	254	210
吉　县	6962	6962	44	44
乡宁县	1630	1630	142	142
大宁县	18951	18951	2653	2653
隰　县	36230	36230	2735	2735
永和县	1080	1080		
蒲　县	546	546	31	31
汾西县	720	720	12	12
侯马市	98944	98868	13568	13568
霍州市	81274	77617	7082	6903

17-90 建筑业企业利润及税金情况(2009年)

单位：千元

	利润总额	税金总额	#工程结算税金及附加	#管理费用中的税金	营业利润	其他业务利润
全　市	**193864**	**439699**	**425329**	**14370**	**203329**	**43119**
尧都区	124691	336283	330008	6275	127366	39641
曲沃县	4704	3131	3088	43	6174	
翼城县	1816	2875	2098	777	1961	
襄汾县	210	589	541	48	211	
洪洞县	1556	4336	4281	55	2256	517
古　县	6341	2960	2037	923	6341	
安泽县	50	46	44	2	50	
浮山县	30	720	715	5	30	
吉　县	15980	2441	2421	20	15980	
乡宁县	487	544	491	53	487	
大宁县	1327	2943	2843	100	1327	
隰　县	22029	4616	4493	123	22029	
永和县	90	127	112	15	30	
蒲　县	20	191	188	3	73	
汾西县	205	267	144	123	205	
侯马市	9397	47641	43908	3733	12305	3443
霍州市	4931	29989	27917	2072	6504	-482

17-91 邮电情况(2009年)

	邮政电信业务总量(万元)	#邮政	固定电话用户(部)	移动电话用户(部)
全　市	**655885**	**39560**	**808436**	**2129897**
尧都区	280990	13381	247016	676973
曲沃县	23573	1559	43083	98574
翼城县	34637	3033	60322	129694
襄汾县	47146	2960	67386	186245
洪洞县	67480	3161	117831	266741
古　县	10291	824	12510	41455
安泽县	9531	879	14065	32912
浮山县	14377	898	15651	63121
吉　县	9698	405	11022	39635
乡宁县	27428	2470	30199	110085
大宁县	4723	361	6780	18559
隰　县	10227	552	9402	42409
永和县	5122	355	6206	17815
蒲　县	14321	1236	17311	55928
汾西县	13537	1444	15470	52050
侯马市	42972	4027	84577	144426
霍州市	39833	2016	49605	153274

17-92 公路通车里程(2009年)

单位：公里

	公路通车里程(公里)	等级公路	高速公路	一级公路	二级公路	三级公路	四级公路	等外公路
全　市	**16596**	**15634**	**208**	**221**	**1832**	**2711**	**10661**	**962**
尧都区	1512	1483	23	64	190	524	681	29
曲沃县	589	586	20	21	130	228	186	3
翼城县	1204	1090	38	4	112	246	690	113
襄汾县	1246	1246	44	26	183	137	855	
洪洞县	1872	1828	39	65	107	383	1235	44
古　县	882	873			128	59	686	9
安泽县	870	705			109	140	456	165
浮山县	818	809			92	67	650	9
吉　县	1353	1223			117	118	988	129
乡宁县	1098	1043			194	148	700	55
大宁县	790	761			32	88	640	29
隰　县	690	662			73	35	554	29
永和县	812	723			94	15	614	89
蒲　县	882	724			116	127	482	157
汾西县	636	573		1	33	114	425	63
侯马市	391	391	15	20	62	194	100	0
霍州市	953	914	29	20	60	87	718	39

17-93 社会消费品零售总额(2009年)

单位：万元

	社会消费品零售总额	市	县	县以下
全　市	**2725510**	**1161829**	**775658**	**788023**
尧都区	1014468	719427		295041
曲沃县	107137		69361	37776
翼城县	176479		125722	50757
襄汾县	187099		114029	73070
洪洞县	281670		190781	90889
古　县	43748		30967	12781
安泽县	45423		26152	19271
浮山县	37830		24677	13153
吉　县	33017		21545	11472
乡宁县	92999		54003	38996
大宁县	14521		11678	2843
隰　县	48016		34486	13530
永和县	20018		11259	8759
蒲　县	41362		27226	14136
汾西县	52669		33773	18896
侯马市	372333	346646		25688
霍州市	156723	97256		59467

17-94 财政收支总额(2009年)

单位：万元

	财　政总收入	一般预算收入总额	#企　业所得税	#增值税	一般预算支出总额	#一般公共服　务	#教　育	#农林水事务
全　市	**1376666**	**629205**	**51394**	**113079**	**1320408**	**276920**	**249877**	**120066**
尧都区	226281	83288	3527	9296	129334	26825	31592	10223
曲沃县	47675	15098	323	4075	56594	9095	13041	7304
翼城县	80139	40582	2493	4444	83801	21060	19519	6940
襄汾县	100066	32197	816	9718	103629	16565	23282	11354
洪洞县	173716	72581	5795	11471	135385	24660	28991	12395
古　县	100500	35735	6323	6237	56447	15553	9361	5973
安泽县	57020	18307	1486	4899	44243	4997	12008	7639
浮山县	21025	9288	308	1387	34930	7957	8747	3537
吉　县	6276	2971	109	371	41107	5736	7223	5324
乡宁县	179552	66473	12473	9545	91753	32082	17589	8640
大宁县	3030	1802	29	88	36300	5978	4589	4023
隰　县	4869	3349	66	116	44314	6738	7204	7115
永和县	1603	735	19	81	29000	5489	4917	3750
蒲　县	97098	45954	2116	6220	66678	28353	6056	4392
汾西县	13954	9550	60	475	48588	13537	9409	5050
侯马市	60380	24202	1116	3845	59381	8523	14675	4648
霍州市	130626	43068	1118	11628	62868	9953	14666	4540

注：一般预算支出总额采用决算数据。

17-95 海关进出口情况

单位：万美元

	2007			2008			2009		
	进出口总额	进口	出口	进出口总额	进口	出口	进出口总额	进口	出口
全市	**39535**	**17015**	**22520**	**55876**	**23820**	**32056**	**35519**	**26832**	**8687**
尧都区	9187	2243	6944	12043	102	11941	3828	3	3825
曲沃县	6036	5541	495	7619	7117	502	610		610
翼城县	973	1	972	893	3	890	613		613
襄汾县	2623	103	2520	1554		1554	245		245
洪洞县	5501	157	5344	9793	791	9002	1413	222	1191
古县	1971		1971	3160		3160	476		476
安泽县									
浮山县									
吉县									
乡宁县									
大宁县									
隰县	596		596	866		866	93		93
永和县									
蒲县									
汾西县									
侯马市	12177	8968	3209	19378	15634	3744	28010	26605	1405
霍州市									

17-96 利用外商直接投资额

单位：万美元

	2007		2008		2009	
	合同金额	实际使用金额	合同金额	实际使用金额	合同金额	实际使用金额
全市	**5287**	**5187**	**7179**	**28601**	**3132**	**11650**
尧都区	746	287	1410	865	371	1118
曲沃县						
翼城县					1103	
襄汾县	1065	3000	2641	899		1743
洪洞县		391	138	529	932	225
古县	501	338		603	200	
安泽县						
浮山县	2000					
吉县						
乡宁县		1030		2347		
大宁县						
隰县						
永和县						
蒲县						
汾西县						
侯马市	975	141	2990	572		54
霍州市				22786	526	8510

17-97 普通中小学基本情况(2009年)

单位：所、人

	普通中学				小学			
	学校数	专任教师数	毕业生数	在校学生数	学校数	专任教师数	毕业生数	在校学生数
全　市	**345**	**21692**	**109658**	**299782**	**1843**	**23426**	**71994**	**372178**
尧都区	61	4807	25594	73601	207	4213	12961	72299
曲沃县	21	1229	6127	17050	84	1050	4016	16031
翼城县	27	1597	7821	24333	175	1502	4349	24901
襄汾县	31	2261	12973	34283	167	2256	8046	37403
洪洞县	57	3666	18374	45882	305	3398	14691	65718
古　县	9	492	2450	6157	81	743	1569	9238
安泽县	6	359	1803	5726	50	640	1412	7488
浮山县	8	551	2747	6901	33	718	1882	10055
吉　县	9	513	2571	6532	42	784	1804	11422
乡宁县	18	1068	5507	15251	128	1590	4231	24145
大宁县	5	235	1195	3432	46	518	1214	6527
隰　县	9	502	2131	6535	78	758	1775	11426
永和县	4	250	979	3130	66	367	699	4782
蒲　县	15	541	2148	5661	86	717	1587	10332
汾西县	15	823	3765	9302	121	1039	2491	12825
侯马市	17	1139	5121	14257	55	1335	3529	17492
霍州市	33	1659	8351	21749	119	1798	5738	30094

17-98 医院及床位数

单位：个、张

	医院数				医院床位数			
	2006	2007	2008	2009	2006	2007	2008	2009
全　市	**117**	**125**	**148**	166	**11944**	**13704**	**10235**	**10852**
尧都区	39	46	53	61	3650	4125	4063	4406
曲沃县	3	3	3	5	430	918	440	473
翼城县	2	2	7	8	749	769	500	530
襄汾县	7	7	9	9	1007	931	453	499
洪洞县	8	8	11	12	1268	1255	787	788
古　县	1	1	2	2	220	234	125	100
安泽县	2	2	2	2	269	278	151	161
浮山县	2	2	2	3	279	261	140	186
吉　县	2	2	2	2	330	330	140	160
乡宁县	6	6	6	7	532	962	372	402
大宁县	3	3	3	3	242	242	145	130
隰　县	2	2	2	2	294	300	160	195
永和县	2	2	2	2	210	194	120	128
蒲　县	2	2	3	3	331	336	157	160
汾西县	1	1	3	4	274	290	175	205
侯马市	16	16	16	19	645	1240	1220	1288
霍州市	19	20	22	22	1214	1039	1087	1041

17-99　规模以上工业主要

	企业单位数(个)	亏损企业	工业总产值(当年价格)	工业销售产值(当年价格)	出口交货值	资产总计	流动资产合计	固定资产合计
全　市	**455**	**179**	**993.30**	**997.94**	**4.23**	**1230.71**	**531.70**	**560.05**
尧都区	80	35	141.03	140.80	1.46	164.77	67.66	67.25
曲沃县	31	6	88.97	85.90	0.65	108.51	48.14	49.78
翼城县	40	32	89.15	88.87		75.40	32.99	34.71
襄汾县	32	19	125.40	125.61	0.37	120.50	54.42	61.70
洪洞县	74	36	170.02	168.67	0.65	232.01	81.30	128.74
古　县	25	5	76.79	77.22		58.01	40.86	14.19
安泽县	15		46.99	49.82		35.16	14.91	16.89
浮山县	20		19.03	18.83		10.07	3.74	6.26
吉　县	2		6.46	6.20		8.31	3.62	2.99
乡宁县	23	7	47.25	47.25		83.71	44.95	30.52
大宁县	2	1	2.67	2.64		5.00	3.81	1.09
隰　县	2	2	0.61	0.63		1.03	0.70	0.28
蒲　县	38	6	15.51	15.69		34.36	16.83	13.59
汾西县	18	2	2.84	2.75		10.75	4.77	5.55
侯马市	36	22	90.33	90.88	1.09	76.75	43.34	31.37
霍州市	17	6	70.27	76.17		206.37	69.65	95.14

17-99　续

	主营业务成本	主营业务税金及附加	营业费用	管理费用	财务费用	利息支出	营业利润	利润总额	亏损企业亏损总额
全　市	**876.61**	**9.54**	**21.74**	**48.74**	**19.10**	**19.26**	**32.90**	**10.74**	**31.57**
尧都区	141.62	2.33	3.06	5.26	2.18	2.02	-3.73	-5.12	6.21
曲沃县	82.49	0.08	0.65	1.64	2.82	2.79	1.33	-1.84	2.37
翼城县	84.60	0.22	1.45	3.77	0.85	0.84	-0.42	-0.25	1.79
襄汾县	115.14	0.45	1.27	3.32	2.48	2.41	1.14	-0.43	1.82
洪洞县	152.68	2.67	6.63	8.27	3.08	3.74	-2.67	-4.19	9.10
古　县	64.40	0.64	2.56	2.11	1.01	0.93	6.03	4.92	0.12
安泽县	32.64	0.59	1.53	2.69	0.56	0.16	2.87	2.87	
浮山县	13.97	0.10	0.10	0.34	0.07	0.07	6.22	3.51	
吉　县	1.64	0.16	0.12	0.39	0.26	0.26	3.63	3.32	
乡宁县	29.45	0.83	1.59	6.02	0.79	0.78	9.16	8.68	2.12
大宁县	0.74	0.07	0.17	0.36	0.11	0.00	1.21	1.21	0.04
隰　县	0.53	0.01	0.01	0.09	0.01	0.01	-0.03	-0.04	0.04
蒲　县	10.22	0.17	0.45	0.66	0.11	0.10	1.20	0.95	0.15
汾西县	2.56	0.11	0.18	0.36	0.09	0.09	-0.77	-0.78	0.79
侯马市	79.02	0.17	0.96	2.56	1.37	1.40	7.90	-2.11	3.04
霍州市	64.91	0.94	1.01	10.89	3.30	3.66	-0.16	0.03	3.97

经济效益指标(2009年)

单位：亿元

固定资产原价	累计折旧	固定资产净值	流动负债合计	长期负债合计	负债合计	所有者权益合计	实收资本	主营业务收入
668.37	**190.48**	**477.88**	**688.59**	**135.73**	**836.28**	**394.44**	**218.24**	**992.42**
84.31	29.70	54.62	109.30	12.36	122.44	42.34	24.40	146.22
44.74	8.39	36.36	93.95	10.01	104.01	4.50	8.66	86.82
46.97	16.03	30.94	37.84	11.45	49.28	26.12	17.11	90.33
69.53	12.90	56.63	71.79	7.57	79.36	41.14	29.93	123.51
139.68	40.23	99.45	107.72	26.17	139.51	92.50	36.74	169.48
18.50	5.31	13.20	41.44	0.96	43.31	14.70	5.46	75.49
17.38	2.91	14.47	15.79	0.93	18.37	16.79	6.75	40.52
8.16	1.92	6.24	4.53	0.01	4.99	5.07	4.22	20.47
3.14	0.96	2.18	3.06	1.85	4.91	3.40	1.25	6.20
31.06	7.39	23.67	34.42	4.50	39.16	44.54	6.92	47.40
1.28	0.30	0.97	3.55	0.10	3.65	1.35	0.42	2.74
0.41	0.17	0.24	0.59	0.15	0.75	0.28	0.29	0.62
15.21	4.20	11.01	13.52	2.59	18.36	16.00	5.88	14.95
5.87	0.32	5.55	6.02	0.44	6.45	4.30	4.30	2.53
40.96	12.89	28.07	52.99	6.49	59.49	17.27	21.48	88.44
141.15	46.86	94.29	92.05	50.15	142.23	64.13	44.43	76.68

表

单位：亿元、人

利税总额	本年应付工资总额	本年应付福利费总额	本年应交增值税	全部从业人员年平均人数	总资产贡献率(%)	资产负债率(%)	流动资产周转率(次/年)	成本费用利润率(%)	产品销售率(%)
72.56	**59.70**	**2.08**	**52.28**	**168791**	**7.46**	**67.95**	**1.87**	**1.11**	**100.47**
1.21	6.42	0.33	4.00	26913	1.96	74.30	2.16	–3.37	99.84
3.64	4.27	0.12	5.39	11784	5.92	95.85	1.80	–2.10	96.55
2.62	4.36	0.16	2.65	12840	4.58	65.36	2.74	–0.28	99.69
4.97	7.92	0.15	4.95	16137	6.12	65.86	2.27	–0.35	100.17
8.83	6.67	0.25	10.34	27318	5.42	60.13	2.08	–2.45	99.21
9.90	4.02	0.14	4.35	7908	18.68	74.66	1.85	7.02	100.56
5.73	3.21	0.04	2.28	4763	16.76	52.24	2.72	7.66	106.02
4.30	0.40	0.03	0.69	2080	43.40	49.58	5.48	24.23	98.96
4.49	0.68	0.00	1.00	995	57.11	59.06	1.71	138.01	96.09
15.10	2.77	0.26	5.60	10228	18.97	46.79	1.05	22.93	100.01
1.72	0.11	0.01	0.44	1090	34.45	72.99	0.72	87.57	98.93
0.05	0.20	0.03	0.08	354	6.09	72.63	0.88	–5.98	102.34
3.18	1.85	0.08	2.06	3905	9.54	53.44	0.89	8.34	101.18
–0.62	0.24	0.01	0.04	1589	–4.94	60.00	0.53	–24.38	96.95
–0.13	3.89	0.14	1.81	13609	1.66	77.50	2.04	–2.51	100.61
7.57	12.66	0.32	6.60	27278	5.44	68.92	1.10	0.04	108.40

18

企业篇

资料整理人员

张灵龙　王　磊

18-1 企业家信心指数(2009年)

分组	2009年			
	1季度	2季度	3季度	4季度
企业家信心指数	**67.41**	**87.44**	**90.57**	**101.41**
一、按行业门类分				
工　业	59.22	82.75	88.79	105.95
采掘业	38.46	75.00	100.00	140.00
制造业	60.71	82.19	84.71	99.32
电力、燃气及水的生产和供应业	80.00	100.00	100.00	120.00
建筑业	142.83	142.83	112.50	119.83
交通运输、仓储和邮政业	72.22	88.89	88.89	77.78
批发和零售业	75.00	125.00	66.21	77.75
房地产业	166.67	133.33	133.33	100.00
社会服务业	90.00	90.00	120.00	90.00
信息传输、计算机服务和软件业	125.00	75.00	75.00	125.00
住宿和餐饮业	50.00	33.33	133.33	80.00
二、按登记注册类型分				
国有企业	75.50	110.53	100.00	114.10
集体企业	100.00	100.00	100.00	0.00
股份合作企业	100.00	100.00	100.00	0.00
有限责任公司	74.55	84.71	97.13	102.86
股份有限公司	0.00	46.06	43.34	28.24
私营企业	75.00	100.00	50.00	100.00
其它内资企业	100.00	100.00	100.00	100.00
外商港澳台投资企业	66.67	100.00	100.00	87.50
三、按企业规模分				
大　型	93.90	107.28	116.95	122.42
中　型	54.05	82.35	80.39	96.00
小　型	75.00	86.11	103.45	96.49
四、特殊分组				
上市公司(国家重点企业)	0.00	65.16	100.00	65.16
乡镇企业	28.57	57.14	71.43	100.00
国有控股企业	76.60	92.95	93.78	109.54

18-2 企业景气指数(2009年)

分　组	2009年			
	1季度	2季度	3季度	4季度
企业景气指数	**67.07**	**81.33**	**96.13**	**94.75**
一、按行业门类分				
工　业	53.87	73.15	96.44	91.55
采掘业	23.08	75.00	120.00	160.00
制造业	60.99	72.16	94.07	77.94
电力、燃气及水的生产和供应业	40.00	80.00	80.00	140.00
建筑业	137.50	155.33	119.83	132.33
交通运输、仓储和邮政业	94.44	88.89	83.33	83.33
批发和零售业	87.50	137.50	112.50	114.83
房地产业	166.67	133.33	133.33	166.67
社会服务业	90.00	90.00	100.00	100.00
信息传输、计算机服务和软件业	100.00	25.00	50.00	100.00
住宿和餐饮业	100.00	50.00	83.33	100.00
二、按登记注册类型分				
国有企业	83.10	105.26	100.00	121.05
集体企业	100.00	100.00	100.00	0.00
股份合作企业	100.00	100.00	0.00	100.00
有限责任公司	77.78	83.13	95.88	92.67
股份有限公司	33.89	66.06	80.00	64.90
私营企业	75.00	50.00	150.00	100.00
其它内资企业	100.00	100.00	100.00	100.00
外商港澳台投资企业	33.33	62.50	87.50	112.50
三、按企业规模分				
大　型	102.26	107.28	139.53	103.21
中　型	54.05	79.41	88.24	100.00
小　型	77.50	81.94	93.10	92.98
四、特殊分组				
上市公司(国家重点企业)	34.73	65.16	100.00	65.16
乡镇企业	57.14	71.43	85.71	100.00
国有控股企业	83.31	92.95	120.01	117.40

19

附录

资料整理人员

张增福　王福勤　靳丽丽　申淑霞
翟晓鹏　张　栋　刘　炜　李晓华

19-1 重大项目投资一览表(2009年)

单位：万元

单位及项目名称	开工时间	投产时间	计划总投资	累计完成投资	2009年完成投资
山西省临汾至吉县高速公路指挥部临汾至吉县高速公路	200908		943283	157830	157830
山西同世达煤化工集团有限公司年产200万吨二甲醚项目	200906		684250	4300	4300
山西兆光发电有限责任公司二期工程	200609	200911	530288	481354	28567
山西省霍州发电厂2×60万千瓦发电“以大代小”项目	200910		472231	158325	158325
山西漳泽电力股份有限公司侯马热力分公司2×300MW热电联产工程			286853	96406	96406
山西大唐国际临汾河西热电厂2×30万千瓦机组工程	200908		277842	53927	53927
山西临汾热电有限公司2×30万千瓦机组工程	200709		270000	185900	110661
山西省公路局临汾分局临大公路改造	200907		242000	135020	135020
山西省临汾市汾河生态建设工程有限公司汾河生态建设工程	200906		188000	45940	45940
山西张台地方铁路投资建设有限公司张礼至台头地方铁路			186400	11000	11000
山西省侯马北方轻工城有限责任公司轻工城项目	200612		160000	86830	11700
山西省霍州煤电集团有限责任公司更新改造	200901	200912	156443	156443	156443
山西焦化集团有限公司150万吨/年焦炉扩建二期	200801	200912	130000	139804	46073
山西省霍州煤电集团有限责任公司干河煤矿扩建工程	200407	200912	128434	120940	18958
山西省临汾银光实业有限公司5.5万吨丁二醇配套项目	200801		126000	70815	22500
山西华翔投资有限公司华翔美的精密铸造循环利用工程项目	200908		95846	25000	25000
山西省临汾市交通局祁临高速临汾北环段	200910		85720	14815	14815
山西省洪洞县交通局环城高速北环段建设工程			85000	6300	6300
山西顺驰企业发展有限责任公司侯马山水倾城温泉旅游渡假村	200705		68000	32500	1500
山西三维集团股份有限公司3万吨聚四亚甲基醚二醇			65823	9000	9000
山西通才工贸有限公司100万吨棒材生产线	200905		65000	61157	61157
山西省霍宝干河煤矿有限公司干河矿井建设	200906		65000	42952	42952
山西省襄汾县建滔万鑫达化工有限责任公司20万吨甲醇	200608		64000	63226	23500
山西三维集团股份有限公司7.5万吨丁二醇	200802	200912	62000	63341	11491
山西省公路局临汾分局省道桃临线木瓜沟至马务桥建设工程	200907		61700	8295	8295
山西省襄汾县光大焦化气源有限公司二甲醚项目	200608	200912	60000	63061	19896
山西省中强经贸有限公司春山煤矿	200507		60000	33765	21213
山西省临汾市人民医院新建医院项目			55000	8507	8507
山西省临汾市同世达实业有限公司20万吨甲醇和10万吨甲醚	200705	200902	52000	60876	7000
山西天然气股份有限公司临汾至侯马天然气输配工程	200904	200909	51000	51000	51000
山西省临汾市交通局大韩——新风公路	200909		49950	17500	17500
山西省侯马市汤荣汽车配件制造有限公司年产50万吨汽车零件铸造与机加工项目	200510	200908	48000	48000	3694
山西省临汾市中德农牧科技发展有限公司新建养殖厂	200810		46200	8400	8250
山西省临汾开发区科海科技研发中心新建科研楼			46000	3562	3562
山西中强煤化有限公司煤矿重组整合	200912		45000	12000	12000
山西省乡宁县台头胡村煤矿接替井项目	200303		45000	43000	14329
山西省公路局临汾分局G309刘村－吉县窑曲	200611	200911	44012	51820	10042
山西汾河焦煤有限公司更新改造	200804	200912	43827	43827	23124
山西省临汾市建设局滨河西路北延	200908		40389	15857	15857
山西省乡宁县尉乡焦化有限公司60万吨机焦生产线	200303		39299	27710	3846
山西省安泽县永鑫焦化有限公司年产100万吨焦化项目	200905		38000	13000	13000
山西省汾河焦煤股份有限公司矿井建设	200910		37044	25300	25300
山西省洪洞县鑫基商贸有限公司脱水果蔬深加工	200805	200912	35000	736	140
山西省浮山县元鹏工贸有限公司550立方锰铁高炉	200712		35000	1024	
山西省襄汾县张礼货物集运站基建处发运站	200607		33000	31700	15000
山西省襄汾县丁陶国际大酒店有限公司丁陶大酒店	200708	200908	32000	32000	21700
山西省汾西县煤气化有限责任公司城市煤气供应发电配套建设项目	200704	200912	31540	31540	10185
山西省中国联通临汾分公司扩容项目	200905	200912	30886	30886	30886
山西乡宁隆博煤业有限公司90万吨基建矿井	200703		30000	16450	14050

19-1 续表

单位：万元

项目名称	开工时间	投产时间	计划总投资	累计完成投资	2009年完成投资
山西省平阳机械厂液压支架生产技术改造	200701	200912	30000	30000	9088
山西省临汾市天鹅大酒店有限公司酒店建设	200706		30000	22000	14753
山西焦化集团有限公司10万吨/年粗苯精制改造项目	200806	200912	28832	20991	14521
山西省霍州煤电集团霍州矿区采煤沉陷区治理			28267	6613	6613
山西省金都花园酒店投资有限公司酒店建设	200604	200910	28000	27970	0
山西省侯马市宝特国际物流有限公司陆港口岸	200710	200908	28000	28000	13643
山西琪尔康翅果生物制品有限公司翅果油综合开发产业化	200406		27110	24129	1559
山西省洪洞县环保局集中供热	200805	200912	26880	27300	15260
山西移动通信公司临汾分公司09年GSM无线扩容工程	200903	200912	26685	26685	26685
山西省乡宁县煤焦实业有限公司10万亩翅果油树木基地	200608		25860	13098	1530
山西省翼城县城乡建设局解放街拓宽改造工程	200401	200911	25520	25520	1075
山西省临汾市引沁入汾和川输水工程建设项目部引沁入汾和川输水工程	200804	200912	25447	25447	7381
山西省洪洞县交通局广胜寺旅游通道	200910		25300	9000	9000
山西省襄汾县星源集团特钢有限公司高速线材	200908		25000	23000	23000
山西省临汾市志强钢铁有限公司505立方米高炉	200707		25000	19792	2393
山西立恒钢铁有限公司550m^{3}锰铁高炉	200809	200905	24600	27000	16200
山西省侯马市城建局北美棕榈泉小区	200904		24000	7000	7000
山西省洪洞县建设局恒富搭桥	200801	200905	24000	24000	5190
山西省洪洞县建设局滨河东路工程	200805	200905	23800	23800	9000
山西军峰投资有限公司世纪金花五星级酒店			23000	4000	4000
山西省临汾市第十三中学校新校区建设	200911		23000	12000	12000
山西省临汾市第二中学校新校区建设	200912		23000	8500	8500
山西临汾民航机场机场公路			22715	3549	3549
山西省乡宁县葡萄酒厂建厂	200807		21686	11600	6400
山西天地衡建设工程项目管理有限公司还迁安置住房	200903		21000	6780	6780
山西三维集团股份有限公司EVA乳液生产项目	200708	200908	20470	14271	280
山西省临汾开发区深国投购物广场新建购物广场			20000	3582	3582
山西立恒钢铁有限公司80万吨高线生产线	200904	200909	20000	29000	29000
山西省襄汾县星源钢铁集团有限公司550立方炼铁高炉	200901	200912	20000	23000	23000
山西省乡宁云邱山旅游开发有限公司云邱山旅游开发	200508		19800	10000	6500
山西省汾西县隆盛水泥厂熟料水泥生产线一期工程	200903		19800	9979	9979
山西省公路局临汾分局省道临夏线临汾城区过境公路	200908		19800	2845	2845
山西省临汾市建设局南外环东段及立交桥拓宽改造项目	200706	200903	19381	13941	60
山西临汾海姿供气供热有限公司东城集中供热	200904		18114	5815	5815
山西省蒲县龙祥建材有限公司龙祥新型干法水泥生产线	200709		18000	14000	8600
山西省翼城县宏升铁厂24万吨锰铁合金项目	200702		18000	13610	3880
山西省临汾市建设局滨河西路北段工程	200803	200903	18000	18050	50
山西省洪洞县环保局天然气管网工程	200806	200901	18000	3100	0
山西省襄汾县河西集中供热站河西供热	200905		18000	12000	12000
山西省侯马市平阳厂液压支架扩建项目	200909		17322	5000	5000
山西立恒钢铁有限公司2×550m^{3}锰铁高炉2号炉	200905		17000	8600	8600
山西光宇电源有限公司年产100万千瓦大功率LED光源及应用项目一期工程	200610		16861	16861	5678
山西省电力公司临汾供电分公司110千伏输变电工程	200904	200911	16678	11258	11258
山西省襄汾县河西新院建院	200905		16000	12394	12394
山西省曲沃县晋宏钢铁厂炼铁高炉	200901		16000	15420	15420
山西省永和县发展改革与经济局煤、焦、气化勘测工程	200608		16000	9000	0
山西省临汾市建设局漪汾花园经济适用房建设工程	200911		16000	5001	5001
山西省洪洞县供电公司新建南沟220千伏变电站	200804	200905	15630	15630	6130
山西省临汾市建设局市区第二污水处理工程	200906		15540	5995	5995

19-2 具有资质等级的建筑业企业一览表

单位：千元

单位名称	建筑业总产值	
	2008	2009
中铁十二局第一工程有限公司	5155950	7955220
山西省第一建筑工程公司	1236899	1208312
山西路桥第二工程有限公司	559115	1062629
山西省霍州煤电集团云厦建筑公司	589522	548378
山西平阳路桥有限公司	407861	460965
山西奥威路桥实业有限公司	204098	238733
山西省临汾市城建工程有限公司	153416	133860
临汾送变电工程公司	118320	129830
山西省古县建筑安装工程有限责任公司	90068	95472
山西凯吉建筑工程有限公司	84175	92276
山西省霍州煤电集团建筑工程多种经营公司	53500	90000
山西省临汾第二建筑总公司	44458	90000
山西省临汾市建筑工程总公司	95840	87010
大宁县建筑设备安装总公司	12893	86143
山西省隰县耀泽公路工程有限公司	59462	82754
山西长林环保工程有限公司	185111	82702
山西临汾晋洪路桥工程有限公司	60372	70500
山西省临汾市水利机械工程局	43860	65980
山西省临汾市鑫明预拌有限公司	43082	61613
山西省临汾市市政工程有限责任公司	112669	61569
山西省临汾市临能送变电工程有限公司	60543	55000
山西省侯马市华翔建安有限公司	69426	53200
山西省侯马市建筑安装总公司	72850	51633
山西焦化集团临汾建筑安装有限公司	94210	49831
翼城县北关建筑安装有限责任公司	32016	44798
吉县壶口建筑发展有限公司	9720	39407
洪洞县市政工程公司	32000	35560
山西省临汾市尧电电力有限责任公司	18249	35000
翼城县建筑安装工程总公司	29586	34261
山西省侯马市新城建筑安装有限公司	90711	33547
山西省隰县建安工程有限公司	26480	31475
山西省隰县古建筑有限公司	31266	30527
吉县吉宁市政建筑工程有限公司		29773
山西省临汾市市政设施养护管理处	41400	28700
山西省霍州市建筑安装有限公司	29008	27900
山西省霍州市市政工程公司	24666	25000
山西省临汾第三建筑安装工程公司	24866	24673
山西省临汾市科海自动化给水消防工程有限公	22780	24670
山西省侯马市勇杰建筑安装有限责任公司	24050	24250
浮山县振兴建筑安装工程有限公司	13279	23600
山西临汾晋洪工程有限公司	15314	21549

19-2 续表1

单位：千元

单位名称	建筑业总产值	
	2008	2009
山西省侯马市市政工程公司	37500	20760
洪洞县恒泰建筑安装有限公司	20200	19800
洪洞县三利建筑有限公司	13600	19320
山西弘昌路桥有限责任公司	14089	19139
山西省万佳基础有限公司	13030	18116
山西省临汾市永康消防工程有限公司		17928
山西长胜公路工程有限公司	9404	17350
山西省霍州市工程建设有限公司	12800	16800
山西省临汾市第一建筑安装总公司	34868	15653
山西冶金建设公司	95784	15065
山西省隰县建筑工程有限公司	8600	15000
曲沃县宏远建筑工程有限公司	14000	14800
襄汾县晋阳路桥工程有限公司	31995	14310
临汾枫叶装饰工程有限公司	1680	13500
山西华地基础工程有限公司	14700	12270
山西省洪洞县建筑工程公司	16700	12050
山西省侯马市广丰建安有限责任公司	15807	12000
山西骏通路桥有限公司	9031	11403
山西省尧通电信工程有限公司	11753	11354
山西东方星装饰安装工程有限公司	6375	10783
山西华通耐特路桥有限公司	5990	10644
山西省临汾市永泰建筑有限公司	9398	9863
临汾市鑫光建材有限公司	14686	9800
山西恒富集团金属结构有限公司	9713	9734
乡宁县纵横装饰有限公司	12900	9149
山西省临汾名流装饰工程有限公司	5600	8148
山西省临汾市尧都区燎原照明有限公司	7135	7800
山西省临汾天舒空调设备有限公司	6110	7670
临汾世纪欣电子科技有限公司		7073
山西金雨电力工程有限公司		6534
山西省临汾市尧都区乡镇建筑安装公司	1609	5613
山西康辉路桥有限公司	22684	5585
洪洞县博大钢结构有限公司		5000
山西省临汾市金方鑫正塑铝门窗有限公司	4042	4968
山西省临汾腾达建筑工程有限公司	3970	4800
山西省蒲县晋瑞建筑工程有限责任公司		4680
山西省临汾市泉通管道有限公司	13889	4446
山西省临汾市尧都区阳光佳美装饰有限公司	3778	4090
乡宁县建筑总公司	11534	3995
山西利城铁建工程有限公司	3610	3820
汾西县鼎新建筑行有限责任公司	8860	3600

19-2　续表2

单位：千元

单位名称	建筑业总产值	
	2008	2009
山西吉鑫彩钢结构有限公司	4777	3487
山西恒业基础工程有限责任公司	3690	3424
永和县通用建筑有限公司	2890	3300
山西省临汾祥龙消防设备开发有限公司	2180	3200
山西省临汾市金朝装饰工程有限公司	3600	3120
临汾市中安交通工程有限公司	4350	2990
山西建工防水工程有限公司	2548	2885
山西省临汾市尧都区地盛建设工程有限公司	3718	2470
山西省临汾厚载环能有限公司	1958	2250
山西省侯马市恒裕建筑安装有限责任公司	4876	2176
山西省临汾市卓尔亚装潢设计有限公司	1401	1916
安泽县建安工程有限公司	13292	1235
山西省侯马经济技术开发区汉飞钢构彩板工程有限公司	4600	983
山西省临汾市融成装饰有限公司	1727	692
山西省蒲县晋通路桥建设有限公司		600
临汾市晋升装饰工程有限公司	119	498
山西孚亨装饰有限公司	620	394
山西省临汾东方泰格有限公司	805	353
山西省临汾市老虎嘉禾装饰有限公司	770	290
山西省临汾圆方装饰有限公司	670	160
山西省临汾市奇仕装饰装修有限公司		159
山西省临汾市方达地暖工程有限公司	1425	
山西天丰钢结构有限公司		
山西省临汾市宝鹏建设工程有限公司		
山西万腾峰路桥有限公司		
山西省临汾立方土地开发有限公司		
山西临汾市天虹建筑装修工程有限公司	210	
山西通泰路桥有限公司	1100	
山西省临汾博浩源工程有限公司	31634	
临汾市渝飞矿山工程有限公司		
翼城县北关零陆金属结构制造有限公司	800	
山西省临汾市天马装饰工程有限公司	100	
山西省蒲县兴达建筑安装工程有限责任公司	8000	
山西通惠空调机电工程有限公司		
临汾市安泰消防工程器材有限公司		
山西省临汾市四季装潢有限公司		
临汾市尧都区大自然装饰工程有限公司	1000	
山西省侯马市北辰建筑有限责任公司	13400	
临汾市三和锅炉制造有限公司		
山西省临汾市尧都区第二建筑安装总公司		

19-3 具有资质等级的房地产开发企业一览表

单位：万元

企业名称	本年完成投资	
	2008	2009
山西临汾恒安房地产开发有限公司	19917	23293
山西省临汾市派德森房地产开发有限公司		23221
山西省晋城市新世达房地产开发公司临汾分公司		20506
山西省临汾博浩源房地产开发有限公司	27153	20297
山西省临汾市鸿安世纪房地产开发有限公司	2680	19630
山西省临汾康桥房地产开发有限公司		17932
山西临汾新盛房地产开发有限公司		17603
山西省侯马市华翔房地产开发有限公司	17297	13290
山西侯马仁和房地产开发有限公司	3800	13280
山西兴丰源房地产开发有限公司临汾分公司		13000
山西省临汾市金洋州房地产开发有限公司		12482
山西省洪洞县同鑫城市建设项目管理有限公司		11980
山西三合房地产开发有限公司	566	11973
山西省临汾市春秋房地产公司	9353	9669
河北中天房地产开发有限公司翼城分公司		8750
山西省临汾市平阳房地产开发有限公司	5490	8265
新疆宏锦房地产开发有限责任公司襄汾分公司		8000
山西省临汾市惠信振业房地产开发有限公司		7794
山西省侯马市阳光置业房地产开发有限公司		7500
山西省临汾京华房地产开发有限公司	6457	6616
山西省侯马开发区中大房地产开发有限公司	120	5756
山西万瑞房地产开发有限公司		5461
山西省临汾市尧都区源宏房地产开发有限公司	12440	5350
山西临汾尧隆房地产开发有限公司		5241
山西省临汾五洲城建开发有限公司侯马公司	9606	5086
山西省侯马市勇杰房地产开发有限公司		4300
山西省临汾通力房地产开发公司	1500	3990
山西侯马市宏诚房地产开发有限公司		3941
山西省临汾市新世纪房地产开发有限公司		3920
山西省洪洞县连三房地产开发有限公司	830	3770
山西崇源房地产开发有限公司霍州分公司		3650
山西省古县龙腾房地产开发有限公司		3630
山西省临汾亚太房地产开发有限公司	2270	3550
山西省临汾市富海房地产开发有限公司	2483	3278
山西省襄汾县龙和房地产有限责任公司	1124	3221
山西省临汾市洋洲房地产开发公司		2880

19-3 续表

单位：万元

企业名称	本年完成投资	
	2008	2009
山西省临汾市吉宇房地产开发有限公司	1200	2580
山西省临汾市歧东房地产开发有限公司	1463	2566
山西省洪洞县房地产开发公司	1185	2455
山西荣盛家园房地产有限公司临汾分公司		2400
山西省临汾市海强房地产开发有限公司	10360	2340
山西省临汾市日月升房地产开发有限公司	1062	2308
海门市金城房地产有限公司霍州分公司	10600	2250
上海苏汇房地产开发有限公司侯马分公司	4650	2137
山西省临汾市绿岛房地产开发有限公司		2031
山西金翔房地产开发有限公司侯马分公司		2015
山西省侯马市昊星房地产开发有限公司		1880
山西省康城房地产开发有限公司	7590	1810
山西省临汾市尧成房地产开发有限公司	1180	1800
山西省霍州市天悦房地产开发有限公司		1800
山西省临汾拓美房地产开发有限公司		1700
山西省临汾五洲城建开发有限公司	8863	1522
山西省临汾市朝暾房地产开发有限公司		1450
山西康泰房地产开发有限公司		1285
山西省临汾市金海湾房地产开发有限公司	3084	1221
山西省洪洞县城镇建设开发公司	2000	1192
山西省太原诚达房地产开发有限责任公司翼城分公司		1098
山西侯马经济开发区飞云房地产开发有限公司	170	1033
山西省洪洞县弘淦房地产开发公司	1130	1005
山西庆丰房地产开发有限公司	7045	930
山西省曲沃县馥裕房地产开发有限公司	40	750
山西省洪洞县燊泉房地产开发有限公司	609	629
山西省临汾市富安房地产开发公司霍州公司	3970	421
山西省曲沃县鑫晟房地产开发有限公司		369
山西省新田房地产开发有限公司	1239	339
山西省临汾市敏业房地产开发有限公司	280	328
山西省洪洞县业成房地产开发有限公司	1300	300
山西省翼城县北关村农工贸总公司房地产开发中心	986	300
山西省浮山县房地产开发公司	496	270
山西宝泓房地产开发有限公司		236
山西省霍州市华怡房地产开发有限责任公司	650	210
山西省临汾市同世达房地产开发有限公司		143

19-4 限额以上批发、零售法人企业一览表（2009年）

单位：千元

法人单位名称	销售总额	法人单位名称	销售总额
批发企业		临汾市世纪百悦购物中心有限公司	269111
山西省盐业公司临汾分公司	32297	山西省临汾市新华书店	37333
山西虹通酒类饮料有限公司	61283	侯马新华书店有限公司	8437
山西省烟草公司临汾市公司	2527671	山西省曲沃县新华书店	8629
侯马雪中飞贸易有限公司	34272	翼城县新华书店	15222
临汾康顺昌医药有限公司	24713	襄汾县新华书店	22910
山西省临汾市医药药材有限公司	258070	洪洞县新华书店	31171
霍州煤电集团团柏多种经营公司	49425	霍州市新华书店	9418
霍州市煤电集团辛置多经公司	125908	山西省乡宁县新华书店	9469
山西同盛煤业有限公司	209510	山西省汾西县新华书店	5067
山西省煤炭运销总公司临汾分公司尧都区公司	1287740	临汾太行药庄有限公司	16992
山西省煤炭运销总公司临汾分公司洪洞县公司	404044	曲沃县医药有限公司	12985
霍州市辛置煤焦发运有限公司	16025	翼城县医药药材有限责任公司	24875
霍州市煤炭运销公司	25946	山西省洪洞县医药药材公司	33458
山西煤炭运销集团临汾古县有限公司	1357809	霍州市医药有限公司	37712
山西省煤炭运销集团临汾安泽有限公司	1121522	古县医药药材有限责任公司	5940
山西煤炭运销集团临汾吉县有限公司	641299	安泽县医药药材有限责任公司	5660
山西省煤炭运销总公司临汾分公司乡宁县公司	1664854	浮山县医药药材有限责任公司	3595
山西省煤炭运销公司蒲县煤炭运销公司	398470	乡宁县医药有限责任公司	4377
山西省煤炭运销集团临汾汾西有限公司	15950	汾西县医药药材有限责任公司	5360
翼城县源海贸易有限公司	112795	山西省临汾市竹林大药房连锁有限公司	34565
山西省煤炭运销总公司曲沃煤炭集运站	9548	襄汾县医药药材有限责任公司	9525
古县焦炭公司	16900	侯马医药有限责任公司	4967
山西省煤炭运销集团临汾琛宝矿业有限公司	910236	山西省上海大众汽车临汾特约维修公司	129687
临汾康宸煤焦铁有限公司	86102	山西嘉华汽车销售服务有限公司	10256
蒲县金煌煤焦有限责任公司	20650	临汾银光德奥汽车销售服务有限公司	88509
山西方略进出口贸易有限公司	73153	临汾瑞银汽车销售服务有限公司	176395
曲沃县博阳经贸有限公司	498569	山西临汾银光汽修实业有限公司	149410
临汾程远焦铁有限公司	58861	山西省临汾市尧都区祥华汽贸有限公司	69705
霍州市中镇商贸有限责任公司	17148	山西省临汾长安汽车销售有限公司	15375
山西省临汾市民用爆破器材总公司	63523	山西临汾汽车修配有限公司	30583
浮山县民用爆破物资公司	5054	侯马市隆达汽车销售服务有限公司	76485
山西省临汾市农机公司	190797	山西省临汾市尧都区天健亚飞汽贸有限公司	26220
山西省临汾市临运汽车销售服务有限公司	90011	临汾德鑫车城汽车连锁销售有限公司	55020
山西省临汾市解放汽车销售服务有限公司	98661	山西省临汾市尧都区盛博汽车贸易有限公司	159849
山西省临汾市东兴汽贸有限公司	30521	洪洞三合亚飞汽车贸易有限公司	5020
临汾市晋运汽车经销服务有限公司	175902	临汾市新盛红龙汽车连锁销售有限公司	148674
山西平阳重工煤机配件销售有限责任公司	46030	曲沃县泰琪亚飞汽车连锁销售有限公司	8362
零售企业		山西省临汾市尧都区众望冀东汽车连锁销售有限公司	10993
侯马市家和商贸有限公司	33822	临汾嘉信汽车销售服务有限公司	188558
侯马市爱心家园商贸有限责任公司	7070	临汾银光汽车销售服务有限公司	109420
侯马市福旺家和自选商店	40530	临汾锦华丰田汽车销售服务有限公司	216171
山西省临汾市银河仓储超市有限责任公司	20537	临汾市洋州石油供应有限公司	75044
山西省临汾万佳福仓储超市有限公司	349145	中国石油化工股份有限公司山西临汾石油分公司	3074069
襄汾县家中家超市有限责任公司	7370	中国石油天然气股份有限公司山西销售侯马分公司	1019485
临汾银河超市有限责任公司洪洞分店	16727	临汾苏宁电器有限公司	30635
霍州市家福乐商贸有限公司	7786	山西省临汾市尧都区尧宏家电有限公司	8706
蒲县美佳乐超市有限公司	11945	山西国美电器有限公司临汾分公司	11435
侯马市添仓粮油有限公司	17868	翼城县电力实业有限公司	16181
山西省临汾市尧都区安达圣购物中心	26591	翼城县海涛贸易有限公司	47877
侯马华翔购物有限公司	35420		

19-5 限额以上住宿及餐饮业企业一览表(2009年)

单位名称	床位数(个)	主营业务收入(千元)	地 址
山西省临汾市五洲酒店有限公司	100	13372	临汾市解放东路33号
山西省临汾市尧都区平阳宾馆	250	8079	临汾市解放路58号
山西省临汾市电业局招待所	86	2830	尧都区挂家庄
霍州宾馆	138	2200	霍州鼓楼前进街
蒲县安隆宾馆	78	3590	蒲县蒲城镇东大街
临汾宾馆	293	5733	临汾市解放路7号
襄汾迎宾馆	110	2001	襄汾县新城迎宾路
古县宾馆	148	6869	古县岳秀街
隰县招待所	168	3014	隰县龙泉镇东大街
乡宁县玉鑫源大酒店有限公司	50	8208	乡宁县昌宁镇迎旭街96号
临汾思麦尔酒店公司	160	23437	临汾市鼓楼东大街40号
临汾市科奥酒店管理有限公司	123	3862	临汾市解放路三中巷
临汾黄河酒店经营管理有限公司	100	4348	临汾市临钢路24号
侯马经济技术开发区华强大酒店有限公司	150	11139	侯马市呈王路
临汾地矿大酒店有限公司	245	10740	临汾市广宣街26号
临汾市滨港生态餐饮有限公司	114	4588	尧都区刘村镇泊庄村委会
古县牡丹大酒店	26	5919	古县岳阳镇
临汾市家思博尔酒店有限公司	162	10983	尧都区北孝村北
富世龙酒店有限公司	304	35524	临汾市贡院东街
襄汾县交通大厦	195	8485	襄汾县新城滨河路51号
大宁县宾馆	111	4739	大宁昕水东街
怡鑫大酒店	160	2945	侯马市新田路
山西省临汾市金大都酒店有限公司	99	20219	临汾市鼓楼北街600号
翼城县长乐大酒店	78	5113	翼城县翔翼西大街100号
临汾市尧都区金升鑫酒店有限公司	0	11487	尧都区水塔街
山西省临汾市尧都区红楼大酒店有限公司	120	8904	临汾市贡院街7号
山西省临汾市尧都大酒店有限公司	123	8828	临汾市秦蜀路南口西侧
翼城县圆义园大酒店	61	2001	翼城县翔翼西大街
山西省临汾市尧都区五洲休闲广场有限公司	101	24071	临汾市盈率河汾路中大街
曲沃县宝丽大酒店有限责任公司	80	4681	曲沃县乐昌西南街
翼城县盛明实业有限责任公司翼城宾馆	168	6683	翼城县红旗街
临汾市尧都区金泰洋食品餐饮有限公司	0	8143	临汾市解放西路33号
霍州市明悦大酒店	42	2150	霍州鼓楼北街
安泽迎宾宾矿用机械设备有限公司宾馆	112	3079	安泽县府西街33号
临汾市唐尧酒店有限公司	306	12932	临汾市河汾路
乡宁县丽水园酒店有限责任公司	24	2900	乡宁县昌宁镇新城区
洪洞县汉斯大酒店	40	23146	洪洞大槐树玉峰街
临汾市华瑞大酒店有限公司	196	7257	临汾市鼓楼东大街68号
侯马市凯悦酒店	190	4070	临汾市呈王路
山西省临汾市尧都区育花园大酒店有限公司	100	6931	临汾市水塔街
山西临汾国际青年旅馆	86	5831	临汾市贡院街1
乡宁县昌平大酒店有限公司	63	6376	乡宁县昌宁镇新城区
曲沃宾馆	160	10800	曲沃乐昌西南街
临汾市红福园餐饮有限公司	26	2012	临汾市解放路75号
霍州市红都大酒店	32	2100	霍州白龙永安大街
临汾市金海湾大酒店有限公司	169	14314	临汾市向阳西路
川仔成都酒楼餐饮有限公司		2438	临汾市西关北园
临汾市金盛达焦铁有限公司七星开源大酒店	101	5549	临汾市水塔街
洪洞县东方假日酒店	100	20187	洪洞大槐树飞虹东街1号
临汾五洲休闲广场有限公司侯马开发区分公司	36	3937	侯马市浍滨
侯马市华翔集团有限公司华翔大酒店	267	14352	侯马市路东
临汾市金都花园酒店有限公司	564	10677	尧都区尧庙镇郭村
临汾市红德大酒店	72	4593	临汾市印染巷2号
霍州市阳光绿洲有限责任公司	76	7980	霍州大张靳壁
翼城县阳光大酒店有限责任公司	58	5029	翼城翔翼东大街
乡宁县舒云大酒店有限责任公司	55	4250	乡宁县北山公园
临汾市东港湾生态餐饮有限公司		13454	尧都区段店乡西王村
乡宁县晋台商贸实业发展有限公司怡春大酒店	65	3958	乡宁县昌宁镇迎旭街253号
山西省临汾市福临大酒店有限公司	97	3476	临汾市解放路
山西襄汾丁陶国际大酒店有限公司	370	2117	襄汾新城兴农路
汾西县宏升大酒店	51	2100	汾西永安晨熙
洪洞县赵城宾馆	60	17274	洪洞赵城磨头
山西洪洞县联社职教培训中心	120	22930	洪洞车站街

19-6 规模以上工业企业

单位名称	企业规模	隶属关系	控股情况
合　计			
酒钢集团翼城钢铁有限责任公司	大型	省	国有控股
霍州煤电集团有限责任公司(本部)	大型	省	国有控股
太钢集团临汾钢铁有限公司	大型	省	国有控股
山西新临钢钢铁有限公司	大型	省	国有控股
山西焦化集团有限公司	大型	省	国有控股
山西中宇钢铁有限公司	大型	其他	私人控股
山西立恒钢铁有限公司	大型	其他	私人控股
山西三维集团股份有限公司	大型	省	国有控股
临汾万鑫达焦化有限公司	中型	其他	私人控股
北方铜业股份有限公司侯马冶炼厂	中型	省	国有控股
山西通才工贸有限公司	中型	其他	私人控股
山西汾河焦煤股份有限公司	大型	省	国有控股
山西光大焦化气源有限公司	中型	其他	私人控股
山西平阳重工机械有限责任公司	大型	中央	国有控股
襄汾县新金山特钢有限公司	中型	其他	私人控股
临汾志强钢铁有限公司	中型	其他	私人控股
山西建邦集团铸造有限公司	中型	县(区、市)	私人控股
曲沃县闽光焦化有限责任公司	中型	其他	国有控股
山西永鑫焦化有限责任公司	中型	县(区、市)	私人控股
山西省春雷铜材有限公司	中型	中央	国有控股
山西兆光有限责任公司	中型	省	国有控股
山西中化寰达实业有限责任公司	中型	省	港澳台控股
山西晋韵钢铁有限公司	中型	其他	私人控股
临汾同世达煤化工集团有限公司	中型	其他	其他
翼城城东人和钢铁有限责任公司	中型	县(区、市)	私人控股
古县晋豫焦化有限公司	中型	其他	私人控股
山西华强钢铁有限公司	中型	其他	私人控股
山西省乡宁县毛则渠煤炭有限公司	中型	县(区、市)	国有控股
古县利达焦化有限公司	中型	其他	私人控股
临汾顺泰实业有限公司	中型	其他	私人控股
霍州市中冶焦化有限责任公司	中型	其他	国有控股
古县正泰煤气化有限公司	中型	其他	私人控股
襄汾县星原集团特钢有限公司	中型	其他	私人控股
古县宝丰焦化有限公司	中型	其他	私人控股

注：本表按年主营业务收入从大到小排序。

主要经济指标(2009年)

单位：万元

工业总产值	主营业务收入	利税总额	资产总计	全部从业人员年平均人数(人)
9932999	**9924182**	**725569**	**12307145**	**168791**
525865	521745	29370	226964	2066
446614	502722	104434	1151662	22262
449692	465389	-15772	338787	8440
413782	453909	18186	236945	4472
305465	290160	-55224	647769	8554
272543	248469	4752	496260	3386
234868	230072	10784	115507	3500
217507	220997	10869	461443	2796
193160	194497	14616	236578	1797
181480	188559	4286	64565	943
156832	163455	2550	213777	1050
162729	159444	38922	309504	5947
141752	150435	14107	130400	1380
150438	144536	9872	263533	3231
137261	135507	5150	118886	1706
136773	124192	13347	95762	1100
146522	111013	-1334	74482	818
106466	110661	10860	106244	730
99966	102232	8657	111656	1150
99889	101122	4268	72838	983
100184	100892	-14472	715827	500
110564	99542	-1619	41052	428
99026	98485	-735	10293	521
95984	93571	327	146189	1537
74853	89598	-4233	54860	900
90354	89125	2492	86028	594
85955	88908	-1421	37380	610
79748	79915	57808	202515	1628
76722	77518	1844	53477	536
81611	67375	3529	48314	680
69042	67244	-8768	53754	653
59486	61525	2005	43546	600
60279	61222	493	40780	625
61450	59607	2156	28856	340

19-6 续

单位名称	企业规模	隶属关系	控股情况
山西森润煤化有限公司	中型	其他	私人控股
山西省乡宁县地方国营台头煤矿	中型	县（区、市）	国有控股
山西远中焦化有限公司	中型	其他	私人控股
襄汾县鸿达集团鸿裕特钢有限公司	中型	其他	私人控股
古县锦华焦化有限公司	中型	其他	私人控股
山西北方风雷工业集团有限公司侯马分公司	中型	中央	国有控股
洪洞华清煤焦化学有限公司	中型	其他	私人控股
山西永昌源煤气焦化集团有限公司	中型	其他	私人控股
吉县沙坪煤炭有限责任公司	中型	县（区、市）	私人控股
襄汾县鑫盛冶炼实业有限公司	中型	其他	私人控股
山西宏强焦煤有限公司	中型	乡	私人控股
襄汾县晋华焦铁有限公司	中型	其他	私人控股
山西玉和泰煤业有限公司	中型	县（区、市）	私人控股
襄汾县星原钢铁集团有限公司	中型	其他	私人控股
山西巨龙焦化有限公司	中型	其他	私人控股
襄汾县万鑫原焦化有限公司	中型	其他	私人控股
山西太岳焦化有限公司	中型	县（区、市）	私人控股
山西森润铸造焦有限公司	小型	其他	私人控股
襄汾县侯临钢铁有限公司	中型	其他	私人控股
襄汾县众泰冶炼实业有限公司	中型	其他	私人控股
襄汾县鸿达钢铁集团有限公司	中型	其他	私人控股
山西霍宝干河煤矿有限公司	中型	省	国有控股
太原煤气化公司东河煤矿	中型	中央	国有控股
洪洞县鸿淇煤化有限责任公司	小型	其他	私人控股
隆水实业集团有限公司	中型	乡	私人控股
山西乡宁县申南凹焦煤有限公司	中型	县（区、市）	国有控股
山西恒富煤化集团有限公司	中型	其他	私人控股
襄汾县腾达焦化厂	中型	其他	私人控股
洪洞县隆盛选煤厂	小型	其他	私人控股
晋源实业有限公司	中型	其他	私人控股
古县东方洗煤厂	小型	其他	私人控股
洪洞县康德煤业有限公司	小型	其他	私人控股
霍州煤电集团辛置多经公司	中型	其他	集体控股
洪洞县富晟园洗煤有限公司	小型	其他	私人控股
古县华东煤化有限公司	小型	其他	私人控股

表1

单位：万元

工业总产值	主营业务收入	利税总额	资产总计	全部从业人员年平均人数(人)
59502	59036	3538	34235	700
58305	58021	37731	159127	1568
54671	57761	3134	46717	615
57821	56445	2050	28534	510
57489	56377	818	26103	392
32622	55995	−3466	67989	956
46019	55942	1031	64923	800
52832	53020	−3179	37332	670
52864	52664	42077	37025	586
55542	51979	2511	29915	518
46480	51965	−134	52894	800
53010	51809	111	25056	540
69589	50552	17428	32878	830
47114	50184	1005	66034	1158
52298	49925	1692	14160	535
53290	48870	3113	50854	700
52488	48324	2071	55906	542
49424	47593	3098	11459	270
48001	45748	−4860	24845	603
47831	45612	1267	18987	467
35990	45458	−745	57621	640
47021	44140	22901	223313	1143
44034	44034	8332	37329	1220
43424	43424	3094	1691	35
45211	43383	−2953	46982	773
41632	41647	27591	85087	1180
37614	41108	−2411	121034	730
38150	40587	3635	17432	508
37407	37407	4731	4788	35
35602	36761	506	11629	400
37508	36758	5216	7047	150
36669	36669	4806	3520	60
23506	36096	1782	16502	696
35168	35168	4316	4720	38
35829	35112	2286	7569	71

19-6 续

单位名称	企业规模	隶属关系	控股情况
山西安泽岭底煤矿有限公司	中型	县（区、市）	私人控股
洪洞县鼎鑫洗煤有限责任公司	小型	其他	私人控股
洪洞县鸿立选煤厂	小型	其他	私人控股
襄汾县新兴冶炼有限公司	中型	其他	私人控股
洪洞县永丰洗煤厂	小型	县（区、市）	私人控股
洪洞县诚信洗煤厂	小型	其他	私人控股
洪洞县舜风煤业有限责任公司	小型	其他	私人控股
洪洞县双益选煤厂	小型	其他	私人控股
洪洞县好义福利煤焦厂	小型	村委会	集体控股
洪洞县广瑞洗煤厂	小型	其他	私人控股
洪洞县赵城镇明达洗煤厂	小型	其他	私人控股
古县正大洗煤厂	小型	其他	私人控股
山西省华翔同创铸造有限公司	中型	其他	其他
洪洞县远华洗煤厂	小型	村委会	集体控股
洪洞县华顺洗煤有限公司	小型	其他	私人控股
洪洞县万森源煤化有限公司	小型	其他	私人控股
蒲县宏源煤业集团有限公司	小型	其他	私人控股
安泽县东宝洗煤厂	小型	县（区、市）	私人控股
山西安泽玉华煤业有限公司	中型	县（区、市）	私人控股
洪洞县赵城孙堡复兴煤焦厂	小型	其他	私人控股
古县金翔龙煤业有限公司	小型	其他	私人控股
古县古阳镇金堆村鑫鑫选煤厂	小型	其他	私人控股
山西安泽太岳煤业有限公司	小型	县（区、市）	私人控股
山西省泓翔煤业有限公司	中型	其他	私人控股
大宁佳源煤业有限责任公司	中型	县（区、市）	其他
洪洞县鑫基福利焦化厂	小型	村委会	集体控股
山西海姿焦化有限公司	中型	其他	私人控股
洪洞县赵城康福洗煤厂	小型	其他	私人控股
临汾市尧都区泰华冶炼厂	小型	其他	私人控股
山西省临汾染化集团有限责任公司	中型	市	国有控股
国营山西锻造厂	中型	中央	国有控股
山西金尧焦化有限公司	中型	县（区、市）	国有控股
洪洞县同盛焦化有限公司	中型	其他	私人控股
山西中条山新型建材有限公司	中型	省	国有控股
襄汾县宏源煤焦化工有限公司	小型	其他	私人控股

表2

单位：万元

工业总产值	主营业务收入	利税总额	资产总计	全部从业人员年平均人数(人)
38896	35093	1894	21378	410
33892	33892	4203	2531	75
33611	33611	2378	2887	30
33699	32584	366	17251	410
32516	32516	2658	2780	30
32503	32503	3306	5108	43
32453	32453	4097	8010	65
32093	32093	4287	2757	34
31959	31959	4338	8820	99
31691	31691	3172	2962	57
30558	30558	3091	1900	31
30867	30250	3404	6034	60
35103	30234	5374	31697	555
30140	30140	2426	1205	30
30045	30045	3740	4055	25
29684	29684	3620	2234	35
46863	29095	8290	17781	143
23901	28891	1775	2664	40
58401	28865	6021	41006	386
28791	28791	4710	6414	41
30772	28741	2810	10721	85
28954	28085	3406	9356	60
27014	26387	3690	2592	280
26660	26365	12402	56768	421
24975	25488	17326	43513	450
23917	23917	2817	4808	38
21665	23768	–8152	81653	495
23036	23036	2348	3978	31
21580	22861	–4819	17824	230
22748	22834	1878	26589	1086
23200	22711	999	27655	1147
18375	22602	584	28420	450
24523	22148	245	8610	300
18257	21438	1306	43290	348
20008	20527	2456	18029	292

19-6 续

单位名称	企业规模	隶属关系	控股情况
山西乡宁隆博煤业有限公司	小型	乡	私人控股
临汾晋能焦化有限公司	中型	其他	私人控股
曲沃县民政福利企业有限公司	小型	其他	私人控股
浮山县三利选矿厂	小型	其他	私人控股
翼城县飞翔钢铁有限责任公司	中型	其他	私人控股
山西安泽桦林煤业有限公司	中型	县（区、市）	私人控股
浮山县圣鑫选矿厂	小型	其他	私人控股
山西古县店上煤业有限公司	中型	其他	私人控股
山西光宇电源有限公司	中型	其他	其他
浮山县烜通冶炼有限公司	小型	其他	私人控股
洪洞县赵城浩瀚洗煤厂	小型	其他	私人控股
三星焦化实业有限公司	中型	其他	私人控股
山西华南煤化有限公司南山煤矿	中型	省	国有控股
临汾乾升源洗煤有限公司	小型	其他	私人控股
山西省临汾市残联振兴洗煤厂	小型	其他	集体控股
山西汤荣汽车配件制造有限公司	中型	其他	私人控股
山西宏昌煤业有限公司	小型	县（区、市）	私人控股
山西登福康煤业有限公司	中型	其他	私人控股
浮山县怀明选矿厂	小型	其他	私人控股
浮山县新华选矿厂	小型	其他	私人控股
霍州市化学工业有限责任公司	中型	县（区、市）	其他
山西瑞德焦化有限公司煤气化分公司	中型	其他	私人控股
浮山县北峰选矿有限责任公司	小型	其他	私人控股
山西乡宁神角煤业有限公司	中型	乡	私人控股
山西古县东瑞煤业有限公司	小型	其他	集体控股
蒲县北峪煤矿	小型	其他	私人控股
山西牢寨煤业有限责任公司	中型	省	国有控股
翼城县天利铁合金有限公司	小型	县（区、市）	私人控股
安泽县风山选煤厂	小型	县（区、市）	私人控股
汾西县煤气化有限责任公司	中型	县（区、市）	私人控股
山西乡宁瑞政煤业有限公司	中型	乡	私人控股
山西临汾云鹏药业有限公司	中型	其他	私人控股
古县安吉欣源煤业有限公司	中型	其他	私人控股
山西鸿兴煤业有限公司	小型	其他	私人控股
浮山县地方国营北峰铁矿	小型	县（区、市）	国有控股

表3

单位：万元

工业总产值	主营业务收入	利税总额	资产总计	全部从业人员年平均人数(人)
20371	20347	4572	9998	120
25896	20267	1864	32686	400
21771	19846	742	6021	228
17566	19566	5030	6849	45
24661	18933	-805	18215	660
27215	18833	8579	17218	423
17787	18787	3466	3005	88
18309	18232	6873	10925	310
23230	18150	4231	18721	367
17069	18069	4285	7724	82
17888	17888	2037	1038	31
20816	17697	386	13179	345
16374	17685	6589	9652	546
17162	17594	75	11318	99
17560	16913	236	4134	38
16659	16755	2411	28938	983
23575	16737	3378	11245	168
18398	16599	8048	26141	420
14526	16526	4035	4075	50
14490	16489	3567	3090	60
20532	16271	-9257	63945	1109
16117	16141	-2024	69572	485
15935	15935	3493	2554	66
15875	15781	8983	25412	373
17574	15481	9366	18035	227
14871	15454	6552	48592	236
16066	15396	3248	62735	629
16058	15145	-721	3881	280
13147	15044	1696	1925	65
17856	14788	-7407	76867	745
14884	14710	6697	18671	391
11778	14541	733	4213	375
13455	14505	7004	20058	300
14591	14172	7377	17143	240
14171	14171	3738	5417	210

19-6 续

单位名称	企业规模	隶属关系	控股情况
霍州煤电集团李雅庄多经公司	中型	其他	集体控股
洪洞县堤村八一煤化厂	小型	其他	私人控股
临汾市隆顺冶炼有限公司	中型	其他	私人控股
翼城县华煜离心球铸管有限责任公司	小型	其他	私人控股
山西乡宁县惠源焦煤有限公司	中型	县（区、市）	私人控股
洪洞县远泰福利洗煤厂	小型	村委会	集体控股
乡宁县光华福利洗煤厂	小型	村委会	集体控股
洪洞县荣达煤业有限公司	小型	其他	私人控股
洪洞县赵城东堡里焦厂	小型	其他	私人控股
浮山县集成行选矿总厂	小型	其他	集体控股
襄汾县成功焦化有限公司	小型	其他	私人控股
浮山县晋盛选矿有限责任公司	小型	其他	私人控股
山西古县老母坡煤业有限公司	小型	县（区、市）	私人控股
霍州煤电集团煤化多经公司	中型	其他	集体控股
山西蒲县乔家湾乡井上建安煤业有限公司	小型	乡	私人控股
浮山县盛鑫选矿厂	小型	其他	私人控股
翼城县亿通铸业有限公司	中型	其他	私人控股
浮山县宝鑫选矿厂	小型	其他	私人控股
洪洞县广胜选煤实业公司洗煤厂	小型	其他	私人控股
山西建滔万鑫达化工有限责任公司	中型	其他	外商控股
山西同世达煤化工集团双山焦铝有限公司	小型	其他	私人控股
山西乡宁乌泥沟煤业有限公司	小型	村委会	私人控股
侯马普天通信电缆有限公司	中型	中央	国有控股
洪洞县赵城孙堡振兴煤化厂	小型	其他	私人控股
霍州煤电集团白龙矿多经公司	中型	其他	集体控股
襄汾县龙腾达化工有限公司	小型	其他	私人控股
翼城县大众饲料有限公司	小型	其他	私人控股
古县安安煤化有限公司	小型	其他	私人控股
安泽县宏昌选煤有限责任公司	小型	县（区、市）	私人控股
浮山县北三角选矿厂	小型	其他	私人控股
山西同世达煤化工集团欧环焦化有限公司	小型	其他	私人控股
翼城县钰烨铸造有限公司	中型	村委会	私人控股
吉县明珠煤矿有限公司	中型	县（区、市）	私人控股
浮山县金利选矿厂	小型	其他	私人控股
古县玉生煤业有限公司	中型	其他	私人控股

表4

单位：万元

工业总产值	主营业务收入	利税总额	资产总计	全部从业人员年平均人数(人)
12867	13616	1303	10339	534
13135	13341	-4038	13254	280
10817	12928	-1713	35192	523
11384	12639	403	6354	204
12408	12422	2990	17493	460
12168	12366	1180	1674	46
12197	12094	506	4445	60
11965	11965	880	889	36
11723	11723	1867	396	30
11536	11536	2181	1804	20
11105	11356	1854	6123	285
11353	11353	1708	1570	42
11383	11221	3999	19703	281
11088	11094	586	6531	301
9722	11093	2587	24071	130
10012	11012	2355	5330	30
11154	10917	-347	18099	500
10855	10855	1686	1252	67
10706	10706	2288	1759	55
10033	10698	805	46907	372
6465	10695	-276	15949	240
11140	10673	4005	9004	193
8971	10652	-4405	20101	551
10596	10596	914	1831	28
10551	10551	725	8702	380
11122	10506	224	7743	171
9271	10400	436	12715	108
10316	9896	2033	3600	71
6194	9716	133	11287	31
7938	9538	1069	843	25
8369	9452	-376	11911	120
10423	9380	-396	19659	360
11691	9370	2774	46104	409
9197	9197	2017	1671	25
9359	9172	5103	45238	400

19-6 续

单位名称	企业规模	隶属关系	控股情况
山西省临汾市佛塑股份临汾经纬分公司	中型	其他	集体控股
山西省临汾市永荣实业有限公司	中型	其他	私人控股
山西威威铸造有限公司	小型	其他	私人控股
浮山县桂生选矿厂	小型	其他	私人控股
山西安泽安鑫煤业有限公司	中型	县（区、市）	私人控股
侯马市特种机械厂	中型	中央	国有控股
蒲县祥瑞焦化责任有限公司	中型	其他	私人控股
安泽县腾元洗煤有限公司	小型	县（区、市）	私人控股
洪洞县昕海煤化有限公司	小型	村委会	私人控股
临汾市集中供热有限公司	小型	其他	私人控股
临汾市伟业建材有限公司	小型	其他	私人控股
山西洪洞恒昌南庄煤业有限公司	小型	其他	私人控股
山西省乡宁县宏鑫洗煤厂	小型	其他	私人控股
蒲县长益晟发电有限公司	小型	其他	私人控股
山西中强福山煤业有限公司	中型	其他	私人控股
洪洞县光荣福利煤焦厂	小型	村委会	集体控股
曲沃县恒通铸造有限公司	小型	其他	私人控股
曲沃县长兴洗煤有限责任公司	小型	其他	私人控股
洪洞县洪升煤化有限公司	小型	其他	私人控股
襄汾县强盛铁合金厂	小型	其他	私人控股
临汾市鑫明预拌有限公司	小型	其他	私人控股
洪洞县赵城昭阳洗煤厂	小型	其他	私人控股
侯马旺旺食品有限公司	中型	其他	外商控股
襄汾县恒泰制动有限公司	中型	其他	私人控股
山西恒源高岭土有限公司	小型	其他	私人控股
洪洞县三兴煤焦有限公司	小型	其他	私人控股
山西蒲县隰东煤业有限公司	小型	县（区、市）	私人控股
山西贾罕世纪洗煤有限公司	小型	其他	私人控股
曲沃县盛格特太阳能有限公司	小型	其他	私人控股
翼城樊店铸造有限责任公司	小型	其他	私人控股
山西华德冶铸有限公司	小型	其他	其他
山西省临汾市自来水公司	中型	市	国有控股
山西蔺润煤业有限公司	中型	其他	私人控股
侯马市益昌铸造有限公司	小型	其他	私人控股
山西侯马晋田热电有限责任公司	中型	其他	国有控股

表5

单位：万元

工业总产值	主营业务收入	利税总额	资产总计	全部从业人员年平均人数（人）
9381	9134	837	9555	365
7888	9066	-823	20147	411
8948	8831	478	3027	160
8713	8713	1350	1110	25
13108	8666	1503	33875	300
9333	8660	268	20366	874
5588	8497	1225	19624	304
7375	8050	120	958	50
7722	7992	342	2450	63
7727	7727	-2480	24124	102
6535	7397	365	15512	150
7304	7304	2535	21855	250
7225	7225	843	4445	80
6002	7182	1522	25945	270
4606	7081	2452	22421	535
4327	6987	667	8127	33
6546	6578	575	3443	245
6765	6569	108	3215	50
7653	6404	489	2391	23
10951	6368	121	13995	260
6161	6161	960	5963	138
6070	6070	934	785	10
4066	5963	1489	7000	500
5914	5887	61	13690	470
6288	5804	81	12732	120
6929	5747	927	9106	68
5390	5590	593	6427	273
5511	5481	599	4872	60
5440	5440	1688	1606	60
5410	5410	-1405	10882	260
4782	5225	-94	6431	260
5823	5017	327	14071	531
4885	4971	1696	25624	570
4366	4780	52	3612	90
5044	4760	-4980	30503	416

19-6 续

单位名称	企业规模	隶属关系	控股情况
蒲县鑫明焦化有限公司	小型	其他	私人控股
山西正大有限公司侯马分公司	小型	其他	外商控股
蒲县奕鹏煤焦有限公司	小型	县（区、市）	私人控股
襄汾县鸿达集团水泥建材有限公司	小型	其他	私人控股
临汾瑞兴冶金材料实业有限公司	小型	其他	私人控股
山西聚升混凝土有限公司	小型	其他	私人控股
临汾市兴达洗煤厂	小型	其他	私人控股
山西力士机械铸造有限公司	小型	其他	外商控股
侯马市新利焦化煤气有限公司	小型	其他	私人控股
山西省临汾市河西热电有限公司	中型	其他	私人控股
曲沃县盛源建材有限公司	小型	其他	私人控股
安泽县伦虎焦油加工厂	小型	县（区、市）	私人控股
山西九成焦化有限责任公司	小型	其他	私人控股
洪洞县赵城海宏洗煤厂	小型	其他	私人控股
山西晋芳纸业有限公司	中型	县（区、市）	私人控股
侯马市汇丰建材有限责任公司	中型	县（区、市）	私人控股
安泽县通祥洗煤厂	小型	县（区、市）	私人控股
山西省蒲县兴旺洗煤有限公司	小型	其他	私人控股
曲沃县天泉淀粉加工有限公司	小型	其他	私人控股
侯马市模范机械制造有限公司	中型	县（区、市）	私人控股
曲沃县长林机械加工有限公司	小型	其他	私人控股
翼城县创新冶炼有限责任公司	中型	其他	私人控股
山西洪洞荣康煤业有限公司	小型	其他	私人控股
山西省丰昆铸业股份有限公司	小型	其他	私人控股
侯马市东鑫机械铸造有限公司	小型	县（区、市）	集体控股
临汾市环源建材有限公司	小型	其他	私人控股
山西东诚钢铁有限公司	中型	其他	私人控股
乡宁华鑫电冶有限公司	小型	县（区、市）	私人控股
山西省曲沃县海达润滑油有限公司	小型	其他	私人控股
洪洞县陆合煜明洗煤有限公司	小型	其他	私人控股
山西省侯马市鑫丰康风机有限公司	小型	县（区、市）	私人控股
蒲县万家庄煤业有限公司	小型	其他	私人控股
临汾市同力达水泥建材有限公司	小型	其他	私人控股
山西中条山建筑有限公司侯马水泥厂	小型	省	国有控股
临汾宝珠制药有限公司	小型	县（区、市）	私人控股

表6

单位：万元

工业总产值	主营业务收入	利税总额	资产总计	全部从业人员年平均人数（人）
3138	4707	358	4157	165
4870	4628	176	810	63
4708	4519	825	3218	62
4649	4509	102	6204	237
4353	4445	64	1470	95
2942	4396	288	5620	80
3454	4378	-205	10433	42
4343	4276	36	1173	80
4224	4230	-815	16271	180
2506	4157	-2240	40999	405
4166	4147	110	3149	106
4400	4128	57	3119	68
4297	4009	-1743	28458	249
3912	3985	125	1375	16
4382	3934	121	5879	609
4714	3830	287	5785	406
4680	3693	345	3925	20
2032	3682	170	17470	87
3515	3642	39	8573	167
3891	3626	203	4139	400
4383	3608	81	4980	36
	3552	32	17850	500
3417	3529	633	4526	245
3473	3527	-54	16274	295
3453	3479	313	2068	128
3496	3339	695	4102	120
1840	3165	172	24926	359
3110	3110	-1211	24098	146
2872	2962	29	1611	18
2906	2906	50	6512	80
2645	2898	98	2545	55
2898	2898	230	15537	150
3228	2802	97	2855	103
2768	2781	239	1844	70
2390	2605	60	4091	120

19-6 续

单位名称	企业规模	隶属关系	控股情况
临汾市华昌特钢轧钢有限公司	小型	其他	私人控股
侯马市全良肉食品有限公司	小型	县（区、市）	私人控股
山西正杰电器工程有限公司	小型	其他	私人控股
山西临汾华盛有限责任公司	小型	其他	私人控股
山西省临汾新绛威顿水泥有限责任公司	小型	其他	私人控股
山西古县飞龙腾达煤业有限公司	小型	其他	私人控股
蒲县贺旺洗煤厂	小型	其他	私人控股
山西双银电热能有限公司	小型	其他	外商控股
山西琪尔康翅果生物制品有限公司	小型	其他	私人控股
山西鑫旺工贸有限公司	小型	其他	私人控股
洪洞县豪信化工有限公司	小型	其他	私人控股
洪洞县晓波建材有限公司	小型	其他	私人控股
翼城三洋纺织有限责任公司	小型	其他	私人控股
翼城县巨康管业有限公司	小型	其他	私人控股
洪洞县宏裕建材有限公司	小型	其他	私人控股
大宁县黄河化工有限责任公司	小型	县（区、市）	其他
霍州煤电集团劳保服装厂	小型	其他	集体控股
汾西县鑫鑫洗煤厂	小型	其他	私人控股
翼城县兰鑫纺织有限责任公司	小型	镇	私人控股
翼城县鸿晨纺织有限公司	小型	其他	私人控股
翼城县兴浍钢铁有限责任公司	小型	其他	私人控股
山西汾河生化有限公司	小型	省	国有控股
侯马市中晋机械有限公司	小型	县（区、市）	私人控股
山西亚华制盖有限公司	小型	其他	私人控股
翼城宇民纺织有限责任公司	小型	其他	私人控股
山西亨瑞达制药有限公司	小型	其他	私人控股
山西鼎立化工有限公司	小型	其他	私人控股
临汾市尧都区锐丰建材水泥有限公司	小型	县（区、市）	私人控股
山西太子湖食品有限公司	小型	其他	私人控股
曲沃县旭东建材有限公司	小型	其他	私人控股
山西金星啤酒有限公司	小型	其他	私人控股
翼城昶元纺织有限责任公司	小型	其他	私人控股
山西华维包装制品有限公司	小型	其他	私人控股
翼城飞翔纺织有限公司	小型	其他	私人控股
山西德玺化学工业有限责任公司	小型	乡	私人控股

表7

单位：万元

工业总产值	主营业务收入	利税总额	资产总计	全部从业人员年平均人数(人)
2568	2482	12	9117	160
2724	2444	–417	2470	48
2391	2391	175	2956	96
2223	2370	–236	2464	80
3716	2341	–944	13770	60
2368	2320	1137	3848	276
1362	2292	292	3020	65
2335	2198	92	4330	16
5463	2194	1110	23339	110
2345	2182	12	3693	81
2153	2125	–733	9368	60
2555	2085	29	2819	84
1969	1969	–58	1847	130
2381	1958	43	1601	210
2060	1949	–226	9511	160
1740	1943	–109	6488	640
1924	1924	172	1098	84
1883	1883	246	1100	30
1578	1849	–129	1522	130
1912	1841	–521	1810	100
5626	1799	–148	7733	300
	1786	–5191	30901	550
1907	1783	68	1396	85
2049	1781	88	6669	180
1507	1768	–3	1054	120
2143	1739	26	2471	86
2209	1709	–20	5354	203
1384	1689	110	15163	320
1667	1648	540	9819	180
1686	1646	52	1744	45
3265	1624	57	8163	260
1742	1622	51	1209	138
1898	1553	20	1368	60
1590	1518	34	582	92
1755	1518	–274	4904	51

19-6 续

单位名称	企业规模	隶属关系	控股情况
山西古县森隆煤业有限公司	小型	其他	私人控股
洪洞县朝胜选煤厂	小型	其他	私人控股
侯马普天博通电缆有限公司	小型	其他	其他
洪洞县恒兴煤业有限公司	小型	乡	私人控股
山西德邦橡胶制品有限公司	小型	其他	私人控股
洪洞县浩泰选煤厂	小型	其他	私人控股
翼城县华晨纺织有限公司	小型	其他	私人控股
临汾市奇林药业有限公司	小型	其他	私人控股
霍州市供热中心	小型	县（区、市）	国有控股
山西汤荣海隆钻具有限公司	小型	其他	私人控股
侯马市翔宇汽配制造有限公司	小型	乡	私人控股
侯马市风雷管模制造有限公司	小型	中央	国有控股
翼城县山凹煤业有限公司	小型	县（区、市）	私人控股
山西正元盛邦制药有限公司	小型	省	私人控股
洪洞县润升煤业有限责任公司	小型	其他	私人控股
山西省临汾三园食品有限责任公司	小型	县（区、市）	私人控股
山西旺龙药业有限公司	小型	市	私人控股
蒲县蛤蟆沟煤矿	小型	其他	私人控股
山西华瑞达医化科技有限公司	小型	其他	私人控股
山西康威制药有限责任公司	小型	县（区、市）	私人控股
临汾健民制药厂	小型	市	国有控股
临汾铁环漆业有限公司	小型	其他	私人控股
侯马霸王药业有限公司	小型	县（区、市）	私人控股
临汾市三泰高新建材有限公司	小型	其他	私人控股
洪洞黎明煤化厂	小型	省	集体控股
山西省浮山县尧山水泥有限公司	小型	其他	私人控股
襄汾县金泉铸造有限责任公司	小型	其他	私人控股
蒲县远中煤焦化有限责任公司	小型	其他	私人控股
山西卓锋钛业有限公司	小型	县（区、市）	私人控股
侯马市自来水公司	小型	县（区、市）	国有控股
山西三维华邦集团有限公司	小型	省	国有控股
洪洞县慧鹏煤化有限公司	小型	其他	私人控股
山西乔山铸造有限公司	小型	其他	私人控股
霍州市宝峰煤业有限公司	小型	其他	私人控股
洪洞县昶蓉选煤厂	小型	其他	私人控股

表8

单位：万元

工业总产值	主营业务收入	利税总额	资产总计	全部从业人员年平均人数(人)
1497	1497	599	5892	230
1476	1476	121	1380	13
1700	1462	28	951	49
1429	1429	-168	18286	250
1315	1420	97	1493	55
1403	1403	499	2990	35
1306	1388	-63	997	120
1714	1380	-37	2448	110
1300	1369	-209	3124	57
1450	1355	-426	4868	62
1115	1328	-156	601	60
1299	1300	292	1260	48
665	1286	-219	21867	150
1768	1249	-268	5441	126
1241	1241	51	2358	30
1178	1232	13	1230	57
1772	1231	26	5585	72
1526	1212	196	2399	35
1144	1208	-98	5033	64
1483	1207	8	6517	103
1347	1195	97	1609	110
1070	1183	58	836	90
587	1172	-611	14333	200
1164	1164	344	8523	78
1151	1151	184	1131	15
1078	1149	83	4357	162
1447	1123	-90	3125	80
1104	1104	167	3367	42
1465	1101	-896	11386	140
1192	1084	-188	3586	269
1063	1064	-3150	63344	542
969	1055	-434	2102	20
1369	1036	-99	1127	130
1209	1033	14	578	21
1019	1019	21	886	35

19-6 续

单位名称	企业规模	隶属关系	控股情况
临汾市万路通实业有限公司	小型	其他	私人控股
曲沃县苏村建材有限公司	小型	其他	私人控股
蒲县乔家湾宏源焦化厂	小型	其他	私人控股
洪洞县安定水泥有限公司	小型	其他	私人控股
洪洞县龙泽洗煤厂	小型	其他	私人控股
临汾市康顺源实业有限公司	小型	其他	私人控股
山西鸿鑫纺织有限公司	小型	其他	私人控股
山西乡宁李子坪煤业有限公司	小型	乡	私人控股
霍州市霍山兔业有限公司	小型	其他	私人控股
汤荣图博可特(山西)石油管道涂层有限公司	小型	其他	私人控股
侯马市雅峰纺织制衣有限公司	小型	县（区、市）	私人控股
山西煤炭运销集团和盛煤业有限公司	小型	省	国有控股
大同煤矿集团临汾同地龙驭煤业有限公司	小型	省	国有控股
山西晋煤集团临汾新梦源煤业有限公司	小型	省	国有控股
山西新星制药有限公司	小型	市	私人控股
临汾市尧都区环能新型墙材有限公司	小型	其他	私人控股
翼城县明亮铸造有限公司	小型	县（区、市）	私人控股
霍州市锦兴煤业有限公司	小型	其他	私人控股
临汾市尧都区新华油漆厂	小型	其他	私人控股
翼城县宏升实业有限公司	小型	其他	私人控股
山西煤炭运销集团金辛达煤业有限公司	小型	省	国有控股
山西煤炭运销集团金裕达煤业有限公司	小型	省	国有控股
山西临汾西山生辉煤业有限责任公司	小型	省	国有控股
山西蒲县东胜煤矿有限公司	小型	其他	私人控股
翼城县普蓉油脂有限公司	小型	县（区、市）	私人控股
山西晋煤集团临汾晋牛煤矿投资有限责任公司	小型	省	国有控股
临汾天安电器有限责任公司	小型	其他	私人控股
山西忆林煤业有限公司	小型	其他	私人控股
临汾市宏通工交总公司	小型	市	国有控股
山西三立化工有限公司	小型	其他	私人控股
山西临龙泵业有限公司	小型	其他	私人控股
乡宁县煤气化有限公司	小型	县（区、市）	国有控股
山西煤炭运销集团金立达煤业有限公司	小型	省	国有控股
临汾华翔威泰精工机械有限公司	小型	其他	私人控股
山西煤炭运销集团临汾四通有限公司	小型	省	国有控股

表9

单位：万元

工业总产值	主营业务收入	利税总额	资产总计	全部从业人员年平均人数（人）
1007	1007	117	5236	79
959	1004	38	861	45
1330	988	199	5058	60
693	987	37	1400	33
983	983	162	2006	50
975	975	-97	2279	58
964	964	15	1421	150
941	948	65	6520	208
920	920	253	1330	130
818	917	407	3137	41
876	905	14	725	38
901	890	45	6581	45
890	881	50	7407	47
886	875	46	6541	56
886	870	-54	1856	110
832	865	120	2754	113
1209	838	-635	5671	78
842	830	96	778	45
775	826	8	253	30
	820	-179	5781	150
810	805	71	8541	38
792	781	26	4591	35
790	780	64	9982	59
	768	1	3928	15
661	760	24	792	60
760	756	50	12540	32
734	738	42	1520	65
722	722	325	2676	304
714	714	-8	2057	177
479	705	23	2393	98
600	698	62	905	92
695	695	58	806	83
710	694	56	5984	39
710	690	-52	1099	243
690	690	258	8762	60

19-6 续

单位名称	企业规模	隶属关系	控股情况
山西三维新邦化工设备有限公司	小型	其他	私人控股
侯马市浍源面粉厂	小型	县（区、市）	国有控股
山西煤炭运销集团金源达煤业有限公司	小型	省	国有控股
曲沃县三星铸造有限公司	小型	其他	私人控股
临汾市和城建材有限公司	小型	其他	私人控股
曲沃县万乡红肥业有限公司	小型	其他	私人控股
洪洞县融通铸锰有限责任公司	小型	其他	私人控股
汾西县远华洗煤厂	小型	其他	私人控股
临汾市三合锅炉有限公司	小型	其他	私人控股
临汾市尧都区金瑞源洗煤有限公司	小型	其他	私人控股
大同煤矿集团临汾宏大矿业有限公司	小型	省	私人控股
山西临汾蓝宝煤业有限公司	小型	县（区、市）	国有控股
山西隰州天天饮料有限公司	小型	县（区、市）	私人控股
山西方圆塑业有限公司	小型	其他	私人控股
蒲县祥鑫洗煤厂	小型	其他	私人控股
山西省临汾工艺美术印刷有限公司	小型	市	集体控股
翼城县东沟煤业有限责任公司	小型	镇	私人控股
汾西县鑫源冶炼厂	小型	其他	私人控股
临汾市电力电缆有限责任公司	小型	其他	私人控股
霍州市泓源煤业有限公司	小型	其他	国有控股
汾西县焦铁镁实业有限公司	小型	其他	私人控股
临汾定达铸造厂	小型	其他	私人控股
临汾市尧都区民富实业有限公司	小型	其他	私人控股
山西汇基有色金属有限公司	小型	其他	私人控股
山西涧河煤业有限公司	小型	其他	私人控股
临汾市亿佳美食品有限公司	小型	其他	私人控股
汾西县康达洗煤厂	小型	其他	私人控股
曲沃恒盛煤业有限公司	小型	其他	私人控股
山西霍州紫晟煤业有限公司	小型	县（区、市）	国有控股
洪洞县卫程洗煤厂	小型	其他	私人控股
山西蒲县黑龙关镇刘家山煤矿有限公司	小型	村委会	集体控股
山西蒲县蒲同煤矿有限公司	小型	其他	私人控股
山西省蒲县吴锦煤业有限责任公司	小型	其他	私人控股
蒲县安泰煤焦有限责任公司	小型	其他	私人控股
山西蒲县松树岭煤矿有限公司	小型	镇	私人控股

表10

单位：万元

工业总产值	主营业务收入	利税总额	资产总计	全部从业人员年平均人数(人)
675	682	–23	1600	160
702	677	7	698	10
680	670	47	7960	31
663	663	70	4587	170
640	647	49	5179	55
653	645	30	231	35
1737	645	187	6750	120
640	640	141	1690	38
454	622	84	3085	90
580	620	4	3433	35
621	618	42	5897	50
630	612	29	8740	40
730	612	–113	3868	81
710	611	120	972	30
609	609		3896	6
636	605	44	2079	110
	598	–257	4897	310
588	588	76	2541	120
588	584	1	4122	60
581	581	211	3113	23
566	572	71	2311	52
255	569	3	609	46
569	567	17	2012	18
	566	–6061	102024	70
502	564	–49	9172	23
562	562	7	2156	112
560	560	99	4035	56
560	560	69	1402	60
556	556	–1278	15015	410
553	553	–262	2490	19
550	550	6	6320	18
550	550	4	5500	6
513	550		1549	10
550	550	110	6950	16
	550		12100	10

19-6 续

单位名称	企业规模	隶属关系	控股情况
山西嘉阳煤业有限责任公司	小型	其他	私人控股
山西励鑫钢铁有限责任公司	小型	其他	私人控股
钢瓶公司铸造厂	小型	县（区、市）	集体控股
汾西县恒玺洗煤厂	小型	其他	私人控股
山西锦城铁业有限公司	小型	其他	私人控股
汾西县太阳山洗煤厂	小型	其他	私人控股
临汾市尧都区鑫江铸造机械有限公司	小型	其他	私人控股
尧都区土圪塔手工布艺有限公司	小型	其他	私人控股
汾西县昱强洗煤厂	小型	其他	私人控股
临汾市唯雅古典家具有限公司	小型	其他	私人控股
山西乡宁井子滩煤业有限公司	小型	其他	私人控股
翼城县张家沟煤炭有限责任公司	小型	县（区、市）	私人控股
霍州市德尔福陶瓷有限公司	小型	其他	私人控股
临汾市汾河水泥有限公司	小型	其他	私人控股
浮山县地方国营圪塔岭金矿	小型	县（区、市）	国有控股
洪洞县海原煤化有限责任公司	小型	其他	私人控股
蒲县顺贸煤矿	小型	其他	私人控股
汾西县海丰洗煤厂	小型	其他	私人控股
临汾烨达耐磨材料有限公司	小型	其他	私人控股
山西九磐管桩有限公司	小型	其他	私人控股
山西天极磁材有限公司	小型	其他	私人控股
山西临汾热电有限公司	小型	其他	私人控股
山西中立煤业有限公司	小型	镇	私人控股
山西蒲县兴乐煤矿有限公司	小型	镇	私人控股
尧都区汇丰石料厂	小型	其他	私人控股
汾西县杨树原洗煤厂	小型	其他	私人控股
曲沃县成桂选矿厂	小型	其他	私人控股
山西省新绛威吨水泥有限公司曲沃通才分公司	小型	其他	私人控股
洪洞县虎头山洗煤厂	小型	其他	私人控股
翼城县河寨煤业有限公司	小型	乡	私人控股
山西蒲县油房南煤业有限公司	小型	乡	私人控股
山西蒲县金盾实业有限责任公司长兴煤矿	小型	镇	私人控股
蒲县梁路村杏岭西煤矿	小型	镇	私人控股
洪洞县鑫基商贸有限公司	小型	其他	私人控股
襄汾县鸿达镁合金有限公司	小型	中央	国有控股
山西汾西砂坪煤业有限公司	小型	其他	私人控股

表11

单位：万元

工业总产值	主营业务收入	利税总额	资产总计	全部从业人员年平均人数（人）
550	550	55	942	40
939	549	-1077	17995	330
607	546	146	730	60
545	545	91	1577	30
544	544	219	1393	110
543	543	69	1300	45
550	540	15	1199	78
484	540	30	2318	60
539	539	66	1324	35
520	538	95	156	23
95	535	-230	9734	75
134	533	-180	5875	260
520	532	117	2198	50
767	532	-7	1453	80
531	531	117	430	27
530	530	85	660	35
500	529		5393	51
527	527	63	1202	25
524	524	7	835	52
558	524	26	6494	130
542	524	60	2055	15
536	523	10	177763	137
522	522	5	3500	10
522	522	-74	8000	25
532	520	24	1526	24
520	520	52	1282	46
520	520	80	560	16
520	520	61	6221	54
520	520	72	2460	31
	520	-179	12973	325
520	520	481	9530	448
520	520	3	5450	14
520	520	88	1764	25
525	519	67	4512	199
554	515	32	4691	200
512	512	48	1066	30

19-6 续

单位名称	企业规模	隶属关系	控股情况
汾西县地方国营瓦窑圪塔煤矿二坑	小型	县（区、市）	国有控股
翼城县西闫镇堡子煤矿	小型	村委会	集体控股
临汾市佳锐玻璃制品有限公司	小型	其他	私人控股
曲沃县麦斗选矿厂	小型	其他	私人控股
洪洞县赵城永青洗煤厂	小型	其他	私人控股
山西蒲县和中有限责任公司	小型	县（区、市）	私人控股
山西蒲县曹村煤矿有限公司	小型	乡	私人控股
山西蒲县候家沟煤矿有限公司	小型	镇	私人控股
乡宁县台头煤焦有限责任公司	小型	县（区、市）	国有控股
山西正和机械制造有限公司	小型	其他	私人控股
洪洞县腾跃煤业有限公司	小型	其他	私人控股
临汾情安鹿龟神酒业有限公司	小型	其他	私人控股
临汾市麒麟钢铁有限公司	小型	其他	私人控股
山西晋西核桃食品有限公司	小型	其他	私人控股
汾西县玉匣铸业有限公司	小型	其他	私人控股
汾西县盛煜有限责任公司	小型	其他	私人控股
临汾鑫伦环保建材有限公司	小型	其他	私人控股
山西新源华康化工股份有限公司	小型	其他	私人控股
翼城县上河煤矿	小型	镇	集体控股
山西龙荞生物科技有限公司	小型	其他	私人控股
山西晋宏盛钢铁有限公司	小型	其他	私人控股
翼城县中卫青洼煤业有限公司	小型	乡	私人控股
山西省蒲县长鹰建材有限责任公司	小型	其他	集体控股
翼城县桥上镇黄家垣煤矿	小型	县（区、市）	集体控股
临汾市德福生混凝土有限公司	小型	其他	私人控股
翼城县桥上镇下交煤矿	小型	其他	私人控股
翼城县青洼煤炭开采公司	小型	县（区、市）	私人控股
翼城县中卫乡石丘煤矿	小型	其他	其他
山西省蒲县红发煤业有限责任公司	小型	其他	私人控股
山西蒲县西沟煤业有限公司	小型	其他	私人控股
蒲县云安洗煤有限公司	小型	其他	私人控股
蒲县星原洗煤厂	小型	其他	私人控股
山西蒲县昊润煤矿有限公司	小型	乡	私人控股
山西省蒲县西屯煤焦有限公司	小型	镇	私人控股
蒲县山中乡煤矿	小型	镇	私人控股

表12

单位：万元

工业总产值	主营业务收入	利税总额	资产总计	全部从业人员年平均人数(人)
512	512	37	672	39
	512	–348	37457	50
512	511	37	1803	60
510	510	67	560	17
510	510	32	3800	35
510	510	5	7998	16
510	510	102	5600	20
510	510	102	1678	15
510	510	272	44896	356
554	508	–656	8946	50
508	508	67	2005	26
516	507	73	3029	39
566	507	39	1115	65
504	504	58	4316	59
504	504	24	995	55
504	504	50	2526	100
338	503	–103	2735	30
561	503	–1	1453	134
	503	–220	7797	50
503	503	–78	1801	44
513	503	171	15739	200
	502	–212	7909	45
287	501	–82	961	128
	501	–386	9810	50
437	501	24	1857	80
	500	–26	4178	25
	500	–304	6522	50
	500	–138	4087	125
	500	1	4316	30
	500		3258	5
693	500		846	11
	500		9477	9
500	500	5	4500	5
500	500	5	540	15
500	500	100	2933	28

19-7 2009年计划总投资超亿元项目单位

单位：万元

单位名称	项目名称	计划总投资
山西省临汾至吉县高速公路指挥部	临汾至吉县高速公路	943283
山西同世达煤化工集团有限公司	年产200万吨二甲醚项目	684250
山西兆光发电有限责任公司	二期工程	530288
山西省霍州发电厂	2×60万千瓦发电“以大代小”项目	472231
山西漳泽电力股份有限公司侯马热力分公司	2×300MW热电联产工程	286853
山西大唐国际临汾河西热电厂	2×30万千瓦机组工程	277842
山西临汾热电有限公司	2×30万千瓦机组工程	270000
山西省临汾市公路局临大公路	临大公路改造	242000
山西省临汾市汾河生态建设工程有限公司	汾河生态建设工程	188000
山西张台地方铁路投资建设有限公司	张礼至台头地方铁路	186400
山西省侯马北方轻工城有限责任公司	新建	160000
山西省霍州煤电集团有限责任公司	更新改造	156443
山西焦化集团有限公司	150万吨/年焦炉扩建二期	130000
山西省霍州煤电集团有限责任公司	干河煤矿扩建工程	128434
山西省临汾银光实业有限公司	5.5万吨丁二醇配套项目	126000
山西华翔投资有限公司	华翔美的精密铸造循环利用工程项目	95846
山西省临汾市交通局	祁临高速临汾北环段	85720
山西省洪洞县交通局	临汾环城高速北环段建设工程	85000
山西顺驰企业发展有限责任公司	侯马山水倾城温泉旅游渡假村	68000
山西三维集团股份有限公司	3万吨聚四亚甲基醚二醇	65823
山西通才工贸有限公司	100万吨棒材生产线	65000
山西省霍宝干河煤矿有限公司	干河矿井建设	65000
山西省襄汾县建滔万鑫达化工有限责任公司	20万吨甲醇	64000
山西三维集团股份有限公司	7.5万吨丁二醇	62000
山西省公路局临汾分局	省道桃临线木瓜沟至马务桥建设工程	61700
山西省襄汾县光大焦化气源有限公司	二甲醚项目	60000
山西省中强经贸有限公司	春山煤矿	60000
山西省临汾市人民医院	新建医院	55000
山西省临汾市同世达实业有限公司	20万吨甲醇（10万吨甲醚）	52000
山西天然气股份有限公司	临汾至侯马天然气输配工程	51000
山西省临汾市交通局	大韩---新风公路	49950
山西省侯马市汤荣汽车配件制造有限公司	年产50万吨汽车零件铸造与机加工项目	48000
山西省临汾市中德农牧科技发展有限公司	新建养殖厂	46200
山西省临汾开发区科海科技研发中心	新建科研楼	46000
山西中强煤化有限公司	煤矿重组整合	45000
山西省乡宁县台头胡村煤矿接替井	接替井	45000
山西省公路局临汾分局	G309刘村－吉县窑曲	44012
山西汾河焦煤有限公司	更新改造	43827
山西省临汾市建设局	滨河西路北延	40389
山西省乡宁县尉乡焦化有限公司	60万吨机焦生产线	39299

19-7　续表1

单位：万元

单位名称	项目名称	计划总投资
山西省安泽县永鑫焦化有限公司	年产100万吨焦化项目	38000
山西省汾河焦煤股份有限公司	矿井建设	37044
山西省洪洞县鑫基商贸有限公司	脱水果蔬深加工	35000
山西省浮山县元鹏工贸有限公司	550立方锰铁高炉	35000
山西省襄汾县张礼货物集运站基建处	发运站	33000
山西省襄汾县丁陶国际大酒店有限公司	丁陶大酒店	32000
山西省汾西县煤气化有限责任公司	城市煤气供应发电配套建设项目	31540
山西省中国联通临汾分公司	扩容项目	30886
山西乡宁隆博煤业有限公司	90万吨基建矿井	30000
山西省平阳机械厂	液压支架生产技术改造	30000
山西省临汾市天鹅大酒店有限公司	酒店建设	30000
山西焦化集团有限公司	10万吨/年粗苯精制改造项目	28832
山西省霍州煤电集团	矿区采煤沉陷区治理	28267
山西省金都花园酒店投资有限公司	酒店建设	28000
山西省侯马市宝特国际物流有限公司	陆港口岸	28000
山西琪尔康翅果生物制品有限公司	翅果油综合开发产业化	27110
山西省洪洞县环保局	集中供热	26880
山西移动通信公司临汾分公司	09年GSM无线扩容工程	26685
山西省乡宁县煤焦实业有限公司	10万亩翅果油树木基地	25860
山西省翼城县城乡建设局	解放街拓宽改造工程	25520
山西省临汾市引沁入汾和川输水工程建设项目部	引沁入汾和川输水工程	25447
山西省洪洞县交通局	广胜寺旅游通道	25300
山西省襄汾县星源集团特钢有限公司	高速线材	25000
山西省临汾市志强钢铁有限公司	505立方米高炉	25000
山西立恒钢铁有限公司	550m3锰铁高炉	24600
山西省侯马市城建局	北美棕榈泉小区	24000
山西省洪洞县建设局	恒富搭桥	24000
山西省洪洞县建设局	滨河东路工程	23800
山西军峰投资有限公司	世纪金花五星级酒店	23000
山西省临汾市第十三中学校	新校区建设	23000
山西省临汾市第二中学校	新校区建设	23000
山西临汾民航机场	机场公路	22715
山西省乡宁县葡萄酒厂	葡萄酒厂	21686
山西天地衡建设工程项目管理有限公司	还迁安置住房	21000
山西三维集团股份有限公司	EVA乳液	20470
山西省临汾开发区深国投购物广场	新建购物广场	20000
山西立恒钢铁有限公司	80万吨高线生产线	20000
山西省襄汾县星源钢铁集团有限公司	550立方炼铁高炉	20000
山西省乡宁云邱山旅游开发有限公司	云邱山旅游开发	19800
山西省汾西县隆盛水泥厂	熟料水泥生产线一期工程	19800
山西省公路局临汾分局	省道临夏线临汾城区过境公路	19800
山西省临汾市建设局	南外环东段及立交桥拓宽改造	19381
山西临汾海姿供气供热有限公司	东城集中供热	18114

19-7 续表2

单位：万元

单位名称	项目名称	计划总投资
山西省蒲县龙祥建材有限公司	龙祥新型干法水泥生产线	18000
山西省翼城县宏升铁厂	24万吨锰铁合金项目	18000
山西省临汾市建设局	滨河西路北段工程	18000
山西省洪洞县环保局	天然气管网工程	18000
山西省襄汾县河西集中供热站	河西供热	18000
山西省侯马市平阳厂	液压支架扩建项目	17322
山西立恒钢铁有限公司	2*550m3锰铁高炉2号炉	17000
山西光宇电源有限公司	年产100万千瓦大功率LED光源及应用项目一期工程	16861
山西省电力公司临汾供电分公司	110千伏输变电工程	16678
山西省襄汾县河西新院	河西新院	16000
山西省曲沃县晋宏钢铁厂	炼铁高炉	16000
山西省永和县发展改革与经济局	煤、焦、气化勘测工程	16000
山西省临汾市建设局	漪汾花园经济适用房建设工程	16000
山西省洪洞县供电公司	新建南沟220千伏变电站	15630
山西省临汾市建设局	市区第二污水处理工程	15540
山西省临汾市引沁入汾五马水库工程建设项目	引沁入汾五马水库工程	15269
山西省翼城县钰烨铸造有限公司	10万吨离心球墨铸管建设	15193
山西省安泽县电力公司	220KV变电站	15000
山西省乡宁县高远裕丰煤业有限公司	新建裕丰煤矿	15000
山西太钢集团临汾钢铁有限公司	高层住宅楼	14800
山西正和机械制造有限公司	年产500万柱真空超导暖气片项目	14535
山西省临汾市三泰高新建材有限公司	年产100万吨矿渣微粉汾生产线	14500
山西省临汾市建设局	西关桥西延道路一期工程	14031
山西省安泽县教育科技局	安泽一中新建工程	14000
山西省临汾市建设局	五一路立交桥工程	13704
山西省汾西县交通局	改建农村公路	12690
山西省临汾市广鑫贸易有限公司	广鑫LN-纳米沸石生产线项目	12600
山西省临汾市交通局	西北环改造	12600
山西焦化集团有限公司	2*3万吨/年硬质炭黑项目	12290
山西省蒲县新建宾馆	新建蒲县宾馆	12000
山西省襄汾县鸿达镁合金厂	2万吨镁合金、5万吨金属镁、800万块空心砖	12000
山西省临汾市建设局	集中供热第六期工程	12000
山西省襄汾县林业局	东岭公园	12000
山西省大宁县磊鑫石材厂	年产180万平方米岗石石英石项目	12000
山西烟草公司临汾市分公司	物流配送中心	11730
山西烟草公司临汾市分公司	坂下办公楼	11681
山西省洪洞县晟源污水处理有限公司	城市污水处理及回用工程	11500
山西省翼城县华煜离心球墨铸管有限责任公司	10万吨离心球墨铸管	11000
山西省翼城县永欣铸造有限公司	10万吨离心球墨铸管建设	11000
山西塔尔化工科技有限公司	TR外墙一体化纳米改性聚氨酯复合保温节能系统项目	10800
山西省曲沃县福瑞达商贸有限公司	新建180万吨洗煤厂	10775
山西省乡宁县七一接替井煤矿	新建接替井	10165
山西省乡宁县台头煤矿	后湾子10号煤扩建工程	10000
山西省浮山县尧山水泥有限公司	120万吨特种水泥	10000

中国统计出版社最新图书简目

(仅供参考,以最后出书为准)

统计资料

中国统计年鉴-2010
中国统计摘要-2010
国际统计年鉴-2010
2010中国发展报告
中国第三产业统计年鉴-2010
中国区域经济统计年鉴-2010
中国劳动统计年鉴-2010
中国社会统计年鉴-2010
中国城市统计年鉴-2009
中国建筑业统计年鉴-2010
中国人口和就业统计年鉴-2010
中国工业经济统计年鉴-2010
中国商品交易市场统计年鉴-2010
中国房地产统计年鉴-2010
中国能源统计年鉴-2010
中国民政统计年鉴-2010
中国贸易外经统计年鉴-2010
2010中国地区经济监测报告
中国科技统计年鉴-2010
中国农村统计年鉴-2010
中国农产品价格调查年鉴-2010
中国高技术产业统计年鉴-2010
中国教育经费统计年鉴-2009
中国农村贫困监测报告-2010
全国农产品成本收益资料汇编-2010
中国科学技术协会统计年鉴-2010
工业企业科技活动资料-2010
第二次全国残疾人抽样调查资料系列
中国棉花年鉴-2008/2009
中国城市(镇)生活与价格年鉴-2010
中国县（市）社会经济调查年鉴-2010
中国农村住户调查年鉴-2010（中、英文）
中国农村全面建设小康监测报告-2010
中国国内生产总值核算历史资料(1952-2004)
中国季度国内生产总值核算历史资料(1992-2005)
中国零售和餐饮业连锁企业统计年鉴-2010
大中型批发零售和住宿餐饮企业统计年鉴-2010
2005年中国1%人口抽样调查系列资料

2010年省级综合统计年鉴系列

北京 天津 河北 山西 内蒙古 辽宁 吉林 黑龙江 上海 江苏 浙江 安徽 福建 江西 山东 河南 湖北 湖南 广东 广西 海南 重庆 四川 贵州 云南 西藏 陕西 甘肃 青海 宁夏 新疆 新疆生产建设兵团

2010年市(县)级综合统计年鉴系列

天津滨海新区 石家庄 唐山 邯郸 太原 大同 长治 阳泉 晋城 朔州 晋中 运城 忻州 临汾 呼和浩特 包头 沈阳 大连 长春 吉林市 四平 延吉 哈尔滨 齐齐哈尔 黑龙江垦区 上海浦东新区 苏州 无锡 常州 徐州 南通 盐城 镇江 江阴 丹阳 杭州 宁波 绍兴 台州 舟山 温州 金华 嘉兴 衢州 安庆 福州 福州经济技术开发区 厦门经济特区 南昌 上饶 济南 青岛 潍坊 东营 郑州 洛阳 三门峡 南阳 武汉 宜昌 十堰 荆州 黄冈 长沙 广州 东莞 惠州 深圳 桂林 南宁 柳州 来宾 河池 海口 成都 贵阳 昆明 西安 庆阳 银川 乌鲁木齐 吐鲁番

“十一五”规划教材

非参数统计 医学统计学
概率论与数理统计 统计学
现代金融投资统计分析
多元统计分析 经济计量学教程
应用时间序列分析
统计指数理论及应用
统计数据处理概论
质量管理统计方法 社会统计学
多元统计分析实验
企业经营管理统计
市场调查与预测
统计学原理（非统计专业使用）
统计学:从数据到结论
国民经济核算教程(国民经济统计学)
概率论与数理统计(经济、管理类专业使用）

重点图书

新中国六十年
挑大学选专业2010—高考志愿填报指南
挑大学选专业2010—考研择校指南